Altstadt und Ringstraße von Süden (um 1938) ▸

DIE WIENER RINGSTRASSE

DIE WIENER RINGSTRASSE – BILD EINER EPOCHE

Die Erweiterung der Inneren Stadt Wien unter Kaiser Franz Joseph

Herausgegeben von RENATE WAGNER-RIEGER

Träger FRITZ THYSSEN STIFTUNG

BAND VI

VERLAG HERMANN BÖHLAUS NACHF. / WIEN-KÖLN-GRAZ

WIRTSCHAFTSFUNKTION UND SOZIALSTRUKTUR DER WIENER RINGSTRASSE

Von

Elisabeth Lichtenberger

1970 HERMANN BÖHLAUS NACHF.

Wissenschaftliche Mitarbeiter am Gesamtwerk

Dr. phil. Hans Aurenhammer, Wien – Dr. phil. Franz Baltzarek, Wien – Dr. phil. Hanna Dornik-Eger, Wien – Dr. phil. Zdrawka Ebenstein, Wien – Dr. phil. Klaus Eggert, Wien – cand. phil. Peter Haiko, Wien – o. Univ.-Prof. Dr. phil. Alfred Hoffmann, Wien – Dr.-Ing. Hans-Christoph Hoffmann, Darmstadt – Dr. phil. Gerhardt Kapner, Wien – o. Hochschulprof. Dr. phil. Alois Kieslinger, Wien – Dr. phil. Werner Kitlitschka, Wien – cand. phil. Walter Krause, Wien – Univ.-Doz. Dr. phil. Elisabeth Lichtenberger, Wien – Dr. phil. Maria Malikova, Wien – Prof. Dr. phil. Wilhelm Mrazek, Wien – Dr. phil. Erwin Neumann, Wien – tit. ao. Univ.-Prof. Dr. phil. Fritz Novotny, Wien – Dipl.-Ing. Peter Panholzer, Wien – Dipl.-Ing. Hermann Reining, Wien – Dr. phil. Elisabeth Springer, Wien – Dr. phil. Hannes Stekl, Wien – Dr. phil. Walter Wagner, Wien – ao. Univ.-Prof. Dr. phil. Renate Wagner-Rieger, Wien – Dipl.-Ing. Heinrich Warmuth, Wien – Dr. phil. Norbert Wibiral, Linz – o. Hochschulprof. Architekt Dipl.-Ing. Dr. techn. Rudolf Wurzer, Wien – cand. phil. Alfred Ziegler, München

Alle Rechte vorbehalten

-ISBN 3 205 08265 6
Copyright © 1970 by Hermann Böhlaus Nachf., Graz
Druck: R. Spies & Co., 1050 Wien, in der Garmond und Borgis Garamond
Klischees: Patzelt & Co., 1070 Wien
Buchbinder: Hermann Scheibe, 1031 Wien
Buchausstattung: Rudolf Korunka, Wien

DIE WIENER RINGSTRASSE

BILD EINER EPOCHE

Die Erweiterung der Inneren Stadt Wien

unter Kaiser Franz Joseph

Vorläufige Übersicht der Reihe

I	Das Kunstwerk im Bild, Wien 1969
II	Historischer Überblick von Elisabeth Springer
III	Die städtebauliche Lösung von Rudolf Wurzer
IV	Wirtschaftliche Realisierung von Alfred Hoffmann, Franz Baltzarek, Hannes Stekl
V	Die bautechnische Ausführung von Heinrich Warmuth
VI	Wirtschaftsfunktion und Sozialstruktur von Elisabeth Lichtenberger, Wien 1970
VII/1	Architektur Eduard van der Nüll und August Sicard v. Sicardsburg von Hans-Christoph Hoffmann Die malerische und plastische Ausstattung der Oper von Werner Kitlitschka, Walter Krause Johann Romano und August Schwendenwein von Peter Panholzer August Weber von Peter Panholzer Heinrich v. Ferstel von Norbert Wibiral Friedrich v. Schmidt von Erwin Neumann Gottfried Semper und Carl v. Hasenauer von Klaus Eggert Theophil v. Hansen von Renate Wagner-Rieger Otto Wagner von Renate Wagner-Rieger Weitere Beiträge über Ferdinand Fellner d. J. und Hermann Helmer, Carl König, Ludwig Baumann, Friedrich Ohmann sind geplant
VII/2	Plastik. Mitarbeiter sind Hans Aurenhammer, Gerhardt Kapner, Walter Krause, Maria Malikova, Alfred Ziegler
VII/3	Malerei. Mitarbeiter sind Zdrawka Ebenstein, Werner Kitlitschka, Fritz Novotny
VII/4	Kunstgewerbe. Unter Mitarbeit von Wilhelm Mrazek
VIII	Die Bausteine in ihrer künstlerischen Bedeutung von Alois Kieslinger
IX	Katalog der Bauten und Grünanlagen
X	Die Wiener Ringstraße als Gesamtkunstwerk
XI	Biographien, Bibliographie und Index

INHALT

Vorwort des Herausgebers 11

Vorwort des Autors 12

I. Einleitung: Die Fragestellung 13

II. Wien um die Mitte des 19. Jahrhunderts 15

DIE WIENER RINGSTRASSE ZUR ZEIT IHRER ERBAUUNG 1857–1914 . . . 17

I. Die Anlage der Ringstraße 17
   1. Ältere Anregungen 17
   2. Die unmittelbaren Voraussetzungen der Stadterweiterung 17
   3. Die Etappen der Durchführung 18
   4. Die stadtgeographische Position der Ringstraße 22

II. Die Wohnbauten der Ringstraße 27
   1. Neue Organisationsformen des Bauens 27
   2. Grund- und Aufrißgestaltung der Wohnbauten 34

III. Der Sozialaufbau von Wien um 1870 49
   1. Die soziale Gliederung 50
   2. Die räumliche Differenzierung 52

IV. Die Stellung der Wiener Ringstraße im Sozialaufbau von Wien 1914 53
   1. Die Hausbesitzer 55
   2. Die viertelweisen Unterschiede des Hausbesitzes auf der Ringstraße 57
   3. Die Mieter 58
   4. Die soziale Viertelsbildung 61

V. Die Entwicklung der Wiener Wirtschaft in der Gründerzeit . . 64
   1. Die Veränderungen der Wirtschaft im Zuge der Industrialisierung 64
   2. Die Veränderung der wirtschaftsräumlichen Gliederung . . 66

VI. Die Ringstraße als Ausweitungsfeld der City 68
   1. Industrieniederlagen 68
   2. Der Großhandel 75
   3. Das Geld- und Versicherungswesen 75
   4. Das Geschäftsleben 78
   5. Hotels 84
   6. Dienstleistungsbetriebe 85
   7. Gewerbe 86
   8. Die Viertelsbildung der Wirtschaftsfunktionen 91

VII. Die Verschränkung der Wohn- und Wirtschaftsfunktion im Jahre 1914 93
   1. Das Ausmaß der Entfremdung der Wohnungen zugunsten von Betriebsstätten 93
   2. Die Wechselwirkung von Sozialstruktur und Wirtschaftsfunktion 95

INHALT

VIII. Wien vor dem Ersten Weltkrieg: Die Stellung der Wiener Ringstraße im sozialen und wirtschaftlichen Gefüge der Stadt ... 98
    1. Die Stellung der Ringstraße in der baulichen Gliederung . . 98
    2. Die Stellung der Ringstraße in der sozialräumlichen Gliederung der Stadt ... 99
    3. Die Stellung der Ringstraße in der wirtschaftsräumlichen Gliederung der Stadt ... 99

DIE RINGSTRASSE IN DER ZWISCHEN- UND NACHKRIEGSZEIT ... 101

I. Die Entwicklung Wiens zwischen den beiden Weltkriegen . . 101

II. Die Reduzierung der Oberschicht im Ringstraßengebiet ... 103

III. Die Veränderungen der Wirtschaftsstruktur im Ringstraßengebiet ... 106

IV. Die Entwicklung Wiens seit dem Zweiten Weltkrieg ... 109

V. Die baulichen Veränderungen der Ringstraße: Bombenlücken und ihre Schließung ... 110

VI. Die Veränderungen der Zahl der Wohnungen und Betriebsstätten von 1914 bis 1963 ... 112
    1. Die typischen Phänomene ... 112
    2. Das Gesamtausmaß der Vorgänge ... 115
    3. Die viertelweisen Unterschiede ... 115
    4. Die Veränderungen der Wohnungsstruktur ... 117

VII. Die Veränderungen der Bevölkerungs- und Sozialstruktur von Wien seit der Gründerzeit ... 120
    1. Die Veränderungen der Haushaltsstruktur ... 120
    2. Die Veränderungen der generativen Struktur der Bevölkerung ... 120
    3. Die Veränderung des Sozialaufbaus ... 121

VIII. Die gegenwärtige Bevölkerungs- und Sozialstruktur der Ringstraße ... 124
    1. Die Stellung der Ringstraße im städtischen Gefüge ... 124
    2. Die Veränderung des Sozialaufbaus der Ringstraße seit der Gründerzeit ... 128
    3. Die Beziehungen zwischen Wohnungsgröße, Sozialaufbau und Bevölkerungsstruktur ... 130
    4. Die besonderen Phänomene der Ringstraße ... 135
    5. Die sozialräumliche Gliederung der Ringstraße in der Gegenwart ... 141

IX. Die Ringstraße als Arbeitsstättenbereich ... 143
    1. Ein- und Auspendler ... 143
    2. Die Größenordnung der Arbeitsstätten ... 144
    3. Die Bedeutung der einzelnen Betriebsklassen ... 146
    4. Die viertelweisen Unterschiede ... 146

X. Die Analyse der wirtschaftlichen Funktionen der Ringstraße ... 147
    1. Industrieniederlagen und -büros ... 147
    2. Der Großhandel ... 153
    3. Banken und Versicherungen ... 154
    4. Das Geschäftsleben ... 154
    5. Das Gewerbe ... 166
    6. Die wirtschaftsräumliche Gliederung der Ringstraße in der Gegenwart ... 166

XI. Die Expansion der Verwaltung und der halboffiziellen Institutionen ... 170

XII. Die Verschränkung der Wohn- und Wirtschaftsfunktionen . . 172

XIII. Die gegenwärtigen Tendenzen der Citybildung ... 175

XIV. Der Wandel im baulichen Gehäuse: Zusammenfassung ... 185

XV. Die gegenwärtige Stellung der Ringstraße im Stadtganzen . . 187
    1. Die Ringstraßenzone als Teil der Wiener City 187
    2. Die Stellung der Ringstraße in der sozialräumlichen Gliederung von Wien 195
    3. Die Stellung der Ringstraße in der Wohnungsstruktur von Wien 196

XVI. Die städtebauliche Stellung der Ringstraße im Vergleich mit anderen Lösungen der „Stadterweiterung" 197

XVII. Die Zukunft der Wiener Ringstraße im Spannungsfeld von Denkmalschutz und Citybildung 211
    Summary 217

ANHANG

Anhang 1: Die Wohnbautätigkeit auf der Ringstraße, nach Vierteln gegliedert 220

Anhang 2: Zusammenstellung der zwischen 1869 und 1902 von der Wiener Baugesellschaft auf den Stadterweiterungsgründen im I. Bezirk errichteten Wohnhäuser 222

Anhang 3: Der Anteil des Hochadels am Hausbesitz der Ringstraße im Jahre 1914 225

Anhang 4: Verzeichnis der Niederlagen von Unternehmen der Textilindustrie im Kaiviertel im Jahre 1914 226

Anhang 5: Vergleich der Betriebs- und Wohnfunktion von charakteristischen Häusern 1914 (1925) und 1969 237

Anhang 6: Das Geschäftsleben auf der Ringstraße 1914 und 1969 . . 250

Schrifttum 253

Verzeichnis der Figuren 255

Verzeichnis der Tabellen 256

Verzeichnis der Karten 257

Verzeichnis der Abbildungen 258

Abbildungsnachweis 258

Index 259

VORWORT DES HERAUSGEBERS

Das Forschungsunternehmen „Wiener Ringstraße" will diesen vielschichtigen Komplex von vielen Seiten beleuchten. Dabei rückt seine Entstehungsgeschichte in den Mittelpunkt des Interesses. Nach verschiedenen Vorspielen setzten seit 1857 die Arbeiten ein und erstreckten sich über zwei Generationen bis zum Ende der Österreichisch-ungarischen Monarchie. 1918 war das einstige Glacis gänzlich bebaut, die Stadterweiterung war abgeschlossen und die Wiener Ringstraße fertig – wenn auch nicht vollendet. Dieser Abschluß erscheint zudem durch das Faktum unterstrichen, daß die Zwischenkriegszeit nur wenige Veränderungen vornahm und erst durch den Zweiten Weltkrieg schwere Eingriffe in die Substanz erfolgten.

Die Untersuchungen, die sich den künstlerischen Erscheinungen und deren historischen, wirtschaftlichen und technischen Voraussetzungen widmen, können sich auf die Entstehungszeit der Wiener Ringstraße, also auf die Zeit bis 1918, beschränken. Andere Studien, die in der Wiener Ringstraße den Teil eines lebendigen Stadtorganismus zu würdigen haben, dürfen nicht bei dieser Grenze haltmachen, sondern können auch aus der Bedeutung, welche ihr in der weiteren Entwicklung zukam, wichtige Erkenntnisse schöpfen. Die Wiener Ringstraße war ja immer von Leben erfüllt, und ein Weg, sich dieses ursprünglich pulsierende Leben zu vergegenwärtigen ist es, die Wandlungen, die zur Gegenwart führten, schrittweise zu verfolgen.

Die von der Kulturgeographie erarbeitete Methode, die Wohn- und Wirtschaftsfunktion zu beleuchten, kann sich nicht mit dem historischen Phänomen „Wiener Ringstraße" allein begnügen, sondern führt die Betrachtung bis zur Gegenwart herauf, ja sie könnte sogar die Grundlage für vorsichtige Prognosen liefern. Solche Überlegungen sind nun nicht allein für die Erforschung, sondern auch für die Erhaltung dieses Komplexes, der letztlich alle hier eingesetzte Mühe auch dienen will, von großer Wichtigkeit.

Die hier vorgelegten, durch Statistiken mannigfachster Art unterbauten Ergebnisse führen vor Augen, daß die einst mit höchsten repräsentativen Ansprüchen geschaffene und von besten künstlerischen Kräften ausgestattete Ringstraßenzone auch heute noch ob dieser repräsentativen Qualitäten geschätzt wird. Vertreter von Wirtschaft, Bildung und Politik, die ein anspruchsvolles Ambiente aufsuchen, wählen hier ihren Standort. Man kann für dieses Vorgehen nicht allein die zentrale Lage der Wiener Ringstraße innerhalb des Stadtgefüges verantwortlich machen, da diese im Zeitalter eines sich selbst ad absurdum führenden Individualverkehres oft wenig Vorteil bietet; auch andere, etwa ökonomische Faktoren lassen sich selten ins Treffen führen, so daß die Standortwahl oft rätselhaft erscheinen mag. Die Kräfte, die sie herbeiführen – und die wohl sehr häufig unbewußt bleiben – entspringen der Tatsache, daß die Wiener Ringstraße ein Gesamtkunstwerk ist. Seine innere Größe und seine künstlerische Qualität, die von der städtebaulichen Konzeption über die architektonische Durchgestaltung bis zu den noch in erstaunlicher Zahl erhaltenen reich ausgestalteten Vestibülen, Stiegenhäusern und Interieurs reicht, bilden den eigentlichen Reiz dieses Stadtteiles. Es genügt aber nicht, daß man dieser Anziehungskraft folgt, man muß sich auch den Grund dafür bewußt machen, denn nur so läßt sich die Gefahr bannen, die darin besteht, daß man wohl, von den Kräften des Gesamtkunstwerkes bewogen, in diesen Bereich zieht, dann aber in Verkennung der Tatsachen glaubt, durch falsch verstandene Modernisierung einen neuen, repräsentativen Rahmen schaffen zu müssen. Man würde dabei einen Teil jenes Gesamtwerkes zerstören, dessentwillen man sich hier angesiedelt hat. Diese Erkenntnisse und die im Gang befindliche Überwindung der Scheu vor dem Historismus mag einen wirksamen Schutz vor diesen Gefahren bilden.

VORWORT DES AUTORS

Große Städte gehören zu den kompliziertesten Gebilden menschlicher Existenz. Je älter und vielschichtiger sie überdies sind, je tiefer ihre Wurzeln in die Vergangenheit zurückreichen, um so länger und intensiver muß sich die Forschung von verschiedenen Gesichtspunkten aus mit ihnen beschäftigen, um einen wirklichen Zugang zum Verständnis ihrer Problematik zu finden.

Die vorliegende Arbeit über die Wiener Ringstraße ist in diesem Sinn nicht das Zufallsprodukt einer von vornherein begrenzten Fragestellung, sondern das Teilergebnis einer bereits über ein Jahrzehnt währenden Beschäftigung der Autorin mit Wien als stadtgeographische Erscheinung. Diese hat bereits in mehreren größeren und kleineren Publikationen ihren Niederschlag gefunden.

Aus einem umfassenden, noch nicht veröffentlichten Forschungsanliegen, die Entwicklung der Wiener Altstadt von der mittelalterlichen Bürgerstadt bis zur modernen City aufzuhellen, wurde das dabei über die Ringstraße gesammelte Material herausgenommen, als sich im Rahmen des Kunsthistorischen Arbeitskreises der Thyssen Stiftung die Möglichkeit zu einer selbständigen Publikation bot, überdies in einer Großzügigkeit der Ausstattung und kartographischen Dokumentation, von der sonst ein von Kostenfragen geplagter österreichischer Geograph nur zu träumen wagt. Mein besonderer Dank gilt daher Frau Prof. Renate Wagner-Rieger für die Aufforderung zur Mitarbeit an der von ihr herausgegebenen kunsthistorischen Buchreihe über die Wiener Ringstraße. Ebenso ist es mir ein persönliches Anliegen und eine angenehme Verpflichtung, der Thyssen Stiftung für die Finanzierung der Zeichenarbeiten und des Druckes dieser Arbeit zu danken.

Frl. cand. phil. Dietlinde Mühlgassner war mir beim Lesen der Korrekturen, Frl. cand. phil. Hilde Bayer bei den Reinzeichnungen der Figuren und bei einer Nacherhebung der Cityfunktionen 1968 behilflich. Beiden sei herzlich gedankt.

Wie es dem Wesen des Untersuchungsobjektes entspricht, war ein ziemlich minutiöses, oft mühsames und zeitraubendes Detailstudium notwendig, um über die bereits geläufigen Klischeevorstellungen hinaus zu neuen, exakten Ergebnissen zu gelangen. Um diese in den notwendigen größeren Zusammenhang einzufügen, wurden sie so weit als möglich vor dem Hintergrund der gesamtstädtischen Entwicklung zur Darstellung gebracht. Dabei bildeten von Anfang an die grundlegenden Pfeiler menschlichen Daseins: „Wohnen" und „Wirtschaften", die eigentlichen Hauptschwerpunkte der vorliegenden Forschungsarbeit.

Mit dieser Fragestellung fügt sich diese Arbeit ergänzend ein in die von historischer, kunsthistorischer und städtebaulicher Seite in Gang befindlichen Untersuchungen über die Wiener Ringstraße. Sie bewegt sich dabei mit voller Absicht an der Grenze zu diesen Nachbardisziplinen hin, da hier manche Kontakte geknüpft, manche Lücken geschlossen werden können.

Ottawa, Dezember 1969   Elisabeth Lichtenberger

I. EINLEITUNG: DIE FRAGESTELLUNG

Die Wiener Ringstraße bietet sich als Modellfall an für die Behandlung der allgemeinen Frage, in welcher Form im 19. Jahrhundert in den europäischen Großstädten die Verklammerung von Altstadt und Vorstädten erfolgte, nachdem die längst überflüssig gewordenen mittelalterlichen Befestigungsanlagen beseitigt wurden.
Mustert man die Pläne der größeren Städte daraufhin durch, so erkennt man meist noch im Straßen- und Parzellengefüge – Operationsnarben vergleichbar – die Spuren dieser einstigen Verbauungsgrenzen. In baulicher und funktioneller Hinsicht hat das ehemalige Fortifikationsareal jedoch eine recht unterschiedliche Gestaltung erfahren. Manchmal bewahrte man Reste der Wälle als dekorative Elemente inmitten von Grünanlagen, manchmal legte man Kopfbahnhöfe an die einstige Stadtmauer heran bzw. errichtete verschiedene städtische Versorgungsobjekte (Gaswerke und dergleichen) auf dem ehemaligen Glacis.
Die für die unterschiedliche städtebauliche Ausformung maßgebenden Faktoren, wie die Größe der Städte zur Zeit der Schleifung der Befestigungen, und der Zeitpunkt selbst, in dem diese erfolgte, sollen zumindest anhand einiger Beispiele noch am Abschluß dieser Studie diskutiert werden.

Unter den recht verschiedenartigen Lösungen nimmt die Wiener Ringstraße in mehrfacher Weise eine besondere Stellung ein. Dies hat gute Gründe.
1. Die Abtragung der Basteien erfolgte in Wien verhältnismäßig spät, d. h erst am Beginn der zweiten Hälfte des 19. Jahrhunderts. Dies erstaunt bei der Größe der Stadt, die mit rund 440.000 Menschen um die Mitte des 19. Jahrhunderts noch die dritte Stelle in der Größenskala der europäischen Städte behauptete und erst zwei Jahrzehnte später von Berlin überrundet wurde. Viel kleinere Städte hatten schon Jahrzehnte früher ihr mittelalterliches Mauerkleid abgestreift. Gerade dieser *späte Zeitpunkt* bot jedoch von städtebaulicher Seite her *die Möglichkeit für eine reife Lösung* in der Ausgestaltung der „Stadterweiterungsgründe".
2. Überdies war Wien die Residenz der ältesten unter den führenden Dynastien Europas und die Hauptstadt eines Großstaates von rund 34 Millionen Einwohnern (1860), welcher hinsichtlich seiner Bevölkerungszahlen mit Deutschland und Frankreich in einer Reihe stand. Das *Repräsentationsbedürfnis eines Großreiches* und des damit verbundenen Herrscherhauses mußten zwangsläufig beim Bau der Ringstraße zum Tragen kommen.
3. Die Anlage der Ringstraße erfolgte knapp nach einem der großen Wendepunkte der europäischen Geschichte, als die *Feudalepoche* sich endgültig ihrem Ende zuneigte *und das liberale Zeitalter* heraufzog. Begreiflicherweise ist sie in ihrem Wesen somit beiden Epochen *verhaftet*.
4. Noch als *Ausläufer absolutistischer Willensäußerungen* und Maßnahmen muß ihre rechtliche Fundierung verstanden werden, jenes berühmte Handschreiben von Kaiser Franz Joseph, in dem die Anordnung zur Abtragung der Basteien gegeben wurde. Es entspricht noch der älteren feudalen Ära, in der die städtischen Behörden nur subordinierte Organe der staatlichen Verwaltung waren.
5. Die *Traditionen der Barockresidenz* erlebten sodann in den öffentlichen Bauten der Ringstraße nochmals eine glanzvolle Erneuerung. Die Repräsentation der Donaumonarchie in ihrer Metropole bestimmte ganz wesentlich ihren Charakter.
6. Das Nachwirken barocker Überlieferungen äußerte sich auch im *Beibehalten des Feudalprinzips in bezug auf das soziale Raumgefüge der Stadt*. Im Zusammenhang damit übernahm die Ringstraße die Aufgabe, dem Großbürgertum Wohnraum zu bieten. Es erfolgte gleichsam eine Ankristallisation dieser neuaufwachsenden liberalen Oberschicht an den bis dahin stark vom feudalen Element geprägten Stadtkern. Dementsprechend sind auch die Wohnbautypen der Ringstraße teilweise älteren Vorbildern verhaftet.
7. Dem *liberalen Geist* entsprach die Ausschreibung eines internationalen Architektenwettbewerbs. Das breite, durch die Stadterweiterung frei werdende Areal zwischen der hoch- und engverbauten Altstadt und den gleichfalls bereits dichtgedrängten Vorstädten gewährte genügend Platz für eine großzügige Planung.
8. Kapitalistische Spielregeln bestimmten die Organisationsform des Bauens. *Baugesellschaften* schalteten sich bei der Parzellierung des Geländes ein, und der Staat benützte das Mittel der *Steuerfreijahre* zur Belebung der Bautätigkeit.

I. Einleitung: Die Fragestellung

9. Ursprünglich kaum als *Ausweitungsfeld für wirtschaftliche Funktionen* gedacht, wurde die Ringstraße alsbald von den Kräften der Citybildung erfaßt, wenn auch in den einzelnen Abschnitten in recht unterschiedlichem Ausmaß.

Die besondere Position der Wiener Ringstraße im Rahmen des europäischen Städtewesens ergibt sich somit aus dem Zusammentreffen und Verschmelzen dreier Elemente:

1. Den repräsentativen öffentlichen Bauten.
2. Einem großbürgerlichen Miethauswesen.
3. Der Einbeziehung in die Citybildung.

Damit sind bereits jene grundsätzlichen Faktoren umschrieben, denen die Ringstraße im kaiserlichen Wien ihre Gestaltung verdankte. Zugleich ist der Rahmen für die eine Seite der Fragestellung dieser Arbeit abgesteckt.

Der zweite und aktuelle Teil der vorliegenden Untersuchung beschäftigt sich mit der *Stellung der Ringstraße in der Gegenwart*. Nach wie vor nimmt sie eine einzigartige Position ein, denn sie konnte über nahezu ein Jahrhundert hinweg – vergleichsweise geringfügig von Bombenschäden und damit von Neubauten durchlöchert – ihre bauliche Substanz in die zweite Hälfte des 20. Jahrhunderts herüberretten.

Schwere Erschütterungen sind dabei in den letzten 50 Jahren über das gesamte städtische Gefüge hinweggegangen und haben die Existenzgrundlagen Wiens zutiefst verändert. Auch die Ringstraße blieb von den daraus resultierenden Auswirkungen nicht verschont. Diesem *Wandel im gleichgebliebenen baulichen Gehäuse* nachzuspüren ist das zweite Hauptanliegen dieser Arbeit. Folgende Aspekte stehen dabei im Vordergrund des Interesses:

1. Die überaus differenzierte Sozialpyramide des kaiserlichen Wien verlor durch den Zusammenbruch der Monarchie und die langanhaltende Wirtschaftskrise der Zwischenkriegszeit ihre Spitze. Andererseits erfolgte seit dem Zweiten Weltkrieg dank der neuerstandenen Prosperität eine enorme Anhebung des Lebensstandards der unteren Bevölkerungsschichten. Beides zusammen bewirkte eine derartige *Nivellierung des Sozialaufbaus*, daß Wien in der Gegenwart unter den europäischen Millionenstädten diesseits des Eisernen Vorhangs kein Gegenstück besitzt. Die Auswirkungen dieses sozialgeschichtlichen Prozesses im Ringstraßenbereich sind nicht zu übersehen. Sie bestehen in einer erheblichen Reduzierung der Oberschicht und einem viertelweise freilich verschieden starken Eindringen von Arbeitern und kleinen Angestellten auf dem Wege über Teilung und Untervermietung ehemaliger Großwohnungen.

2. Damit ist bereits der Prozeß genannt, der die innere bauliche Struktur der Ringstraßenhäuser recht beachtlich verändert hat. In Anpassung an die veränderte Sozialstruktur kam es in sehr großem Umfang zur *Zerstückelung der* nunmehr viel zu großzügig dimensionierten *Nobelwohnungen*.

3. Die wirtschaftlichen Auswirkungen des Zerfalls der Monarchie haben gerade den Ringstraßenbereich besonders hart getroffen, da hier die Hauptniederlagen der führenden Textilbetriebe, ferner das Bankenwesen und die Großspeditionen beheimatet waren. Es überrascht daher das später näher zu diskutierende Untersuchungsergebnis, daß im Vergleich mit der Zeit vor dem Ersten Weltkrieg die *Bedeutung der Wirtschafts- und Verwaltungsfunktionen* im Ringstraßenbereich *zugenommen hat*, obwohl Wien heute um 600.000 Menschen weniger zählt als damals, und auch die Zahl der Betriebsstätten eine Reduzierung erfuhr. Der kontinuierlich wachsende Raumbedarf aller städtischen Funktionen und die Ausweitung des tertiären Sektors der Wirtschaft stehen als maßgebliche Faktoren im Hintergrund dieses Phänomens.

II. WIEN UM DIE MITTE DES 19. JAHRHUNDERTS

Wesen und Gestalt von Wien waren noch um die Mitte des 19. Jahrhunderts von seiner jahrhundertealten *Funktion als Residenz und Hauptstadt eines Großreiches* bestimmt (Kartentafel I). Die Anfänge dazu reichen weit zurück. Bereits der Babenberger Markgraf und spätere Herzog Heinrich II. Jasomirgott verlegte 1137 seine Pfalz von Klosterneuburg nach Wien. Der für das spätmittelalterliche Wien so kennzeichnende Dualismus von Bürgerstadt und Adelsstadt innerhalb des Mauerkranzes geht damit auf ihn zurück. Erst im Zeitalter von Gegenreformation und fürstlichem Absolutismus begann die *Überwältigung des bürgerlichen Elements durch Adel und Geistlichkeit*. Die siegreich abgeschlagene zweite Türkenbelagerung (1683) und die anschließende Offensive der Habsburger-Monarchie tief in den Donauraum hinein schufen hiefür die politischen Voraussetzungen. Wien rückte aus der beinahe zwei Jahrhunderte währenden Randlage als Bollwerk der Christenheit und stärkste Festung des Abendlandes gegen die Osmanen nunmehr in den Mittelpunkt eines namhafte Teile des europäischen Südostens umfassenden Großstaates.

Dem Aufbau eines Verwaltungsstabes und der Ausweitung des Hofstaates mußte das Bürgertum in der Stadt weichen. Es verlor nicht nur seine politische Autonomie, sondern wurde auch wirtschaftlich auf die Stufe von Kleingewerbetreibenden hinabgedrückt und aus dem Haus- und Grundbesitz der Altstadt in die Vorstädte hinaus verdrängt. Seitdem fehlt Wien, sehr zum Nachteil der Stadt, ein bodenständiger und initiativer Kaufherrenstand. Deshalb sind auch die in der Manufakturperiode (1770–1840) reichgewordenen *Unternehmer, Großhändler und Bankiers vorwiegend Ausländer* gewesen. Sie stiegen im Vormärz zu den Repräsentanten des bürgerlichen Wiens auf und bildeten eine „*zweite Gesellschaft*" neben der von Hof und Adel bestimmten „ersten Gesellschaft".

Die geistige Haltung der Mittelschichten wurde aber entscheidend vom *Beamtentum und dem Offizierskorps* bestimmt, deren Vertreter aus allen Provinzen des vielgestaltigen Reiches kamen. Sie waren die eigentlichen Träger des Kaiserstaates. Ihre Lebensformen trennten sie scharf von der breiten Masse der Handwerker und Gewerbetreibenden, die sich in ihren Spitzenerzeugnissen auf die Luxusansprüche des umfangreichen kaiserlichen Hofstaates eingestellt hatten.

Im Verein mit dem Aufkommen neuer, leistungsfähiger Organisationsformen im Geldwesen und Großhandel während der zweiten Hälfte des 18. Jahrhunderts breitete sich das *Verlagssystem* neben dem zünftisch gebundenen Handwerk immer mehr aus. Hand in Hand damit siedelte sich eine rasch steigende Zahl von *Taglöhnern* und *gewerblichen Hilfskräften* in den Vorstädten und Vororten an. Viele blieben ohne Obdach und ständige Beschäftigung und mußten deshalb allabendlich von der Polizei über den Linienwall hinausgeschafft werden. Die permanente Revolutionsangst des Kaiserhauses und seine daraus entspringende restriktive Industriepolitik im Vormärz, so unter anderem das wiederholt erlassene und aufgehobene Verbot der Neuanlage von Fabriken im Umkreis der Stadt, waren somit keineswegs unbegründet.

Blieben große Werksanlagen auf diese Weise aus dem engeren Stadtumland verbannt, so siedelten sich doch Niederlagen vor allem von Textilfabriken in der Altstadt an. Die Anfänge der Citybildung reichen damit schon in die siebziger Jahre des 18. Jahrhunderts zurück.

Hatte sich bereits in der Manufakturperiode ein von neuen, antizünftischen Wirtschaftskräften entscheidend getragenes und durch verschiedene Privilegien auch seitens des aufgeklärten Absolutismus gefördertes „*frühindustrielles Bevölkerungselement*" gebildet, so schwoll dieser „vierte Stand" lawinenartig an, als in den vierziger Jahren des 19. Jahrhunderts der Eisenbahnbau begann. 1841 entstand der Südbahnhof, 1845 der Ostbahnhof. Wenig später wurde der Nordbahnhof von seinem ursprünglichen Standort Floridsdorf (1837) in das Augelände im Norden der Vorstadt Leopoldstadt verlegt. Die Überfüllung der bereits damals sehr hoch und dicht verbauten Altstadt und ebenso der Vorstädte nahm beängstigende Ausmaße an. Der Prozentsatz der als „*Untermieter*" und „*Bettgeher*" nur ein sehr prekäres Dasein fristenden Bevölkerung stieg auf nahezu 40 v. H. Immer stärker wurde der von dieser Seite ausgeübte Druck in Richtung auf eine durchgreifende städtebauliche Erneuerung von Wien.

Der *Aufbau eines* auf Wien ausgerichteten *Eisenbahnnetzes* wurde somit zweifellos zu einem wesentlichen Schrittmacher in der Beseitigung überholter Sozialordnungen und Wirtschaftsweisen, die mit schweren politischen Erschütterungen verbunden war. Nach den blutigen Kämpfen von

1848/49 und einer darauffolgenden kurzen Reaktionsphase gelangte 1859 der *Liberalismus* zum vollen Durchbruch.

Die Aufhebung der Grundherrschaft im Jahre 1848 hatte für die Stadt wichtige Konsequenzen. Erst mit der Herauslösung aus den feudalen Bindungen war es möglich, die bis dahin zum Teil unabhängig voneinander verwalteten 34 Vorstädte innerhalb des Linienwalles (heute Gürtel) der Stadt anzuschließen (1850). Damit begann die schrittweise administrative Bewältigung der wachsenden Agglomeration in den Gründerjahren. Sie erhielt durch die *liberale Gemeindeverfassung* (1859) ihre rechtliche Untermauerung. Erst in diesen Jahren kam es soweit, daß die militärisch überholten und für das städtische Leben schon lange hemmend empfundenen Befestigungen fielen. Bis dahin unterstrichen nämlich längst funktionslos gewordene Fortifikationen die *soziale und wirtschaftliche Gliederung* des städtischen Siedlungsgebildes in die „Stadt", die „Vorstädte" und „Vororte". Eine mächtige, glacisumgürtete und mittels Bastionen verstärkte Mauer trennte die Altstadt von den Vorstädten, die „Linie" (heute Gürtel), ein 1704 gegen die herumschweifenden Horden der Kuruzen errichteter Erdwall, sonderte die Vorstädte von den Vororten ab.

Die *Stadt*, deren einstige Vorrangstellung bis heute in der Wiener Redewendung „in die Stadt gehen" nachklingt, war in ihrer Sozialstruktur durch die Dreiheit des feudalen Oberbaus, nämlich Hof, Adel und Geistlichkeit, in ihrer wirtschaftlichen Funktion durch die Standorte des Großhandels, der Banken und Niederlagen bestimmt. Geschoßhöhe (5–6) und Verbauungsgrad (85 v. H.) hatten bereits Werte erreicht, die von der Gründerzeit nur noch wenig überboten werden konnten.

Im Gegensatz zur Stadt drückte den *Vorstädten* das Gewerbebürgertum den Stempel auf, allerdings nicht allen im gleichen Ausmaß. Ihre Entwicklung verlief nämlich je nach Rechtslage, ob auf dem Boden der mittelalterlichen Stadtgemarkung oder aber ursprünglich dörflicher Flur, in recht verschiedenen Bahnen.

Im Gebiet der Wiener Stadtgemarkung, die ein weites Terrain vom Höhenzug des Laaerberges im Süden bis zum Augelände der Donau im Nordosten umfaßte, erwuchsen die Vorstädte irregulär längs der alten Ausfallstraßen. An diesen ließ sich das Verkehrsgewerbe nieder. Mit dem Wandel der mittelalterlichen Bürgerstadt zur barocken Residenz im späten 17. Jahrhundert kaufte der Adel zahlreiche bürgerliche Weingärten auf und errichtete auf den pleistozänen Terrassenfluren rings um die Stadt seine prachtvollen Sommerpaläste, von denen sich freilich nur wenige, darunter glücklicherweise das Belvedere, das Sommerschloß von Prinz Eugen von Savoyen, dem Zugriff der Bodenspekulation des 19. Jahrhunderts zu entziehen vermochten. Infolge der Einhebung einer Verzehrsteuer an der „Linie" wurden alle grundwassernahen Geländeteile zum Ausweitungsgebiet des Gemüsebaus.

So kennzeichnete an der Wende vom 18. zum 19. Jahrhundert eine funktionell erstaunlich heterogene Mengung von Verkehrsgewerbe, Sommerpalästen, Landhäusern und Gärtnereien das Erscheinungsbild aller auf der Stadtgemarkung längs mittelalterlicher Fernstraßen (Triester Straße nach Süden, Ungarische Landstraße nach Südosten, Taborstraße nach Nordosten) erwachsenen Vorstädte (Landstraße, Wieden, Leopoldstadt).

In der ersten Hälfte des 19. Jahrhunderts begann in ihren stadtwärtigen Partien die Aufparzellierung in Beamtenwohnviertel.

Eine ganz andere Situation bestand zur gleichen Zeit im Westen, wo die mittelalterliche Dorfgemarkung von St. Ulrich nahe an die Stadtmauern heranreichte. Hier wurden die zum Teil von geistlichen und weltlichen Grundherren (wie dem Schottenstift) nach 1683 *planmäßig angelegten Vorstädte* zum bevorzugten Auffangquartier für die aufgrund der zwangsweisen Einquartierung des Hofpersonals aus der Altstadt verdrängten Kleingewerbetreibenden. Merkantilistische Maßnahmen des aufgeklärten Absolutismus förderten im späten 18. Jahrhundert die damit eingeleitete Entwicklung eines Gewerberayons durch die Berufung privilegierter ausländischer „Fabrikanten" ganz wesentlich.

Eine doppelte und stellenweise dreifache Reihe von *Vororten* schloß im Westen an den Linienwall an. Nur einzelne, unmittelbar an der Linie gelegene und erst ab dem 18. Jahrhundert gegründete Vororte waren schon zu Vorposten der Frühindustrialisierung geworden und von Heimarbeitern, vor allem von Webern (Fünfhaus), bevölkert. Alle anderen verharrten bis dahin in ihren Agrartraditionen als Weinhauerdörfer, bzw. überall dort, wo die Rebkultur bereits im 17. Jahrhundert verschwunden war – wie in der Windgasse des Wientales –, im Stadium von Milchmeierorten. Die meisten von ihnen besaßen freilich bereits eine zusätzliche Bedeutung als Sommerfrischen adeliger oder großbürgerlicher Kreise.

DIE WIENER RINGSTRASSE ZUR ZEIT IHRER ERBAUUNG 1857–1914

I. DIE ANLAGE DER RINGSTRASSE

1. Ältere Anregungen

Bereits 1716 schrieb die berühmte englische Reisende Lady Mary Montague in einem ihrer ersten Briefe aus Wien: „Wien wäre eine der schönsten und bestgebauten Städte Europas, ließe der Kaiser die Niederlegung der Wälle und Tore zu, um die Vorstädte mit ihr zu vereinigen."[1]
Angeregt durch die Entfestigung von Berlin (1734) und Hannover (1763) wurden auch in Hofkreisen unter der Kaiserin Maria Theresia Stimmen laut, die militärisch längst wertlos gewordenen Basteien abzutragen. Bereits 1777 schlug der kaiserliche Regierungsrat TAUBE in einer Abhandlung vor, die innere Stadt mit einem Gürtel neuer Häuser zu umgeben. 1787 plädierte PEZZEL ebenfalls für eine Erweiterung der Altstadt.
Die Angst vor den unmittelbar vor den Toren der Burg aufwachsenden Gewerbe- und Taglöhnervorstädten mit ihren unzufriedenen Arbeitermassen mag wohl ein Grund dafür gewesen sein, daß diese Empfehlungen nicht durchdringen konnten. Man beschränkte sich darauf, die Soldatenquartiere auf der Bastei zu beseitigen und die Überreste mittelalterlicher Bastionen abzutragen.
Viel fortschrittlicher als Wien war Graz, das schon 1784 als eine der ersten Städte Europas seine Festungswerke aufgab, die Wälle mit Bäumen bepflanzte und das Glacis in eine Promenade verwandelte.
Auch in der napoleonischen Zeit wurden die Basteien nicht beseitigt, zu einer Zeit, da in Klagenfurt und Villach auf Befehl Napoleons wie auch in anderen deutschen Städten (so z. B. in Frankfurt am Main) die Schleifung der Fortifikationen erfolgte.
Eine 1817 erneut auftauchende Idee zur Stadterweiterung beim Burgtor hatte lediglich ein Vorschieben der Mauer zur Folge. Dadurch wurde Raum für die Anlage des Burggartens und des Volksgartens gewonnen.
Erst in den vierziger Jahren des 19. Jahrhunderts gestattete man eine geringfügige Verengung des Festungsvorfeldes am Innenrand der Vorstädte. Neue Häuserblöcke wurden in der Roßau („Neu-Wien"), längs der Josefstadt, der Alservorstadt und auf der Landstraße am Heumarkt gegen das Glacis hin errichtet (vgl. Kartentafel I).

[1] R. MÜLLER, Geschichte der Stadt Wien, Bd. IV, 1. Teil. Wien 1911, S. 403.

2. Die unmittelbaren Voraussetzungen der Stadterweiterung

Erst die Auflösung des Hofbaurates, dessen bürokratischer Apparat bis 1848 die öffentliche Bautätigkeit kontrolliert hatte, verhalf dem liberalen System der Ausschreibung öffentlicher Wettbewerbe zum Durchbruch. Der erste nach diesem Vorgehen errichtete Bau entstand jedoch nicht auf der Ringstraße, sondern in der Vorstadt Altlerchenfeld (Altlerchenfelderkirche).
Ansonsten blieb in der Periode der Reaktion nach 1850 die Situation im großen und ganzen unverändert. Wohl hatte man die Vorstädte, wie erwähnt, de jure eingemeindet und damit eine provisorische einheitliche Verwaltung ins Leben gerufen, doch war sie praktisch noch kaum von Belang. Vielmehr verstärkte man sogar die Basteien und legte an der Ostecke der Befestigung die Franz Josephs-Kaserne an, um im Falle einer Revolution einen Aufruhr in der Stadt in den Anfängen niederhalten zu können.
Erst Ende 1857 gab Kaiser Franz Joseph in seinem bekannten Handschreiben den Befehl zur Schleifung der Basteien und zur Verbauung des Glacis. Wie sehr dieses noch vom Geiste des Absolutismus geprägt war, lassen die folgenden Sätze erkennen: „Es ist Mein Wille, daß die Erweiterung der inneren Stadt Wien mit Rücksicht auf eine entsprechende Verbindung derselben mit den Vorstädten ehemöglichst in Angriff genommen und hiebei auch auf die Regulirung und Verschönerung Meiner Residenz- und Reichshauptstadt Bedacht genommen werde. Zu diesem Ende bewillige Ich die Auflassung der Umwallung und Fortifikationen der inneren Stadt, sowie der Gräben um dieselbe."
Gleichzeitig wurde die Bildung eines *Stadterweiterungsfonds* angeordnet, der aus dem Verkauf der durch die Einebnung der Gräben, Abtragung der Wälle und Erschließung des Glacis gewonnenen Bauparzellen die Kosten für dieses Unternehmen sowie für die Errichtung der öffentlichen Bauten decken sollte.
Für dieses gewaltige städtebauliche Vorhaben wurde ein internationaler Wettbewerb ausgeschrieben, der die Anlage einer breiten Ringstraße als Bedingung vorsah. 85 Architekten bewarben sich um den Preis. Darunter gingen u. a. Ludwig von FÖRSTER, Friedrich STACHE sowie VAN DER NÜLL

und SICARD V. SICARDSBURG als Sieger hervor. Keines dieser Projekte wurde jedoch in seiner ursprünglichen Fassung verwirklicht. Vielmehr erhielt das Baudepartement des Innenministeriums den Auftrag, auf ihrer Grundlage einen neuen Plan auszuarbeiten, der die nach wie vor aufrechterhaltene Funktion der Stadterweiterungsgründe als militärisches Areal mit berücksichtigte. Dieser Entwurf erhielt am 1. September 1859 die kaiserliche Genehmigung und erfuhr während der Ausführung noch manche Änderung. Der Gemeindeverwaltung gelang es nicht, sich bei der Durchführung entscheidend einzuschalten. Diese übernahm vielmehr die Regierung mit Hilfe einer direkt dem Innenministerium unterstellten Stadterweiterungskommission.

In diesem Sinne zählte die Ringstraße im Verein mit der Donauregulierung zu den großen Leistungen des Staates in seiner Hauptstadt.

3. Die Etappen der Durchführung

Mit Hilfe der im Wiener Stadtatlas von 1912 vermerkten Baukonsensjahre der Ringstraßenhäuser ist es möglich, für jedes einzelne Jahr das Bauvolumen zu erfassen und damit auch das den Konjunkturzyklen folgende Auf und Ab der Bautätigkeit im Ringstraßengebiet zu rekonstruieren (vgl. Fig. 1).

Der Kurvenverlauf läßt deutlich vier Höhepunkte der Bautätigkeit erkennen:

1. Die erste lebhafte Bauperiode fällt in die Jahre 1861–1865. Der unglückliche Verlauf des Krieges zwischen Österreich und Preußen 1866 und der anschließend erzwungene Ausgleich mit Ungarn 1867 brachte eine tiefe Zäsur in der Bautätigkeit.

2. Der nächste Aufschwung setzte 1868 ein und dauerte bis 1873. Es sind dies die berühmten Gründerjahre, die mit übersteigertem Optimismus erfüllten Jahre knapp vor der Wiener Weltausstellung (1873), in der die Kaiserresidenz von hektischem Baufieber ergriffen wurde. In diesem Jahrfünft bildete die „Ringstadt" einen einzigen riesigen Bauplatz. Rund 40 v. H. des gesamten Bauvolumens an Miethäusern entstand in dieser kurzen Zeitspanne. Der große Börsenkrach von 1873 bereitete dieser Konjunkturwoge ein jähes Ende.

3. Der dritte Höhepunkt wurde um 1880 erreicht. Wenig später ließ der Baueifer rasch nach.

4. Ein letzter bescheidener Gipfel zu Beginn des 20. Jahrhunderts geht hauptsächlich auf das Konto der Demolierung der Franz Josephs-Kaserne und die damit möglich gewordene Aufschließung des Postsparkassenviertels. Doch steuerte diese jüngste Bauphase nur noch ca. 10 v. H. des Wohnhausbestandes der Ringstraßenzone bei.

Trägt man in die Kurve der Wohnbautätigkeit die Bauführungszeiten der Monumentalbauten des Staates ein, so stellt man mit einiger Überraschung fest, daß ihre Planung und Errichtung wohl zumeist in einer Zeit der Konjunktur begann, ihre Fertigstellung aber über die Rezessionsjahre hinweg noch bis in die nächste Phase des Wirtschaftsaufschwungs hineinreichte. Dies gilt bereits für den ältesten Prachtbau der Ringstraße, die Staatsoper. Bereits 1861 legte man den Grundstein dazu, doch wurde sie erst nach achtjähriger Bauzeit 1869 vollendet.

Weit größer war die Zahl der Prunkbauten, die während der zweiten Phase der Ringstraße in Angriff genommen wurden. Sie gewann überdies, was die Monumentalbauweise anlangt, dank der Berufung Gottfried SEMPERS aus Zürich nach Wien auch einen neuen profilierten Vertreter, der neben dem Dänen Theophil HANSEN und dem Wiener Heinrich FERSTEL das Baugeschehen der siebziger Jahre entscheidend beeinflußte.

Die Gestaltung des Burgringes wurde 1872 mit dem ersten Spatenstich für die beiden Hofmuseen in Angriff genommen. Nahezu gleichzeitig setzte die Projektierung für den Paradeplatz zwischen Altstadt und der Vorstadt Josefstadt, dessen Auflassung Kaiser Franz Joseph 1870 genehmigt hatte, ein. Hier erwuchs der zweite monumentale Ringstraßenkomplex, bei dem Rathaus (FR. V. SCHMIDT) und Burgtheater (G. SEMPER und C. V. HASENAUER), bzw. Parlament (TH. HANSEN) und Universität (H. FERSTEL) in Form eines Kreuzes einander gegenüberstehen. Durch die Anlage des weitläufigen Rathausparkes kam es zur optisch überaus gelungenen Trennung der mächtigen Baumassen. Alle zuletzt genannten Repräsentationsbauten wurden erst in den frühen achtziger Jahren und damit in der dritten Phase der Wohnbautätigkeit vollendet.

Kürzer war die Bauzeit bei der Börse (vollendet 1877), die hauptsächlich erst nach dem großen Börsenkrach errichtet wurde.

Von den achtziger Jahren an baute man unbekümmert um die Baukonjunktur an der großzügigen Erweiterung der Hofburg. Dieses Riesenprojekt eines Kaiserforums wurde infolge des Kriegsausbruchs nicht verwirklicht und blieb ein Torso. Nur der östliche Flügel der Neuen Burg gelangte zur Ausführung.

Die Wohnbautätigkeit auf der Ringstraße verschob sich abschnittsweise von Phase zu Phase. Diese Schwergewichtsverlagerungen wurden im folgenden Schema festgehalten. Einzelangaben dazu sind dem Anhang zu entnehmen.

3. Die Etappen der Durchführung

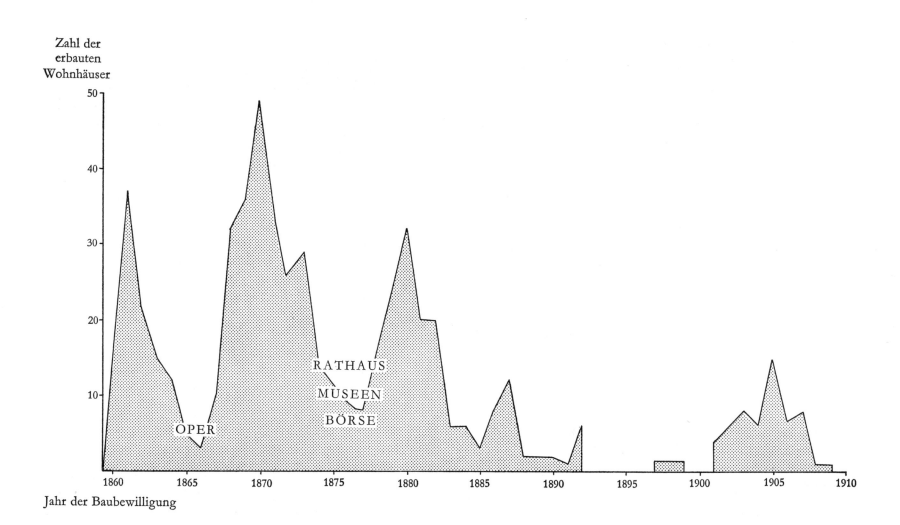

Fig. 1   Die Wohnbautätigkeit im Ringstraßenbereich 1859—1909

I. Die Anlage der Ringstrasse

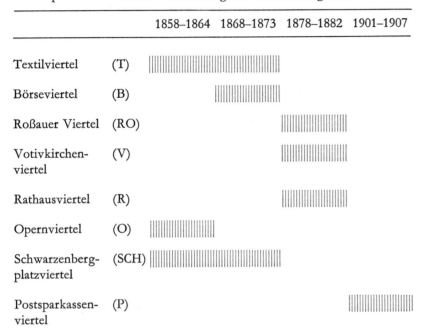

Schwerpunkte im Verlauf der Bautätigkeit auf der Ringstraße

Zu Beginn der *ersten Phase* (vgl. Fig. 2, 3) erfolgte die Zuschüttung des Stadtgrabens und die Abtragung der Mauern (Ende 1858) an der Donauseite bei der Rotenturmbastei. Hand in Hand damit ging die Anlage des Franz Josefs-Kais und die Parzellierung des Textilviertels.

Knapp nachher schritt man zur Demolierung des Kärntnertors und der Anlage des Kärntner Rings. Bereits 1861 legte man das Fundament für die Oper (vgl. oben). In Richtung auf den Wienfluß wurde die Aufschließung für Wohnbauten rasch vorangetrieben. Entlang der Wien begann man 1862 den Stadtpark im englischen Stil anzulegen. Sein attraktiver Anziehungspunkt wurde der Kursalon (1865–1867), das einzige ausschließliche Vergnügungsetablissement im Zuge der Ringstraße, ein glanzvolles Gegenstück zu dem zwar älteren, aber bescheideneren Cortischen Kaffeehaus im Volksgarten (1820).

Den Frühformen historisierender Wohnhausarchitektur folgten die Miethausbauten zwischen Oper und Stadtpark.

Es verdient nachdrücklich unterstrichen zu werden, daß die Schleifung der Basteien gerade an jenen Stellen einsetzte, wo die stärkste Verkehrsintensität zu verzeichnen war, nämlich einerseits beim Rotenturmtor, das den Verkehr aus den Räumen Böhmens und Mährens sammelte, und andererseits beim Kärntnertor, welches die Einfallspforte für den Verkehr aus dem Süden und Westen darstellte.

Daß die Idee von der fortifikatorischen Bedeutung des Glacis in dieser ersten Bauetappe der Ringstraße noch immer nicht aufgegeben war, beweist die Errichtung der Roßauerkaserne (1865–1869), welche als Gegenstück zur Franz Josephs-Kaserne auf dem ehemaligen Holzlagerplatz in der Nordostecke des Glacis in Nachbarschaft zur Vorstadt Roßau errichtet wurde.

Während der *zweiten Phase der Baukonjunktur* in den frühen siebziger Jahren füllte sich das Börseviertel rasch mit Wohnbauten. Die gleichzeitige Auflassung des Paradeplatzes wirkte sich im Mittelstück der Ringstraße jedoch noch nicht aus (vgl. Fig. 4).

Erst im Verlauf der *dritten Bauphase*, Ende der siebziger und zu Beginn der achtziger Jahre, kam es zur Verlagerung des baulichen Schwergewichts in diesen arrivierten Westabschnitt der Ringstraße. Im Anschluß an die bereits genannten Monumentalbauten entstand im Westen des Rathausparks, gegen den Bezirk Josefstadt hin, ein Nobelmiethausviertel, dessen hoher Wohnkomfort auf die Luxusbedürfnisse des Großbürgertums abgestimmt war. Auch das Votivkirchen- und Roßauerviertel wurden nunmehr schnell erschlossen. In letzterem glückte jedoch aus verschiedenen Ursachen (vgl. unten) nicht mehr die gleiche Inwertsetzung als Wohnquartier wie im Rathausviertel. Dementsprechend mußte die Ausstattung der Zinshäuser – ausgenommen jene am Schottenring – den geringeren Ansprüchen des Mittelstandes angepaßt werden.

Nach Fertigstellung des Westabschnittes der Ringstraße (um 1885, vgl. Fig. 5) trat in der Bautätigkeit eine längere Pause ein. Erst die Abtragung der Franz Josephs-Kaserne machte es möglich, in der vierten Bauphase den letzten Abschnitt des Glacis, das *Postsparkassenviertel*, aufzuschließen. Das imposante Objekt des Kriegsministeriums trägt, ebenso wie die Miethausblöcke rings um die Postsparkassa von Otto Wagner, bereits die Wesensmerkmale des Jugendstils.

Erstmals fanden zu Beginn des 20. Jahrhunderts halboffizielle Gebäude (Handels- und Gewerbekammer, Haus der Industrie) in der Ringstraßenverbauung Aufnahme.

Im Gefolge der Wienflußregulierung und -einwölbung und der daran anknüpfenden Trassierung der Stadtbahn füllten schließlich einige Häuserblöcke in dem stadtauswärts gelegenen Teil des Schwarzenbergplatzes die letzten verfügbaren Bauflächen.

3. Die Etappen der Durchführung

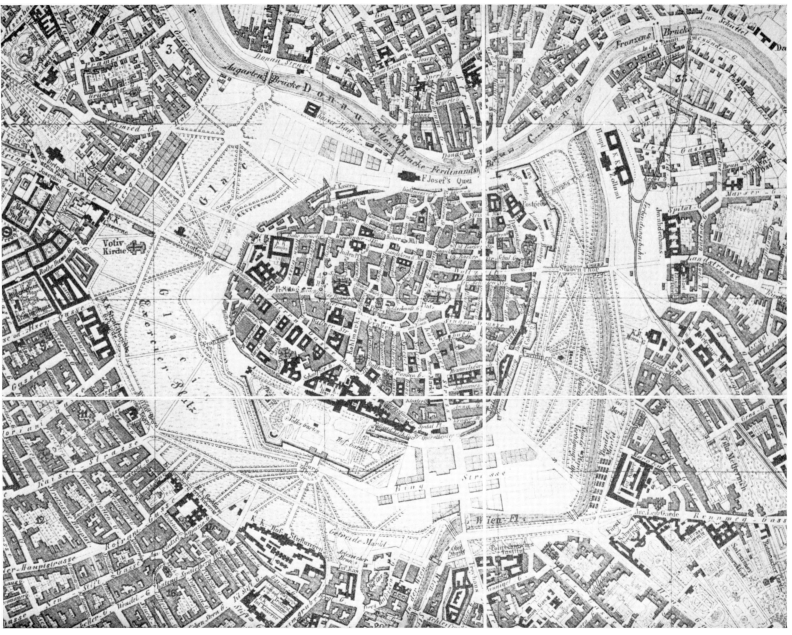

Fig. 2 Das Ringstraßengebiet 1862, Maßstab ca. 1:15.000

Österr. Nationalbibliothek
Originalmaßstab 1:18.000

I. Die Anlage der Ringstrasse

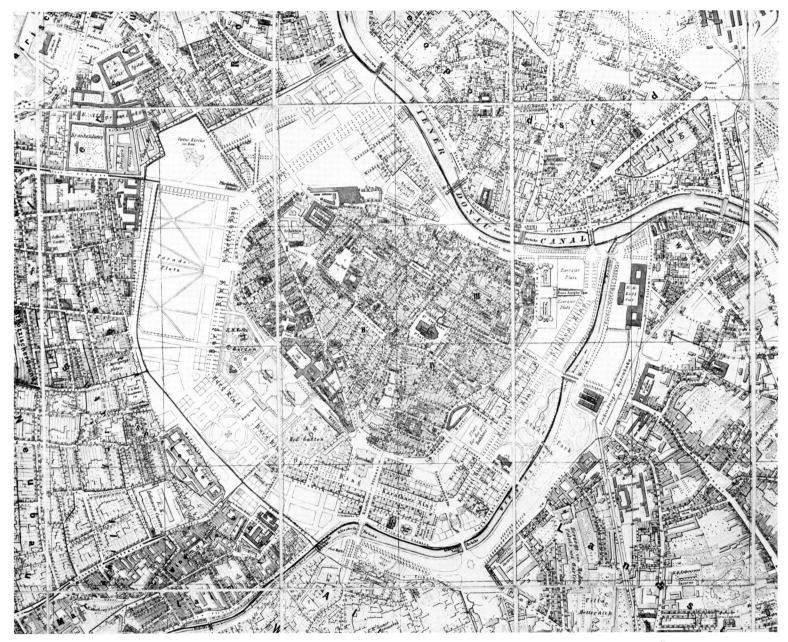

Fig. 3 Das Ringstraßengebiet 1866, Maßstab ca. 1:16.000

Österr. Nationalbibliothek
Originalmaßstab 1 : 7000

3. Die Etappen der Durchführung

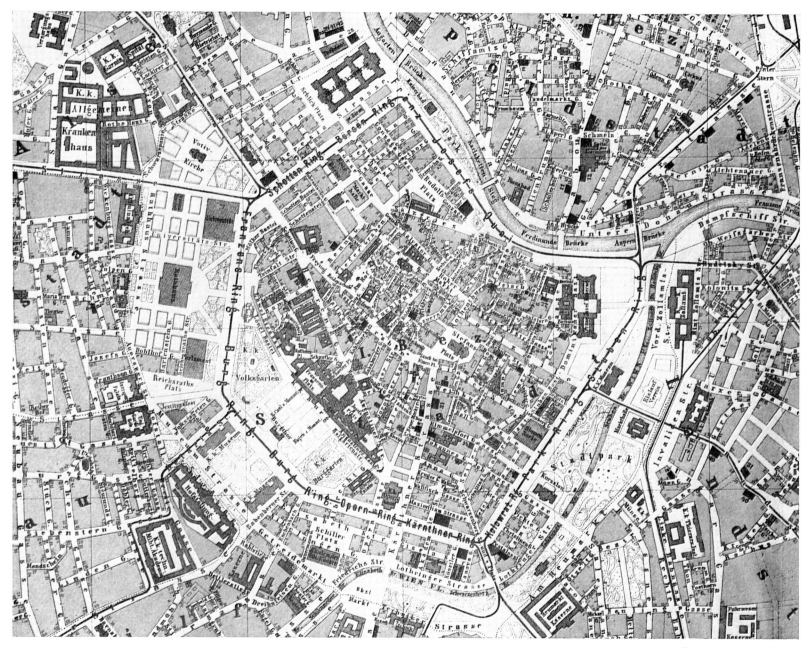

Fig. 4   Das Ringstraßengebiet 1876, Maßstab ca. 1:15.000

Österr. Nationalbibliothek
Originalmaßstab 1:10.400

I. Die Anlage der Ringstrasse

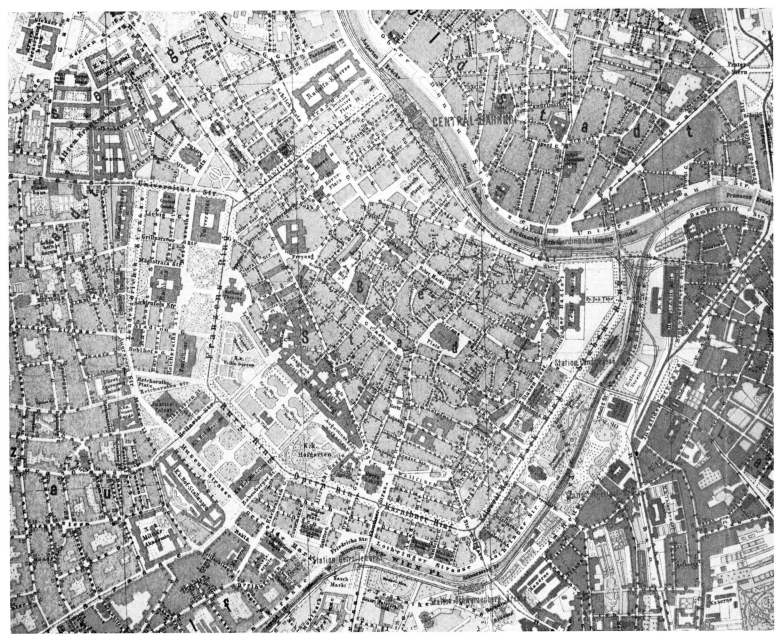

Fig. 5   Das Ringstraßengebiet 1883, Maßstab ca. 1:15.000

Österr. Nationalbibliothek
Originalmaßstab 1:14.400

3. Die Etappen der Durchführung

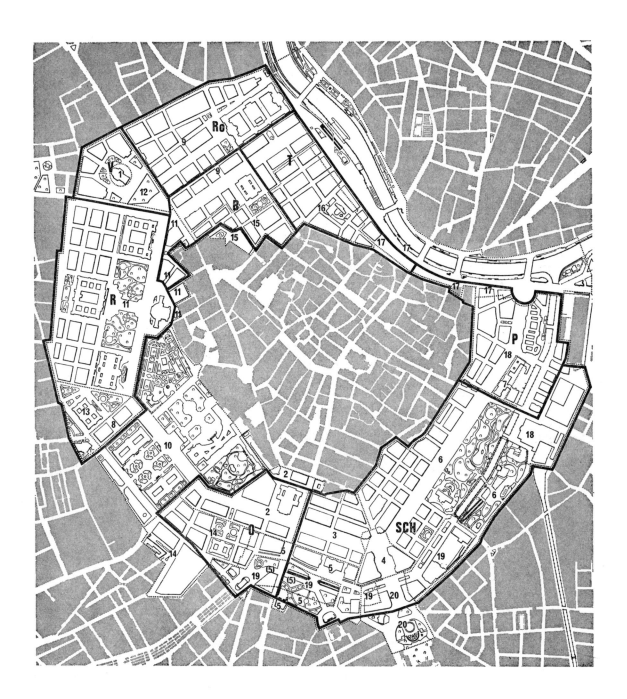

T Textilviertel
B Börseviertel
RO Roßauer Viertel
V Votivkirchenviertel
R Rathausviertel
O Opernviertel
SCH Schwarzenbergplatzviertel
P Postsparkassenviertel
—— Stadtgeographische Viertelsgliederung

1 Votivkirche
2 Opernring
3 Kärntner Ring
4 Schwarzenbergplatz I
5 Karlsplatz
6 Parkring und Stadtpark
7 Oesterreichisches Museum für Kunst und Industrie
8 Bellaria
9 Schottenring
10 Burgring
11 Rathausplatz und Rathausviertel
12 Rooseveltplatz
13 Schmerlingplatz
14 Schillerplatz
15 Bankviertel hinter der Börse
16 Viertel um den Rudolfsplatz
17 Franz Josefs-Kai
18 Stubenring
19 Wienflußeinwölbung
20 Schwarzenbergplatz II
······· Kunsthistorische Sektoreneinteilung

Maßstab ca. 1 : 15.000

Fig. 6 Stadtgeographische und kunsthistorische Viertelsgliederung der Ringstraße

Im großen und ganzen beschränkte sich die Bautätigkeit in der Ringstraßenzone auf den ehemaligen Glacis- und Festungsgürtel. Einbrüche in die Altstadt blieben von untergeordneter Bedeutung. Nur bei Errichtung des Burgtheaters mußte ein ehemaliges Palais weichen. Ebenso fielen bei Abtragung der Salzgrieskaserne an der Nordwestflanke der Stadt einige ältere Miethäuser der Spitzhacke zum Opfer.

Aufgrund der ermittelten Wohnbauphasen ist es nunmehr möglich, historisch-konstruktive Bauabschnitte zu unterscheiden. Unter Berücksichtigung und Vorwegnahme wesentlicher Untersuchungsergebnisse über die Wohn- und Wirtschaftsfunktion gelangt man zu einer stadtgeographischen Viertelsgliederung der Ringstraßenzone (vgl. Fig. 6). Diese bildet für die gesamte vorliegende Darstellung das räumliche Ordnungsgerüst.
Es zeigt sich dabei, daß das bauliche Geschehen aufs stärkste von seinen sozialen und wirtschaftlichen Hintergründen aus geprägt wird, und in diesem Sinne besitzen die im folgenden beschriebenen Abschnitte der Ringstraße auch eine erstaunlich eigenständige Note.
Aus Gründen, die im Laufe der weiteren Darstellung noch dargelegt und damit durchsichtiger werden, weicht die Viertelsbildung im Rahmen dieser Arbeit etwas ab von der kunsthistorischen Sektoreneinteilung der Ringstraße, die als Grundlage des Bildbandes Verwendung fand. Um einen Vergleich zwischen beiden Gliederungen zu gestatten, wurden auf dem beigefügten Plan sowohl die kunsthistorischen Abschnitte als auch die eigene Viertelsgliederung eingetragen.
Größere Unterschiede bestehen vor allem im Gebiet des Schottenringes. Hier mußte die sozialwirtschaftlich eminent wichtige Grenze zwischen dem ersten und neunten Gemeindebezirk, welche der Maria Theresien-Straße folgt, zur Abgrenzung des Roßauerviertels gewählt werden. Der Schottenring selbst und die stadtwärts anschließenden Baublöcke erfuhren überdies eine Untergliederung in das Textilviertel um den Rudolfsplatz und das Börseviertel zwischen Universität und Börse.
Im Bereich des Opern-, Kärntner- und Parkringes wurden die zahlreichen kleinen kunsthistorischen Abschnitte zu zwei großen Vierteln, dem Opern- und dem Schwarzenbergplatzviertel, zusammengefaßt und durch den Radius der Kärntner Straße voneinander geschieden.
Übereinstimmend erfolgte die Abgrenzung des Postsparkassenviertels. Jedoch wurde der schmale Häuserstreifen längs des Franz Josefs-Kais nicht als eigener Abschnitt ausgewiesen, sondern entlang der Rotenturmstraße auf das Textilviertel bzw. das Postsparkassenviertel aufgeteilt.

4. Die stadtgeographische Position der Ringstraße

Es ist nicht das Anliegen dieser Untersuchung, die rechtliche und finanzielle Seite des großen Vorhabens der Stadterweiterung darzustellen. Dies ist ebenso wie die Problematik der städtebaulichen und architektonischen Gestaltung der Ringstraße vielmehr Aufgabe anderer Autoren. Lediglich das Ergebnis dieses Vorhabens soll in seinen stadtgeographischen Zusammenhängen und mit seinen daraus resultierenden besonderen Zügen gekennzeichnet werden.
1. *Im Gesamtkonzept* der Ringstraße kam erneut die in den Merkmalen des Reliefs wurzelnde ererbte *asymmetrische Entwicklung der Stadt* zum Tragen, d. h. die Tatsache, daß Wien nicht wie Budapest als Brückenstadt an der Donau zur Millionenstadt emporgewachsen ist, sondern stets seine Rückseite dem Hauptstrom zugekehrt hat. Bis zur großen Donauregulierung 1870–1874 stets von Überschwemmungen bedroht, vermochte das Augelände (Roßau, Leopoldstadt, Brigittenau) auch nachher das im Bewußtsein der Wiener zutiefst verankerte Image eines deklassierten Stadtteils nicht zu überwinden. Aus diesen Zusammenhängen begreift man, warum es auch die Gründerzeit unterließ, längs des neu angelegten Kais am Donaukanal eine repräsentative Schaufront der Stadt gegen den Stromarm hin zu errichten.
Zwangsläufig mußte das glanzvolle Kernstück der Ringstraße vielmehr im Westen im Anschluß an den ausgedehnten Komplex der Hofburg entstehen. Hier sollte ja auch das erwähnte Kaiserforum gleichsam die Krönung des Gesamtprojekts bilden.
Es sind alte Traditionen, die auch hiermit wieder auflebten. Hatten sich doch bereits die barocken Vorstädte an ihrem Saume gegen die Altstadt hin mit Palästen geschmückt.
2. Der Abfall repräsentativer Gestaltung von diesem Mittelstück der Ringstraße zu den beiden Flügeln hin ist unverkennbar. Er wurde nicht zuletzt durch die bereits vorhandenen Kasernen am Donaukanal, die Roßauerkaserne und die Franz Josephs-Kaserne, mit verursacht, die auf ihre Umgebung einen abwertenden Einfluß ausübten (vgl. unten).
3. In ihrer Gesamtkomposition war die Ringstraße von vornherein auf die halbkreisförmige Leitschiene einer Repräsentativstraße, nämlich des Ringes, und eine am Vorstadtrand entlangleitende Lastenstraße hin ausgerichtet gewesen. Dieses Grundkonzept wirft mit Notwendigkeit die Frage nach der *radialen Verklammerung* zwischen der Altstadt und den Vorstädten auf. Diese wurde im Gesamtkonzept zweifellos als eine *zweitrangige Angelegenheit* betrachtet. Die Anlage von querenden Radialstraßen be-

schränkte sich auf die von den alten Haupttoren ausgehenden einstigen Fernstraßen, nämlich die Kärntner Straße, die Landstraße und die Schottengasse (Währinger Straße). Die Fortsetzung der Wipplingerstraße wurde um einen Häuserblock versetzt. Diese auffällig geringe Zahl durchgehender Straßenverbindungen ist mit ein Hauptgrund für die heutige Verkehrsmisere innerhalb der Wiener City.

4. Dank der Mengung von öffentlichen Bauten und Nobelmiethausblöcken besitzt der Ringstraßenbereich eine *funktionelle und soziale Sonderstellung gegenüber der Altstadt und den Vorstädten*, auf die noch besonders einzugehen sein wird. Institutionen der Wirtschaft blieben auf einzelne Banken und Großhotels beschränkt.

Drei grundsätzliche stadtgeographische Fragen seien in diesem Zusammenhang noch etwas detaillierter erläutert:
a) Der Fortbestand der Aufgaben des Glacis.
b) Die Rolle der öffentlichen Bauten.
c) Die Frage der Verklammerung der Ringstraße mit der Altstadt und den Vorstädten.

a) Der Fortbestand der Aufgaben des Glacis

Das ungewöhnlich breite Schußfeld vor den Wiener Bastionen geht auf Erweiterungen zurück, die durch die beiden Türkenbelagerungen veranlaßt wurden. Bereits zwei Jahre nach der ersten Türkenbelagerung wurde 1531 der Befehl erlassen, bis zu 50 Klafter[1] vom Stadtgraben entfernt keine Siedlungen anzulegen. Wie wenig dieses Verbot beachtet wurde, erweist seine zehnmalige Replizierung. Auch ein von Kaiser Rudolf II. 1596 angeordneter Abbruch der Vorstädte bis zu einer Distanz von 800 bis 1000 Schritt stieß auf Widerstand. Erst nach der zweiten Türkenbelagerung (1683) wurde der Befestigungsrayon auf 600 Schritt (= 200 Klafter) erweitert und durch Grenzsteine fixiert.

Dieser in der Folge unverbaut gebliebene Raum des Glacis gewann für das städtische Leben im Laufe der nächsten zwei Jahrhunderte recht verschiedene Aufgaben. Es waren im wesentlichen die folgenden:

1. Die *militärische Rolle* lag in der Widmung als ärarisches Gelände beschlossen. Sie ließ noch um die Mitte des 19. Jahrhunderts Großkasernen entstehen: die Franz Josephs-Kaserne, auf deren Gelände das Postsparkassenviertel mit dem Kriegsministerium entstand, und die heute noch bestehende Roßauerkaserne. Schließlich diente das Terrain des Glacis zwischen Altstadt und Josefstadt bis 1870 als Exerzierplatz.

2. Unter Kaiser Joseph II. wurden auf den ausgedehnten, aber völlig ver-

[1] 1 Klafter = 1,7 m.

wahrlosten Gründen des Glacis Rasenflächen angelegt, längs der Wege und Straßen Linden und Robinien gepflanzt und Sitzbänke aufgestellt. Dadurch gewann das Glacis den Rang eines wertvollen *Erholungsraumes* für die in der hoch und dicht verbauten Altstadt wohnende Bevölkerung. Diese Erholungsfunktion bewahrte die Ringstraßenzone dank der Einbeziehung großzügiger Parkanlagen in die städtebauliche Gestaltung bis in unsere Tage.

3. In einer Zeit des Fußgänger- und Fuhrwerksverkehrs übernahm dieser freie Raum schließlich auch eminent wichtige *Versorgungsaufgaben* für die Stadt. Lagerplätze und Märkte bezogen hier ihren Standort. Von manchen dieser einstigen Approvisionierungszentren, wie dem Getreidemarkt und dem Heumarkt, haben sich nur die Straßennamen erhalten. Die Tradition des Obstmarktes an der Wien wurde jedoch von dem über dem eingewölbten Wienbett 1904 neugegründeten Naschmarkt übernommen.

Der große Ochsenstand an der Einmündung der Ungarischen Landstraße wurde schon 1797 nach St. Marx verlegt. Seine Stelle nahm das Hafenbecken des Wiener Neustädter Kanals ein, dessen Trasse später von der Verbindungsbahn zwischen Nord- und Südbahnhof benützt wurde. Das Erbe des Hafengeländes trat schließlich im Zeichen des Wiederauflebens alter Versorgungsaufgaben die Großmarkthalle an. Die Rolle des Trödelmarktes südlich der Wien wurde in der Gründerzeit von der Tandelmarkthalle nördlich der Roßauerkaserne (heute Neubau der Pensionsversicherungsanstalt für Arbeiter und Angestellte) fortgeführt. Die Holzlagerplätze an der Roßauer Lände des Donaukanals rückten mit dem Wachstum des städtischen Baukörpers gegen Ende des 19. Jahrhunderts weiter stromauf. An ihre Existenz erinnerte noch zur Zeit des spätkaiserlichen Wiens eine gewisse Konzentration der Holz- und Möbelbranche im Roßauerviertel.

4. Mit der Verlegung öffentlicher Bauten im Vormärz an den Rand des Glacis gegen die Vorstädte hin (Hauptzollamt [1840–1844], Münzamt [1835–1838], Technische Hochschule [1816–1818], Landesgericht [1831 bis 1839]) und der Errichtung großer Wohnhöfe für gehobene Bevölkerungsschichten (vgl. Kartentafel I) wurde nicht nur das Glacis etwas verschmälert, sondern darüber hinaus auch die beiden maßgeblichen Elemente, welche das Wesen der späten Ringstraße entscheidend prägten, nämlich *Monumentalbauten* und „bessere" *Miethäuser*, gleichsam als erste Vorläufer derselben errichtet.

b) Die Auswirkung der öffentlichen Bauten

Das Aussehen der Ringstraße wird auf das Nachhaltigste durch die großen Monumentalbauten des Staates und der Stadt geprägt. Ihre architektonische Würdigung ist eine Angelegenheit des Kunsthistorikers. Hier sei lediglich die Frage nach ihrer funktionellen Auswirkung diskutiert, d. h. inwiefern ihre Existenz auf die Nachbarschaft durch Anziehung von bestimmten Betriebsstätten der Wirtschaft bzw. besonderen Berufsgruppen einen Einfluß gezeigt hat.

Die weitaus stärkste Attraktion auf die wirtschaftlichen Funktionen übte die *Börse* aus, die das ganze Viertel längs des Schottenringes mit den ihr zugeordneten Handelsberufen und Wirtschaftszweigen bestimmte.

Im Gegensatz dazu haben sich die *Einrichtungen für das Marktwesen* und die Verproviantierung nicht sonderlich ausgewirkt (vgl. unten). Dies gilt sowohl für die Großmarkthalle, die an der Stelle des einstigen Ochsenstandes an der Landstraße auf dem Glacis entstand, als auch für den Naschmarkt, der im Anschluß an die Secession auf dem eingewölbten Wienbett nach 1904 angelegt wurde und die Aufgaben der damals aufgelassenen Standelmärkte der Altstadt übernahm. Beide Einrichtungen brachten sich ausschließlich in den inneren Bezirken zur Geltung. So schlugen beiderseits des Naschmarktes in den Seitengassen der Bezirke Wieden und Mariahilf die Lebensmittelgroßhändler ihre Kontore auf und wählten hier ihren Wohnsitz. Ähnliches gilt für die Großmarkthalle, die im Verein mit dem Hauptzollamt, stadtwärts durch den Wienfluß abgeriegelt, mit den dazugehörigen wenigen Häuserblöcken der Ringstraßenverbauung gleichsam eine Welt für sich bildet.

Von seiten *kultureller Institutionen* empfing das Viertel zwischen Kärntner Straße und Schwarzenbergplatz eine spezifische Note. Die Nachbarschaft von *Oper*, Konzerthaus, Musikvereinsgebäude gab auf wirtschaftlichem Feld den Erzeugern von Musikinstrumenten, dem Klavier- und Musikalienhandel günstige Standortvoraussetzungen. Die Miethäuser füllten sich mit Künstlern aller Art.

Ähnlich zeitigte auch die *Universität* eine ganze Reihe von Auswirkungen. In ihrer Umgebung entstanden Pensionen für begüterte Studenten, mieteten sich zahlreiche Universitätsprofessoren eine Wohnung und fanden Buchbinder und Buchdrucker ihre Existenz.

Als Großobjekten repräsentativen Charakters fiel den beiden *Museen* ausschließlich eine gewisse Pufferfunktion zwischen dem Opern- und dem Rathausviertel zu. Gering blieb gleichfalls der Einfluß der Behörden des Staates und der Stadt. Das galt sowohl für das *Rathaus*, dessen Beamte die hohen Mieten der Ringstraßenhäuser nicht bezahlen konnten und daher in der Josefstadt und Alservorstadt ihr Domizil aufschlugen, als auch für das *Kriegsministerium*, dessen Angestellte im benachbarten Bezirk Landstraße zu Hause waren.

Durch die Verlagerung mancher bisher in der Altstadt untergebrachter *öffentlicher Institutionen an die Ringstraße erlitten* einzelne *Teile der Altstadt einen empfindlichen Funktionsverlust*. Davon besonders hart betroffen wurde das alte Universitätsviertel, das wegen seiner Verkehrsabgelegenheit keinerlei wirtschaftliche Ersatzfunktionen an sich zu ziehen vermochte und alsbald zu einem Wohnviertel bescheidener Leute herabsank. Geringer war der Bedeutungsschwund im ehemaligen Rathaus- und Hofkanzleiviertel an der Wipplingerstraße. Vielfach drangen hier Privatmieter in die öffentlichen Gebäude ein.

Nach der bereits erwähnten Verlegung des Kriegsministeriums an die Ringstraße wurde das alte Gebäude am Platz „Am Hof" demoliert. Großbanken nahmen seine Stelle ein.

c) Die Frage der Verklammerung von Altstadt und
   Vorstädten (vgl. Fig. 7)

wurde auf sehr konservative Weise gelöst, indem man von rigorosen Durchbrüchen in der Altstadt, wie sie nach dem Muster der Pariser Stadtregulierung einzelne Architekten propagierten, völlig Abstand nahm. Damit blieb eine gewisse „Mauersituation", wenn auch unter geänderten Vorzeichen, bis heute erhalten.

Die markanteste *Abschirmung der Altstadt* erfolgt durch den weitläufigen *Burgkomplex*, weshalb das einstige Adelsviertel und spätere Regierungsviertel längs der Herrengasse für den modernen Verkehr nur auf Umwegen erreichbar ist.

Die aus der mittelalterlichen Situation herrührende geknickte Einbindung der westlichen Ausfallstraße der Stadt beim Kärntnertor (die Verbindung mit den ehemaligen österreichischen Vorlanden im Zuge der Mariahilfer und Linzer Straße) wurde beibehalten. Der gebündelte Hauptverkehr aus dem Süden (Wiedner Hauptstraße, Triester Straße, Südautobahn) und dem Westen (Bundesstraße 1, Westautobahn) strömt daher auch in der Gegenwart bei der Oper in die Innenstadt hinein. Das durch den Burgtrakt hindurchleitende Michaelertor besitzt nach wie vor eine bloß untergeordnete Rolle.

Die *Basteien* verschwanden überdies nicht zur Gänze. Reste blieben gegenüber der Universität (Mölkerbastei), im Raum des Stadtparks (Coburgbastei) und gegenüber dem einstigen Kriegsministerium (Dominikanerbastei) erhalten.

Reliefunterschiede halfen den Gegensatz zwischen Altstadt und Stadterweiterung zu konservieren, so im Nordwesten, wo der steile Hang der Stadtterrasse zum einstigen Augelände zum Teil nur mittels Stiegengassen überbrückt werden konnte.

4. Die stadtgeographische Position der Ringstrasse

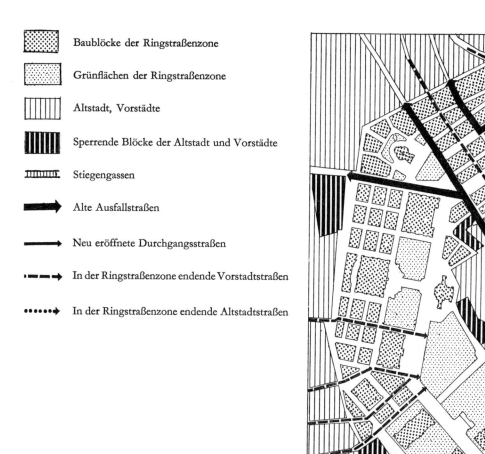

- Baublöcke der Ringstraßenzone
- Grünflächen der Ringstraßenzone
- Altstadt, Vorstädte
- Sperrende Blöcke der Altstadt und Vorstädte
- Stiegengassen
- Alte Ausfallstraßen
- Neu eröffnete Durchgangsstraßen
- In der Ringstraßenzone endende Vorstadtstraßen
- In der Ringstraßenzone endende Altstadtstraßen

Fig. 7 Die Verklammerung der Ringstraße mit der Altstadt und den Vorstädten

25

I. Die Anlage der Ringstrasse

Die gut durchgängigen Altstadtgebiete, welche mit dem Straßensystem der Ringstraße direkt verbunden sind, beschränken sich im wesentlichen auf zwei Abschnitte. Im Sektor zwischen Schwarzenbergplatz und Stadtpark öffnen sich die einstigen Sackgassen des Adelsviertels (Himmelpfortgasse, Weihburggasse, Annagasse) zum Ring hin. Ebenso stehen auf der entgegengesetzten Seite der Altstadt im Norden drei Altstadtgassen (vgl. oben) mit dem Kaigelände in Verbindung.

Die *Verklammerung der Ringstraßenzone mit den* ehemaligen *Vorstädten* weist geradezu umgekehrte Vorzeichen auf, insofern als dort, wo die Kommunikation zwischen der Ringstraße und der Altstadt unzureichend ausfiel, die Einbindung der Vorstadtstraßen besser glückte.

Äußerst mangelhaft blieb die verkehrsmäßige Verknüpfung mit dem südöstlichen Stadtsektor, dem Bezirk Landstraße. Große sperrende Baukörper, wie das aus der ersten Hälfte des 19. Jahrhunderts stammende Hauptzollamt, die Großmarkthalle und der Stadtpark riegeln ihn fast völlig von der Altstadt ab, die sich gerade in diesem Bereich mit ihren einst stillen Seitengassen zur Ringstraße hin öffnet. Die Erinnerung an die alte Barriere des Wienflusses lebt letztlich in dieser Situation fort.

Wesentlich besser glückte die Verbindung zu den Radialstraßen der Vorstädte im Westen zwischen Wiental und Alser Straße. Zwar gelang, bedingt durch die schematischen Dimensionen der Ringstraßenblöcke, die Verklammerung nur teilweise, doch konnte immerhin eine gewisse Durchgängigkeit erzielt werden. Andererseits ist jedoch gerade hier die Altstadt durch den Hofburgkomplex samt den dazugehörigen Grünanlagen am schlechtesten zugänglich. Eine im Grunde ähnliche Situation besteht im nördlichen Abschnitt der Ringstraße, wo im Bereich des Steilabfalles der Stadtterrasse ein Zutritt zur Altstadt nur über Stiegengassen möglich ist, während vom Ringstraßengebiet her der Anschluß zu den Vorstadtstraßen in Liechtental und Roßau gefunden wurde.

Überblickt man das Straßennetz des Ringstraßenbereiches in seiner Gesamtheit, so wird seine Zuordnung zu den beiden durchgehenden konzentrischen Straßenzügen, der Ringstraße und der Lastenstraße, offenkundig, ebenso seine Aufgliederung mittels großer öffentlicher Bauten in einzelne isolierte Rasterviertel, deren Reihenmiethäuser, wie noch gezeigt werden soll, hinsichtlich Wohn- und Wirtschaftsfunktion eine recht eigenständige Note entwickelt haben.

II. DIE WOHNBAUTEN DER RINGSTRASSE

1. Neue Organisationsformen des Bauens

Die Ringstraße wurde zum *Experimentierfeld für neue Organisationsformen* des Bauens. Die Grundentlastung von 1848 hatte den Bodenbesitz aus den feudalen grundherrschaftlichen Bindungen gelöst. Im Zeitalter kapitalistischer Wirtschaftsauffassung unterlag er nunmehr den gleichen Gesetzen von Angebot und Nachfrage wie andere Güter. Aufgrund der liberalen Gewerbegesetzgebung (1859) streifte auch das Baugewerbe die alten zünftischen Fesseln ab und gewann in Kürze teilweise industriellen Charakter.
Die Grundstücksspekulation griff rasch um sich und mit ihr entsprechende neue Unternehmensformen, die sich in das ursprünglich einfache Beziehungsdreieck von Grundherr, Baugewerbe und bürgerlicher Hausbesitzer einschalteten. Zahlreiche *Baugesellschaften* wuchsen wie Pilze aus der Erde und übernahmen die Aufschließung von Gründen und den Vertrieb der Parzellen. Agenten und Kommissionäre verschiedenster Art profitierten gleichfalls vom Grundstückshandel.
Bereits früh hatte der Hausbesitz in Wien einen tiefgreifenden Wertwandel erfahren. War das Haus dem mittelalterlichen Gewerbebürger eine unentbehrliche Grundlage für seine wirtschaftliche Existenz gewesen und vereinte es Wohnhaus und Werkstätte, Verkaufsräume und Speicher unter einem Dach, so benötigte schon die Barockresidenz des Habsburgerreiches bei fortlaufender Vermehrung des Beamtenstandes und des Hofpersonals in steigendem Maße Mietwohnungen.

Fig. 8   Parzellierung der Wiener Baugesellschaft: Mölkerbastei

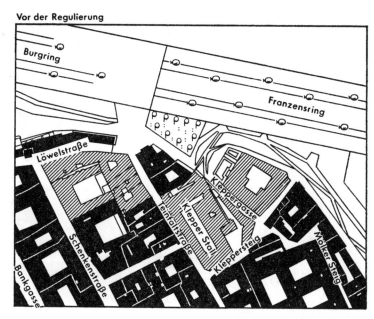

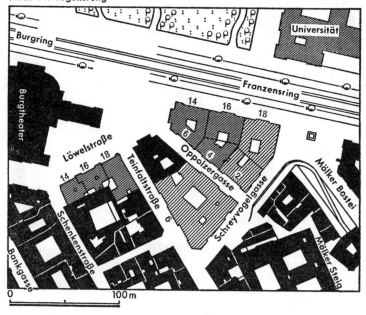

II. Die Wohnbauten der Ringstrasse

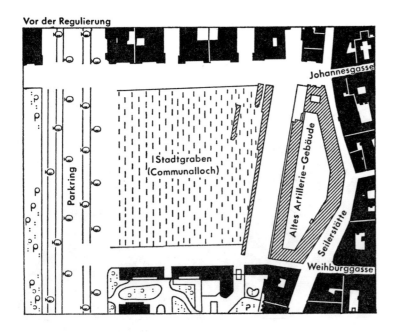

Große geistliche Stifte und einige Adelige erkannten die finanzielle Chance und errichteten Großwohnhöfe. Ihnen folgte nach Aufhebung der Hofquartierspflicht unter Joseph II. eine breite Schicht von ungleich weniger kapitalkräftigen Hausbesitzern, welche vor allem in den Vorstädten zum Träger eines massenhaften Baus verhältnismäßig kleiner Mietobjekte wurde. So avancierte die Idee vom *Hausbesitz als Kapitalanlage* in Form des Ertrag abwerfenden Miethauses zu einer der wichtigsten Intentionen wohlhabender bürgerlicher Bevölkerungskreise.

Planung und Durchführung der rechtlichen und technischen Seite der Bautätigkeit übernahmen die Baugesellschaften. Sie entstanden, wie erwähnt, im Zusammenhang mit der Parzellierung der Stadterweiterungsgründe und wirkten von hier ausgehend auch bei der Neuaufschließung von Teilen der inneren und äußeren Bezirke mit.

a) Die Wiener Baugesellschaft

war eine der bedeutendsten und soll im folgenden beispielhaft behandelt werden, da über ihre Tätigkeit während der Jahre 1869–1902 ein Geschäftsbericht Aufschluß gewährt. Zu ihren Initiatoren zählten u. a. Architekten von internationalem Ruf, wie FERSTEL, HASENAUER und KAISER. Aufgrund ihrer soliden Geschäftspraktiken war es ihr möglich, den großen Börsenkrach vom Jahre 1873, wenn auch unter erheblichen Substanzverlusten, zu überdauern. Mit der Entfaltung einer eigenen Bautätigkeit wich sie von den Gepflogenheiten der meisten übrigen derartigen Unternehmungen ab.

Im genannten Zeitraum von 33 Jahren errichtete sie insgesamt 123 Wohn- und Geschäftshäuser, davon allein 37 im Ringstraßenbereich (vgl. Liste im Anhang). Den Höhepunkt ihrer Aktivität bezeichnen die Jahre zwischen 1870 und 1875, später ließ ihr Engagement stark nach und beschränkte sich schließlich auf einzelne Vorhaben.

Fig. 9
Parzellierung der Wiener Baugesellschaft: Hegelgasse—Schellinggasse

1. Neue Organisationsformen des Bauens

Im Zuge der Ringstraßenverbauung schaltete sich die Wiener Baugesellschaft bei der Erschließung der nachfolgenden Gebiete ein:

1. Bereits 1870 begann sie mit der Planung und Erbauung von 11 Häusern in der Museum-, Bellaria-, Hansen- und Volksgartenstraße. Dabei gelangten zum Teil völlig genormte Grundrißtypen zur Anwendung (vgl. Abb. 21).

2. Im Gebiet der Mölkerbastei (Fig. 8) erwarb sie das Palais des Grafen Breunner und den sogenannten Klepperstall, riß beide Objekte ab und legte an ihrer Stelle die Oppolzer- und Schreyvogelgasse neu an. Nach den Plänen von Emil v. Förster entstand die Bodencreditanstalt (Löwelstraße 20), ferner wurden die Häuser Franzensring 14, 16, 18 (Dr. Karl Lueger-Ring 4, 6, 8), Oppolzergasse 2–4, Löwelstraße 14, 16, 18 von den Architekten der Gesellschaft erbaut.

3. Durch den Aufkauf des alten Artilleriegebäudes konnte eine größere Parzellierung zwischen Seilerstätte-Johannesgasse-Weihburggasse und Parkring (Fig. 9) in die Wege geleitet werden. An der Stelle des teilweise zugeschütteten ehemaligen Stadtgrabens („Communalloch") entstanden Schellinggasse und Hegelgasse. Ursprünglich sollte hier, wie es die Ausschreibung eines Wettbewerbes von 1868 dokumentiert, das neue Rathaus errichtet werden (vgl. Fig. 4). Mit Auflassung des Paradeplatzes wurde jedoch dieses Projekt fallengelassen. In der Folge entstanden 23 Baustellen. Davon blieben 16 im Besitz der Gesellschaft. Auf 13 Parzellen erstellte sie Neubauten nach eigenen Entwürfen.

4. Vom ausgedehnten Komplex der Salzgrieskaserne (Fig. 10) an der Nordwestecke der Altstadt erwarb sie das alte Armatur- und Zeughaus zwecks Demolierung. Gleichzeitig wurden die auf der Elendsbastei stehenden baufälligen Wohnhäuser abgetragen. Dies ermöglichte die Neuparzellierung im Raum zwischen Wipplingerstraße-Hohenstaufengasse. Von den gewonnenen Parzellen wurden elf weiterveräußert und drei in Eigenregie verbaut (Wipplingerstraße 39, 43, Hohenstaufengasse 10).

5. Am Franz Josefs-Kai erstand die Gesellschaft das „Müllersche Gebäude" (Fig. 11). In den Räumlichkeiten dieser einstigen Hauptmaut war ein Wachsfigurenkabinett untergebracht. Das Terrain wurde in fünf Parzellen unterteilt und verbaut. Ferner übernahm die Gesellschaft die Bauführung bei der Errichtung des Hotels Métropole (zerstört 1945).

6. Am Rande der Alservorstadt kaufte sie das an das Allgemeine Krankenhaus anrainende Rote Haus auf (Fig. 12). Dieses an der Stelle eines ehemaligen Meierhofes nach der zweiten Türkenbelagerung entstandene Miethaus zählte mit seinen über 200 Wohnungen und einem Zinsertrag von 26.000 Gulden zu den größten Altwiener Zinskasernen. Das mittels Stadterwei-

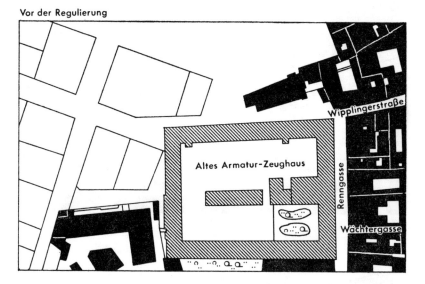

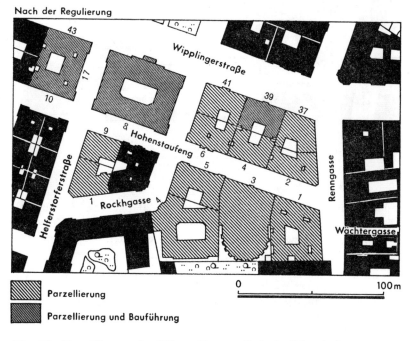

Fig. 10 Parzellierung der Wiener Baugesellschaft: Salzgrieskaserne

II. Die Wohnbauten der Ringstrasse

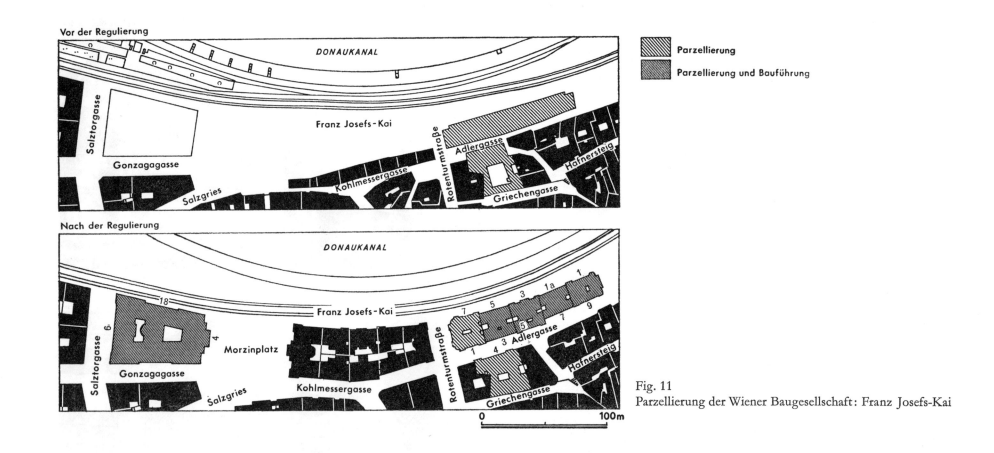

Fig. 11
Parzellierung der Wiener Baugesellschaft: Franz Josefs-Kai

terungsgründen arrondierte Areal wurde in 20 Bauparzellen aufgeteilt. 13 Parzellen wurden verkauft und auf 7 Baustellen in den Jahren 1890 bis 1893 nach eigenen Plänen Nobelhäuser errichtet. Auf diese Weise entstanden Schwarzspanierstraße, Garnisongasse und Frankgasse.

b) Steuerbegünstigungen

In einer Zeit, in der die Wohnbaufinanzierung fast ausschließlich aus privaten Ersparnissen und den Mitteln des Kapitalmarktes gespeist wurde, erfolgte die Förderung des Miethausbaus seitens des Staates durch Gewährung von Steuerbegünstigungen und Steuerfreijahren. Auch in dieser Hinsicht bot die Ringstraßenverbauung ein einzigartiges Versuchsfeld, auf dem dieses neue baupolitische Instrument staatlicher Wirtschaftslenkung erstmals Anwendung fand. So gewährte man für alle auf den Stadterweiterungsgründen errichteten Wohnhäuser eine dreißigjährige Steuerbefreiung. Der gewaltige Anreiz, den diese Maßnahme bot, wird uns verständlich, wenn wir uns vergegenwärtigen, daß die Summe aller auf einem Hause lastenden Steuern damals fast 40 v. H. des Bruttomietzinses betrug. Die Hauszinssteuer war nämlich nicht bloß die tragende Säule des Wiener Gemeindebudgets, sondern darüber hinaus ein Hauptpfeiler des staatlichen Steueraufkommens schlechthin.

1. Neue Organisationsformen des Bauens

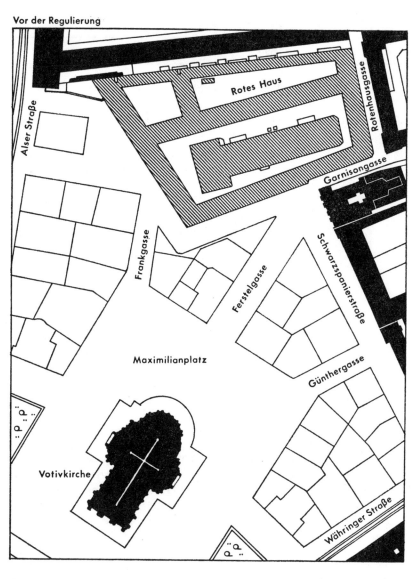
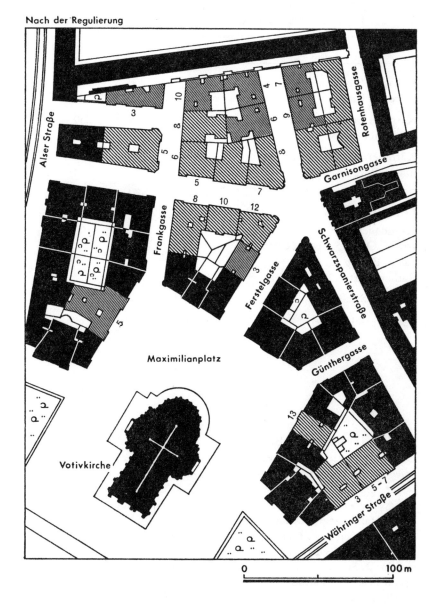

Parzellierung
Parzellierung und Bauführung

Fig. 12
Parzellierung der Wiener Baugesellschaft: Rotes Haus (Alsergrund)

II. Die Wohnbauten der Ringstrasse

TABELLE 1   Entwicklung der Bodenpreise im Ringstraßenbereich 1860–1900

	1860/66	1868	1872/73	1875/78	1880	1885	1890	1893	1896	1899
Kärntner Straße von Johannesgasse bis Ring	200	260	330	240	280	360	450	500	560	620
Kärntner Straße von Ring bis Lothringerstraße	170	210	250	210	220–250	250–300	310–350	320–420	350–450	400–500
Kärntner Ring, Schottenring innere Seite	80	100	120	80	120	130	170	180–200	200–220	220–250
Ringstraße übriger Teil, Franz Josefs-Kai, Schottengasse	70	80	100–120	70–80	100–120	120–140	140–170	150–180	180–200	200–220
Akademiestraße, Babenbergerstraße, Gonzagagasse, Neutorgasse, Börsegasse, Börseplatz, Rathausviertel	70	80	100	80	100	110	110–130	130–140	140–150	140–170
Sonstige Straßen	70	80	100	75	80	90	105	110	120	125

Angaben aus: P. SCHWARZ: Die Entwicklung der städtischen Grundrente in Wien. Leipzig 1901. Durchschnittliche Grundwerte von Mittelhäusern mit einer Gassenfront von ca. 20 m und einer Tiefe von 25 m in Gulden pro Quadratmeter.

c) Entwicklung der Bodenpreise im Ringstraßenbereich
Die Bodenpreise bilden einen wichtigen Indikator für die Bautätigkeit und spiegeln als solche die Wellenberge und -täler der Wirtschaftsentwicklung wider. Sie sind aber gleichzeitig auch selbst ein wesentlicher Faktor im Baugeschehen, indem sie nach dem Erreichen bestimmter Schwellenwerte aus Rentabilitätsgründen nur noch die Anwendung bestimmter konstruktiver Bautypen bzw. Nutzungsweisen gestatten.
Der Direktor der Ersten österreichischen Spar-Casse um die Jahrhundertwende, P. SCHWARZ, hat in einer verdienstvollen Studie die Bodenpreise in den wichtigsten Straßen Wiens, darunter auch für den Ringstraßenbereich, für die Zeit von 1860 bis 1899 zusammengestellt.
Die von ihm gesammelten Daten (vgl. Tab. 1) lassen deutlich drei Phänomene erkennen:

1. Was die Stellung der Ringstraße im Bodenpreisgefüge der gesamten städtischen Agglomeration anlangt, so nimmt sie keineswegs, wie man erwarten würde, den ersten Platz ein. Die *Grundstückpreise in den Hauptgeschäftsstraßen der Altstadt* (Stephansplatz, Graben, Kärntner Straße) sowie im Kern der City, um die Brandstätte, lagen vielmehr *wesentlich höher*. Dieser Preisabstand verringerte sich dabei im Laufe der Gründerzeit keineswegs, sondern nahm eher zu (vgl. Fig. 13).
2. Auch die Ringstraße partizipierte am *generellen Ansteigen der Grundpreise ab 1860 bis zur Jahrhundertwende*. Wohl unterlagen diese mit den Konjunkturzyklen starken Schwankungen – so war besonders zwischen 1875 und 1878 ein starker Rückschlag zu verzeichnen – doch erklommen sie mit fortschreitender Verbauung immer höhere Werte. Daher ist es begreiflich, daß auch größeren Gewinn abwerfende, d. h. teurere Wohnungen erstellt werden mußten.

1. Neue Organisationsformen des Bauens

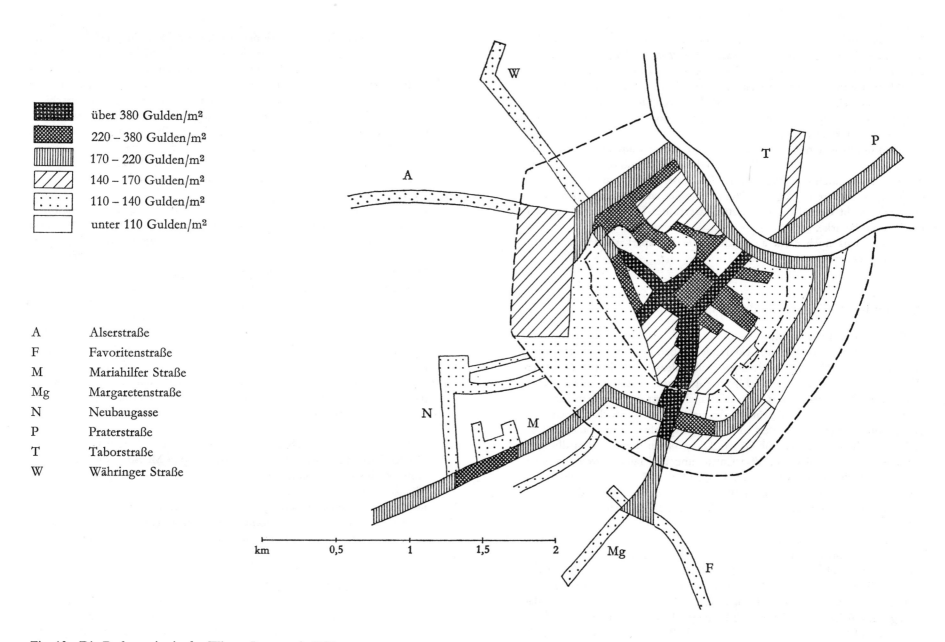

über 380 Gulden/m²
220 – 380 Gulden/m²
170 – 220 Gulden/m²
140 – 170 Gulden/m²
110 – 140 Gulden/m²
unter 110 Gulden/m²

A   Alserstraße
F   Favoritenstraße
M   Mariahilfer Straße
Mg Margaretenstraße
N   Neubaugasse
P   Praterstraße
T   Taborstraße
W   Währinger Straße

Fig. 13   Die Bodenpreise in der Wiener Innenstadt 1899

3. Mit dem Steigen der Bodenpreise kam es überdies zu einer *immer stärkeren Differenzierung* derselben *in den einzelnen Partien der Ringstraßenzone*. Die höchsten Werte erzielten hierbei die längs der Kärntner Straße, des aus der Altstadt heraus sich fortsetzenden Citystrahls, stehenden Objekte.

Mit Abstand folgten dann der stark verkehrsdurchpulste Teil des Kärntner Ringes zwischen Oper und Schwarzenbergplatz und schließlich die übrigen Abschnitte der Ringstraße.

Von den untersuchten Ringstraßenquartieren wurden um die Jahrhundertwende das Rathausviertel, das Textilviertel und die Baublöcke im Umkreis der Börse am höchsten eingeschätzt. Die abseits der Ringstraße in den restlichen Quartieren gelegenen Häuser rangierten wesentlich tiefer und erreichten nicht einmal die Grundstückswerte der Hauptgeschäftsstraßen der inneren Bezirke.

Für das damals noch nicht aufgeschlossene Postsparkassenviertel liegen keine Angaben vor.

2. Grund- und Aufrißgestaltung der Wohnbauten

a) Parzellierungssystem

Die Verbindung von Wohnblöcken mit großen öffentlichen Gebäuden, repräsentativen Plätzen, Parkanlagen und Alleen, wie sie im Zuge der Ringstraßenverbauung zur Ausführung gelangte, besaß in Wien keine Vorbilder. Wohl waren seit dem 17. Jahrhundert verschiedentlich vorstädtische Plananlagen auf grünem Anger entstanden, doch blieben ihre Abmessungen stets bescheiden, und Gesichtspunkte repräsentativer Gestaltung fehlten ihnen fast zur Gänze. Die größten derartigen Siedlungen verdankten dem Biedermeier ihre Entstehung und fallen durch eine sehr charakteristische Standardform auf. Ein zentraler Platz mit geschlossenen Platzecken und einem Straßenkreuz erhält seine Ergänzung durch eine kleinere oder größere Zahl von Baublöcken, die dem Schachbrettschema folgen.

Großzügige Viertelsgründungen des späten 18. und 19. Jahrhunderts, wie sie u. a. in Berlin zu finden sind, fehlen in Wien. Das Herrscherhaus entwickelte hier nicht annähernd jene städtebauliche Initiative, mit der die Hohenzollern Berlin planmäßig weiter vergrößert haben. Ansätze hierzu waren in Wien wohl auch im frühen 18. Jahrhundert vorhanden, wie die Anlage des Alleensterns im Prater bezeugt, doch blieben sie ohne Fortsetzung. Auf Wiener Boden besitzt somit die Ringstraße kein Vorbild.

Sie hebt sich daher mit der Großzügigkeit ihres Parzellenzuschnitts, welcher von den beachtlichen Dimensionen der Barockpaläste in der Altstadt seine Maßstäbe bezog, bereits auf dem Katasterplan deutlich von dem sehr unregelmäßigen und zum Teil kleinzügigen Parzellengefüge sowohl der Altstadt als auch der Vorstädte ab. Nichtsdestoweniger sind auch auf der Ringstraße die Abmessungen der einzelnen Grundstücke recht unterschiedlich, und man vermißt bei näherem Zusehen – ohne Bedauern – die monotone Geometrie amerikanischer Konzeptionen. Breite und Tiefe der Parzellen wechseln recht erheblich, selbst innerhalb eines Häuserblocks, nicht zuletzt deswegen, weil öfters zwei benachbarte Parzellen in die Hand eines Bauwerbers gerieten und sodann im Zuge der Verbauung zusammengelegt wurden.

Davon abgesehen, gibt jedoch eine *rechteckig gedrungene bis quadratische Parzellenform* den Ton an. Auf diese Weise gelang es, die Straßenfront maximal auszunützen, *möglichst viele zur Straße blickende* und daher entsprechend dem Repräsentationsprinzip teure *Mietwohnungen* zu schaffen.

Mit diesem Parzellengrundriß wurde die alte Tradition der tiefen, in gotischer Zeit meist schmalen, in der Barockzeit stark verbreiterten Parzelle endgültig aufgegeben. Eine neue Form war gefunden, die auch für die kommenden Jahrzehnte Gültigkeit behielt. Somit lieferte die Ringstraße das Leitbild für die später innerhalb und außerhalb der Linie fast ausschließlich angewandte Aufschließungsart. Nur auf den Donauregulierungsgründen wurde in den neunziger Jahren dieses Aufschließungsprinzip negiert, mit dem sich Wien – sehr zum Vorteil der Stadt – von der ganz anders gearteten Berliner Bauweise des 19. Jahrhunderts mit ihren tiefen Hintertrakten und -höfen abhebt.

b) Die Diskussion über „Eigenhaus" oder „Miethaus"

Freilich hatte man diese mit einem ausgeprägten Miethausbau verbundene Aufschließung nicht ohne Diskussion akzeptiert. Die *Idee vom bürgerlichen Eigenhaus* lebte nochmals auf. Ihre eifrigsten Verfechter waren R. v. EITELBERGER und Heinrich FERSTEL, die das *Einfamilienhaus nach englischem Vorbild* wieder zur Geltung bringen wollten. Der darüber entbrennende Meinungsstreit fand im zeitgenössischen Schrifttum seinen Niederschlag und verdient ebenso wie das Programm selbst der Vergessenheit entrissen zu werden. An den beiden extremen Auffassungen lassen sich nämlich die besonderen Züge des Wiener Wohnungswesens einprägsam demonstrieren. Diese bestehen, wie bereits angedeutet, darin, daß die Wurzeln des Eigenhauses in Wien schon früh abstarben. Infolge der Überfüllung und engen Verbauung der Festungs- und Residenzstadt war es schon in der Barockzeit weder für Familien des Adels noch solche der bürgerlichen Ober-

2. Grund- und Aufrissgestaltung der Wohnbauten

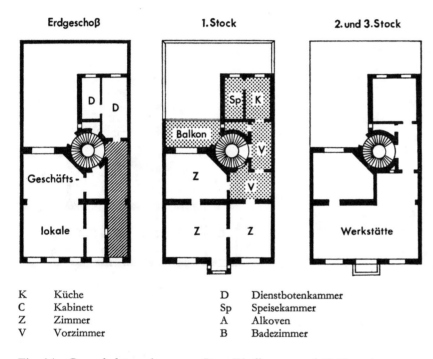

K Küche
C Kabinett
Z Zimmer
V Vorzimmer
D Dienstbotenkammer
Sp Speisekammer
A Alkoven
B Badezimmer

Fig. 14 Gewerbebürgerhaus von R. v. Eitelberger und H. Ferstel

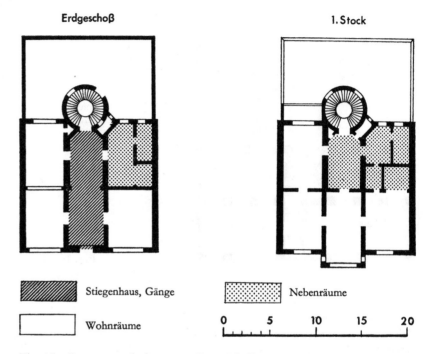

Stiegenhaus, Gänge
Nebenräume
Wohnräume

Fig. 15 Beamtenwohnhaus von R. v. Eitelberger und H. Ferstel

schicht deklassierend, zu Miete zu wohnen. Mit größtem Erstaunen vermerkte die berühmte englische Reisende des 18. Jahrhunderts, Lady Mary Montague, in ihren Memoiren, daß Angehörige verschiedener Stände in der Wiener Altstadt unter einem Dache hausten und sich die sozialen Viertel hier keineswegs so ausgeprägt voneinander sonderten wie in englischen Städten.

Die Vorschläge von EITELBERGER und FERSTEL bedeuteten in ihrer Konsequenz nichts anderes als einen *Wiederaufgriff der Prinzipien des mittelalterlichen Bürgerhauses*. Dies äußert sich klar in der Grundrißgestaltung des von ihnen propagierten bürgerlichen Wohnhauses, das ähnlich wie das gotische Stadthaus in zwei senkrecht zur Straße gerichtete Streifen eingeteilt sein sollte. Im einzelnen sah man zwei Varianten vor: einen Standardtyp für das wohlhabende Gewerbebürgertum und einen zweiten für die Angehörigen des Mittelstandes, bei denen sich die Trennung von Wohn- und Arbeitsstätte bereits vollzogen hatte.

Beim *Gewerbebürgerhaus* (vgl. Fig. 14) war das Erdgeschoß für die Verkaufs- und Geschäftslokalitäten reserviert, der erste Stock als Wohnung vorgesehen (drei Zimmer, Vorzimmer, Balkon, Küche, Speisekammer), der zweite und dritte Stock für die Unterbringung der zum Haushalt gehörigen Dienstboten und gewerblichen Hilfskräfte bzw. der Werkstätten gedacht.

Der Entwurf für die Angehörigen des tertiären Sektors sah ein *Etagenhaus* vor (vgl. Fig. 15), d. h. in jedem Stockwerk sollte jeweils nur eine Familie untergebracht werden. Dies hätte einem Bautyp entsprochen, der in den norddeutschen Städten, wie Bremen, Hamburg, aber auch in den Niederlanden, vor allem in Amsterdam, und besonders in London straßenweise in den fünfziger Jahren des vergangenen Jahrhunderts Verwendung fand und auf klassizistischen Traditionen fußt.

Der Gegenvorschlag von Ferdinand FELLNER d. Ä. in seiner Broschüre „Wie soll Wien bauen? Zur Beleuchtung des bürgerlichen Wohnhauses der

II. Die Wohnbauten der Ringstrasse

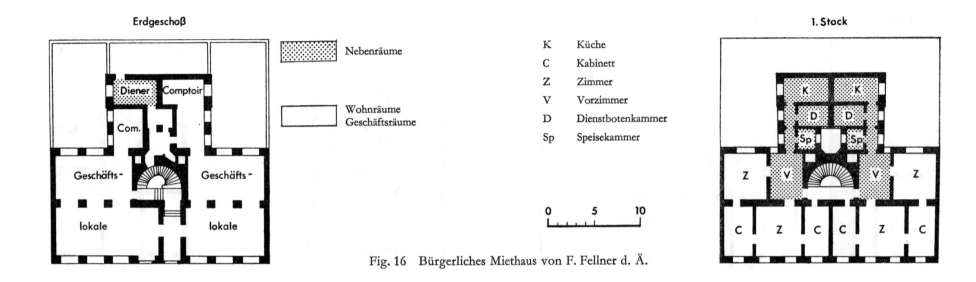

Fig. 16 Bürgerliches Miethaus von F. Fellner d. Ä.

Herren Professoren R. EITELBERGER und Architekt Heinrich FERSTEL" zielte in architektonischer Hinsicht auf die Zusammenfassung von zwei derartigen Parzellen zu einem Grundstück hin (Fig. 16) und knüpfte damit direkt an jene bewährte Bautradition an, die in Wien schon in die Barockzeit zurückgeht, als man reihenweise gotische Parzellen zusammenlegte und darauf die viel breiter gestalteten, traufseitig zur Straße blickenden neuen Häuser errichtete. Auch sonst schließt FELLNERS Entwurf an die ins späte 18. Jahrhundert zurückreichende Überlieferung des breit zur Straße gelagerten doppelhüftigen Straßentraktes mit rationeller Grundrißeinteilung an. Im ganzen brachten die Gedankengänge von FELLNER ebensowenig Neues wie die Vorschläge von EITELBERGER und FERSTEL.

Ungeachtet dessen erscheint es jedoch interessant zu vermerken, daß der von FELLNER vorgeschlagene T-förmige Grundriß mit zentralem Stiegenhaus und säuberlicher Trennung von zur Straße orientierten Wohnräumen und hofwärts gelegenen Wirtschaftsräumen dann beim Wiener bürgerlichen Miethaus des späten 19. Jahrhunderts Pate gestanden ist[1]. Im Ringstraßengebiet selbst gelangte er dabei kaum zur Anwendung, häufiger dagegen bei Rasteraufschließungen in Mittelstandsquartieren in den inneren und äußeren Bezirken.

[1] Vgl. H. BOBEK und E. LICHTENBERGER, Wien. Bauliche Gestalt und Entwicklung im 19. Jahrhundert, Fig. 10.

c) Faktoren für die Variationsbreite des Ringstraßenmiethauses

Mit voller Absicht wurden diese beiden auf den ersten Blick so grundsätzlich konträren Auffassungen und Schemata an den Beginn der Ausführungen über die Grundrißgestaltung der Ringstraßenbauten gestellt. Sie gingen nämlich beide von der gleichen Überzeugung aus, daß die Entwicklung eines genormten Bautyps für eine rationelle Aufschließung wünschenswert sei. Diese dem sozialen Wohnungsbau unserer Tage durchaus vertrauten Gedankengänge waren in der damaligen Zeit jedoch noch völlig verfehlt, vor allem deshalb, weil, was man damals noch nicht wußte und auch kaum voraussehen konnte, die meisten Ringstraßenbauten zur Heimstätte der Wiener Oberschicht wurden. Deren Spitzenvertreter waren auch die Träger des Miethausbaus. Individuelle Gestaltung nicht nur der Fassade, sondern auch der Innenarchitektur des Hauses zählte zu ihren maßgeblichen Bestrebungen.

Weitere Faktoren verstärkten die beachtliche Variationsbreite des Miethauses an der Ringstraße, welche immer wieder überrascht und erstaunt, wenn man die Baupläne studiert. Es sind im wesentlichen folgende:

1. Ein Hauptgrund besteht darin, daß sich die Bautätigkeit mit ihren Höhepunkten und Zäsuren doch über ein halbes Jahrhundert erstreckte und damit von ihren Bedingungen und Zielsetzungen her Wandlungen erfuhr.

2. Grund- und Aufrissgestaltung der Wohnbauten

Ein entscheidender Einfluß ging dabei von den sozialen Voraussetzungen aus, im besonderen von der *Nachfrage bestimmter Sozialgruppen nach Wohnraum*. Standen die frühen sechziger Jahre noch vollkommen im Zeichen drückender Wohnungsnot breiter Kreise des Mittelstandes der Altstadt, was kapitalkräftige Unternehmer veranlaßte, richtige Zinshäuser mit verhältnismäßig kleinen Wohnungen zu erstellen (bei der Oper, im Textilviertel), so rückten am Ende der sechziger Jahre immer stärker Vertreter der Oberschicht in die Schar der Wohnungswerber ein. Die Kulmination in dieser Hinsicht brachten zweifellos die achtziger Jahre, in denen im wesentlichen nur repräsentative Wohnungen errichtet wurden.

Bei der Verbauung des Postsparkassenviertels am Beginn des 20. Jahrhunderts traten bereits andere Interessenten auf. Bereits die amtlichen Statistiken lassen erkennen, wie ab der Jahrhundertwende das Heer der Dienstboten ausgelichtet wird. Änderungen des Lebensstils, auch der Oberschicht, zeichnen sich damit ab. Ein oberer Mittelstand beginnt stärker hervorzutreten.

2. Die Wohnungswerber bildeten jedoch nur den einen Sektor dieser vom Gesetz von Angebot und Nachfrage diktierten Bautätigkeit auf der Ringstraße, der starke spekulative Überlegungen als wesentliche Antriebskraft zugrunde lagen. Die zweite und in manchem ungleich wichtigere Komponente bildeten *die Hausbesitzer* selbst! Sie *entstammten verschiedenen Sozialgruppen* und schalteten sich daher zu unterschiedlichen Zeitpunkten als Bauherren in das Geschehen ein. Die historische Abfolge reicht hierbei von Angehörigen des Hochadels und Textilfabrikanten über Bankiers bis zu den anonymen Konsortien der Jahrhundertwende.

3. Auch die Ringstraßenzone unterlag schließlich in diesem halben Jahrhundert den vom Grundstücksmarkt und den steigenden Bodenpreisen bestimmten *Bestrebungen nach einer möglichst intensiven Ausnützung der Parzelle* bis zum Limit der geltenden Bauordnung. Diese gestattete eine maximale Verbauung bis zu 85 v. H. der Fläche. Um dies zu erreichen, wurden immer kompliziertere Grundrißlösungen entwickelt, bei denen die Anordnung von Lichthöfen eine große Rolle spielte.

4. Durch die *Fortschritte der Bautechnik*, vor allem die Anlage von Aufzügen, änderte sich um die Jahrhundertwende die Bewertung der oberen Geschosse. Diese erfuhren nunmehr eine gewisse Aufwertung.

5. Gleichzeitig traten um die Jahrhundertwende erste *funktionelle Gesichtspunkte* an die Stelle des bis dahin alles beherrschenden Repräsentationsdenkens. Das hallenartige große Vorzimmer des großbürgerlichen Miethauses macht einem gangartigen Vorraum Platz, von dem alle Räume der Wohnung direkt erreicht werden können. Die Zahl der Nebenräume wird reduziert, die Küche in ihrem Ausmaß beschnitten, die Naßeinheiten zusammengelegt.

6. Diese zeitliche Variation in der Ausbildung des Ringstraßenmiethauses überschneidet sich mit einem *räumlichen Differenzierungsvorgang*. Es erfolgte die Herausbildung von verschieden bewerteten Abschnitten der Ringstraße. Während der Frühgründerzeit (bis 1870) waren diese Unterschiede noch nicht so bedeutend, sowohl im Kaiviertel als auch im Opernviertel entstanden Zinshäuser mit zahlreichen, zum Teil recht kleinen Wohnungen. In den siebziger Jahren war die Sonderung jedoch schon recht ausgeprägt. Unter dem Einfluß verschiedener Faktoren kam es im Ringstraßenbereich zur Ausbildung einer klaren Viertelsbildung, die sich zum Teil bereits in der Fassadengestaltung, jedoch noch stärker in der inneren Gliederung und Ausstattung äußert, und auf die bei der Darstellung der Wohn- und Wirtschaftsfunktion noch ausführlich eingegangen werden soll.

d) Die Wohnungsstruktur

Es liegt außerhalb der Arbeitsmöglichkeiten eines einzelnen, die *Wohnungsgröße der Ringstraßenhäuser* zur Zeit ihrer Erbauung aufgrund der älteren Pläne festzustellen. Um aber eine annähernde Vorstellung von der Spannweite derselben zu vermitteln, mögen die Angaben einer Aufrechnung von insgesamt 378 Wohnungseinheiten dienen, die von der Wiener Baugesellschaft zwischen 1869 und 1902 auf dem Boden des ersten Wiener Gemeindebezirkes erstellt wurden (vgl. Liste im Anhang 2).

Die Tabelle 2 läßt deutlich erkennen, daß die Wohnungen mit einer Größe von 3–5 Wohneinheiten anteilsmäßig nahezu vollkommen gleich vertreten waren und die überwiegende Mehrheit bildeten. Herrschaftswohnungen mit 6,5 Wohneinheiten und mehr waren bereits selten. Bei den Kleinwohnungen (1,5 und 2 Wohneinheiten) handelte es sich durchwegs um Dienstwohnungen für Portiere u. dgl.

Es ergibt sich daraus, daß *zwischen „bürgerlichen" und „großbürgerlichen" Wohnungen eine fließende Grenze* bestand, während nach unten, *gegen die „Arbeiterwohnungen", eine scharfe Zäsur* existierte.

Bei den echten Herrschaftswohnungen handelte es sich fast ausschließlich um Etagenwohnungen in großen Häusern, in denen sie meist den Nobelstock einnahmen. Sie fehlten in höheren Stockwerken infolge der noch zu besprechenden vertikalen Differenzierung der Wohnungsstruktur.

Die erwähnte große Fülle von Grundrißlösungen, die außerordentliche Variationsbreite der Wohnungsgrößen machen es nicht leicht, Leitformen des Ringstraßenmiethauses herauszufinden. Wenn ungeachtet dieser Schwierigkeiten trotzdem ein derartiger Versuch unternommen

II. Die Wohnbauten der Ringstrasse

TABELLE 2   Die Wohnungsstruktur der Bauten der Wiener Baugesellschaft 1914

	Wohnungsgröße nach Wohnungseinheiten*	Zahl der Wohnungen		v. H. Anteil
Kleinwohnungen	1,5	9		
	2	10	19	5,0
Mittelwohnungen	2,5	35		
	3	52		
	3,5	47	134	35,5
Großwohnungen	4	45		
	4,5	48		
	5	48	141	37,3
	5,5	20		
	6	36	56	14,8
Herrschaftswohnungen	6,5	5		
	7	4		
	7,5	6		
	8	3		
	8,5	2		
	9	4		
	10	3		
	10,5	1	28	7,4
		378		100,0%

* 1 Wohneinheit = 1 Zimmer, ½ Wohneinheit = 1 Kammer. Nebenräume wurden nicht gezählt.

wird, so gilt sein Bemühen weniger der Herausarbeitung architektonischer Entwicklungslinien als der Gewinnung bausozialer Typen. Außerhalb der Diskussion bleiben die wenigen Palastbauten, die im Zuge der Stadterweiterung entstanden sind.

Hinsichtlich der *vertikalen und horizontalen Anordnung bestimmter Wohnungsgrößen* lassen sich bei den Wohnbauten der Ringstraße dieselben drei *Grundformen* unterscheiden, die schon für das ältere Wiener Miethauswesen charakteristisch waren:

1. *Die vertikale Differenzierung der Wohnungsstruktur* ist ein Erbe des barocken Palastbaus und bestimmte die „besseren" Miethäuser der Altstadt bereits ab der zweiten Hälfte des 18. und in der ersten Hälfte des 19. Jahrhunderts. Die unteren Stockwerke wurden oft zur Gänze von einer einzigen, entsprechend vermögenden Familie bewohnt. In den oberen Stockwerken nahm nicht nur die Bauhöhe, sondern auch die Größe der Wohnungen ab. Leute mit geringerem Einkommen suchten hier ihr Logis. Erst um die Jahrhundertwende verlor diese vertikale Gliederung des Hauses durch die Anlage von Aufzügen (vgl. oben) etwas von ihrer Bedeutung. Wie sehr die Tradition des Nobelstockes mit der Hausherrenwohnung noch heute im Bewußtsein breiter Bevölkerungsschichten verankert ist, ging aus einer unveröffentlichten Enquete des Soziologischen Instituts der Universität Wien über Wohnwünsche alter Leute hervor, die, sehr zum Erstaunen der Soziologen, einer Wohnung im ersten Stock gegenüber einer im Erdgeschoß den Vorzug gaben.

2. Hatte sich die vertikale Gliederung an der feudalen Bauweise orientiert, so bildete die *horizontale Differenzierung der Wohnungsstruktur* ein Erbe der Patrizierhäuser der mittelalterlichen Bürgerstadt, bei denen die Straßenfront als Schauseite und Standort der Verkaufsgewölbe stets besonders betont war. Diese horizontale Differenzierung äußerte sich, wie erwähnt, auch beim Entwurf des bürgerlichen Miethauses von FELLNER in der Funktionsteilung innerhalb der Wohnung und fand überall dort eine Fortsetzung, wo auf tieferen Parzellen Hintertrakte errichtet wurden (vgl. Fig. 18). Bei den Ringstraßenhäusern wurden diese in der ungleichen Wohnungsgröße zum Ausdruck kommenden Unterschiede zwischen dem Straßen- und dem Hoftrakt auch noch bei den um die Jahrhundertwende errichteten Bauten beibehalten. Diese heben sich damit ab von den viel stärker genormten Doppeltrakten der inneren und äußeren Bezirke, in denen der Hinterflügel spiegelbildlich zum Straßentrakt ausgeführt wurde.

3. Damit ist bereits ein wesentliches Kriterium genannt, das für das Auftreten einer *homogenen Wohnungsstruktur* wichtig ist: nämlich gleichartige Ansprüche breiter Bevölkerungsschichten in Verbindung mit verhältnismäßig bescheidenen Wohnungsgrößen, Rationalisierungstendenzen im Baugewerbe und dergleichen mehr. Im Ringstraßenbereich traten letztere vor allem dort auf, wo Baugesellschaften mehrere Häuser nach einheitlichem Plan erstellten, so wie dies bei der Wiener Baugesellschaft bei den Baublöcken zwischen Parlament und Museum der Fall war.

Unabhängig von der Gliederung der Wohnungsstruktur innerhalb des Hauses erweist sich die Gestaltung des Erdgeschosses, bei dem die wirtschaftlichen Intentionen des Bauherrn und Eigentümers von maßgeblicher Bedeutung waren. Zwar wurde bei einem Teil der Miethäuser am Ring bereits das Parterre für Geschäftslokale vorgesehen, doch war dies keineswegs die Regel. Im Laufe der späteren Entwicklung hat sich die Citybildung um diese ursprüngliche Bauwidmungsabsicht des einstigen Bauherrn meist herzlich wenig gekümmert. Überall dort, wo das aufblühende Geschäftsleben es erforderlich machte, hat man Schaufenster und Lokale ausgebrochen.

Die bei den Miethäusern der Ringstraße angewandten Grund- und Aufrißformen waren begreiflicherweise einerseits älteren Wohnbautypen verhaftet, d. h. von der Tradition des älteren Wiener Miethauswesens beeinflußt, andererseits lieferten sie wiederum selbst Muster für die Bautätigkeit der Gründerzeit in den Vorstädten (innere Bezirke) und Vororten (äußere Bezirke). Diese Querverbindungen aufzuzeigen ist mit ein Anliegen der folgenden beispielhaften Ausführungen.

Es wurde hierbei versucht, dem Ablauf der Bautätigkeit entsprechend, die wichtigsten Bautypen der sechziger Jahre (Frühgründerzeit), der siebziger und achtziger Jahre (Hochgründerzeit) und der Jahrhundertwende (Spätgründerzeit) herauszustellen.

e) Die Bauten der sechziger Jahre

stechen dabei durch die außerordentliche Vielfalt der Grundrißlösungen ins Auge. Dies steht in einem gewissen Widerspruch zu den gerade für dieses Jahrzehnt bezeichnenden meist schlicht und unauffällig gehaltenen Fassaden.

Eigenhäuser spielten in dieser ersten Phase mit ihrer geradezu schlagartig einsetzenden Bautätigkeit kaum eine Rolle und blieben auf Einzelfälle beschränkt, wie das 1856 erbaute dreigeschossige Haus in der Türkenstraße Nr. 15, das wenig später in den Besitz des Grafen Wimpfen gelangte und damals nur von dessen Familie bewohnt wurde. Den geräumigen Hof schloß ursprünglich ein ebenerdiger Wirtschaftstrakt ab, in dem Pferdeställe und Wagen untergebracht waren. Mit seinem vorzüglich erhaltenen Interieur und den wertvollen Meißnerischen Kaminen, schönen Stuckdecken und prachtvollen Kristall-Lustern zählt es zu den wenigen Beispielen der Errichtung von Eigenhäusern der Oberschicht auf der Ringstraße.

Diese baufreudigen sechziger Jahre hinterließen ansonsten im wesentlichen *bürgerliche Miethäuser*, bei denen alle diskutierten Möglichkeiten der Differenzierung der Wohnungsstruktur zur Anwendung kamen.

Ein Beispiel für die *homogene Wohnungsstruktur* bildet das Haus Franz Josefs-Kai 41 (Konsens 1860, Fig. 17). Es bezog sein Vorbild von dem

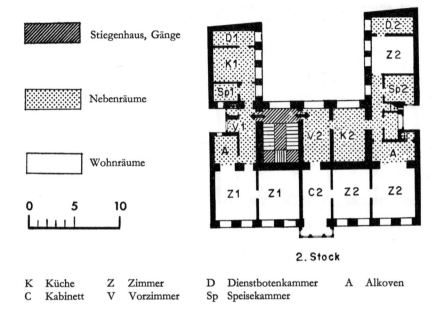

Fig. 17 Stutzflügelhaus der 60er Jahre (Franz Josefs-Kai 41) Konsens 1860; Textilviertel

bereits im späten Biedermeier in den stadtnahen Teilen der Vorstädte häufig verwendeten Miethaustyp des *Stutzflügelhauses*[1], bei dem an einem zweihüftigen Straßentrakt zwei kurze einhüftige Seitenflügel angeheftet wurden. In der Wohnungsstruktur unterscheidet sich jedoch dieses Haus ebenso wie ähnlich gebaute der Ringstraßenzone ganz wesentlich von den konstruktionsverwandten Vorstadthäusern. Ihm fehlt die dort übliche horizontale Differenzierung der Wohnungsstruktur, die Gliederung in Mittelwohnungen gegen die Straße und Kleinstwohnungen in den hofseitigen Seitentrakten. Die unterschiedliche Bewertung von Straßen- und Hoftrakt wurde gleichsam in die Wohnung selbst hineinverlagert. Zur Straße blickten die repräsentativen Zimmer, von den Wirtschaftsräumen (Küche, Dienstbotenkammer u. dgl.) sah man auf den Hof hinaus. Das im Prinzip gleiche architektonische Grundschema fand somit auf der Ringstraße eine soziale Aufwertung. Anstatt der ursprünglich vier Wohnungen

[1] Vgl. H. BOBEK und E. LICHTENBERGER, Wien. Bauliche Gestalt und Entwicklung, Fig. 5, 6.

II. Die Wohnbauten der Ringstrasse

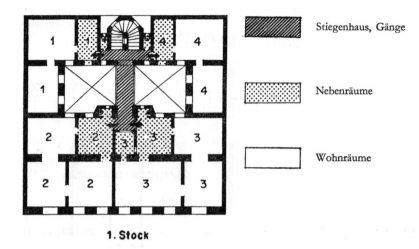

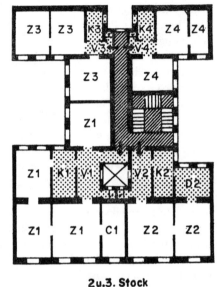

Fig. 18 Hofumbauung der 60er Jahre (Elisabethstraße 10, Konsens 1862); Opernviertel

Fig. 19 H-Grundriß der 60er Jahre (Werdertorgasse 17, Konsens 1867); Textilviertel

waren jetzt nur noch zwei in einem Geschoß vorgesehen. Dementsprechend konnte man auf den sonst notwendigen Aufschließungsgang zu den Ecken bzw. den Einbau von zwei Stiegen verzichten.
In dem beigefügten Grundriß sind, bedingt durch die asymmetrische Anlage des Stiegenhauses an der Seite des Eingangflurs, die beiden Wohnungen recht ungleich groß. Dies war jedoch nicht die Regel. Die U-Form des dreitraktigen Stutzflügelhauses stellt im Prinzip eine Variante von FELLNERS T-förmigem Grundriß dar. Nur haben gegenüber diesem Hof- und Quertrakte gleichsam die Stelle vertauscht. Mit dieser *T- und U-Form* sind zugleich zwei Bautypen genannt, die immer wieder in den folgenden Jahrzehnten auch außerhalb des Ringstraßenbereiches Anwendung fanden. Auf quadratischer bzw. tieferer Parzelle wurden der T- und der U-Typ noch durch einen Hintertrakt ergänzt, wobei es stets zu einer *horizontalen Differenzierung* der Wohnungsstruktur innerhalb des Hauses kam.

Hierbei entstand aus der U-Form eine *vierseitige Hofumbauung*. Sie wurde vor allem im Opernviertel angewandt. In dem abgebildeten Beispiel (Fig. 18, Elisabethstraße 10, Konsens 1862) ist nur der Straßentrakt zweihüftig, Seiten und Hintertrakte dagegen einhüftig ausgebildet. Infolge starker Ausnützung der Grundfläche ist der Hofraum bereits beachtlich reduziert. Um den Mehrkosten für ein zweites Stiegenhaus zu entgehen, legte man einen Verbindungstrakt zwischen Vorder- und Hinterhaus an und führte die platzsparende Rundstiege erst in letzterem durch sämtliche, gleichgestaltete Geschosse. Die Wohnungen, jeweils vier in einem Stockwerk, sind verhältnismäßig klein und bestehen im Hinterflügel jeweils aus drei, im Vordertrakt aus vier bzw. viereinhalb Räumen einschließlich aller Nebenräume. Wie häufig bei Plänen aus den sechziger Jahren, sind die letzteren nicht speziell auf dem Plan ausgewiesen. Die mangelhafte, indirekte Belichtung gerade der großen Zimmer fällt bei dieser Grundrißgestaltung besonders auf. Es ist dies eine bei Ringstraßenbauten sonst seltene Erscheinung. Eine ähnliche Konzeption kam übrigens auch bei Häusern mit zwei Wohnungen pro Geschoß zur Anwendung (z. B. Karlsplatz 2).

Die folgende, aus dem Kaiviertel stammende Abbildung des Hauses Werdertorgasse 17 (Konsens 1867, Fig. 19) zeigt die zweite Möglichkeit der Anfügung eines Hintertraktes an den T-Grundriß, wodurch *die H-Form* entsteht. Hierbei sind Straßen- und Mitteltrakt dreihüftig, der Hintertrakt

2. Grund- und Aufrissgestaltung der Wohnbauten

zweihüftig ausgebildet. Von dem im Mitteltrakt untergebrachten Stiegenhaus führt ein Verbindungsgang zu den Hinterhauswohnungen. Der Unterschied zwischen den Wohnungen des Vorder- und Hintertraktes besteht weniger in der Zahl der Zimmer als in bezug auf die Ausstattung mit Nebenräumen. Grundsätzlich fehlen Dienstbotenzimmer im Hinterhaus, das Vorzimmer ist auf einen schmalen, von der Küche abgezweigten Korridor zu den Wohnräumen eingeengt. Übrigens sind auch im Vorderhaus die Dienstbotenkammern nicht klar ausgewiesen. Vermutlich besaß um diese Zeit das wenig anspruchsvolle Hauspersonal noch in der Küche seine Schlafstelle.

Die beiden letztgenannten Beispiele entsprachen durchaus noch den Bestrebungen der sechziger Jahre, möglichst vielen Familien des Mittelstandes Wohnraum zu schaffen. Demgegenüber traten Gesichtspunkte des Komforts in den Hintergrund.

Von diesen bürgerlichen Miethäusern sondert sich deutlich das *Nobelmiethaus* der frühen Gründerzeit. Es verkörpert den klassischen Typ der vertikalen *Differenzierung* der Wohnungsstruktur und lehnt sich damit, und oft auch in der Fassadierung, direkt an den Palastbau an.

Durch verschiedenste Elemente des Komforts hebt es sich bereits in seinem Grundrißgefüge von den bisher besprochenen Typen ab, ebenso dadurch, daß es meist gegen die Straße hin eine breitere Schaufront besitzt. Dem aufwendigen Zuschnitt der Haushaltsführung und den luxuriösen Lebensgewohnheiten der Oberschicht entsprechend ist für das Nobelmiethaus die Vielzahl von im einzelnen nicht näher bezeichneten Nebenräumen, die Separierung der Toiletten für die Herrschaft und das Dienstpersonal ebenso kennzeichnend wie die häufig anzutreffende Trennung der Stiegenhäuser. Dem Repräsentationsbedürfnis dient ein in seinen Abmessungen an die Säle barocker Paläste gemahnender großer Salon. Flächen im Ausmaß von 50–60 m² bilden keine Seltenheit. Für die damalige Art der Hygiene war es jedoch recht bezeichnend, daß selbst in solch großen Herrschaftswohnungen Badezimmer noch nicht eingeplant waren, sondern ähnlich wie einst im Barockpalast das Bad von den zahlreichen Dienstboten in einem dafür vorgesehenen Raum der Wohnung bereitet wurde.

Den Prototyp für ein derartiges Nobelmiethaus stellt das im Auftrag des Textilindustriellen A. POLLAK, Ritter VON RUDIN erbaute Eckhaus Kärntner Ring 10–Akademiestraße 9 dar (Konsens 1863, Fig. 20). Der erste Stock, den der vermögende Eigentümer persönlich bewohnte, wurde seinerzeit zur Gänze von einer einzigen riesigen Herrschaftswohnung mit einer Flucht von sieben großen Durchgangszimmern und einer Fülle von Vorräumen,

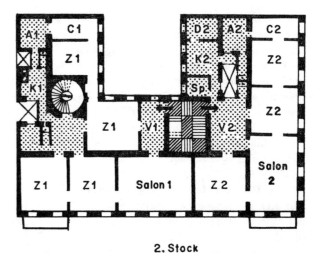

2. Stock

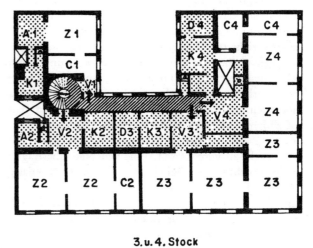

3. u. 4. Stock

Legende s. S. 40

Fig. 20 Nobelmiethaus der 60er Jahre (Kärntner Ring 10, Konsens 1863); Schwarzenbergplatzviertel

Nebenräumen und Wirtschaftsräumen eingenommen. Im zweiten Stock waren bereits zwei Wohnungen untergebracht, von denen jede über einen Salon und drei große Zimmer verfügte. Lediglich eine von beiden partizipierte an der Dienstbotenstiege. Bis zum zweiten Stock führte auch die breite dreiläufige Hauptstiege, während der dritte und vierte Stock nur über die als Wendeltreppe ausgebildete Dienstbotenstiege erreicht werden konnte. Durch einen langen Verbindungsgang wurden hier insgesamt vier kleinere Wohnungen aufgeschlossen, von denen die größte, gegen die Straße hin orientierte, drei Zimmer und ein Kabinett, die kleinste nur ein Zimmer und zwei Kabinette besaß.

f) Die Bauten der siebziger Jahre

Zur Kennzeichnung der Bautypen der siebziger Jahre erschienen die von der Wiener Baugesellschaft errichteten Häuser besonders geeignet, war dies doch das Jahrzehnt, in dem sich die Baugesellschaften ganz wesentlich in das Baugeschehen einschalteten. Gleichsam von selbst drängt sich die Frage auf, ob es im Zusammenhang mit der Neuorganisation im Bauwesen zu einer stärkeren Normierung der Grundrisse kam. Um diese Frage beantworten zu können, wurden die Pläne sämtlicher von der Wiener Baugesellschaft errichteten Häuser eingesehen. Dabei stellte sich heraus, daß wohl bei einer Reihe von Fällen ein gleiches Grundkonzept zur Anwendung gekommen war, jedoch blieb dieses zumeist auf ein bestimmtes Aufschließungsvorhaben beschränkt und wurde nicht x-beliebig – dem Vorgehen modernen genossenschaftlichen und kommunalen Bauens entsprechend – auf andere Abschnitte der Ringstraße übertragen. Dies spricht dafür, daß um diese Zeit die soziale Wertigkeit der einzelnen Ringstraßenabschnitte bereits sehr ausgeprägt war. Eine beliebige Übertragung von Grundrissen erschien nicht mehr möglich, auch dort nicht, wo das gleiche Architektenteam den Entwurf erstellte.

Eine Überprüfung aller von der Wiener Baugesellschaft errichteten Häuser ergab bei folgenden Häusern eine *Grundrißgleichheit*:

Schellinggasse 1, 3, 4
Hansenstraße 3, 4
Volksgartenstraße 1, 5
Bellariastraße 6, 8, 12, Hansenstraße 6.

Bei folgenden Häusern besteht *Grundrißverwandtschaft*:

Parkring 18, 20
Schellinggasse 5, Hegelgasse 6
Schmerlingplatz 8, Volksgartenstraße 3,
Frankgasse 10, Schwarzspanierstraße 4, 7, 9.

K   Küche
C   Kabinett
Z   Zimmer
V   Vorzimmer
D   Dienstbotenkammer
Sp Speisekammer
B   Badezimmer

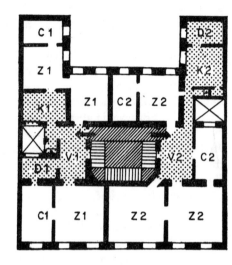

Fig. 21 Wohnhaus der 70er Jahre (Schmerlingplatz 8, erbaut von der Wiener Baugesellschaft, Konsens 1869); Rathausviertel

Hierbei fällt besonders die häufige Wiederholung derselben Grundrisse im Ringstraßenabschnitt zwischen Parlament und Museen auf.

Von den insgesamt auf der Ringstraße erbauten und bis heute erhaltenen Wohnhäusern der Wiener Baugesellschaft wiesen in der ursprünglichen Anlage
21 Bauten eine homogene Wohnungsstruktur,
12 Bauten eine vertikale Differenzierung der Wohnungsstruktur und
 2 Bauten eine horizontale Gliederung der Wohnungsstruktur auf.

Diese Werte mögen eine gewisse Vorstellung von der inneren Gliederung der Bauten auf der Ringstraße vermitteln, wenn sie auch nicht als schlechthin repräsentativ angesehen werden können.

Für die von den steigenden Bodenpreisen ausgelöste Tendenz zur maximalen Verbauung der Grundstücke bieten die von der Wiener Baugesellschaft errichteten Objekte gute Beispiele.

Dies zeigt ein Vergleich des Wohnhauses Schmerlingplatz 8 (Fig. 21, Konsens 1869) mit dem Haus Franz Josefs-Kai 41 (Fig. 17, Konsens 1860). Wohl liegt auch ihm noch die Grundidee des Stutzflügelhauses zugrunde, doch hat man den Straßentrakt um einen weiteren Zimmerstreifen gegen den Hof hin verbreitert. Vom zentralen, sehr geräumigen Stiegenhaus aus werden die Vorzimmer der beiden Wohnungen indirekt belichtet.

2. Grund- und Aufrissgestaltung der Wohnbauten

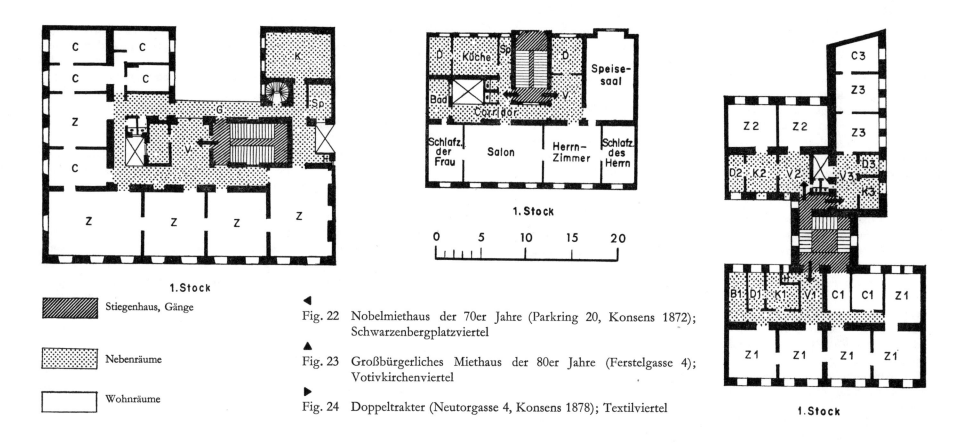

Fig. 22 Nobelmiethaus der 70er Jahre (Parkring 20, Konsens 1872); Schwarzenbergplatzviertel

Fig. 23 Großbürgerliches Miethaus der 80er Jahre (Ferstelgasse 4); Votivkirchenviertel

Fig. 24 Doppeltrakter (Neutorgasse 4, Konsens 1878); Textilviertel

Mit dieser *Verbreiterung des Straßentraktes* ist zugleich auch ein gegenüber den sechziger Jahren wesentlich verändertes Schema der Raumanordnung gekennzeichnet. Es gelangte sowohl beim U- als auch beim T-Grundriß (so z. B. Rathausstraße 4) zur Anwendung.

Eine weitere Neuerung besteht in der Erweiterung des geräumigen Vorzimmers durch ein gangartiges Gebilde entlang der Mittelmauer, welches vor allem bei den Herrschaftswohnungen angewandt wird und zum Unterschied von ähnlich großen Wohnungen der sechziger Jahre, in denen Durchgangszimmer die Regel waren, nunmehr ein direktes Betreten aller Räume vom Vorzimmer aus gestattet. Der im abgebildeten Beispiel (Fig. 22, Parkring 20, Konsens 1872) auftretende verglaste, an der Außenmauer entlanggeführte Verbindungsgang zwischen den beiden Seitenflügeln bildet allerdings schon ein älteres, bereits beim spätbarocken Palastbau vorhandenes Element.

g) Die Bauten der achtziger Jahre

Fällt bereits bei den Häusern der Wiener Baugesellschaft der Trend zur *Anlage von Etagenwohnungen* überall dort auf, wo nur schmälere Parzellen zur Verfügung stehen, so können wir ihn verstärkt in den achtziger Jahren bei der Aufschließung des Rathausviertels und im Votivkirchenviertel beobachten.

Von einem derartigen Haus aus dem Votivkirchenviertel (Ferstelgasse 4, Fig. 23) ist die funktionelle Gliederung der Wohnungen bekannt und sei im folgenden wiedergegeben. Die Bedeutung der Repräsentation äußert sich nach wie vor in dem großzügigen Zuschnitt des Salons, des Speisesaals und des Gesellschaftszimmers. Bescheidener erscheinen demgegenüber die getrennten Schlafräume des Wohnungsinhabers und seiner Gattin. In der heutigen Zeit des sozialen Wohnungsbaus, in der Kinderschlafzimmer zu den integrierenden Bestandteilen einer familiengerechten Wohnung gehören, fragt man sich erstaunt, wo damals die Kinder untergebracht wurden. Leider gibt darüber keiner der eingereichten Baupläne Auskunft. Die Anlage der Dienstbotenkammer hinter der Küche entspricht der von der Herrschaft noch immer separierten Existenz des Hauspersonals. Ein Bad gehört bereits zur fixen Ausstattung aller großbürgerlichen Nobelwohnungen der achtziger Jahre.

Während die vorgeführten Bautypen der siebziger und achtziger Jahre im wesentlichen eine spezifische Erscheinung der Ringstraßenzone blieben und im Stadtgebiet außerhalb derselben kaum Nachahmung fanden, gelang es jedoch einer Form, zum weithin verbreiteten Leittyp der Verbauung (vorzüglich um die Jahrhundertwende) aufzusteigen. Dies war der *Doppeltrakter*.
Auch er ist keine ausgesprochene Neuschöpfung der Ringstraßenzeit, vielmehr lieferten die Grundidee dazu bereits klassizistische Baumeister. So erhebt sich noch heute ein Vorläufer von ihm am Neuen Markt 9. Er stammt aus den zwanziger Jahren des 19. Jahrhunderts und verwirklicht die auf ökonomischen Überlegungen begründete Verbindung von einem *zweihüftigen* Straßentrakt und einem ebensolchen Hintertrakt durch *ein* Stiegenhaus.
Das abgebildete Haus Neutorgasse 4 (Fig. 24, Konsens 1878!) im Textilviertel stellt eines der ersten Beispiele dar. Allerdings ist bei ihm mit Rücksicht auf die Verbauung der Nachbarparzelle noch keine so konsequent-schematische Durchbildung wie später vorhanden. Nur der Vordertrakt ist unterkellert und überdies gegenüber dem Hintertrakt um ein halbes Geschoß höher. Ursprünglich befand sich im Vordertrakt in jedem Stockwerk nur eine Großwohnung, während der Hintertrakt auf jeweils zwei kleinere Wohnungen aufgeteilt war. Erst nach 1938 erfolgten Wohnungsteilungen auch im Vordertrakt. Der bautechnisch günstige Ansatzpunkt für spätere Teilungen wurde auf dem beigefügten Plan markiert. Auf das vielschichtige Problem der Wohnungsteilungen selbst wird später noch ausführlich eingegangen (vgl. S. 114.).
Mit seiner spiegelbildlichen Anordnung von Straßen- und Hintertrakt und damit homogener Wohnungsstruktur gewann der Doppeltrakter vor allem im Bereich der Donauregulierungsgründe ein breites Anwendungsfeld.

Allerdings konnte er sich hier wie auch sonst im Zuge der Neuverbauung an der städtischen Peripherie erst in den neunziger Jahren durchsetzen. Dies entspricht auch der grundsätzlich immer wieder zu beobachtenden Phasenverschiebung bei Übertragung von im Stadtzentrum geprägten Bautypen auf periphere Gebiete.
Hinsichtlich der Ausstattung mit Komfortelementen brachten die achtziger Jahre den Großwohnungen erstmals das Badezimmer als einen stets in den Plänen ausgewiesenen Wohnungsbestandteil. Es dauerte jedoch bis zur Verbauung des Postsparkassenviertels und damit bis zur Jahrhundertwende, ehe seine Einplanung auch bei Mittelwohnungen den Architekten zur Selbstverständlichkeit wurde.

h) Die Bauten der Jahrhundertwende

Funktionelle Gesichtspunkte traten schon bei den ersten Wohnhausbauten von Otto WAGNER in den achtziger Jahren auf. Sie hatten, wie erwähnt, verschiedene Konsequenzen. Die Bautechnik mußte nunmehr auf die Anlage der Naßeinheiten Rücksicht nehmen. Der Zwang zu einer gewissen Standardisierung der Wohnungen war damit gegeben. Das Streben nach einer Individualisierung der Räumlichkeiten, die nunmehr alle auch direkt vom Flur betreten werden können, führte allerdings häufig zu recht verwinkelten und keineswegs immer erfreulichen Grundrißlösungen.
Die Bautätigkeit der Jahrhundertwende fand freilich in der Ringstraßenzone nur noch ein sehr beschränktes Aktionsgebiet vor. Neu zu erschließen war einzig und allein das Postsparkassenviertel (vgl. oben). Darüber hinaus wurden unter dem Einfluß von wirtschaftlichen Überlegungen Häuser der sechziger Jahre bereits wieder abgerissen (so u. a. im Opernviertel). Mit einer Umbauzeit von knapp fünfzig Jahren erweist sich somit die City des kaiserlichen Wiens raschlebiger als die der Gegenwart und hält einem Vergleich mit den damaligen amerikanischen Großstädten stand.
Die Bauten der Jahrhundertwende sind in ihrer Fassadengestaltung bereits durch die neue Architekturrichtung des Jugendstils bestimmt. Bedeutete diese äußerlich zur Schau gestellte Andersartigkeit auch einen Bruch in bezug auf den Konnex zwischen konstruktiver Form und Wohnungsgefüge? Dies ist überraschenderweise nicht der Fall gewesen. Bei einem Studium der Baupläne ist man immer wieder erstaunt darüber, wie sehr in wesentlichen Belangen der inneren Gliederung bereits die frühen achtziger Jahre bahnbrechend waren. Manche Formen verschwanden allerdings zu Beginn des 20. Jahrhunderts endgültig und geben sich damit als überholte konservative Erscheinungen zu erkennen. Es sind dies bezeichnenderweise

2. Grund- und Aufrissgestaltung der Wohnbauten

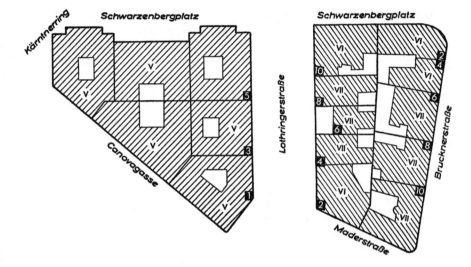

Fig. 25 Baublöcke der Ringstraßenzone aus der 2. und 4. Bauphase

gerade diejenigen, deren Wurzeln wir schon als weit zurückreichend bezeichnet haben, nämlich das Stutzflügelhaus und das am Palastbau orientierte Nobelmiethaus mit zwei Stiegenaufgängen. Vor allem das Verschwinden des letztgenannten Typs verweist uns darauf, daß die Tradition des Nobelmiethauses in sozialhistorischer Sicht eben durch die Cottage-Idee abgelöst wurde, als ab den späten siebziger Jahren die Angehörigen der Oberschicht immer mehr die Villa als neues Wohnideal betrachteten.

Während der Spätphase der Ringstraßenverbauung erfolgte eine gewisse soziale Homogenisierung der Mietparteien derart, daß Vertreter des gehobenen Mittelstandes nunmehr den Wohnungsmarkt bestimmten. Die Ära der Herrschaftswohnungen ist vorüber. Mittel- und Großwohnungen gelangten zur Ausführung. Die homogene Wohnungsstruktur gewinnt die Oberhand.

Nichtsdestoweniger wechseln die Grundrißzuschnitte im einzelnen jedoch sehr. An die Stelle der ruhigen Linienführung der vergangenen Jahrzehnte treten immer kompliziertere Gebilde, die sich kaum in ein Schema pressen lassen (vgl. Fig. 25). Gewiß trug die Vermehrung der Lichtschächte ganz wesentlich zur unausgewogenen und meist wenig übersichtlichen Anordnung der Räume bei. Es wurde daher auf die Wiedergabe eines Grundrißbeispiels verzichtet.

Das unverminderte Ansteigen der Bodenpreise äußerte sich im Ausbau sowohl eines Tiefparterres als auch einer Mansarde. Auf diese Weise gelang es bei den Bauten der Spätphase, unbeschadet aller Vorschriften der Bauordnung bezüglich der Traufhöhe, weitere Kubatur zu schinden und die Zahl der Geschosse auf sechs bis sieben zu erhöhen.

Bei der Einfügung eines Tiefparterres wurde das eigentliche Erdgeschoß meist um ein halbes Geschoß angehoben. Deshalb verschwand auch die einst übliche Durchfahrt in den Hof, wie sie in den früheren Jahrzehnten vor allem bei Bauten für die feudale Oberschicht schon wegen der Haltung von eigenen Wagen und Pferden gebräuchlich und notwendig war.

i) Die Veränderungen der Wohnungsstruktur im Laufe der Gründerzeit

Bei einer so enorm wachsenden und von pulsierendem Leben erfüllten Stadt, wie es Wien vor dem Ersten Weltkrieg war, nimmt es nicht wunder, daß der Baubestand der Ringstraße vom Beginn der Bautätigkeit in den frühen sechziger Jahren bis zu seinem Abschluß durch den Ersten Weltkrieg in seinem inneren Gehäuse bereits beachtliche Umgestaltungen erfuhr. Die Bauakten der städtischen Plankammer vermitteln uns ein gewisses, wenn auch keineswegs vollständiges Bild von den zahllosen Adaptierungen und Umbauten. Rasche Anpassung an den Wohnungsmarkt und an die Standortbedingungen der sich wandelnden Wirtschaft war die Ursache.

Es wäre ein reizvolles, jedoch für einen einzelnen ziemlich zeitraubendes Unterfangen, all die Veränderungen des Wohnungsbestandes im Laufe dieses halben Jahrhunderts zu verfolgen. Manche Einsichten ergaben sich aus dem knapp vor Beginn des Ersten Weltkrieges gelegten Querschnitt (vgl. unten).

Allein die Durchsicht der Bauakten aller von der Wiener Baugesellschaft errichteten Häuser läßt erkennen, wie beachtlich die Veränderungen auf dem Wohnungssektor waren. Dabei sind verschiedene, zum Teil einander entgegengesetzte Prozesse zu verzeichnen, wie Zusammenlegung bzw. Teilung von Wohnungen, Zweckentfremdung für Büros und dergleichen mehr. Sie wechseln oft von Haus zu Haus. Um wenigstens eine beispielhafte Vorstellung davon zu vermitteln, wurde im Verzeichnis der von der

Wiener Baugesellschaft erstellten Objekte neben der Wohnungsstruktur der Erbauungszeit auch die des Jahres 1914 angegeben. Letztere wurde mit Hilfe des Häuserverzeichnisses von LENOBEL ermittelt.

Versucht man, aus dem vorliegenden Material gewisse Schlüsse zu ziehen, so kann man mit der nötigen Vorsicht folgende allgemeine Entwicklungstendenz feststellen und mit dem Schlagwort *„Verstärkung der vertikalen Wohnungsdifferenzierung"* bezeichnen. Eine nähere Analyse ergibt nämlich, daß Teilungen von Wohnungen vorwiegend die oberen Stockwerke betrafen, Zusammenlegungen die unteren. Im ersten Moment recht divergierend wirkende Faktoren werden damit durchsichtig und verständlich.

Von den 27 untersuchten Häusern im ersten Bezirk[1] hatten 1914 nur noch
  7 eine homogene Wohnungsstruktur,
 18 dagegen eine vertikale Differenzierung,
  2 eine horizontale Differenzierung.

In regionaler Hinsicht fällt auf, daß sich die Zusammenlegungen besonders im Schwarzenbergplatzviertel häufen. Die gedankliche Verbindung mit dem hier noch immer zahlreichen Hochadel liegt auf der Hand. Dagegen ist in den Häuserblöcken zwischen Museum und Parlament eine gewisse Abwertung durch starke Teilungen zu bemerken.

Daraus resultiert, daß die Wiener Baugesellschaft bei ihren Entwürfen die alte und geläufige Tradition der vertikalen Differenzierung der Wohnungsgrößen zuwenig berücksichtigt hatte und somit dieses Versäumnis in einer Zeit liberaler Wohnungswirtschaft durch spontane Zusammenlegungen bzw. Teilungen wettgemacht wurde.

k) Die Stellung der Ringstraße in der Wiener Wohnbauentwicklung

Stellt man die Bauten der Ringstraße in ihrer konstruktiven Ausformung und sozialen Determinierung in den größeren Rahmen der baulichen Entwicklung Wiens, so wird einem ihre Sonderstellung eindrucksvoll bewußt. Von verschiedenen Seiten trafen Anregungen zusammen. Sie führten zur Ausprägung der oben gekennzeichneten Typen. Andererseits haben eben diese wieder Vorbilder für die Wohnbautätigkeit im Bereich der ehemaligen Vorstädte und Vororte abgegeben. Diese Zusammenhänge seien im folgenden kurz skizziert (vgl. Fig. 26).

Nicht alle in der Altstadt erwachsenen und gebräuchlichen Bautypen konnten sich behaupten. So erhielt das feudale Wohnideal nur noch eine kurze Gnadenfrist, bevor es endgültig unterging. *Ohne Nachfolge blieben die großen Wohnhöfe* der geistlichen Stifte des 18. Jahrhunderts; dazu war einerseits der Baugrund bereits zu teuer, andererseits fehlten entsprechend finanzkräftige Unternehmer, denen es möglich gewesen wäre, derart große Objekte zu errichten. Eine Ausnahme bildete einzig und allein der Heinrichhof gegenüber der Oper, der immer wieder in der Literatur völlig zu Unrecht als Prototyp des Ringstraßenhauses hingestellt wird. Er ist in Wirklichkeit ein Sonderfall und verdankt seine Errichtung H. v. DRASCHE, dem „Ziegelkönig von Wien", dessen Familie von der Bautätigkeit der Gründerjahre wohl am meisten profitieren konnte. Sechs Grundstücke wurden hier in einem Zuge verbaut. Diese Art der Parzellenzusammenlegung blieb jedoch eine Ausnahme und fand nur eine einzige Nachahmung (Textilviertel, Häuserblock Schottenring – Gonzagagasse – Zelinkagasse – Neutorgasse). Etwas häufiger wurden zwei mit der Rückseite aneinanderstoßende Parzellen in einem verbaut, so daß ein Durchhaus entstand. Ansonsten ist gerade der Abbruch des weitläufigen „Roten Hauses" auf dem Alsergrund (vgl. S. 29) und sein Ersatz durch insgesamt 18 Neubauten ein dokumentarischer Beweis dafür, daß die Zeit der großen Wohnhöfe vorüber war. Im Zuge der Ringstraße wurden keine Massenmiethäuser errichtet. Häuser mit mehr als 16 Wohnungen stellten bereits eine Seltenheit dar.

Zwischen den auf der Ringstraße angewandten sozialen Grundformen des Nobelmiethauses und des bürgerlichen Miethauses bestanden gleitende Übergänge. Nur die Haupttypen schieden sich scharf voneinander. Dabei kann das *Nobelmiethaus seine Herkunft vom barocken Adelspalast* nicht leugnen. Die strenge Trennung der Wohnräume der Herrschaft von denen des Dienstpersonals kam auch bei ihm zur Anwendung und schloß die Separierung der Toiletten und Stiegenaufgänge ein. Freilich fand dieses Nobelmiethaus ungeachtet des enormen Bauvolumens der Gründerjahre außerhalb der Ringstraße kaum eine Verbreitung. Überdies erlosch es auch hier bereits wieder in den siebziger Jahren, als die Cottage-Idee mit ihm in erfolgreiche Konkurrenz trat[2].

Der *Ahnherr* des bürgerlichen Miethauses der Ringstraße ist im *klassizistischen Großmiethaus mit Nobelstock* zu suchen[3]. Dieses wurde schon während der zweiten Hälfte des 18. Jahrhunderts von der damals entstehenden „zweiten Gesellschaft" der Großhandelsherren, Industriellen und Bankiers

---

[1] Da LENOBELS Adreßbuch aus dem Jahre 1914 nur für den ersten Bezirk vorliegt, konnten die Häuser im neunten Bezirk nicht in die Aufstellung einbezogen werden.

[2] Vgl.: Die Familienhäuseranlage des Wiener Cottage-Vereins in Währing-Döbling 1894. Der 1872 gegründete Verein verdankte FERSTEL seine Entstehung.

[3] Klassizistisches Hofhaus Hoher Markt 3 – Landskrongasse 6, erbaut 1794, im Kriege zerstört; ferner Wollzeile 12 – Schulerstraße 7, erbaut 1801; Seitenstettengasse 5 – Rabensteig 5, erbaut 1825; Krugerstraße 6, erbaut 1838.

2. Grund- und Aufrissgestaltung der Wohnbauten

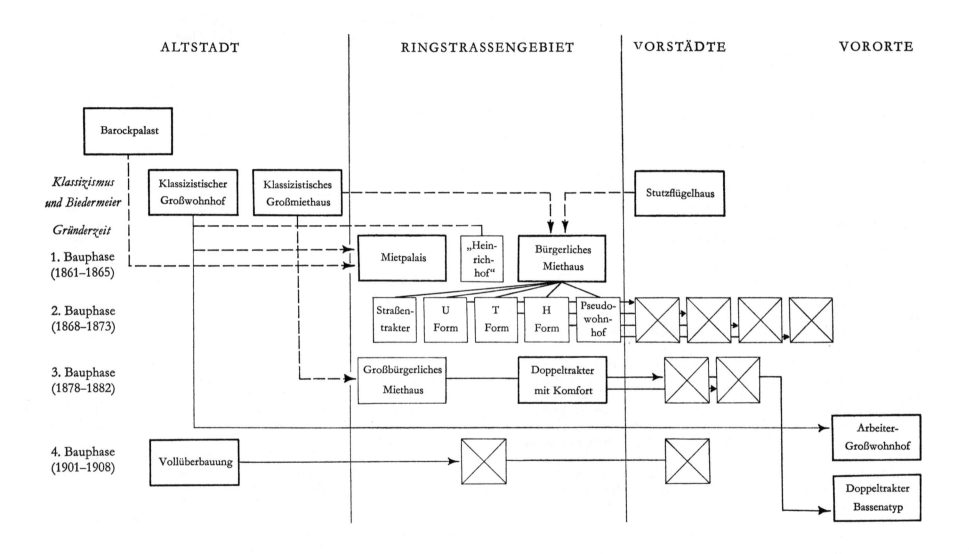

Fig. 26   Stellung der Ringstraßenhäuser in der Wiener Wohnbauentwicklung

in der Altstadt errichtet und hob sich dank seiner durchrationalisierten Grundrißgestaltung deutlich vom älteren spätbarocken Wohnhof ab. Meist wurde die Zimmerflucht des Nobelstockes von der Hausherrnfamilie bewohnt. Im Gegensatz zu der großen Wohnanlage der geistlichen Stifte waren bei diesem Typ des Großmiethauses die Hofräume bereits zu einem gewissen Grad deklassiert, d. h. man ordnete die Wirtschaftsräume und Dienstbotenzimmer, ebenso aber auch die billigeren und bescheidener ausgestatteten Wohnungen gegen den Hof hin an.

Das bürgerliche Miethaus der Ringstraße bezog seine Vorbilder jedoch nicht bloß aus dem Kreis der Altstadtbauten. In manchen Vierteln (Roßauerviertel, Textilviertel) konnten sich auch die im Biedermeier bereits bewährten Wohnformen der Vorstädte zur Geltung bringen. Dies hängt damit zusammen, daß schon ab der Wende vom 18. Jahrhundert zum 19. Jahrhundert bürgerliche Schichten, vor allem das höhere und mittlere Beamtentum, infolge der Raumnot und der damit verbundenen hohen Mieten in der Altstadt in die Vorstädte hinaus auswichen. Auf „grünem Anger" entwickelte sich dort im Verein mit einer Rasterparzellierung das *Stutzflügelhaus* als neue Leitform. Es brach mit den herkömmlichen Traditionen des tiefen Seitenflügelhauses, welches der barocke Bautyp vor allem des Gewerbebürgertums gewesen war.

Aus dieser im Vormärz geschaffenen Grundform entstanden durch verschiedene Kombinationen der Straßen- und Hoftrakte die *Varianten des T- und U-Typs*, von denen aus, durch Einfügung eines Hintertraktes, die Entwicklung zwangsläufig zur *vierseitigen Hofumbauung* und zum *H-Grundriß* weiterging. Der letztere führte im Zeichen konsequenter Rationalisierung zum *Doppeltrakter*, bei dem der Zwischentrakt zu einem Stiegenhaus zwischen Vorder- und Hintertrakt zusammenschrumpfte. Er fand dank Standardisierung und genormten Wohnungsgrößen um die Jahrhundertwende am Rande der wachsenden Millionenstadt massenhaft Verwendung.

Diese klar gegliederten und daher auch gut typisierbaren Grundrisse der sechziger und siebziger Jahre wurden gegen die Jahrhundertwende schließlich durch das Streben nach einer *Vollüberbauung der Parzelle* abgelöst. Die Anwendung von dreihüftigen Straßentrakten und zweihüftigen Hoftrakten brachte immer kompliziertere Grundrisse, die sich einer Typisierung entziehen. Interessanterweise vermißt man derart individuelle Lösungen im übrigen Stadtraum bei einer Neuverbauung und findet sie lediglich in den inneren Bezirken beim Umbau von Althäusern.

Mit dem Auftreten von Nobelmiethäusern und einzelnen Palästen ist bereits von seiten der Wohnbautypen her die Besonderheit der Ringstraße im Rahmen der städtischen Agglomeration gekennzeichnet. Ebenso klar tritt diese bei einer Untersuchung ihrer Wohnungsstruktur zutage.

TABELLE 3   Vergleich der Wohnungsstruktur von Wien 1917 mit der Wohnungsstruktur der Ringstraßenbauten der Wiener Baugesellschaft 1914

Wohnungsgrößen	Gesamtes Wr. Stadtgebiet 1917	Ringstraßenbauten 1914
bis 1,5 Wohneinheiten	**63,2**	2,4
bis 2 Wohneinheiten	9,3	2,6
bis 3,5 Wohneinheiten	12,6	35,6
4 Wohneinheiten und mehr	14,9	**59,4**

Dieser Vergleich läßt deutlich erkennen, in welchem Maße sich die Ringstraßenzone als Gebiet vorherrschender Groß- und Herrschaftswohnungen vom übrigen Stadtgebiet vor dem Ersten Weltkrieg abgesetzt hat.

Aus dieser Wohnungssituation heraus ergibt sich gleichsam von selbst die nächste Frage:

Von wem und für wen wurden die Wohnhäuser der Ringstraße errichtet? Mit der Beantwortung dieser Frage, die aufgrund des vorliegenden Materials möglich ist, kann nicht nur ein bisher in der Wiener Stadtforschung offengebliebenes Problem gelöst werden, sondern die dabei gewonnenen Resultate gestatten, über ihren monographischen Wert hinaus, Rückschlüsse auf die Hierarchie der hochindustriellen Gesellschaft, im besonderen die Gliederung der Ober- und Mittelschicht.

III. DER SOZIALAUFBAU VON WIEN UM 1870

Die gesellschaftliche Problematik Wiens in den sogenannten Gründerjahren ist durch zwei *Phänomene* gekennzeichnet:
1. In struktureller Hinsicht durch eine *Überschichtung und Verschmelzung der älteren Feudalstruktur mit dem sich entfaltenden industriellen Gesellschaftsaufbau.*
2. In regionaler Hinsicht durch ein erstaunlich zähes Festhalten an der aus dem Feudalprinzip ererbten *sozialen Rangordnung von der Altstadt über die Vorstädte zu den Vororten hin.*
Ein Überblick über diese beiden Erscheinungen soll im folgenden das Verständnis für die Funktion und Bedeutung der Ringstraße eröffnen und ihren „sozialen Standort" bestimmen helfen.

Glücklicherweise gewährt uns das auf der Basis der ersten Volkszählung 1869 erstellte und gedruckte sozialstatistische Material einen vorzüglichen Einblick in die Verhältnisse der österreichischen Reichshauptstadt an der Wende von der Feudalperiode zum liberalen Zeitalter, knapp ein Jahrzehnt nach dem Baubeginn der Ringstraße. Mit Hilfe dieser Angaben wurde die folgende Tabelle der beruflich-sozialen Gliederung Wiens um 1869 erstellt (Tab. 4). Die Einordnung der berufstätigen Bevölkerung in die

TABELLE 4 Beruflich-soziale Gliederung von Wien 1869

Gesamtbevölkerung 828.120 *100 %*
Berufstätige Bevölkerung 538.903 *65,1%*

	Mit eigener Wohnung		Beim Unternehmer wohnend		In Untermiete		Zusammen	
Oberschicht								
Renten- und Hausbesitzer	23.455	*4,5*					23.455	*4,5*
Mittelschicht								
Renten- und Hausbesitzer					4.232	*0,8*	4.232	*0,8*
Selbständige Gewerbetreibende	57.451	*11,0*			3.565	*0,7*	61.016	*11,7*
Stände mit höherer Schulbildung (einschließlich Studenten)	29.192	*5,6*	21	—	9.273	*1,8*	38.486	*7,4*
Lehrlinge			23.371	*4,5*	8.539	*1,6*	31.910	*6,1*
	86.643	*16,6*	23.392	*4,5*	25.609	*4,9*	135.644	*26,0*
Unterschicht								
Amts- und sonstige Diener	12.824	*2,4*			15.899	*3,0*	28.723	*5,4*
Arbeiter	119.609	*22,9*	60.590	*11,6*	77.667	*14,9*	257.866	*49,4*
Hauspersonal			69.818	*13,4*	6.883	*1,3*	76.701	*14,7*
	132.433	*25,3*	130.408	*25,0*	100.449	*19,2*	363.290	*69,5*
Insgesamt	242.531	*46,4*	153.800	*29,5*	126.058	*24,1*	522.389	*100%*

geläufigen drei großen Sozialschichten folgte hierbei dem damals gültigen Kriterium der ständischen Gliederung.

Die Masse der Berufstätigen (rund 70 v. H.) gehörte der Unterschicht an, die Mittelschicht steuerte ein Viertel zum Sozialaufbau bei, die Oberschicht zählte etwas über 4 v. H. Dieser Aufbau entspricht dem Modell der ständisch gegliederten Sozialpyramide.

1. Die soziale Gliederung

Im folgenden noch einige Bemerkungen zu den wichtigsten Sozialgruppen.
1. Unter der Standesbezeichnung „Kapitalisten und Rentenbezieher" verbirgt sich die damalige *Oberschicht* von Wien. Sie war außerordentlich mannigfaltig geartet und erfuhr im Verlaufe des späten 19. Jahrhunderts erhebliche Umschichtungen. Durch die Aufhebung der Erbuntertänigkeit im Jahre 1848 hatte der Feudaladel einen wesentlichen Teil seiner Landrenten verloren und war daher in seinen Einkünften empfindlich geschmälert. Nur wenige seiner Angehörigen verstanden es, sich rechtzeitig in den Industrialisierungsprozeß einzuschalten. Dies kann uns nicht weiter verwundern, waren doch seine ganze Vorstellungswelt und seine Verhaltensnormen zu sehr verschieden von denen der eigentlichen Kapitalisten, dem als Elitegruppe aufstrebenden, zum Teil nobilitierten Großbürgertum. Zu diesen zählten die maßgeblichen Persönlichkeiten des Geldwesens, des Großhandels und der Großindustrie. Es gewann mit Fortschreiten der Gründerjahre in dem Maße an Gewicht, als der Adel an Bedeutung verlor. Die achtziger Jahre brachten hierbei die entscheidende Wende in diesem Bedeutungsumschwung, der sich auch in den Bautypen der Ringstraße, vor allem in der wesentlich anderen Art der Verbauung des Rathausviertels im Vergleich mit dem Viertel um den Schwarzenbergplatz, manifestiert.

Gelang es dem Hochadel noch in den sechziger und frühen siebziger Jahren, als Bauherr von Ringstraßenhäusern in Erscheinung zu treten, so wurde er wenig später von den Angehörigen großbürgerlicher Kreise glatt überspielt.

Eine gesellschaftliche Zwischenposition bezog im Rahmen des Stadtganzen die Gruppe der *bürgerlichen Hausbesitzer*, die sich teils aus der Oberschicht, teils aus den Kreisen der vermögenden Gewerbetreibenden rekrutierte. Sie wurde infolge ihres rentenkapitalistischen Denkens in der zweiten Hälfte des 19. Jahrhunderts zum wichtigsten Motor der Wohnbautätigkeit. Fast ein Fünftel aller Wiener Häuser warf bereits in den siebziger Jahren einen so hohen Ertrag ab, daß ihre Eigentümer davon leben konnten.

2. Die „Stände mit höherer Schulbildung" und die Gewerbetreibenden stellten die beiden Hauptgruppen des *Mittelstandes* dar. Von beiden bestand ein gleitender Übergang zur Oberschicht.

Von zahlenmäßig weit größerer Bedeutung waren dabei die *Gewerbetreibenden*, deren Hundertsatz an den Berufstätigen während des 19. Jahrhunderts erstaunlich konstant blieb (zwischen 12 und 14 v. H.). Die liberale Gewerbegesetzgebung von 1859 hatte sogar eine echte Gründungswelle von Kleingewerbebetrieben zur Folge gehabt. Überdies zog die Reichshauptstadt den gewerblichen Nachwuchs aus den zahlreichen kleinen Provinzstädten in größtem Umfang geradezu magnetisch an.

In der Gruppe *„Stände mit höherer Schulbildung"* vereinte die Statistik damals selbständig und unselbständig Berufstätige. Sie umfaßte einerseits die *freien Berufe* (Ärzte, Rechtsanwälte, Künstler), andererseits die *öffentlichen Bediensteten* (Professoren, Lehrer und Staatsbeamte) und *Angestellte* der Wirtschaft. Letztere gewannen durch den Aufbau eines Verwaltungsstabes von seiten der Wirtschaft im Laufe der Gründerzeit zunehmend an Bedeutung.

Im 19. Jahrhundert pflegten große Staaten in ihren Hauptstädten stets eine bedeutende Garnison zu unterhalten. Da die Offizierswohnungen jedoch meist mit den Kasernen gekoppelt waren, sind die *Vertreter des Offizierskorps* keineswegs so wie das Beamtentum in das soziale Gefüge der Stadt integriert gewesen, sondern stellten ein stark fluktuierendes Element dar.

Eine Übergangsstellung zur Unterschicht nahmen die *Amtsdiener* und Aufsichtsorgane ein, die sich 1869 durch den hohen Prozentanteil von Verheirateten und Wohnungsinhabern ganz augenfällig von den Arbeitern sonderten. Darin kam die Tatsache ihrer zwar bescheidenen, jedoch sicheren Existenz zum Ausdruck.

3. Waren die Umschichtungsvorgänge innerhalb der mittleren Sozialschicht während des 19. Jahrhunderts nicht sehr gravierend, so stellte die *Differenzierung des vierten Standes* den quantitativ weitaus wichtigsten und im einzelnen sehr komplizierten Vorgang des 19. Jahrhunderts dar. Infolge seiner rapiden Zunahme, die mit dem Stadtwachstum konform ging, wurde er in der zweiten Hälfte des 19. Jahrhunderts zum stärksten Motor des spekulativen Miethausbaus.

Der Prozentanteil aller unmittelbar in der Produktion tätigen gewerblichen und industriellen Hilfskräfte veränderte sich dabei in der zweiten Hälfte des 19. Jahrhunderts zunächst nur wenig und machte stets rund die Hälfte aller Berufstätigen aus. Dagegen nahm das fest in der patriarchalischen Haushaltsstruktur verankerte Hauspersonal im gleichen Zeitraum schon recht beachtlich ab. Komplementär dazu läßt sich die sukzessive Zunahme kleiner Angestellter beobachten.

1. Die soziale Gliederung

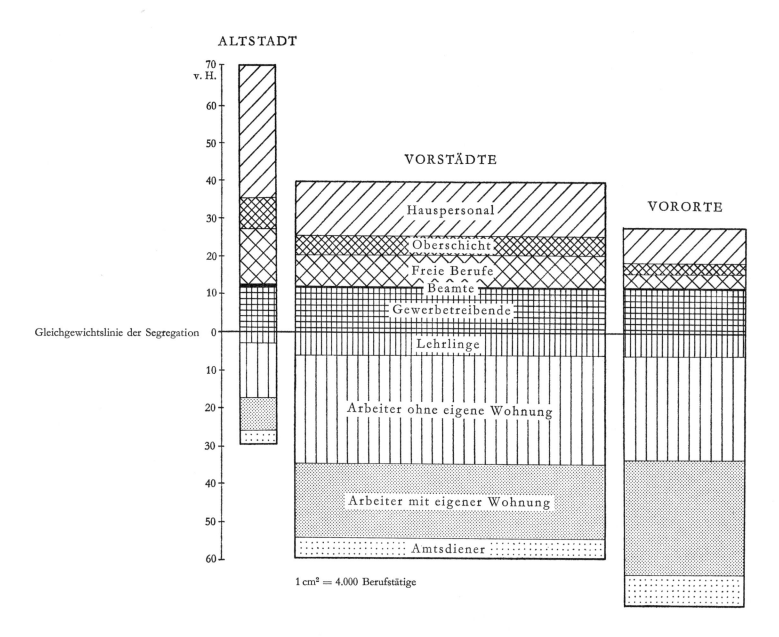

Fig. 27 Schema des sozialen Bauplans von Wien 1869

2. Die räumliche Differenzierung

Über die *räumliche Differenzierung des städtischen Gefüges* in baulicher und *sozialer Hinsicht* um die Mitte des 19. Jahrhunderts, d. h. also für die Zeit vor der Stadterweiterung, wurde bereits ein Überblick geboten.

Das für 1869 zur Verfügung stehende sozialstatistische Material gestattet es, für diesen Zeitpunkt die Unterschiede zwischen der Altstadt, den Vorstädten und den Vororten exakt zu quantifizieren (vgl. Fig. 27).

Hierbei erweist sich die Grenze zwischen der Altstadt und den Vorstädten als nach wie vor viel einschneidendere Trennungslinie als jene zwischen den Vorstädten und Vororten. Der Anteil der Oberschicht und ebenso der Stände mit höherer Schulbildung lag in der Altstadt weit über dem Stadtganzen. Dasselbe gilt auch für das Hauspersonal, auf das in der Innenstadt rund ein Drittel der berufstätigen Bevölkerung entfiel. Die Zahl der in einem Haushalt beschäftigten Dienstboten bildete damals ein wesentliches Wohlstandskriterium.

Verkehrt proportional zum Anteil der genannten Gruppen verhielt sich der Hundertsatz der gewerblichen Hilfskräfte und Arbeiter. Er wies von der Altstadt über die Vorstädte zu den Vororten eine beachtliche Zunahme auf. Diese äußerte sich interessanterweise besonders bei den Arbeitern mit eigener Wohnung und weist darauf hin, daß es für die unteren Schichten leichter war, eine ihren niedrigen Löhnen entsprechende Wohnung in den Vororten zu bekommen als in den Vorstädten oder gar in der Altstadt.

Das einzige gleichmäßig vertretene Element in dem deutlich von einem zentral-peripheren Gefälle bestimmten sozialen Bauplan der Stadt stellten die Gewerbetreibenden und mit ihnen die gewerblichen Hilfskräfte dar, die in Wahrung zünftischer Traditionen noch bei ihrem Gewerbeherrn oder Meister wohnten. Freilich täuscht die Konstanz des Hundertsatzes etwas. Mustert man nämlich die jeweils vertretenen Branchen, so erkennt man rasch, daß die angeseheneren Gewerbe in der Altstadt oder in den inneren Vorstädten ihren Standort besaßen, während die Teilhandwerker, Zubringer- und Hilfsgewerbe die Vororte bevorzugten.

Die liberale Wohnbautätigkeit mit ihrem Bauvolumen von über 450.000 Wohnungen zwischen 1840 und 1918 brachte nahezu der ganzen städtischen Agglomeration eine tiefgreifende bauliche Umgestaltung. Dies wirft die Frage auf, ob damit auch ein Wertwandel der verschiedenen Stadtteile in sozialer Hinsicht verbunden war. Prüft man zu ihrer Beantwortung die einzelnen älteren Siedlungsbestandteile daraufhin durch, so kann man feststellen, daß die Umbautätigkeit fast überall mit einer bausozialen Aufwertung Hand in Hand ging. So wurden z. B. aus der ehemaligen Taglöhnerperipherie des westlichen Gewerbesektors, den Vorstädten Altlerchenfeld und Josefstadt, Wohnquartiere des Mittelstandes. Dort, wo der gründerzeitliche Umbau den alten Hausbestand nicht zur Gänze zu beseitigen vermochte – wie in Margareten –, prallen die Unterschiede zwischen alten Taglöhner- und Kleinhandwerkerhäusern des späten 18. oder frühen 19. Jahrhunderts und den großbürgerlichen Miethäusern im Jugendstil hart aufeinander.

Alle diese historisch-topographischen Wandlungen sind jedoch nur Mosaiksteine eines im ganzen verblüffenden Resultats. Es zeigt sich nämlich, daß das aus der Feudalstruktur stammende Sozialgefälle vom Zentrum zu den Rändern der städtischen Agglomeration hin gewahrt blieb. Es wurden nur die einzelnen Bereiche entsprechend dem Anschwellen der städtischen Bevölkerung peripher erweitert.

Das bedeutet:
1. *ein Ausgreifen der Oberschicht aus der Altstadt auf die Ringstraßenzone*,
2. eine *soziale Aufwertung der Vorstädte* bzw. auch der Vorortkerne, bedingt durch die zahlenmäßige Zunahme des Mittelstandes, und
3. ein Hinausdrängen der Taglöhnerniederlassungen aus dem Vorstadtraum in den Vorortebereich und damit die *Entstehung eines Gürtels von Arbeiterbezirken*.

Diese klare sozialräumliche Rangordnung spiegelt sich in der Abfolge vorherrschender Groß- über Mittel- zu Kleinwohnungen von der Altstadt über die inneren zu den äußeren Bezirken deutlich wider. Nur einzelne Sektoren durchbrechen das zonale Bauprinzip. So entwickelten sich in den inneren Bezirken die Gemüsebauorte Erdberg und Margareten zu Arbeitervierteln und stiegen in den äußeren Bezirken die Siedlungen rings um Schönbrunn im Südwesten und der ganze nordwestliche Sektor zu Mittel- und Oberschichtquartieren auf.

IV. DIE STELLUNG DER WIENER RINGSTRASSE IM SOZIALAUFBAU VON WIEN 1914

In dem von feudalen Traditionen und industriellem Wesen geprägten zweigliedrigen Gesellschaftsaufbau von Wien schwang sich die Ringstraße keineswegs, wie man vielleicht erwarten würde, zu einem Wegbereiter der neuen Zeit auf (vgl. Fig. 28).

Ebenso wie sich in ihrer architektonischen Gestaltung feudale und liberale Intentionen zu einer Synthese fanden, ebenso verschmolzen bei den Bauherrn und Wohnungswerbern die Angehörigen der vorindustriellen und industriellen Gesellschaft.

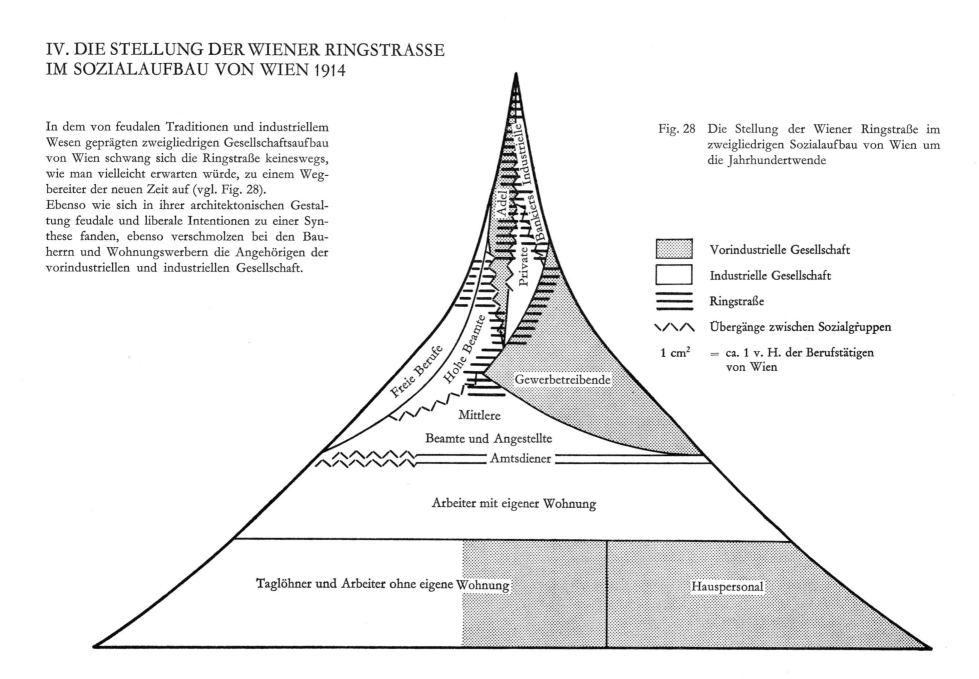

Fig. 28 Die Stellung der Wiener Ringstraße im zweigliedrigen Sozialaufbau von Wien um die Jahrhundertwende

TABELLE 5   Vergleich der Sozialstruktur von Altstadt 1869 und Ringstraßenzone 1914

	Altstadt 1869 Berufstätige mit eigener Wohnung		Ringstraßenzone 1914 Mietparteien
Oberschicht			
„Kapitalisten"	19,7	Industrie- und Finanzadel 1,3	
		Von Kapitalzinsen lebender Adel 4,0	
		Hochadel 2,2	7,5
		Industrielle u. Bankiers 6,0	
		Privatiers (Männer) 6,4	
		Privatiers (Frauen) 13,4	
	19,7		33,3
Mittelschicht			
Stände mit höherer Schulbildung	29,0	Ärzte 5,8	
		Rechtsanwälte 9,9	
		Sonstige freie Berufe 3,8	19,5
		Beamtenadel 4,9	
		Sonstige hohe Beamte 9,5	
		Mittlere Beamte 7,2	21,6
Gewerbetreibende und Kaufleute	27,7		23,8
		Offiziere 0,9	
	56,7		65,8
Unterschicht	23,6		0,9*

* Die Hausbesorger wurden bei dieser Aufstellung nicht berücksichtigt, da sie auch unter den Berufstätigen 1869 nicht angeführt sind. Überdies zählten sie im Sinne der kapitalistischen Wohnungswirtschaft nicht zu den Mietparteien.

Die Ringstraße war vor dem Ersten Weltkrieg die Straße der „Kapitalisten" und der „Stände mit höherer Schulbildung". Rund ein Drittel aller Mieter gehörten der Oberschicht an. Diese umfaßte die Gruppen des Adels, der Industriellen, Bankiers und Privatiers. Die Akademiker stellten rund 40 v. H. der Mieter, wobei auf den Beamtenstand und die Angehörigen der freien Berufe jeweils rund die Hälfte entfiel. Vor allem der Beamtenstand war in der Ringstraßenzone viel stärker vertreten als in der Altstadt. So entsprach der Prozentsatz der hohen Beamten in der Ringstraße allein bereits dem der gesamten Beamtenschaft in der Altstadt. Wesentlich unter dem Stadtdurchschnitt blieb der Anteil der Gewerbetreibenden (8,6 v. H.), vor allem des Erzeugungsgewerbes.

Die Unterschicht fehlte, abgesehen von den Portieren, völlig unter den Mietern, während sie in der Altstadt bereits rund ein Viertel aller Wohnungen in Beschlag genommen hatte.

Zahlen über die Dienstboten fehlen im Ringstraßenbereich. Aufgrund des Anteils des Oberbaus kann man aber wohl mit ziemlicher Wahrscheinlichkeit schätzen, daß das Hauspersonal mehr als die Hälfte aller Berufstätigen stellte, da in jeder Wohnung zumindest ein oder zwei dienstbare Geister am Werke waren.

Zu den Mitgliedern des Hoch-, Geld-, Land- und Beamtenadels gesellten sich die Repräsentanten des liberalen Großbürgertums, Bankiers und Industrielle. In der mittleren Rangordnung der Sozialpyramide begegnete das Gewerbebürgertum dem Bildungsbürgertum mit den Vertretern der freien Berufe und des Beamtenstandes.

Die Sonderstellung der Ringstraße als Wohngebiet beruhte somit nicht auf einer Herausfilterung und Segregation der neuen wirtschaftlichen Führungskräfte, die mit dem Liberalismus an die Spitze des Staates gekommen waren. Ihre Sonderstellung verdankte sie vielmehr ihrer eminenten städtebaulichen Attraktionskraft, welche *die gesamte Elite* von Wien magnetisch anzog, wobei sich viertelweise freilich recht unterschiedliche Assoziationen von Sozialgruppen herauskristallisierten.

Bereits eingangs wurde das Schlagwort von der Ringstraße als dem sozial aufgewerteten Rahmen der Altstadt verwendet. Ein Vergleich der Sozialstruktur von der Altstadt und der Ringstraßenzone erhärtet es (vgl. Tab. 5).

Entsprechend der vom kapitalistischen Wohnungswesen bestimmten Gesellschaftsordnung sonderten sich in der Ringstraßenzone die beiden Gruppen der Hausbesitzer und Mieter scharf voneinander. Dies erfordert ihre getrennte Darstellung.

1. Die Hausbesitzer

In der liberalen Ära zählten Haus- und Realitätenbesitz zu den einträglichsten und zugleich sichersten Kapitalanlagen. Das Eigentum eines Hauses in der Ringstraßenzone bedeutete damals eine Einnahmequelle, von der man gut und gern leben konnte. Der Frage der Kapitalaufbringung und der Bauherrschaft bei den Ringstraßenhäusern im einzelnen nachzugehen, ist einer eigenen Untersuchung in diesem Forschungsprogramm vorbehalten. In dem hier abgesteckten Rahmen ist es nur möglich, in einem Querschnitt für das Jahr 1914 die Hausbesitzer der Ringstraße festzuhalten. Es muß offenbleiben, ob und in welchem Umfang das damals vorhandene Prozentverhältnis von juristischen zu natürlichen Personen und die Anteile der verschiedenen Sozialgruppen an den letzteren als repräsentativ für die Erbauungszeit der Häuser angesehen werden dürfen.

Über den Hausbesitz auf der Ringstraße haben sich in der landläufigen Meinung Vorstellungen eingenistet, die einer Revision bedürfen. Sie gipfeln in der Überzeugung, daß der Erwerb eines Miethauses auf der Ringstraße im kaiserlichen Wien ausschließlich der Kapitalanlage diente, und die Absenz der Hausbesitzer damit zwangsläufig verbunden war.

In welchem Ausmaß traf dies tatsächlich zu und welche Unterschiede bestanden hierbei zwischen den einzelnen im Hausbesitz vertretenen Sozialgruppen?

Um diese Frage zu klären, wurde eine Aufstellung der Hausbesitzer der Ringstraßenhäuser im Jahre 1914 hinsichtlich ihrer Zugehörigkeit zu bestimmten Sozialgruppen vorgenommen und gleichzeitig ihr Wohnort festgestellt.

Das in der Tabelle 6 festgehaltene Ergebnis dieser Analyse ergab folgende wichtige Resultate.

Am Hausbesitz der Ringstraße partizipierten im wesentlichen drei Sozialgruppen:
1. der *Adel*, der rund ein Drittel aller Hausbesitzer stellte,
2. *Industrielle*, *Bankiers* (darunter im besonderen Textilfabrikanten),
3. *Privatiers*, d. h. von Kapitalrenten lebende Personen.

Nur schwach vertreten waren dagegen die freien Berufe, Ärzte und Rechtsanwälte, ebenso die Kaufleute, Gewerbetreibenden und die Spitzen der Bürokratie, somit also die Angehörigen der Mittelschicht.

Die unterschiedlichen Intentionen von Ober- und Mittelschicht erkennt man deutlich, wenn man die Absenz der Hausbesitzer überprüft. Die Angehörigen der freien Berufe und die Gewerbetreibenden wohnten noch rund zur Hälfte im eigenen Haus, die der erstgenannten Sozialgruppen zum Teil nur noch zu einem Viertel.

Nur die *Textilfabrikanten* bildeten eine Ausnahme. Sie waren ja auch zum Gutteil die Erbauer des gekennzeichneten Typs des Nobelmiethauses, in dem die Hausherrenstiege bis zum ersten bzw. zweiten Stockwerk führte. Noch 1914 wohnten rund 60 v. H. der Textilfabrikanten in den in ihrem Besitz befindlichen Häusern. Gleichzeitig waren stets auch die Büros und Niederlagen ihrer Fabriken darin untergebracht. Von sozialhistorischer Warte aus gesehen, schließen sie damit noch an das der Feudalperiode entsprechende Eigenhaus des Gewerbebürgertums an. Nur war dieses bei den Textilfabrikanten aus Rentabilitätsgründen durch Hereinnahme von Mietparteien aufgestockt worden.

Bei den Textilfabrikanten kam es daher auch nicht wie bei den Mitgliedern anderer Sozialgruppen vor, daß sie nicht die Hausherrenwohnung im Nobelstock innehatten, sondern mit einer kleineren Wohnung in einem höheren Stockwerk vorliebnahmen.

Dies war in hohem Maße bei Vertretern des Beamtentums und bei den als „Private" titulierten Wohnungsinhabern der Fall und muß als eine Einsparungsmaßnahme gewertet werden. Dasselbe gilt auch für die keineswegs seltenen Fälle, daß Hausbesitzer von Ringstraßenhäusern als Mieter in der Altstadt lebten, wo sie für eine gleich große Wohnung einen niedrigeren Zins als auf der Ringstraße zahlten. In noch stärkerem Ausmaß trifft diese Überlegung für jene Hausbesitzer zu, die in den inneren Bezirken ihr Haus bzw. ihre Wohnung hatten.

Mit diesen Ausführungen wurde bereits die Frage angeschnitten, wo die absenten Hausbesitzer eigentlich ihr Domizil hatten. Auch hierbei bestanden zwischen den genannten Gruppen recht charakteristische Unterschiede. So war der von Kapitalzinsen lebende Adel mit über einem Drittel seiner Vertreter in den verschiedenen Teilen der Monarchie verstreut. Die nicht in Wien wohnhaften Textilfabrikanten hatten ihren Wohnsitz bei ihren Unternehmungen in den Sudetenländern.

Erstaunlich gering blieb der Anteil der in den äußeren Bezirken wohnhaften Hausbesitzer, ein Hinweis dafür, daß es keinesfalls das Bestreben, im Grünen zu wohnen und damit die Cottage-Idee, sondern andere, in erster Linie ökonomische Motive waren, welche die Absenz der Hausbesitzer bedingten.

Als ein Symptom für die wachsende Anonymität des Hausbesitzes können die 10 v. H. der Häuser angesehen werden, bei denen sich bereits mehrere Besitzer die Mieterträge teilen mußten, mit deren Einbringung wie mit allen anderen Verwaltungsfragen längst eigene Büros betraut waren.

Im Vergleich zu den natürlichen Personen besaßen die juristischen Personen vor dem Ersten Weltkrieg noch keineswegs die Bedeutung im Hausbesitz,

IV. Die Stellung der Wiener Ringstrasse im Sozialaufbau von Wien 1914

Tabelle 6 Der Wohnort der Hausbesitzer 1914

Hausbesitzer	Im Hause wohnend		I. Bezirk		Innere	Äußere	Außerhalb von Wien		Insgesamt
	Nobelstock	übrige Stockwerke	Eigentum	Mieter	Bezirke				

NATÜRLICHE PERSONEN

Oberschicht

	Nobelstock		übrige Stockwerke		Eigentum		Mieter		Innere Bezirke		Äußere Bezirke		Außerhalb von Wien		Insgesamt
Hochadel	8 (3 P)	**32,0**	—		3	12,0	—		8	**32,0**	—		6	24,0	25
Industrie- und Finanzadel	10	26,3	3	7,9	8	**21,1**	1	2,6	8	21,1	2	5,3	6	15,7	38
Landadel und von Kapitalzinsen lebender Adel	13	20,0	2	3,1	12	18,5	2	3,1	10	15,4	2	3,1	24	**36,8**	65
Adel insgesamt *	32	23,5	7	5,2	24	17,6	6	4,4	27	19,9	4	2,9	36	26,5	136
Industrielle und Bankiers	11	26,8	5	12,2	8	**19,5**	1	2,4	9	22,0	—		7	17,1	41
Textilfabrikanten	21	**58,3**	—		4	11,1	1	2,8	2	5,6	1	2,8	7	19,4	36
Privatiers (Männer)	14	25,0	4	7,1	4	7,1	9	**16,1**	15	**26,8**	3	5,4	7	12,5	56
Privatiers (Frauen)	13	34,2	6	**15,8**	2	5,3	1	2,6	7	18,4	2	5,3	7	18,4	38

Mittelschicht

Beamtenadel	1	12,5	2	**25,0**	1	12,5	3	**37,5**	1	12,5	—		—		8
Hohe Beamte und Angestellte	10	**45,5**	7	**31,8**	3	13,6	2	9,1	—		—		—		22
Ärzte	3	**42,8**	2	**28,6**	—		—		2	28,6	—		—		7
Rechtanwälte	5	**45,5**	2	18,2	1	9,1	3	27,2	—		—		—		11
Kaufleute	6	**42,9**	2	14,3	2	14,3	—		—		—		4	28,5	14
Gewerbetreibende	4	**44,4**	2	22,2	2	22,2	—		1	11,2	—		—		9
Mehrere Besitzer	—		—		4	11,1	10	27,8	11	30,6	7	19,4	4	11,1	36
	119	29,3	37	9,1	54	13,3	33	8,1	74	18,2	17	4,2	72	17,8	406

* Einschließlich Beamtenadel

Fortsetzung von Tabelle 6

Hausbesitzer	Mit		Ohne		Insgesamt
	Betrieb im Hause				
JURISTISCHE PERSONEN					
Aktiengesellschaften	5	*100,0*			5
Versicherungen	13	*59,1*	9	*40,9*	22
Pensionsinstitute	7	*41,2*	10	*58,8*	17
Sparkassen und Banken	2	*50,0*	2	*50,0*	4
Vereine und Baugesellschaften			5	*100,0*	5
Bürgerspitalsfonds Gemeinde Wien			16	*100,0*	16
Stiftungshäuser			3	*100,0*	3
	27		45		72 *100%*

wie man sie aufgrund der fortgeschrittenen Citybildung erwarten würde. Weit wichtiger als die nur spärlich vertretenen Banken waren übrigens die Versicherungsgesellschaften, zum Teil ausländischer Provenienz. Einen Sonderfall bildete der Bürgerspitalsfonds der Gemeinde Wien, der seine Besitzungen noch aus der Zeit der Parzellierung der Stadterweiterungsgründe im Textilviertel innehatte.

2. Die viertelweisen Unterschiede des Hausbesitzes auf der Ringstraße

Die viertelweisen Unterschiede im Hausbesitz waren 1914 recht beachtlich (vgl. Tab. 7). Es bestanden mannigfaltige Assoziierungen einerseits der natürlichen und juristischen Personen und andererseits der verschiedenen Sozialgruppen. Die Angaben beschränken sich leider auf den ersten Gemeindebezirk. Für den neunten Bezirk (Votivkirchen- und Roßauerviertel) stehen keine Unterlagen zur Verfügung.
Die charakteristischen Züge der einzelnen Viertel können folgendermaßen gekennzeichnet werden:
Das *Viertel um den Schwarzenbergplatz* bildete den Schwerpunkt des Adels, in dessen Händen sich nahezu die Hälfte aller Häuser befand und der überdies selbst noch zu einem Gutteil in den von ihm erbauten palastartigen Miethäusern lebte. In allen anderen Abschnitten der Ringstraße war er wohl auch im Hausbesitz vertreten, wohnte aber, abgesehen vom Opernviertel, nur ausnahmsweise in seinen Häusern.
Begreiflich ist seine geringe Beteiligung im Postsparkassenviertel, dem jüngsten Glied der Ringstraße. Erstaunlicherweise mengten sich im Schwarzenbergplatzviertel auch Gewerbetreibende und Kaufleute unter die Hausbesitzer (vgl. unten). Verhältnismäßig gering blieb der Anteil neureicher Spekulanten und damit der Privatiers. Das *Opernviertel* bildete gleichsam einen etwas bescheideneren Seitenflügel des Schwarzenbergplatzviertels, was in verstärktem Absentismus der adeligen Hausbesitzer zum Ausdruck kommt.
Im *Rathausviertel* stieg der Prozentsatz der großbürgerlichen Schichten, der Industriellen und Bankiers, über den Durchschnitt an. Der Adel logierte kaum mehr in den noch recht zahlreichen Häusern, die sich in seinem Besitz befanden. Angehörige der freien Berufe, Ärzte und Rechtsanwälte, spielten unter den Eigentümern eine größere Rolle und wohnten auch stets in ihren Häusern.
Börse- und Textilviertel hoben sich durch die große Zahl juristischer Per-

sonen (Banken, Versicherungen, Pensionsinstitute) von allen bisher genannten Vierteln ab. Selbstverständlich hatten im Textilviertel die Textilfabrikanten einen beachtlichen Teil der Häuser in ihrer Hand. Der bereits genannte Bürgerspitalsfonds beteiligte sich mit insgesamt 16 Objekten am Hausbesitz.

Das *Postsparkassenviertel* bezeugte seine Sonderstellung durch den hohen Prozentsatz anonymer Hauseigner. Demgemäß betrug auch der Hundertsatz der absenten Besitzer über 70 und näherte sich damit jenem Zustand, der zu Unrecht für die gesamte Ringstraße verallgemeinert wurde.

3. Die Mieter

Hausbesitzer und Mieter erscheinen in der Sozialkritik der liberalen Epoche immer als das große Gegensatzpaar der städtischen Bevölkerung, und meist existierte eine kaum zu überbrückende Kluft zwischen beiden.

Bestand sie auch im Ringstraßenbereich? Um diese Frage und gleichzeitig damit die darin eingeschlossene nach der Wohnfunktion der Ringstraße beantworten zu können, wurden die Mietparteien in dieselben Sozial-

TABELLE 7   Die viertelweise Differenzierung der Hausbesitzer 1914

Hausbesitzer	Textilviertel		Börseviertel		Rathausviertel		Opernviertel		Schwarzenbergplatzviertel		Postsparkassenviertel		Insgesamt
	H*	A*	H	A	H	A	H	A	H	A	H	A	
NATÜRLICHE PERSONEN	34	65	14	28	40	36	13	33	49	57	8	29	406
	25,3	48,5	24,6	49,1	51,9	46,8	25,5	**64,7**	41,5	48,3	19,5	**70,7**	84,9
Oberschicht													
Hochadel	—	5	—	2	1	1	1	2	6	6	—	1	25
		3,7		3,5	1,3	1,3	2,0	3,9	**6,1**	5,1		2,4	5,2
Industrie- und Finanzadel	—	5	1	4	2	3	—	4	9	8	1	1	38
		3,7	1,8	7,0	2,6	3,9		**7,8**	7,6	6,8	2,4	2,4	8,0
Landadel und von Kapitalzinsen lebender Adel	—	6	—	5	1	11	5	11	9	15	—	2	65
		4,5		8,8	1,3	14,3	9,8	**21,6**	7,6	12,7		4,9	13,6
Adel**	—	17	1	13	5	16	8	17	24	29	1	5	136
		12,7	1,8	22,8	6,5	20,8	15,7	**33,3**	**20,3**	24,6	2,4	12,1	28,7
Industrielle und Bankiers	3	5	4	3	5	6	1	4	3	5	—	2	41
	2,2	3,7	**7,0**	5,3	**6,5**	7,8	2,0	**7,3**	2,5	4,2		4,9	8,6
Textilfabrikanten u. Fabrikanten	16	12	1	—	4	1	—	1	—	—	—	1	36
	11,9	**8,9**	1,8		5,2	1,3		2,0				2,4	7,5
Privatiers (Männer)	5	11	3	2	6	5	1	2	1	7	2	11	56
	3,7	8,2	5,3	3,5	7,8	6,5	2,0	3,9	0,8	5,9	4,9	**26,8**	11,7
Privatiers (Frauen)	2	4	1	5	8	5	1	3	5	1	2	1	38
	1,5	3,0	1,8	**8,8**	**10,3**	6,5	2,0	5,9	4,2	0,8	4,9	2,4	8,0

* H im Hause wohnend, A nicht im Hause wohnend.   ** ohne Beamtenadel

Fortsetzung von Tabelle 7

Hausbesitzer	Textilviertel		Börseviertel		Rathausviertel		Opernviertel		Schwarzenberg-platzviertel		Postsparkassen-viertel		Insgesamt
	H*	A*	H	A	H	A	H	A	H	A	H	A	
Mittelschicht													
Beamtenadel	—	1	—	2	1	1	2	—	—	—	—	1	8
		0,8		3,5	1,3	1,3	3,9					2,4	1,7
Höhere Beamte und Angestellte	2	1	3	1	3	1	2	—	7	1	—	1	22
	1,5	0,8	5,3	1,8	3,9	1,3	2,0		5,9	0,8		2,4	4,6
Ärzte	—	—	—	—	5	—	—	—	—	—	—	2	7
					6,5							4,9	1,5
Rechtsanwälte	1	—	—	—	3	—	—	—	2	1	1	3	11
	0,8				3,9				1,7	0,8	2,4	7,3	2,3
Kaufleute	5	—	—	—	—	—	—	—	3	4	2	—	14
	3,7								2,5	3,4	4,9		2,9
Gewerbetreibende	—	1	1	—	1	—	—	—	4	2	—	—	9
		0,8	1,8		1,3				3,4	1,7			1,9
Mehrere Besitzer	—	14	—	4	—	2	—	6	—	7	—	3	36
		10,4		7,0		2,6		11,8		5,9		7,3	7,5
JURISTISCHE PERSONEN	35		15		1		5		12		4		72
	26,2		**26,3**		1,3		9,8		10,7		9,8		15,1
Aktiengesellschaften	—		—		—		2		2		1		5
							3,9		1,7		2,4		1,0
Versicherungen	8		6		—		2		3		3		22
	6,0		**10,4**				3,9		2,5		7,3		4,6
Pensionsinstitute	7		3		—		1		6		—		17
	5,2		5,3				2,0		5,1				3,6
Sparkassen und Banken	1		3		—		—		—		—		4
	0,8		5,3										0,8
Vereine und Baugesellschaften	4		2		1		—		1		—		8
	3,0		3,5		1,3				0,8				1,7
Gemeinde Wien	15		1		—		—		—		—		16
	11,2		1,8										3,4
	134		57		77		51		118		41		478
	28,04		**11,93**		**16,09**		**10,67**		**24,69**		**8,58**		*100%*

* H im Hause wohnend, A nicht im Hause wohnend.

TABELLE 8 Das Verhältnis von Hausbesitzern zu Mietern 1914

	Hausbesitzer		Mieter		Verhältnis Mieter : Hausbesitzer
Industrie- und Finanzadel	38	*10,3*	29	*1,0*	0,7 : 1
Landadel, von Kapitalzinsen lebend	65	*17,6*	115	*3,9*	1,8 : 1
Hochadel	25	*6,9*	62	*2,1*	2,5 : 1
Industrielle und Bankiers, Textilfabrikanten	77	*20,9*	179	*6,0*	2,3 : 1
Privatiers (Männer)	56	*15,1*	190	*6,4*	3,4 : 1
Privatiers (Frauen)	38	*10,3*	414	*13,9*	10,9 : 1
Höhere Beamte und Angestellte	22	*6,0*	289	*9,7*	13,1 : 1
Beamtenadel	8	*2,2*	155	*5,2*	19,4 : 1
Ärzte	7	*1,9*	184	*6,2*	26,3 : 1
Rechtsanwälte	11	*3,0*	313	*10,5*	28,5 : 1
Gewerbetreibende	9	*2,1*	273	*9,2*	30,3 : 1
Kaufleute	14	*3,8*	484	*16,2*	34,6 : 1
Mittlere Beamte und Angestellte	—		233	*7,8*	× × ×
Kleine Leute	—		27	*0,9*	× × ×
Offiziere	—		31	*1,0*	× × ×
	370	*100%*	2.978	*100%*	8,0 : 1

× × × ohne Hausbesitz

gruppen wie die Hausbesitzer eingeteilt. Recht interessante Unterschiede der Gliederung traten dabei zutage (vgl. Tab. 8).
Das Wesen der Wohnfunktion dieser repräsentativen Verbauungszone kann danach folgendermaßen definiert werden:
1. Durch das *Hervortreten des Beamtentums*, und zwar sowohl von hohen als auch von mittleren Beamten. Dies gibt einen deutlichen Hinweis auf das Sozialprestige dieses Berufszweiges und seine führende Position im Rahmen eines Großstaates.

2. Ein weiteres Merkmal bildete der *hohe Anteil der freien Berufe*. Ein Heer von Rechtsanwälten, Ärzten, Kaufleuten, Kommissionären und Agenten etablierte sich in den großen Wohnungen, welche die optimalen Möglichkeiten einer Verbindung von Heimstätte und repräsentativem Büro boten. Gerade mit dieser Doppelfunktion hob sich das Ringstraßengebiet scharf von den angrenzenden Teilen der Altstadt und von den Vorstädten ab.
3. Als dritte zahlenmäßig bedeutende Gruppe gesellten sich die *Privaten* dazu, unter denen der ansehnliche Prozentsatz der Frauen besonders auf-

fällt. Die vorliegenden zeitgenössischen Berichte liefern uns leider keinen Aufschluß darüber, von welchen Einkünften diese Mieterinnen lebten. Es ist durchaus möglich, daß ihr Lebensunterhalt nicht nur aus Renten- und Hausbesitztiteln stammte, sondern auch aus anderen, weniger durchsichtigen Quellen. Wir dürfen nicht vergessen, daß die kaiserliche Residenz moralisch auch eine Kehrseite besaß! Darüber hinaus mag vielleicht schon damals und nicht erst nach dem Ersten Weltkrieg die lukrative Untervermietung der großen Wohnungen eine Existenzstütze geboten haben.

Aus dem *zahlenmäßigen Verhältnis zwischen Hausbesitzern und Mietern* (vgl. Tab. 8) läßt sich die Differenzierung der oberen Ränge der Gesellschaftsstruktur deutlich erkennen.
Die echte, im Hausbesitz verankerte *Oberschicht* umfaßte im wesentlichen nur drei Gruppen, und zwar den Adel – mit Ausnahme des Beamtenadels –, die Industriellen und Bankiers sowie die Haus- und Rentenbesitzer.
Bei der Aristokratie ist hierbei von Interesse festzustellen, daß der Industrie- und Geldadel ebenso wie der von Kapitalerträgen lebende Adel den Hochadel bereits überrundet hatte. Letzterer schneidet in der Relation Mieter/Hausbesitzer bereits etwas schlechter ab als die bürgerlichen Industriellen und Bankiers.
Zum Unterschied von dieser im ganzen besitzmäßig doch wenig differenzierten Oberschicht wies der *Mittelstand* eine deutliche *Dreigliederung* auf. Eine Übergangsstellung zur Oberschicht wurde hierbei bezeichnenderweise von den Spitzenvertretern der Bürokratie bezogen, von den hohen Funktionären des Staates und der privaten Wirtschaft. Ihre nobilitierten Vertreter rangierten übrigens bereits hinter den bürgerlichen, so daß man sich rückblickend des Eindrucks nicht erwehren kann, daß schon damals das geflügelte Wort „Titel ohne Mittel" Gültigkeit besaß.
Auf die heterogene Gruppe der alleinstehenden Frauen wurde bereits hingewiesen. Soweit es sich um Hausbesitzerinnen handelt, sind es wohl meist die Ehegattinnen oder die Töchter von Angehörigen der Oberschicht gewesen, die aus Versorgungsgründen ein Haus überschrieben erhielten, aus dessen Einkünften sie ihren Lebensunterhalt bestreiten konnten.
Die breite Mittelgruppe rekrutiert sich aus den Gewerbetreibenden, Kaufleuten und den Angehörigen freier Berufe. Es handelt sich hier um eine Kategorie mit sehr breiter Streuung ihrer Mitglieder hinsichtlich der Einkommens- und Vermögensverhältnisse. Ihre prominenten Vertreter konnten bis in die Oberschicht aufsteigen, ihre untüchtigen Mitglieder aber auch in die Unterschicht absinken.
Im Gegensatz zu diesen selbständig Berufstätigen waren die mittleren Beamten und Angestellten nicht mehr im Hausbesitz der Ringstraße vertreten. Sie heben sich somit deutlich als eine untere Gruppe des Mittelstandes ab.
Unter Verwendung der Angaben der amtlichen Statistik von 1869 (vgl. oben) und der eigenen Auszählung für den Ringstraßenbereich läßt sich somit die Stellung der Ringstraße im Sozialaufbau von Wien um die Jahrhundertwende in schematischer Form festhalten (vgl. Fig. 28).

4. Die soziale Viertelsbildung

Bei der Frage nach der räumlichen Lokalisierung der verschiedenen Sozialgruppen muß man Gruppen mit ausgeprägter Segregation von solchen unterscheiden, die sich indifferent verhalten und in allen Abschnitten der Ringstraße mit nur geringen Abweichungen vom Mittelwert auftreten (vgl. Tab. 9).
Zu den ersten zählen die Angehörigen des Adels, die Kaufleute, Rechtsanwälte, Ärzte, Gewerbetreibenden und die hohen Beamten, zu den zweiten die Privatiers, vor allem die als Private angeführten Frauen, ferner die mittleren Beamten und Angestellten.
Zu den Standortsbedingungen zählen die bereits besprochenen Einflüsse der öffentlichen Institutionen im Zuge der Ringstraße selbst und andererseits jene historisch-topographischen Faktoren, welche, ausgelöst durch den Verkehrsfluß und sozialwirtschaftliche Zusammenhänge, von der Altstadt und den Vorstädten bestimmt wurden.
So kamen die Einwirkungen der Altstadt vor allem längs der alten Verkehrsachse der Kärntner Straße zur Geltung. Von ihr aus schwärmten vor allem Gewerbetreibende in das Opern- und Schwarzenbergplatzviertel hinein aus. Der Schottengasse folgte die Ausweitung der Banken von ihrem alten Viertel auf der Freyung in die Glacisverbauung hinaus.
Von den Vorstädten her wirkte vor allem das Allgemeine Krankenhaus in das Votivkirchenviertel hinein. Das Roßauerviertel stand in Tuchfühlung mit den gewerbeorientierten Vorstädten im Nordwesten, Liechtental und Roßau. Im Schwarzenbergplatzviertel war die Nähe des Gebietes um das Belvedere von außerordentlicher Bedeutung.
Im Spannungsfeld zwischen den Einflüssen von Altstadt und Vorstädten erwuchsen manche recht heterogene Mengungen. Sie seien im folgenden nach den bereits bekannten Vierteln kurz diskutiert.
1. Die interessanteste Assoziierung wies das *Schwarzenbergplatzviertel* auf. Eingebettet zwischen dem alterwachsenen Adelsviertel der Altstadt im

IV. Die Stellung der Wiener Ringstrasse im Sozialaufbau von Wien 1914

Tabelle 9   Die viertelweise Differenzierung der Sozialgruppen 1914

Sozialgruppen	Textil-viertel		Börse-viertel		Roßauer-viertel*		Votiv-kirchen-viertel*		Rathaus-viertel		Opern-viertel		Schwarzen-bergplatz-viertel		Postspar-kassen-viertel		Insgesamt (ohne *)	
Oberschicht																		
Hochadel	1	*0,1*	1	*0,4*	—		—		5	*0,8*	12	*2,7*	48	***5,9***	3	*1,0*	70	*2,2*
Industrie- und Finanz-adel	—	—	3	*1,1*	—		—		4	*0,6*	5	*1,1*	29	***3,6***	1	*0,3*	42	*1,3*
Landadel u. v. Kapital-zinsen lebender Adel	3	*0,4*	3	*1,1*	2	*0,2*	1	*0,3*	30	*4,9*	32	***7,1***	58	***7,1***	4	*1,3*	130	*4,0*
Adel insgesamt**	11	*1,4*	12	*4,4*	2	*0,2*	1	*0,3*	80	*12,9*	86	***19,1***	194	***23,9***	17	*5,6*	400	*12,4*
Industrielle u. Bankiers	29	*3,7*	12	*4,3*	31	*2,3*	6	*1,9*	73	***11,8***	16	*3,6*	39	*4,8*	26	*8,7*	195	*6,0*
Privatiers (Männer)	41	*5,3*	22	*7,9*	49	*3,7*	14	*4,6*	51	*8,3*	24	*5,3*	39	*4,8*	31	***10,4***	208	*6,4*
Privatiers (Frauen)	83	*10,6*	34	*12,2*	222	*16,8*	43	*14,0*	91	*14,7*	84	***18,8***	104	*12,8*	37	*12,4*	433	*13,4*
	157	*20,1*	75	*27,0*	304	*23,0*	64	*20,8*	254	***41,1***	173	***38,5***	317	***39,0***	102	*34,1*	1.078	*33,3*
Mittelschicht																		
Beamtenadel	7	*0,9*	5	*1,8*	—		—		41	*6,7*	37	***8,2***	59	***7,3***	9	*3,0*	158	*4,9*
Hohe Beamte u. Angest.	51	*6,5*	28	*10,1*	204	*15,5*	67	***21,8***	83	*13,5*	47	*10,5*	75	*9,2*	22	*7,4*	306	*9,5*
Mittlere Beamte u. Ang.	77	*9,9*	11	*3,8*	194	***14,8***	29	*9,5*	38	*6,2*	37	*8,2*	60	*7,4*	10	*3,3*	233	*7,2*
Ärzte	25	*3,2*	18	*6,4*	51	*3,9*	53	***17,3***	63	*10,2*	23	*5,1*	39	*4,8*	21	*7,0*	189	*5,8*
Rechtsanwälte	82	*10,5*	71	***25,5***	95	*7,2*	19	*6,2*	44	*7,1*	26	*5,8*	63	*7,8*	34	*11,4*	320	*9,9*
Sonstige freie Berufe	10	*1,3*	5	*1,8*	54	*4,1*	11	*3,6*	30	*4,9*	23	*5,1*	34	*4,2*	20	***6,7***	122	*3,8*
Kaufleute	252	***32,3***	43	*15,5*	155	*11,8*	34	*11,1*	44	*7,1*	27	*6,0*	63	*7,8*	63	*21,0*	492	*15,2*
Gewerbetreibende	113	*14,5*	19	*6,8*	226	***17,2***	24	*7,8*	6	*0,9*	44	*9,8*	84	*10,4*	13	*4,4*	279	*8,6*
Offiziere	—	—	2	*0,9*	—		—		13	*2,1*	5	*1,1*	9	*1,1*	2	*0,7*	31	*1,0*
	617	***79,1***	202	***72,6***	979	***74,5***	237	***77,3***	362	*58,6*	269	*59,8*	486	*60,0*	194	*64,9*	2.130	
Kleine Leute	6	*0,8*	1	*0,4*	34	***2,5***	6	*1,9*	2	*0,3*	7	*1,6*	8	*1,0*	3	*1,0*	27	*0,8*
	780	*100%*	278	*100%*	1.317	*100%*	307	*100%*	618	*100%*	449	*100%*	811	*100%*	299	*100%*	3.235	*100%*

* Angaben erst aus dem Jahre 1925.   ** einschließlich Beamtenadel

Raum Walfischgasse-Himmelpfortgasse und dem Gebiet um das einstige Sommerschloß des Prinzen Eugen, das Belvedere, wurde es nicht nur im Hausbesitz, sondern auch in der Wohnbevölkerung noch am stärksten vom Adel geprägt. Dieser zog mit seinen Konsumansprüchen aber auch zahlreiche Gewerbetreibende an, vor allem solche der Bekleidungsbranche.
In dieser Mengung stellt der ganze Abschnitt, sozialhistorisch gesehen, ein echtes Erweiterungsfeld der Altstadt dar. Sein Nebeneinander von Adel und Gewerbetreibenden steht noch ganz im Zeichen der vorindustriellen Gesellschaftsstruktur.
2. Es erstaunt nicht weiter, daß sich diese Assoziierung auch ins *Opernviertel* hinein fortsetzte. Freilich besaß in ihm der Hochadel schon abgeschwächte Bedeutung, seine Stelle nahm der Beamten- bzw. der Geldadel ein.
3. Im Gegensatz zu diesen im wesentlichen noch feudalen Ordnungsprinzipien verhafteten Vierteln erweist sich das *Rathausviertel* als der Repräsentant einer schon vom industriellen Zeitalter bestimmten Oberschicht. Das Großbürgertum mit seinen Vertretern aus der Finanzwelt, dem Großhandel und der industriellen Produktion, der Wissenschaft und der Verwaltung hatte sich hier niedergelassen. Bemerkenswert hoch lag dementsprechend auch der Prozentsatz an hohen Beamten (20 v. H.), unter denen die geistige Oberschicht der Stadt im Anschluß an die Universität eine wichtige Führungsrolle innehatte.
4. Einseitig vom Berufsstand der Ärzte bestimmt war das *Votivkirchenviertel*. Doch waren, von ihm ausstrahlend, auch Ärzte mit ihrer Ordination und Wohnung im Rathausviertel beheimatet.
5.–7. Einen großen, funktionell zusammengehörigen Komplex bildeten *Textil-*, *Börse-* und *Roßauerviertel* an der Nordwestflanke der Altstadt. Hier war die Börse der geschäftige Mittelpunkt aller großen wirtschaftlichen Transaktionen, von denen ein Heer von Rechtsanwälten, Kaufleuten und Agenten aller Art lebte. Zusammen stellten diese Berufsgruppen im Textil- und Börseviertel rund 40 v. H. der Mieter. Dabei besaßen im Börseviertel die Rechtsanwälte (25 v. H. der Mietparteien), im Textilviertel die Kaufleute die Majorität (32 v. H.).
In letzterem trat eine beachtliche Zahl von Gewerbetreibenden, mittleren Beamten und Angestellten hinzu. Der geringe Wohnwert dieses Viertels, verglichen mit dem Rathausviertel, kam darin zum Ausdruck.
Noch höher war der Prozentsatz des Kleinbürgertums in dem peripher gegen die Vorstädte Liechtental und Roßau anschließenden Roßauerviertel, das ebenso wie das Votivkirchenviertel schon zum neunten Wiener Gemeindebezirk gehört. Es bildete durch die Dominanz von mittleren Beamten und Angestellten sowie kleinen Gewerbetreibenden (hauptsächlich Schneidern) schon ein Bindeglied zur Sozialstruktur der Vorstädte.
8. Das *Postsparkassenviertel* weist von allen Quartieren der Ringstraße die ausgeprägteste topographische Isolierung auf. Dominikanerbastei und -kloster trennen es ebenso nachhaltig von der Altstadt, wie das Kriegsministerium, der Wienfluß, das Hauptzollamt von der Vorstadt Landstraße. Nur schmale Häuserzeilen stellen die Verbindung einerseits zum Schwarzenbergplatzviertel und andererseits längs der Kaifront zum Textilviertel her. Von letzterem gingen auch die wesentlichen Einflüsse aus, so daß im ganzen das Postsparkassenviertel zu einem bescheidenen „Ableger" desselben geworden ist. Zu den Kaufleuten und Rechtsanwälten gesellte sich jedoch ein höherer Anteil von Ärzten und sonstigen Vertretern der freien Berufe. Die undurchsichtige Gruppe der Privatiers erreichte – dem anonymen Wesen des Viertels entsprechend – hier ihr Maximum.

V. DIE ENTWICKLUNG DER WIENER WIRTSCHAFT IN DER GRÜNDERZEIT

Ist die Sozialstruktur der Ringstraße nur vor dem Hintergrund des Bevölkerungs- und Sozialaufbaus von ganz Wien zu verstehen und führt ihre Untersuchung mitten hinein in die Problematik der hochindustriellen Gesellschaftsordnung, so gilt es, sinngemäß auch bei Behandlung der wirtschaftlichen Funktionen die weitere räumliche Bezugsbasis zu legen.

Die Ringstraße entstand in einer Zeit stärksten Wachstums der städtischen Agglomeration und damit auch der städtischen Wirtschaft. Eine auf den ersten Blick recht heterogen anmutende Anhäufung von Betriebsstätten fand hier ihren Standort.

Eine Erklärung der verschiedenen Assoziationen und Ballungen muß gleicherweise von zwei Seiten her in Angriff genommen werden:

1. In einem *systematischen Aspekt* unter Beachtung des Umbauprozesses von der noch im Manufaktur- und Verlagswesen wurzelnden Wirtschaft zur industriellen Wirtschaftsordnung hin, mit all ihren Veränderungen, sowohl auf der Produktionsseite als auch im Handel- und Dienstleistungssektor.

2. In einem *regionalen Aspekt* unter Berücksichtigung der innerstädtischen Standortverlegungen von verschiedenen Wirtschaftsfunktionen, wobei die älteren Teile der städtischen Agglomeration zum Teil neue Aufgaben übernahmen.

Eine knappe Kennzeichnung dieser beiden Seiten der Industrialisierung soll im folgenden geboten werden.

1. Die Veränderungen der Wirtschaft im Zuge der Industrialisierung

Die Veränderungen der gewerblichen Wirtschaft im Zuge der Industrialisierung umfaßten folgende wichtige Prozesse, die auch im baulichen Gefüge der Stadt ihren Niederschlag fanden.

a) Aufkommen der Großindustrie

Mit dem Aufkommen der Großindustrie ab den siebziger Jahren ergab sich infolge des stark gestiegenen Flächenbedarfs, der Notwendigkeit der Gleisanschlüsse und dergleichen mehr für die neu entstehenden Produktionsstätten der Zwang zur Standortwahl im Weichbild der Stadt. Kam es nun zur Betriebsvergrößerung, so erfolgte meist die Trennung der Produktion von der Verwaltung. Diese verblieb in dem alten, nun zu klein gewordenen Gebäude. Unabhängig davon war mit zunehmender Vergrößerung der Unternehmen ganz allgemein die Tendenz zur Errichtung eigener Büros mit zentralem Standort gegeben.

Dieser als Citybildung bezeichnete Vorgang begann im Prinzip schon mit dem Aufkommen staatlicher Großmanufakturen im aufgeklärten Absolutismus. Er ist in seinem Fortschreiten mit den Etappen der Industrialisierung und dem Entstehen immer neuer Industriezweige bzw. der Vergrößerung der alteingesessenen Industrien aufs engste verbunden.

Dementsprechend entwickelte sich das Niederlagswesen zuerst beim Textilgewerbe, wo es lange Zeit, und zwar bis Ende des 19. Jahrhunderts, die weitaus größte Bedeutung besaß.

In die Anfänge des 19. Jahrhunderts reichen auch die ersten Niederlagen der Papierindustrie zurück. Etwas später, nämlich ab den fünfziger Jahren, entstanden die Kontore der großen Zuckerfabriken.

Erstaunlich schwach vertreten blieb dagegen lange Zeit die eisenverarbeitende Industrie, welche vor allem in den Waldmittelgebirgen Ostösterreichs beiderseits des Erzberges beheimatet war. Alte Traditionen spielen hierbei eine Rolle, so die Tatsache, daß Wien Jahrhunderte hindurch nicht nur bevölkerungsmäßig gleichsam seinen Rücken gegen die Alpenländer gekehrt hatte, sondern auch in seinen wirtschaftlichen Bindungen nicht mit dem alpinen Raum, sondern vor allem mit Böhmen, Mähren und den Sudetenländern verkettet war. Im Eisenhandel der frühindustriellen Zeit hielten nach wie vor die lokalen Zentren Steyr, Waidhofen a. d. Ybbs, Bruck a. d. Mur, Leoben, St. Veit und Villach das Heft fest in ihrer Hand.

Im Verhältnis zu den zahllosen Niederlagen der Konsumgüterindustrie blieben die Vertretungen der Produktionsgüterfabriken bis zum Ausbruch des Ersten Weltkrieges überhaupt von geringerer Bedeutung. Dies ist ein deutlicher Hinweis dafür, daß die Industrie der österreichisch-ungarischen Monarchie noch nicht die hohe Entwicklungsstufe der der west- und mitteleuropäischen Staaten erreicht hatte. Dieser Entwicklungsrückstand betraf namentlich die chemische Industrie, welche sich aus ihrer anfänglichen Position als Hilfsindustrie der Textilbranche erst ab Ende des 19. Jahrhunderts herauslöste und eine gewisse eigenständige Dynamik entfaltete.

b) Ausweitung des Großhandels

Mit dem Aufbau der Großindustrie vollzog sich auch die Ausweitung des Großhandels. Doch spielte dieser niemals eine von der Industrie und dem Geldwesen gesonderte Rolle. Einen Fingerzeig für die enge Verflechtung zwischen den verschiedenen Wirtschaftszweigen gibt uns das Verzeichnis der privilegierten Großhändler von Wien aus dem Jahre 1858. Es enthält knapp 100 Namen. Die Hälfte der darin aufgeführten Großhändler besaß jedoch gleichzeitig Fabriken oder war zumindest an solchen beteiligt. Auch der Eisenbahnbau wurde zum Teil von dieser Schicht mitfinanziert. Die wichtigsten Eisenbahnen standen unter dem Einfluß von Mitgliedern des Großhandelsgremiums. So befanden sich z. B. unter den elf Direktoren der Kaiser Ferdinand-Nordbahn fünf Großhändler bzw. deren Familienangehörige.

Eine starke Verquickung der Interessen des Großhandels mit jenen der Finanzwelt war gleicherweise vorhanden. So entfielen um die Jahrhundertmitte von den zehn Direktorenstellen der 1816 gegründeten Österreichischen Nationalbank neun auf Großhändler. Im übrigen galt gerade für das Geldwesen zur Zeit des Ringstraßenbaus ebenso wie für die industrielle Fertigung eine sehr ausgeprägte Abstufung hinsichtlich der Kapazität. Eine lange Stufenleiter führte von den kleinen Wechslern bis zu den die Staatsfinanzen bestimmenden großen Bankiers. Für die im großen und ganzen dabei noch sehr stark kleinbetriebliche Struktur der Wiener Kreditinstitute spricht ihre Zahl von insgesamt 3900 im Jahre 1869.

Erst im Laufe der Gründerzeit kam es zu einer steigenden *Konzentration des Kapitals* in wenigen Händen. Neue Organisationsformen verbanden sich damit. Eine der wichtigsten wurde die *Aktiengesellschaft*. 1860 bestanden in Wien erst 37 Aktiengesellschaften, 1872 waren es schon 275. Es ist begreiflich, daß mit dem Aufkommen derartiger anonymer Unternehmungen sich auch ein wachsender Bedarf an Büroraum einstellte.

c) Ausbau des Einzelhandels

Zu den wesentlichen Erscheinungen der Gründerzeit zählt der Ausbau des Einzelhandels. Von 1848 bis zum Ersten Weltkrieg erhöhte sich die Zahl der Einzelhändler pro Kopf der Bevölkerung auf das Fünffache. In diesem Bedeutungszuwachs äußerte sich einerseits der Abbau alter Formen des Marktwesens und des Hausierhandels zugunsten des Ladengeschäftes und andererseits die Kommerzialisierung des Gewerbes. Selbstverständlich bestanden zwischen den einzelnen Branchen beachtliche Unterschiede.

Der *Aufschwung der Lebens- und Genußmittelgeschäfte* ging mit der baulichen Expansion der Stadt ab der Mitte des 19. Jahrhunderts Hand in Hand. Die ursprünglich zahlreichen Lebensmittelmärkte wurden durch die immer dichter werdende Verbauung beseitigt, ebenso die Gemüsegärtner und Milchmeier, die bis dahin ohne Zwischenhandel ihre Produkte an einen Kreis von Stammkunden abgesetzt hatten. Die Errichtung von Großmarkthallen und die Begründung von Lebensmittelfabriken gaben weitere entscheidende Impulse. Damit entstand in massenhafter Form der Typ des Wiener Greißlers als Lebensmittel- und Gemischtwarenhändler.

Die *Kommerzialisierung der Bekleidungsgewerbe* begann mit einer Gründungswelle der Wäsche- und Wirkwarengeschäfte im Anschluß an den alten Tuchhandel und beruhte auf dem Emporkommen entsprechend großer Fabriken, namentlich in den Sudetenländern. Knapp vor dem Ersten Weltkrieg eröffneten im Verein mit den ersten Schuhfabriken Schuhfachgeschäfte ihre Läden.

Die frühen Anfänge der Papierindustrie und chemischen Industrie lösten im letzten Drittel des 19. Jahrhunderts eine große *Gründungswelle von „Materialwarenhandlungen"* – den Vorläufern der Drogerien und Parfümerien der Zwischenkriegszeit – und *Papiergeschäften* aus.

Im Vergleich zum Lebensmittel- und Bekleidungssektor blieben alle anderen Sparten des Handels zahlenmäßig von geringerer Bedeutung. Dies gilt vorzüglich für die mit dem Wohnungswesen verbundenen Branchen. Die außerordentlich tristen Wohnungsverhältnisse breiter Kreise der Wiener Bevölkerung, vor allem des Arbeiterstandes, und die daraus resultierenden höchst bescheidenen Ansprüche an die Wohnungseinrichtung können mit zur Erklärung herangezogen werden. Die Vertreter des vermögenden Mittelstandes und der Oberschicht ließen ihre luxuriösen Wohnungen jedoch nach wie vor von hochqualifizierten Kunsthandwerkern einrichten.

Die Kommerzialisierung des Gewerbes äußerte sich stadtgeographisch darin, daß das aus der Manufakturperiode stammende *Ordnungsprinzip der viertelweisen Ballung* gewisser Erzeugungsgewerbe durchlöchert, ausgehöhlt und schließlich *vom linienhaften Prinzip der Geschäftsstraßen abgelöst* wurde. Dies läßt sich bei manchen Branchen, wie bei den Galanteriewaren und der Schmuckverarbeitung, unschwer verfolgen.

Da der Einzelhandel in seinen Standortbedingungen in erster Linie vom Konsum abhängt, wurde seine Ausformung entscheidend vom Sozialgefüge der Stadt bestimmt. Dies kam sowohl in Sortiment und Qualität des Warenangebots als auch in der Größe und Aufmachung der Geschäfte zur Geltung. Das erwähnte ausgeprägte Sozialgefälle Wiens im späten 19. Jahrhundert von der Altstadt zu den Vororten hin spiegelte sich darin deutlich wider.

2. Die Veränderung der wirtschaftsräumlichen Gliederung

Um die Mitte des 19. Jahrhunderts war Wien noch auf das stärkste dem Manufakturzeitalter verhaftet. Eine Vorstellung von dem reichen Gewerbeleben mit einer mannigfaltigen Differenzierung der Produktion vermitteln die umfangreichen Kommerzschemata. Die Konsumansprüche des Hofes, des Adels und der damit verbundenen Oberschicht sowie der Export, vor allem von Seidenwaren, boten die marktwirtschaftlichen Voraussetzungen.

Das Aufkommen von Fabriken im unmittelbaren Stadtumland war durch verschiedene Verordnungen des Kaiserhauses immer wieder hintangehalten worden[1]. Erst in einem gewissen Abstand von der Stadt, außerhalb des sogenannten Polizeirayons, durften sich im Wiener Becken Fabriken ansiedeln. Um rund eine Generation später als in anderen mittel- und westeuropäischen Städten, nämlich erst ab den siebziger Jahren, hielt die Schwer- und Großindustrie in einzelnen Wiener Vororten ihren Einzug. Noch bei der Volkszählung des Jahres 1869 bildeten die Bierbrauereien die größten industriellen Unternehmen im Rahmen der städtischen Agglomeration.

Auf die erstaunlich gleichmäßige quantitative Verteilung der Gewerbetreibenden über die Stadt hin wurde bereits verwiesen. Doch bestanden hinsichtlich der Branchenzusammensetzung sehr bezeichnende Unterschiede zwischen der Altstadt, den verschiedenen Vorstädten und den Vororten.

Die *Altstadt* war, wie seit Jahrhunderten, in erster Linie Standort des Bekleidungsgewerbes. Hier saßen Hunderte Kürschner, Schneider, Hutmacher, Handschuhmacher u. dgl. in unmittelbarer Nachbarschaft und enger Tuchfühlung mit den alten Adels- und großbürgerlichen Vierteln, d. h. also in direktem Kundenkontakt.

Eine andere Struktur besaßen die *Vorstädte*, auf deren historisch bedingte Unterschiede bereits aufmerksam gemacht wurde. Der westliche Sektor entlang der Mariahilfer Straße, in dem sich vor allem das Exportgewerbe niederließ, zeigte dabei eine klare funktionelle Zonierung. Unmittelbar am stadtwärtigen Ende der Mariahilfer Straße hatten sich die Galanteriewarenerzeuger, die Gold und Silber verarbeitenden Handwerker etabliert. Die Vorstädte Spittelberg, Mariahilf und Laimgrube waren vorwiegend von ihren Wohn- und Werkstätten erfüllt. Nach Westen hin folgten dann in den gegründeten Vorstädten Schottenfeld und Neubau die Betriebe der Seidenverarbeitung. Der seinerzeit sprichwörtliche Reichtum der Seidenfabrikanten verhalf beiden zur volkstümlichen Bezeichnung „Brillantengrund". Im Süden der Mariahilfer Straße, gegen den Wienfluß hin, hatten sich, vor allem auf der Gemarkung von Gumpendorf, die Baumwolle verarbeitenden „Fabriken" niedergelassen.

Die an den alten Fernstraßen entstandenen Straßenvorstädte konnten sich im Hinblick auf die Anreicherung mit Handwerk und Gewerbe sowie die ausgeprägte Viertelsbildung bestimmter Produktionszweige nicht mit den genannten westlichen Stadtsektoren messen.

In den außerhalb der „Linie" aufwachsenden *Vororten* hatten sich hauptsächlich Teilhandwerker und sonstige im Verlagssystem beschäftigte Heimarbeiter, Weber, Weißnäherinnen und dgl. angesiedelt.

Im großen und ganzen bestand in den Vorstädten und Vororten ein fließender Übergang zwischen Gewerbebetrieben und Fabriken. Unter letzteren verstand man vor der liberalen Gewerbegesetzgebung von 1859 die Werkstätten von nichtzünftischen Meistern und sonstigen privilegierten Fabrikanten. Die heute geläufigen Kriterien, ein arbeitsteiliges Produktionsverfahren und mechanisierte Produktionsmittel, galten noch nicht. Dementsprechend unterschieden sich diese „Fabriken" auch kaum von den herkömmlichen Werkstätten der Gewerbetreibenden und waren eben wie diese in den tiefen Hofflügeln der Wohnhäuser untergebracht. In der Altstadt lagen die Werkstätten entweder gleichfalls in den Hinterhöfen oder aber in den Stockwerken.

Die *wirtschaftsräumliche Differenzierung von Wien zu Beginn des Ringstraßenbaus* kann somit folgendermaßen charakterisiert werden:

In der *Altstadt* existierten bereits deutliche Anzeichen für eine durchgreifende Citybildung. Die Niederlagen in- und ausländischer Fabriken, vor allem der Textilindustrie und hier wiederum besonders der Seidenfabriken, ferner das Geldwesen, der Großhandel und die Modegeschäfte besaßen hier ihren Standort.

In den *Vorstädten* war das Transportgewerbe beheimatet, längs der Ausfallstraßen hatten sich bereits Geschäftsstraßen gebildet. Die westlichen Gewerbevorstädte befanden sich in voller Blüte.

---
[1] Vgl. J. SLOKAR, Geschichte der österreichischen Industrie und ihrer Förderung unter Kaiser Franz I., Wien 1914.

2. Die Veränderung der wirtschaftsräumlichen Gliederung

In den *Vororten* bestand die dazugehörige Peripherie der Heim- und Verlagsarbeiter sowie der Kleinhandwerker, die zum Teil die Teilfertigung übernahmen. Mit dem Bahnbau verbanden sich erste Ansätze der Großindustrie.

Der *gründerzeitliche Wirtschaftsaufbau brachte* einerseits eine Erweiterung bereits bestehender Betriebsstätten, andererseits die Gründung neuer Unternehmen. Im Wechselspiel von Bodenpreisen und innerstädtischer Verkehrsentwicklung kam es in Anlehnung an den historischen Bauplan der Stadt zur *folgenden wirtschaftsräumlichen Gliederung:*

1. Einer *Konzentration der Büros des Großhandels, der Großindustrie, des Geldwesens sowie der Dienstleistungen in der City*, die Altstadt und Ringstraßenbereich umfaßte.
2. Der *Herausbildung eines zentrumnahen Sektors des Hinterhof- und Citygewerbes* im Verein mit Handels- und Dienstleistungsbetrieben im ehemaligen Vorstadtbereich beiderseits der Mariahilfer Straße.
3. Dem Entstehen einer *Rangordnung im Geschäftsleben* entsprechend den Wachstumszonen der Stadt und der Bezirkseinteilung, wobei die Geschäftsstraßen selbst wiederum einen Schwarm von Diensten, freien Berufen und Erzeugungsgewerben an sich zogen.
4. Der *Angliederung einer Industriezone* am Stadtrand mit Bahnanschlüssen, Lagerplätzen und dergleichen mehr.

Die *Mengung der Funktionen war* somit *für das gesamte städtische Gefüge kennzeichnend*. Zwei Faktoren kamen dem entgegen: einerseits das in der Bauordnung verankerte städtebauliche Formalprinzip, das eine Trennung der Funktionen nur in einem sehr eingeschränkten Umfang seitens der Behörden vorsah, und andererseits die auf der traditionellen Einheit von Wohnung und Arbeitsstätte fußende „Zweckentfremdung" der Miethäuser durch das Eindringen von Betriebsstätten verschiedener Art. Gerade der letztgenannte Vorgang besaß für die Ringstraße große Bedeutung.

Erst gegen Ende des 19. Jahrhunderts zielten konkrete Vorschläge des Städtebaus auf eine räumliche Sonderung der verschiedenen Funktionen. Sie konnten sich allerdings, bedingt durch den, abgesehen von der Industrie, nur zögernden Ausbau großbetrieblicher Organisationsformen in den verschiedenen Wirtschaftssparten, nur noch im Wachstumssaum der Stadt auswirken.

VI. DIE RINGSTRASSE ALS AUSWEITUNGSFELD DER CITY

Die Situation der Ringstraße im wirtschaftlichen Gefüge von Wien war in der Gründerzeit gekennzeichnet
1. durch die *Übernahme von Funktionen der Altstadt*, welche aus Platzmangel in diesen neuaufgeschlossenen Bereich abgewandert sind, und
2. durch das *Hinzutreten neuer Funktionen*, die bis dahin in der Altstadt nur geringe Bedeutung besaßen. Vornehmlich aus dem letztgenannten Grund kam es im Verlauf der Citybildung zu einer gewissen Aufgabenteilung zwischen der Ringstraßenzone und der Altstadt.
Gerade diese Einbeziehung der Stadterweiterungsgründe in den wirtschaftlichen Kernraum unterscheidet die Millionenstadt Wien von den zahlreichen kleineren Städten, die wohl das Vorbild der Ringstraße in formaler Hinsicht zu imitieren versuchten, bei denen jedoch eine ähnliche funktionelle Gestaltung infolge der viel zu geringen Stadtgröße und wirtschaftlichen Kapazität nicht zum Tragen kam.
Die *Eingliederung neuer Arbeitsstätten* in den Verband der Ringstraße vollzog sich dabei vorwiegend *in der Form* des bereits erwähnten Prozesses *der Zweckentfremdung von Miethäusern*. Hierbei leistete vor allem auf dem Sektor des Handels und der Dienste die Einheit von Wohnung und Betriebsstätte einen wesentlichen Vorschub. Die Errichtung von Bürobauten war dagegen von ganz untergeordneter Bedeutung. Sie blieb bis zur Jahrhundertwende auf einige Großbanken beschränkt.
Erst zu Beginn des 20. Jahrhunderts brachten die erwähnten städtebaulichen Bestrebungen nach Sonderung der Wohn- und Wirtschaftsfunktion bei der Aufschließung des Postsparkassenviertels und der Verbauung der Wientalgründe zwischen Schwarzenbergplatz und Belvedere das wirtschaftspolitische Experiment der sogenannten „Industriehäuser", in denen sich verschiedenste Unternehmen einmieten konnten (Franz Josefs-Kai 7, 9; Lothringerstraße 12).

Auf der Kartentafel III wurden alle wichtigen im Jahre 1914 auf der Ringstraße vertretenen Wirtschaftszweige Haus für Haus festgehalten.
Es sind im wesentlichen die folgenden:
1. Industrieniederlagen sowie Stadtbüros von Bergbaubetrieben
2. Büros des Großhandels
3. Banken und Versicherungen
4. Hochspezialisierte Dienstleistungen des Verkehrs, wie Speditionen, Büros der Schiffahrts- und Bahnlinien, sowie der Auto- und Autozubehörhandel
5. Hotels und Pensionen
6. Bekleidungsgewerbe.

Zum Verständnis des Nebeneinanders der genannten Wirtschaftszweige auf der Ringstraße ist es notwendig, eine systematische Analyse vorzunehmen, wobei jedoch jeweils die Frage nach der Bedeutung der Ringstraße im Hinblick auf das Stadtganze mit beantwortet werden soll.

1. Industrieniederlagen

In der großen Zahl von Industrieniederlagen spiegelt sich die Sonderstellung Wiens im Wirtschaftsleben der Österreichisch-ungarischen Monarchie deutlich wider. Freilich hatte der sogenannte Ausgleich von 1867 eine völlige wirtschaftspolitische Trennung der österreichischen und der ungarischen Reichshälfte gebracht und damit die alte Hegemonie Wiens als Wirtschaftszentrum des habsburgischen Gesamtreiches auf das schwerste erschüttert. Im Laufe der folgenden Dezennien entwickelte sich Budapest sehr rasch zur gefährlichen Rivalin der Kaiserstadt und zum wirtschaftlichen Mittelpunkt der ungarischen Reichshälfte. Diese Teilung des Wirtschaftsraumes der Monarchie zwischen den beiden Hauptstädten wirkte sich besonders auf dem Gebiet der Industrieniederlagen aus. Von wenigen Ausnahmen abgesehen, waren lediglich die führenden Firmen der österreichischen Reichshälfte in Wien vertreten. Innerhalb derselben gab es für Wien allerdings so gut wie keine ernsthafte Konkurrenz. Die Textilindustrie der Sudetenländer unterhielt wohl zum Teil Zweigniederlassungen in Prag, jedoch konnten sich diese in ihrer Leistungsfähigkeit kaum mit den Büros in Wien messen.
Es ist recht aufschlußreich, die unterschiedliche Bedeutung der einzelnen Industriezweige auf der Ringstraße näher zu untersuchen (vgl. Tab. 10).

1. INDUSTRIENIEDERLAGEN

TABELLE 10 Die viertelweise Differenzierung von Industrieniederlagen und Großhandel in der Ringstraßenzone 1914

	Textil-viertel	Börse-viertel	Roßauer-viertel*	Votiv-kirchen-viertel*	Rathaus-viertel	Opern-viertel	Schwarzen-bergplatz-viertel	Post-sparkassen-viertel	Insgesamt
	K/M/G	K/M/G	K/M/G	K/M/G	K/M/G	K/M/G	K/M/G	K/M/G	K/M/G
Ohne nähere Angaben									
Fabriksniederlagen	26 *65*	5	1	—	3	3	2	—	40
Großhandel	45/1/— *27*	13/—/1	46 *27*	6	11	13	16	18	170/1/1
Textilien u. Bekleidung, Lederwaren									
Fabriksniederlagen	65/26/2 *62*	15/3/1	16	2	2	—	4	14	118/29/2
Großhandel	82/5/— *55*	12	27 *17*	6	2	1	6	18	154/5/—
Manufakturen	27 *50*	1	11	3	—	—	4/1/—	7	53/1/—
Gewerbebetriebe	36 *18*	9	60 *31*	8	2	21	45 *23*	12	193
Schwerindustrie, Maschinenbau und elektrotechnische Erzeugnisse									
Fabriksniederlagen	1	5	5	1	1	13/—/1 *28*	15/—/1 *32*	6/1/—	47/1/2
Großhandel	—	2	2	—	1	5 *45*	1	—	11
Lebensmittelindustrie									
Fabriksniederlagen	1	3	2	—	1	3/—/1	9 *37,5*	4	23/—/1
Großhandel	—	—	13 *36*	1	1	4	12 *33,3*	5	36

Fortsetzung ▶

Fortsetzung von Tabelle 10

	Textil-viertel	Börse-viertel	Roßauer-viertel*	Votiv-kirchen-viertel*	Rathaus-viertel	Opern-viertel	Schwarzen-bergplatz-viertel	Post-sparkassen-viertel	Insgesamt
	K/M/G	K/M/G	K/M/G	K/M/G	K/M/G	K/M/G	K/M/G	K/M/G	K/M/G
Chemische und Gummiindustrie									
Fabriken	5	1/1/—	4	5	4	1	17 *35*	9/1/1 *23*	46/2/1
Großhandel	1	—	4 *36*	—	1	1	3 *27,3*	1	11
Steine und Erden	—	2	2	2	—	6	10 *41,6*	1/—/1	23/—/1
Papierindustrie									
Niederlagen und Handel	2	2	2	3	4	4	19/—/1	—	36/—/1
Holzindustrie									
Niederlagen und Handel	—	2	7 *35*	—	7 *35*	—	4	—	20
Möbelindustrie	2	—	4	—	1	7	2	4	20
Bergbaubetriebe	1	4/—/1 *38,5*	—	—	*35* 2	—	4	1	12/—/1

* Angaben erst aus dem Jahre 1925.
Größe der Büros: K bis 1 Geschoß, M 1–3 Geschosse, G ab 3 Geschosse.
Eine Angabe entspricht K.

a) Die Textilindustrie

Die *absolute Führungsrolle* besaß die Textilindustrie. Sie verfügte dementsprechend über ein eigenes, völlig von ihr beherrschtes Viertel im Abschnitt nördlich der Börse, zwischen Börsegasse und Donaukanal (Textilviertel). 62 v. H. aller auf der Ringstraße vertretenen Textilniederlagen waren hier vereint, insgesamt nahezu 100. Ausläufer des Textilviertels reichten einerseits noch in das Börseviertel und andererseits in das Roßauerviertel hinein. In seiner historisch-topographischen Position stellt das Textilviertel eine Ausweitung des schon seit dem Mittelalter in der Altstadt um den Hohen Markt und bei den Tuchlauben beheimateten Textilgewerbes und Textilhandels im Zuge des Ausbaus des Niederlagswesens der Großindustrie dar.

Trotz großer Mobilität der Firmen im Auf und Ab der Konjunkturzyklen, der Neugründung bzw. dem Zugrundegehen von Unternehmen wahrte das Textilviertel in seiner Gesamtheit eine erstaunliche Konstanz. Auch der Umzug von Betrieben vollzog sich im großen und ganzen innerhalb des Viertels. Wie ein Adressenvergleich des Industriekompasses von 1907 mit dem von 1914 ergab, betraf er in dieser Zeitspanne rund 15 v.H. aller Betriebe.

Selbst bei Großbetrieben erstaunen die bescheidenen Ausmaße der Verwaltungsräumlichkeiten und Magazine. Fabriken mit 1000 Arbeitern und mehr kamen mit dem Parterre und Mezzanin eines Hauses aus. Selten wurde auch der erste Stock eines Hauses noch von der gleichen Firma genutzt. Dies ist ein deutlicher Hinweis darauf, daß die Wiener Zentralbüros überwiegend im Dienste der Vermarktung der Produktion standen, während die innerbetriebliche Organisation nach wie vor am Fabriksort lokalisiert blieb.

Auf die auffallend starke Verankerung der Textilfabrikanten im Hausbesitz wurde bereits hingewiesen. Besonders die Firmen aus Vorarlberg waren daran interessiert, für ihre Wiener Niederlage ein eigenes Haus zur Verfügung zu haben (vgl. Anhang). In der Mehrzahl der Fälle wohnten jedoch die Unternehmer am Produktionsort. Die großen, nach englischem Muster erbauten gründerzeitlichen Fabrikanlagen schlossen fast immer eine repräsentative, in einen Park eingebettete Unternehmervilla ein, wie man dies an Hand von Abbildungen im Monumentalwerk über „Die Großindustrie der österreichisch-ungarischen Monarchie" feststellen kann.

Wohl war Ende des 19. Jahrhunderts auch auf dem Textilsektor die Umwandlung der Familienunternehmen in Aktiengesellschaften in Gang gekommen, doch hatten die anonymen Kapitalgesellschaften noch nicht jene erdrückende Übermacht wie in anderen Sparten der Industrie, so etwa der Schwerindustrie und der chemischen Industrie, erlangt.

Eine überblicksweise Untersuchung der Betriebe nach Entstehungszeit, Beschäftigtenzahl, Standort und Erzeugung führt in die Industriegeschichte der Monarchie hinein. Gleichzeitig können wir damit die Frage beantworten, wieweit diese Faktoren für die Errichtung eines Büros im Textilviertel maßgebend waren.

Die Tabelle (11) der Beschäftigtenzahlen aller im Textilviertel vertretenen Betriebe läßt uns erkennen, daß im großen und ganzen erst Unternehmen mit mehr als 200 Arbeitern imstande waren, die hohen Kosten für eine Wiener Niederlage zu tragen. Freilich war auch in der Betriebsgrößenklasse von 200–499 Arbeitern die Errichtung eines Zentralbüros noch mehr die Ausnahme als die Regel. Erst Firmen mit 500 und mehr Beschäftigten waren, von wenigen Außenseitern abgesehen, durch Niederlagen im Textilviertel verankert. Eine beachtliche Zahl von Unternehmen, insgesamt 23, wiesen mehr als 1000 Beschäftigte auf. Bei diesen Großfirmen handelte es sich meist um solche mit ausgeprägter vertikaler Integration, d. h. sie umfaßten mehrere Betriebe, die bezüglich ihres Fertigungsprogramms aufeinander abgestimmt waren, und reichten von der Verarbeitung des Rohmaterials in der eigenen Spinnerei über die Weberei bis zur Färberei, Appretur und Druckerei.

Mustern wir die einzelnen *Branchen der Textilindustrie* hinsichtlich ihrer Betriebsgrößen durch (Tab. 11), so können wir feststellen, daß vor allem die Wollwarenerzeugung, daneben aber auch die Leinen- und Juteverarbeitung durch Großbetriebe mit durchschnittlich 750 Beschäftigten und mehr vertreten waren. Damit unterschieden sich diese, meist schon in Form von Aktiengesellschaften organisierten Unternehmen von den baumwollverarbeitenden Betrieben, bei denen zahlreiche kleine Fabriken dem Konzentrationsprozeß noch erfolgreich Widerstand leisteten.

Tabelle 11 Branchen und Beschäftigtenzahl der Textilfabriken mit Niederlassungen im Textilviertel 1914

Branchen	Beschäftigtenzahl						
	bis 199	200–499	500–999	1000–1999	2000 u. m.	o. Ang.	insgesamt
Baumwollwebereien	2	9	9	4	—	1	25
Baumwollwebereien, -spinnereien und -färbereien	—	1	5	8	6	—	20
Schafwollfabriken	—	3	3	2	1	2	11
Leinenfabriken	—	—	—	3	1	1	5
Baumwoll-, Schafwoll- und Leinenwaren	2	2	2	5	—	3	14
Jutefabriken	—	—	2	3	1	—	6
Druckfabriken	—	2	2	—	—	—	4
Stickerei, Spitzen	1	—	—	1	—	1	3
Wirkwarenerzeugung	—	1	3	—	—	—	4
Militärlieferanten	3	8	5	1	—	—	17
Sonstiges	8	1	2	3	1	1	16
	16	27	33	30	10	9	125

TABELLE 12 Kronländer und Beschäftigtenzahl der Textilfabriken mit Niederlassungen im Textilviertel 1914

Kronländer	Beschäftigtenzahl						
	bis 199	200–499	500–999	1000–1999	2000 u. m.	o. Ang.	insgesamt
Niederösterreich	*9*	3	4	3	2	1	22
Vorarlberg und Tirol	1	*4*	2	1	1	—	9
Böhmen, Mähren und Schlesien	6	20	*27*	*26*	7	8	94
	16	27	33	30	10	9	125

TABELLE 13 Entstehungszeit und Beschäftigtenzahl der Textilfabriken mit Niederlassungen im Textilviertel 1914

Entstehungszeit	Beschäftigtenzahl						
	bis 199	200–499	500–999	1000–1999	2000 u. m.	o. Ang.	insgesamt
vor 1840	3	7	*11*	*12*	5	2	40
1840–1870	2	*12*	*11*	*12*	3	5	45
1871–1914	*8*	*8*	*10*	3	2	2	33
o. Ang.	3	—	1	3	—	—	7
	16	27	33	30	10	9	125

Eine wichtige Gruppe bildeten die zu „Consortien" zusammengeschlossenen Fabriken, die zum Teil als k. u. k. privilegierte Militärlieferanten fungierten und den Bedarf der großen österreichisch-ungarischen Armee deckten. Bei ihnen handelte es sich durchwegs um mittlere Betriebe mit 200 bis 500 Beschäftigten.

Im Vergleich zu diesen echten Industrieunternehmungen und ihrem Niederlagswesen waren die *Manufakturen*, d. h. die im Verlagssystem arbeitenden Werkstätten der Wäsche-, Kleidererzeugung usf. im Textilviertel wesentlich schwächer vertreten. Sie saßen vor allem in den inneren Bezirken, so vor allem beiderseits der Mariahilfer Straße und der Taborstraße. Bei ihnen handelte es sich überdies durchwegs um kleinere Betriebe, die meist nur 50–100 Arbeiter zählten.

Was die *räumliche Differenzierung der Industrie* anlangt (Tab. 12), so zeigt sich klar das Übergewicht von Böhmen, Mähren und den Sudetenländern. Im Vergleich dazu traten die überdies viel kleineren Firmen aus dem Wiener Becken und Vorarlberg in den Hintergrund. Im Wiener Stadtgebiet selbst bestanden vor dem Ersten Weltkrieg nur wenige große Textilfabriken, weshalb es nicht weiter erstaunt, daß diese ortsständigen Betriebe kaum Büros auf der Ringstraße besaßen.

Die Tabelle 13 über die *Entstehungszeit der Fabriken* läßt uns die beachtliche Tradition der Textilindustrie in der österreichischen Reichshälfte erkennen und ebenso die Tatsache, daß die Größe der Unternehmen mit ihrer Bestandsdauer zunimmt. Das Wiener Becken und Vorarlberg können sich hinsichtlich des Alters der Betriebe durchaus mit den Sudetenländern messen, wenn auch bei ihnen die Textilindustrie nie zu derart beherrschender Stellung aufrückte wie in den auf altem Heimgewerbe fußenden Revieren der Mittelgebirge rings um das Böhmische Becken.

Die Textilindustrie bildete den wichtigsten Industriezweig der Donaumonarchie, und ihre Außenhandelsverflechtungen führen uns das wirtschaftspolitische Konzept der Zeit vor dem Ersten Weltkrieg deutlich vor Augen. Überprüfen wir die Angaben der einzelnen Firmen in bezug auf die Bestimmungsländer ihrer Produkte, so erkennen wir die überragende Bedeutung, welche die Balkanstaaten und der Vordere Orient besaßen. Immer wieder scheinen als Absatzmärkte Rumänien, die Türkei, Persien, Ägypten, aber bei einzelnen Unternehmen auch Ostasien, Indien ebenso wie Afrika und Südamerika auf.

b) Die Papierindustrie[1]

Eine ganz andere Situation als in der Textilindustrie bestand in der Papierindustrie. War es nämlich der ungarischen Reichshälfte um die Jahrhundertwende bereits gelungen, eine eigene Textilindustrie aufzubauen und sich damit zum Großteil von den Sudetenländern unabhängig zu machen, so gelang dies nicht in der Papierindustrie. Bei dieser behauptete nach wie vor der alpine Raum hinsichtlich Zahl und Größe der Betriebe einen entscheidenden Vorsprung. Anders als bei der Textilindustrie hatten daher alle größeren österreichischen Betriebe auch in Budapest ihre Niederlagen.

[1] Vgl.: Franz KRAWANY, Geschichte der Papierindustrie der ehemaligen österreichisch-ungarischen Monarchie. Compaßverlag, Wien 1922.

Bis zum Zerfall des Vielvölkerstaates blieben die *Alpenländer der wichtigste Papierlieferant für die übrigen Teile der Monarchie.*
Die bereits in der ersten Hälfte des 19. Jahrhunderts entstandenen Fabriken wählten schon damals die Altstadt zum Standort ihrer Niederlagen und behielten ihn auch während der Gründerzeit bei. Überdies existierten in den Vorstädten, auf der Landstraße, der Wieden und in Gumpendorf, eine Reihe von Büros. Ja selbst in den Vororten, besonders in den Bezirken Ottakring und Hernals, hatten sich einzelne Niederlassungen etabliert. Die Tendenz zur Ballung ihrer Zentralbüros und Niederlagen war somit bei der Papierindustrie viel weniger ausgeprägt als bei der Textilindustrie. So stand sie im Ringstraßenbereich erst an vierter Stelle und rangierte mit insgesamt 37 Büros hinter der eisenverarbeitenden und der chemischen Industrie.
Der Papiergroßhandel war so eng mit den Büros und Niederlagen der Fabriken verbunden, daß auf eine getrennte Ausweisung auf der Karte verzichtet wurde.
Ungeachtet dessen läßt sich auch bei der Papierindustrie ein Ansatz zur Viertelsbildung beobachten, und zwar im Raum um den Schwarzenbergplatz, wo, wohl mitbedingt durch das Zeitungsviertel in der Wollzeile, 54 v. H. aller Büros konzentriert waren. Die Bedingungen für die Niederlassung dieser insgesamt 37 Firmen im Ringstraßenbereich sind nicht ganz durchsichtig. Weder handelt es sich bei ihnen um erst in der Gründerzeit entstandene Betriebe noch um solche einer bestimmten Größenklasse. Lediglich das größte Unternehmen der Monarchie, die Firma Leykam-Josefsthal (mit einem Aktienkapital von 16 Millionen Kronen), besaß am Parkring als einzige Vertreterin der Papierindustrie ein eigenes Haus. Analog zu den führenden Firmen des Textilsektors war auch für diese Aktiengesellschaft – ebenso wie für andere Großbetriebe dieser Branche – eine vertikale Integration verschiedener Betriebe bezeichnend. Diese reichte vom Besitz großer Forste über Fabriken für Holzstoffherstellung, Zelluloseerzeugung und Papierfabrikation bis zum Verlags- und Druckereiwesen. So befanden sich öfters auch Zeitungen in der Hand derartiger Großfirmen.
Interessanterweise war das größte ausländische Unternehmen in der österreichischen Reichshälfte, die Firma Kellner-Partington mit Fabriken in Hallein und Villach und einem Beschäftigtenstand von rund 850 Arbeitern, nicht mit einer Niederlage in Wien vertreten.
Überhaupt traten bei der Papierindustrie die Lokalzentren im alpinen Raum, wie Laibach und Graz, in eine gewisse Konkurrenz mit Wien, indem sie zu den Vororten der heimischen Papierindustrie aufrückten.

c) Die Zuckerindustrie[1]
Ebenso wie die Textil- und Papierindustrie zählte die Zuckerindustrie zu den alten Industrien der Monarchie. Die Hauptmasse der Gründungen erfolgte bereits vor den siebziger Jahren des 19. Jahrhunderts. 1868 bestanden schon 164 Fabriken, 1914 waren es 201, wobei folgende regionale Verteilung bemerkenswert erscheint:

Böhmen	103	Ungarn	26
Mähren	54	Galizien	2
Schlesien	7	Bukovina	3
	164	Kroatisch-Slavonien	1
		Bosnien	1
		Niederösterreich	4
			37

Die geringfügige zahlenmäßige Vermehrung der Fabriken darf nicht darüber hinwegtäuschen, daß ab den siebziger Jahren eine enorme Kapazitätssteigerung der bestehenden Betriebe einsetzte. Hatte die Zuckerindustrie um 1860 erst den Binnenbedarf der Monarchie gedeckt, so gelang es ihr seitdem, in steigendem Maße für den Export zu produzieren. Vor dem Ersten Weltkrieg entfielen zwei Drittel der Erzeugung auf die Ausfuhr. Damit bildete die Zuckerindustrie die führende Wachstumsindustrie der Monarchie und konnte sich infolge ihrer Exportorientierung auch eine entsprechende Modernisierung und Vergrößerung der Objekte leisten.
Aufgrund verschiedener Mißstände auf dem Weltzuckermarkt und angesichts der sich verschärfenden internationalen Konkurrenz kam es 1891 zur Kartellbildung und damit zu einer Neuorganisation der Produktion in Form der Kontingentierung, d. h. der Regelung der Verkaufsbedingungen. Infolge der verbindlichen Absprachen erzeugten die meisten Zuckerfabriken vor dem Ausbruch des Ersten Weltkrieges weniger als 500.000 Doppelzentner.
Im Gegensatz zu den anderen Industrien waren alte Adelsfamilien unter den Zuckerfabrikanten verhältnismäßig zahlreich vertreten. Der Besitz großer Güter war ja mit eine wesentliche Voraussetzung für die Anlage derartiger Fabriken. Klangvolle Namen, wie jene der Fürsten Schwarzenberg, Liechtenstein, Thurn und Taxis und der Grafen Kinsky, seien hier genannt.

---

[1] Jakob BAXA, Studien zur Geschichte der Zuckerindustrie in den Ländern des ehemaligen Österreich, Wien 1950. – Jahr und Adreßbuch der Zuckerfabriken und Raffinerien Österreich-Ungarns, XLII. Ausgabe, Kampagne 1914/15, Wien.

Fragen wir uns nach den Gesichtspunkten, die das Niederlagswesen bestimmten, so können wir folgendes feststellen:
1. Die Zuckerfabriken hatten, von zwei Ausnahmen abgesehen, alle ihren Standort im Ringstraßenbereich, und zwar mit dem Zentrum in der Elisabethstraße (Opernviertel). Hier lag auch der Sitz des Kartellverbandes (Elisabethstraße 18).
2. Es konnten sich nur leistungsfähige Fabriken mit einem jährlichen Mindestausstoß von 100.000 Doppelzentnern und mehr ein eigenes Büro leisten. Aber selbst in dieser Größenklasse waren keineswegs noch alle Betriebe vertreten. Erst wenn es zu einer Betriebsakkumulierung kam und mehrere Betriebe sich in einer Hand befanden, war die Errichtung eines eigenen Zentralbüros die Regel.

d) Berg- und Hüttenwerke

Ein ähnliches Verhalten wie bei der Zuckerindustrie läßt sich bei den verschiedenen Berg- und Hüttenwerken beobachten. Nahezu alle größeren Unternehmen, die übrigens meist in Form von Aktiengesellschaften konstituiert waren, hatten ihren Platz in der Ringstraßenzone. Nur einige wenige saßen in der Altstadt. Die in Wien vertretenen Montan- und Stahlwerke zählten zu den bedeutendsten Unternehmungen der Monarchie. Die auf diesem Sektor bestehenden innenpolitischen und wirtschaftlichen Verflechtungen werden einem bewußt, wenn man feststellt, welch enger Kontakt noch gegen Ende der Monarchie zwischen den Eisenbahnen und den Berg- und Hüttenwerken bestand. So verfügten die Kaiser Ferdinand-Nordbahn und die Privilegierte Österreichisch-ungarische Staatseisenbahngesellschaft über umfangreichen Besitz an Berg- und Hüttenwerken vor allem im oberschlesischen Industrierevier.

Ähnlich wie bei der Zuckerindustrie lag auch beim Bergbau und der eisenschaffenden Industrie das Schwergewicht der Erzeugung in der österreichischen Reichshälfte. Durch das Fehlen von größeren Kohlenvorkommen war die ungarische Reichshälfte ausgesprochen benachteiligt. So nimmt es auch nicht wunder, daß eine größere Zahl von Berg- und Hüttenwerksunternehmen Niederlagen in Budapest besaß.

Ähnlich wie bei der Papier- und Textilindustrie hatten auch hier die Großunternehmen umfangreichen und vielseitigen Besitz. Dieser reichte bei manchen von Großforsten, Bergwerken, Sägewerken über Hochöfen zu Blech- und Walzwerken, Hammerwerken und Maschinenbaubetrieben. Eine Belegschaft von mehreren 1000 Arbeitern war stets damit verbunden.

In der Ringstraßenzone bestand keine so ausgeprägte Konzentration wie bei der Textilindustrie. Zwei Häufungen zeichneten sich ab. Ein Schwerpunkt bestand im Raum der Universität, bedingt durch den Sitz der K.K. Staats-Montanwerke in der Liebiggasse und der Österreichischen Berg- und Hüttenwerksgesellschaft in der Teinfaltstraße. Eine zweite Ballung lag um den Schwarzenbergplatz, wo die Privilegierte Österreichisch-ungarische Staatseisenbahngesellschaft und die Kaiser Ferdinand-Nordbahn ihre Büroräume eingerichtet hatten.

e) Die eisenverarbeitende Industrie

Die eisenverarbeitende Industrie, d. h. die Metall- und Maschinenindustrie, war im Gegensatz zur eisenschaffenden Industrie nur teilweise auf der Ringstraße vertreten. Sie weist damit eine gewisse Parallele zur Papierindustrie auf. Ebenso wie bei dieser bestanden aus nicht näher feststellbaren Beweggründen einige Niederlassungen in der Altstadt. Eine wesentlich größere Zahl war jedoch in den inneren Bezirken, besonders in Gumpendorf und Mariahilf, ansässig.

In der regionalen Verteilung der Betriebe innerhalb der Monarchie existierten gegenüber der Textilindustrie beachtliche Unterschiede. Die österreichischen Alpenländer waren nämlich im Vergleich zu Böhmen, Mähren und den Sudetenländern wesentlich wichtiger. Manch kleines, jedoch hochspezialisiertes Werk konnte nicht umhin, in Wien ein Zentralbüro zur Kundenwerbung zu unterhalten. Im allgemeinen stellten jedoch auch dabei – ähnlich wie in der Textilbranche – 200 Arbeiter ein unteres Limit hinsichtlich der Betriebsgröße dar. Kleinere Fabriken besaßen kaum mehr eine eigene Repräsentanz in Wien.

Zum Unterschied von allen bisher besprochenen Industriezweigen hatten sich die metallverarbeitenden Branchen nach 1870 am Wiener Stadtrand mit einem namhaften Aufgebot an Fabriken niedergelassen. Manche von ihnen, sofern sie um die Jahrhundertwende bereits internationales Ansehen genossen, eröffneten im Ringstraßenbereich ein eigenes zentrales Büro. Für die Viertelsbildung auf der Ringstraße waren die Standorte der Generaldirektionen zweier führender Großunternehmen maßgebend, welche gleichsam als Kristallisationskerne für die übrigen branchenverwandten Niederlassungen fungierten, und zwar die der Böhlerwerke im Opernviertel (Elisabethstraße 12) und die der Skodawerke östlich des Schwarzenbergplatzes (Beethovenplatz 4).

f) Die chemische Industrie

Kaum Fuß gefaßt hatten im Ringstraßenbereich die chemische Industrie und die Gummierzeugung. Wohl lagen über das gesamte Stadtgebiet sehr viele kleine Produktionsstätten verstreut, die verschiedenste Fabrikate, wie

Parfums, Farben, Schuhpasten und dergleichen mehr, hauptsächlich für den unmittelbaren Konsum erzeugten. Dagegen fehlen große Fabriken fast ganz. Ermittelt man die Bürostandorte der auswärtigen Großbetriebe in Wien, so stellt man fest, daß sich die meisten schon seit geraumer Zeit in der Altstadt bzw. in einigen Vorstädten, wie auf der Wieden und in Mariahilf, eingerichtet hatten. Internationale Firmen waren auf der Ringstraße nur spärlich vertreten.

2. Der Großhandel

Der Großhandel zählt zu jenen stadtgeographischen Erscheinungen, deren historischer Werdegang am besten bekannt ist. Eine ungebrochene Kontinuität des einmal besetzten Standorts vom Spätmittelalter über länger als ein halbes Jahrtausend bis zur Mitte des 19. Jahrhunderts zeichnet ihn aus. So ist bereits für das 13. Jahrhundert ein ganzer Stadtteil von Fernhändlern im Osten der Rotenturmstraße zwischen Wollzeile und Fleischmarkt verbürgt. Der Straßenname „Köllnerhofgasse" weist auf eine der damals führenden deutschen Handelsstädte hin. Nach dem Frieden von Passarowitz 1713 traten, bedingt durch die politische Neuorientierung der Monarchie in Richtung auf den Südosten Europas, orientalische Händler die Nachfolge der deutschen Kaufleute an. Ein zweites, gleichfalls mittelalterliches Handelszentrum, in dem die einheimischen Kaufleute vereinigt waren, erstreckte sich von den Tuchlauben bis zum Hohen Markt.

Der Wiener Handel war in älterer Zeit in erster Linie ein Handel mit Tuchen und Stoffen verschiedenster Art sowie dem vielfältigen Zubehör der Bekleidung. Daneben spielten Spezereien und Genußmittel eine Rolle. In den Eisenhandel konnte sich Wien, wie erwähnt, bis zum Merkantilzeitalter nie recht einschalten.

Wie entwickelte sich nun der Wiener Großhandel im Zeitalter der Industrialisierung? Es wurde bereits darauf hingewiesen, daß noch um die Mitte des 19. Jahrhunderts das Gremium der Großhändler nur einen kleinen Personenkreis umfaßte, der überdies auch in der Produktion, im Geldwesen und im Verkehr engagiert war. Die Loslösung des Großhandels von der Produktion gelang auch im Laufe der Gründerzeit nur teilweise. Überhaupt müssen wir zu unserer großen Überraschung feststellen, daß der Großhandel, zumindest zahlenmäßig, bei weitem nicht jenen Aufschwung nahm, den man aufgrund der stürmischen Entwicklung der Wirtschaft erwarten würde.

Allerdings bestanden zwischen den einzelnen Branchen grundsätzliche Unterschiede, welche wiederum nur vor dem Hintergrund der Industrieentwicklung zu verstehen sind. Es ist begreiflich, daß der Großhandel mit Stoffen und Kleiderwaren gemäß seiner alten Tradition sowie aufgrund der hohen Bedeutung und Produktionskraft dieses Industriezweiges im Rahmen der Monarchie nach wie vor dominierte. Die Tabelle 10 dokumentiert diese Feststellung nachdrücklich. In der Ringstraßenzone bestanden neben 149 Fabriksniederlagen des Textil- und Bekleidungssektors 159 Großhandelsbetriebe.

Auf dem Lebensmittelsektor übertraf die Zahl der Großhändler (36) die der Fabriksniederlagen (24) noch weit mehr.

Bei weitem nicht so entwickelt wie in der Konsumgüterindustrie war der Großhandel mit Produktionsgütern. Man sieht daraus, daß vor dem Ersten Weltkrieg die Vermarktung der Erzeugnisse im wesentlichen noch von den Firmen selbst abgewickelt wurde.

Sowohl bei der Schwer- und Metallindustrie als auch bei der chemischen Industrie lag der Großhandel vor 1914 noch in den Anfängen. So entfielen im Untersuchungsgebiet auf insgesamt 50 Repräsentanzen der Schwer-, Maschinen- und elektrotechnischen Industrie und 49 Firmen der chemischen und Gummiindustrie jeweils bloß 11 Großhandelsbetriebe.

Hinsichtlich der *Viertelsbildung im Ringstraßenbereich* erscheint die enge Bindung des Großhandels an die Fabriksniederlagen bei der Textilindustrie besonders eindrucksvoll. Über die Hälfte der Handelsbetriebe waren im Textilviertel konzentriert. Auch bei der Schwerindustrie, der chemischen Industrie und der Papierindustrie ist die Nachbarschaft von Großhandel und Fabriksniederlagen nicht zu übersehen.

Die vorhin getroffene Feststellung der geringen Entwicklung des Großhandels gilt nicht nur für den Ringstraßenbereich, sondern auch für die Altstadt und die inneren Bezirke. Die Aufgabe des Großhandels, die Sortimente von verschiedenen Fabriken zusammenzustellen und auf den Markt zu bringen, wurde damals – vor allem bei der Produktionsgüterindustrie – erst in Angriff genommen. Große Möglichkeiten für einen künftigen Ausbau dieses Sektors der Wirtschaft waren somit vor dem Ersten Weltkrieg noch offengeblieben.

3. Das Geld- und Versicherungswesen

Der Stellung Wiens als Finanz- und Handelsmetropole im Rahmen der österreichischen Reichshälfte entsprach die Entwicklung des Bankenwesens. Allerdings wies dieser Zweig der Wirtschaft eine wesentlich andere Struktur auf als das Niederlagswesen der Industrie.

VI. Die Ringstrasse als Ausweitungsfeld der City

Seine Anfänge reichen weit zurück. Bereits ab der zweiten Hälfte des 18. Jahrhunderts läßt sich eine deutliche Viertelsbildung der Großhändler und Bankiers rings um den Graben nachweisen. Doch blieb bis 1816 das gesamte Geldgeschäft noch in der Hand von einigen wenigen, zum Teil jüdischen Familien. Erst zu diesem Zeitpunkt entstand als staatliches Institut die Privilegierte Österreichische Nationalbank, die von da an einzig und allein das Recht zur Banknotenausgabe besaß. Nach dem Ausgleich mit Ungarn wurde sie 1870 in die Österreichisch-ungarische Bank umgewandelt.

Es ist wichtig festzuhalten, daß *im Rahmen der Wirtschaftsentwicklung der Gründerjahre der Aufschwung des Bankenwesens* der Steigerung und Rationalisierung der Produktion im Sinne eines fortschreitenden Konzentrationsprozesses im Fabrikwesen voranging. So konstituierte sich am Beginn der liberalen Ära, bereits in den fünfziger Jahren, eine ganze Anzahl von Großbanken. Diese anonymen *Effekten- und Finanzierungsbanken* spielten im Wirtschaftsaufbau der Monarchie, vor allem bei der Kapitalaufbringung für den kostspieligen Eisenbahnbau, eine dominierende Rolle. Durch die Befassung mit Fabrikgründungen, Fusionierungen usf. waren sie ein entscheidender Motor in der vom spekulativen Denk- und Wirtschaftsstil beherrschten liberalen Epoche.

Einen zweiten eminent wichtigen Ansatz für die Bankenbildung bot die Grundentlastung von 1848. Durch diese erhielt der Boden ebenso wie andere Güter einen von Angebot und Nachfrage bestimmten Marktwert. Dies gab den Weg für das Entstehen von *Hypothekenbanken* frei. Freilich haben sich diese später gleichfalls in Spekulationsgeschäfte eingelassen, und manche von ihnen, wie z. B. die Bodencreditanstalt, stiegen in die Kategorie der großen *Universalbanken* auf.

Die Organisation der industriellen Wirtschaft, speziell die Umwandlung von Familienbetrieben in Aktiengesellschaften, die Bildung von Konzernen durch vertikale und horizontale Zusammenschlüsse von Unternehmen, wäre ohne Mitwirkung der Großbanken nicht vonstatten gegangen. Die Finanz- und Bankjahrbücher der Gründerzeit vermitteln uns eine gewisse Vorstellung von diesen weitreichenden Kapitalverflechtungen und den mannigfaltigen Querbeziehungen zwischen den einzelnen Wirtschaftssparten.

Neben den beiden genannten Gruppen der Effekten- und Finanzierungsbanken und der Hypothekenbanken besaßen jedoch auch die *Regionalbanken* großes Gewicht. Sie knüpften in ihrer räumlichen Verteilung an die historischen Ländereinheiten der Monarchie an und wählten dementsprechend jeweils deren regionale Zentren zu Standorten.

Ebenso wie sich in der Großindustrie um die Jahrhundertwende bereits eine klare Größenordnung der Produktionsstätten von den Klein- über die Mittel- zu den Großbetrieben hin herausgebildet hatte, ebenso war auch im Geldwesen eine Differenzierung eingetreten. Noch 1869 registrierte man im Wiener Stadtgebiet insgesamt 3900 Geldinstitute, und bis herauf zum Ersten Weltkrieg arbeiteten zahlreiche kleine Privatbanken weiter, obwohl sie mit den Großbanken kaum mehr konkurrieren konnten.

Für die Frage nach der *Bedeutung der Ringstraße* im Rahmen des Bankenwesens erscheint es wichtig festzuhalten, daß innerhalb der Gesamtentwicklung der Wirtschaft die Schaffung von neuen Finanzierungsformen dem Aufbau des Fabrikwesens zum Teil vorangegangen war und bereits vor der Anlage der Ringstraße ein ausgeprägtes Bankenviertel in der Altstadt bestand. Die 1816 an Stelle von zwei Palästen im ehemaligen Quartier des landständischen Adels in der Herrengasse errichtete Nationalbank gab hierfür den Kristallisationskern. Eine Reihe von Großbanken eröffnete in unmittelbarer Nachbarschaft dazu in den fünfziger Jahren ihre Pforten[1].

Hinter diesen nüchternen betriebsgeschichtlichen Notizen verbergen sich zwei für das Bankenwesen sehr bemerkenswerte Erscheinungen, und zwar:

1. die Tatsache, daß die großen Geldinstitute zu den ersten Betrieben der Wirtschaft zählten, bei denen der Architektur die totale Loslösung von

---

[1] Niederösterreichische Eskompte Gesellschaft, 1853 auf der Freyung gegründet (Nr. 8).
Österreichische Kreditanstalt für Handel und Gewerbe, 1855 gegründet. Sie spielte im Bahnbau eine wichtige Rolle (Franz Josefs-Bahn, Nordwestbahn) und errichtete 1858 ein eigenes Gebäude am Hof Nr. 6 (zwischen Hof–Freyung und Tiefem Graben).
Anglo-Österreichische Bank, 1863 in einem Trakt des Palais Montenuovo in der Strauchgasse gegründet (Nr. 1).
Allgemeine Verkehrsbank, 1864 gegründet. Sie hatte ursprünglich in der Wipplingerstraße 28 ihren Standort und errichtete 1880–1883 an der Stelle eines Althauses einen Neubau.
Wiener Bankverein, 1869 gegründet. Er war zuerst im ehemaligen Palais Liechtenstein in der Herrengasse beheimatet und übersiedelte dann in sein neues Gebäude am Ring (Schottengasse 6).
Union-Bank, 1870 gegründet in der Renngasse 1 (früher Hotel Römischer Kaiser).
Allgemeine Depositenbank, 1861 gegründet, ursprünglich im Trattnerhof am Graben, erwarb dann am Schottenring (1) einen Gebäudekomplex.
K. k. privilegierte allgemeine Bodencreditbankanstalt, 1873 gegründet, übersiedelte nach 1885 in den Neubau Teinfaltstraße 8.

TABELLE 14 Geldwesen in der Ringstraßenzone 1914

	Textil-viertel K/M/G	Börse-viertel K/M/G	Roßauer-viertel* K/M/G	Votivkirchen-viertel* K/M/G	Rathaus-viertel K/M/G	Opern-viertel K/M/G	Schwarzenberg-platzviertel K/M/G	Postsparkassen-viertel K/M/G	Insgesamt K/M/G
Banken und Sparkassen	17	32/—/4 **35,6**	28 **27,7**	5	2/2/—	2	5/1/—	3	94/3/4
Versicherungen	8/1/—	13/5/2 **33,9**	7	—	1/1/—	3/2/—	7/1/—	5/5/—	44/15/2
Krankenkassen	2	2	2	—	2	—	—	—	8
Auskunfteien u. dgl.	1	3	7	1	3	—	—	—	15

* Angaben erst aus dem Jahre 1925.
Größe der Büros: K bis 1 Geschoß, M 1–3 Geschosse, G ab 3 Geschosse.
Eine Angabe entspricht K.

dem sonst überall hereinwirkenden Vorbild des Wohnbaus glückte. Damit fand *der Bankenbau* in funktioneller Beziehung den *Durchbruch zu eigenständigen Formen*, obwohl er noch das repräsentative Stilkleid beibehielt. So wurde der von Otto Wagner 1882–84 errichtete Bau der Länderbank für die Bankenarchitektur schlechthin bahnbrechend,

2. äußert sich darin das bereits wiederholt diskutierte Phänomen, daß, ähnlich wie bei anderen Institutionen der City, *im Zuge der Ringstraßenverbauung eine Hinausverlegung von Banken aus der Altstadt* stattgefunden hat.

Viel wichtiger als diese Standortverlagerung bereits bestehender Geldinstitute wurde jedoch die mit der Ausweitung der Wirtschaft konform gehende beachtliche Zahl von *Neugründungen*. So sammelte sich schließlich an der Kontaktzone von Altstadt und Ringstraßenverbauung, zwischen den Eckpfeilern der Börse im Nordwesten und der obengenannten Bodencreditbank im Südwesten, ein Schwarm von Geldinstituten an. Nicht nur Großbetriebe fanden hier ein erfolgreiches Tätigkeitsfeld, sondern darüber hinaus okkupierte auch eine Vielzahl von Kleinbanken die Wohnungen der anrainenden Nobelmiethäuser.

Somit gehörte das Geldwesen neben den Textilniederlagen zu den Erscheinungen des späten kaiserlichen Wiens mit *besonders ausgeprägter Viertelsbildung*. Die Tabelle 14 läßt dies deutlich erkennen. Im Börseviertel und den anschließenden Baublöcken des Roßauerviertels konzentrierte sich über die Hälfte aller auf der Ringstraße vertretenen Geldinstitute. Den Konnex mit dem Bankenviertel im Nordwesten der Altstadt zwischen Freyung-Am Hof-Herrengasse vermittelten Schottengasse und Wipplingerstraße. Das einstige Zentrum des Geldwesens rings um den Graben war um die Jahrhundertwende nur noch von sekundärer Bedeutung.

Die scharfe Trennung zwischen den Wirtschaftsunternehmen der österreichischen und der ungarischen Reichshälfte, die schon bei den Industrieniederlagen wiederholt betont wurde, läßt sich auch auf dem Finanzsektor nachweisen. Zwischen den österreichischen und ungarischen Großbanken bestanden nur geringfügige Kooperationen.

Die ganz allgemein für den Außenhandel der Monarchie so charakteristischen engen Kontakte mit den Balkanländern schlossen auch das Geldwesen ein. So beteiligten sich führende Banken wesentlich bei der Gründung der bulgarischen und rumänischen Hauptbanken.

Auffallend gering war die Zahl der in Wien vertretenen ausländischen Banken. Diese hatten überdies meist in der Altstadt ihren Sitz.

Ganz im Gegensatz zu den Banken spielten auf der Ringstraße die *Sparkassen* keine Rolle. Dies hat gute Gründe, wurden diese doch lange Zeit vorwiegend als eine Einrichtung für die minderbemittelten Schichten angesehen und besaßen eine ganz andere Aufgabe als die am Wirtschaftsaufbau und den Industriegründungen unmittelbar beteiligten Großbanken. Demgemäß waren ihre zentripetalen Standorttendenzen, abgesehen von den Hauptgeschäftsstellen (1819 Eröffnung der Ersten österreichischen Spar-Casse am Graben), gering.

Anders war die Situation beim *Versicherungswesen*. Überblicken wir die Gründungsdaten der großen Versicherungsgesellschaften, soweit sie entweder auf der Ringstraße selbst oder in der Altstadt bis zum Jahre 1914 ihren Sitz aufgeschlagen hatten, so können wir drei große Entstehungsabschnitte deutlich unterscheiden:

1. Die Anfänge des modernen Versicherungswesens wurzeln im Fernverkehr, vor allem im Überseeverkehr. Dementsprechend zählten in der Monarchie die K. k. privilegierte Assicurazione Generale in Triest (gegründet 1831) und die K. k. privilegierte Riunione Adriatica i Sicurita (gegründet 1838) zu den ältesten Versicherungen. Beide errichteten kurz nach der Gründung eine Generalrepräsentanz in der Altstadt und wahrten diesen Standort auch später. Das gleiche gilt übrigens auch für die älteste Feuerversicherungsanstalt der Monarchie, die Wechselseitige Brandschadenversicherungsanstalt, die 1825 gegründet wurde und auf der Wollzeile ihr Büro hatte.

2. Die zweite große Gründungswelle der Versicherungen fiel in die späten siebziger Jahre und schloß damit an die bereits erwähnte Gründungswelle der Banken an. Jetzt waren es in erster Linie die *Renten- und Lebensversicherungen*, welche neben der älteren Form der Brandschaden- und Verkehrsversicherungen einen immer wichtigeren Geschäftsfaktor darstellten.

3. Meist von Banken finanziert, entstand in den neunziger Jahren eine weitere Zahl von zum Teil recht großen Versicherungsanstalten, die meist vielseitige Geschäfte tätigten.

Im Gegensatz zum Bankenwesen waren bereits vor dem Ersten Weltkrieg zahlreiche Repräsentanzen ausländischer Versicherungen in Wien ansässig, ferner war auch die Trennung zwischen den österreichischen und ungarischen Versicherungsanstalten bei weitem nicht so akzentuiert. Nahezu alle großen Versicherungen der österreichischen Reichshälfte besaßen auch in Budapest eine Niederlassung, und umgekehrt hatten ungarische Unternehmen in Wien ihre Vertretungen.

Die ursprünglich meist schon aus der Firmenbezeichnung ersichtliche Spezialisierung wurde von vielen Versicherungsanstalten schon in den siebziger Jahren aufgegeben. So nahmen alle Versicherungsinstitute die Lebensversicherung unter ihre Agenden auf. Durch die Rückversicherung war die internationale Verflechtung gewährleistet.

In der Struktur des Versicherungswesens zeigten sich grundsätzliche Unterschiede gegenüber dem Bankenwesen insofern, als sich ja nur größere Unternehmen, die mit einem entsprechend fundierten Aktienkapital ausgestattet waren und daher auch das Vertrauen ihrer Kunden besaßen, halten konnten. Kleinbetriebe, wie sie auf dem Geldsektor bis zum Ersten Weltkrieg herauf bestehen blieben, hatten sich im Versicherungsgeschäft nie entwickeln können.

Hinsichtlich der *räumlichen Lagerung* der Versicherungsanstalten im Wiener Stadtgebiet zeichneten sich vor dem Ersten Weltkrieg folgende Schwerpunkte ab:

1. in der Altstadt zwischen Hohem Markt über die Brandstätte bis zum Graben;
2. im Zuge der Ringstraßenzone in Tuchfühlung mit den Banken im Börseviertel;
3. ferner um den Schwarzenbergplatz und
4. im Postsparkassenviertel.

Wie bereits erwähnt, hatten einige Versicherungen auch Ringstraßenhäuser als Kapitalanlage erworben. In den meisten Fällen waren die Büroräume solcher Versicherungen jedoch interessanterweise nicht im eigenen Haus, sondern anderwärts untergebracht.

Mit Verbesserung der sozialen Errungenschaften im ausgehenden 19. Jahrhundert konstituierten sich schließlich die ersten *Pensionsversicherungsanstalten* und Krankenkassen.

Sie suchten ihren Standort im unmittelbaren Kontakt zum Geld- und Versicherungswesen, so daß schließlich im Börseviertel eine recht bezeichnende Dreiheit von Banken, Versicherungen und Krankenkassen zustande kam.

Es ist begreiflich, daß ein ganzes Heer von Zubringerexistenzen zu diesen Geld- und Versicherungsinstituten gehörte. Börsenagenturen, Kommissionsgeschäfte, Auskunfteien umschwärmten die großen Bankgebäude im Börseviertel. Wie erwähnt, hatten die Angehörigen dieser Wirtschaftssparte vor allem im Textilviertel und im Roßauerviertel ihr Domizil.

4. Das Geschäftsleben

Das Geschäftsleben einer Stadt erhält seinen Charakter einerseits durch Zahl, Größe, Organisationsform und Branchendifferenzierung der Betriebe, andererseits durch die Konsumgewohnheiten der Bevölkerung.

Eine bereits veröffentlichte Untersuchung der Verfasserin über die Wiener Geschäftsstraßen gestattet es, die Position der Ringstraße im Rahmen der Gesamtentwicklung des Wiener Geschäftslebens präzise zu bestimmen. Es soll daher darauf ausführlicher eingegangen werden.

Hinsichtlich seines *Branchengefüges* war der Detailhandel von Wien in der Gründerzeit dadurch bestimmt, daß im Budget der Arbeitnehmer die Aus-

gaben für die Ernährung an erster Stelle rangierten. Darin kam nicht nur die seit den Stadtbeschreibungen des Mittelalters bekannte Vorliebe der Wiener Bevölkerung für gutes Essen zum Ausdruck, sondern auch der knapp bemessene finanzielle Spielraum zur Befriedigung anderer Bedürfnisse. Entsprechend dem Lebenszuschnitt und der Freizeitgestaltung der Unterschichten, aber auch des Mittelstandes, nahm das Gastgewerbe einen wichtigen Platz innerhalb des gesamten Geschäftslebens ein. Aus zeitgenössischen Milieuschilderungen ist uns die Zweckbestimmung der zahllosen Vorstadtbeisel, aber auch jene der Kaffeehäuser geläufig.
Entsprechend den bereits erwähnten schlechten Wohnverhältnissen breiter Bevölkerungskreise und dem geringen Spielraum zur Deckung aller nicht unbedingt lebensnotwendigen Bedürfnisse besaßen die mit der Wohnkultur zusammengehörenden Geschäfte eine untergeordnete Bedeutung. Andererseits war für gehobene und Luxusansprüche die Konkurrenz des zum Teil weltberühmten heimischen Kunsthandwerks zu übermächtig, als daß dem Bedarf der Mittel- und Oberschicht angepaßte Verkaufslokale in größerem Umfang hätten entstehen können.
Hinsichtlich der *Betriebsgrößenstruktur* war das Wiener Geschäftsleben durch die *Dominanz der kleinen Betriebe* (Familienbetriebe) gekennzeichnet. Das Kaufhauswesen und das Filialsystem vermochten bis zum Beginn des 20. Jahrhunderts nur zögernd Fuß zu fassen. Ein gewisses Ressentiment der stark in traditionellen Wertmaßstäben verhafteten Bevölkerung gegenüber dem anonymen Wesen des Warenhauses mag hierbei eine nicht unbedeutende Rolle gespielt haben.

Aufgrund der bisherigen Ausführungen über die Ringstraße ist bereits zu erwarten, daß sich die Branchenstruktur ihres Geschäftslebens von der des Stadtganzen wesentlich unterschieden hat, und zwar aus folgenden Gründen:
1. war die Ringstraße Wohnstätte der Oberschicht mit ihren von der Masse der Bevölkerung erheblich abweichenden Konsumansprüchen;
2. konnte sich der Einzelhandel im Ringstraßenbereich ja nur in harter Konkurrenz mit den alterwachsenen und angesehenen Läden der Altstadt entwickeln, welche ja schon seit langem in ihrem Warenangebot auf anspruchsvolle Kunden eingestellt waren;
3. Übten die zahlreichen Betriebe, die sich im Ringstraßenbereich eingenistet hatten, durch ihren Bedarf gleichfalls einen Einfluß auf die Branchengliederung aus. Auf sie ist es letztlich zurückzuführen, daß der Besatz mit Geschäften im Ringstraßenbereich, bezogen auf die Zahl der Wohnparteien, nahezu doppelt so hoch war wie im Stadtganzen.

Ein Vergleich der *Branchendifferenzierung* von Wien mit jener der Ringstraßenzone gestattet es, die Unterschiede exakt zu quantifizieren (vgl. Tab. 15).
1. Der noble Wohncharakter der Ringstraße äußert sich nachdrücklich in einem wesentlich höheren Prozentsatz an Geschäften für *Körperpflege und Reinigung*, d. h. also von Drogerien und Parfümerien, desgleichen aber auch in einer höheren Quote der für die technische Ausstattung der Wohnungen zuständigen Branche der Elektriker und Installateure.
2. In Relation dazu liegt die Zahl der *Lebens- und Genußmittelgeschäfte* wesentlich unter dem Stadtdurchschnitt. Die direkte Lieferung der Ware in die Wohnung spielte bei der Haushaltsführung der Oberschicht stets eine große Rolle. Die vorhandenen Geschäfte weisen überdies durch ihre Bezeichnungen: Spezereiwaren, Delikatessen, bereits auf die Ansprüche ihrer Kunden hin.
3. In scharfer Konkurrenz mit der Altstadt befanden sich vor allem die Geschäfte des *Bekleidungssektors*. Ihre auf den ersten Blick hohe Gesamtzahl in der Ringstraßenzone ist, wie die regionale Aufgliederung zeigt, ausschließlich auf die erhebliche Konzentration von Handelsbetrieben im Textilviertel zurückzuführen. Leider ist es bei diesen nicht möglich, eine säuberliche Trennung hinsichtlich ihrer Zugehörigkeit zum Einzel- oder Großhandel vorzunehmen. Es bestanden zweifellos schon damals die heute recht charakteristischen fließenden Übergänge zwischen dem Detail- und Engrosverkauf.
Von diesem Viertel abgesehen, lag der Anteil der Bekleidungsgeschäfte im ganzen Ringstraßengebiet beachtlich unter dem Stadtmittel.
4. Konnte sich die Ringstraße auf dem Bekleidungssektor gegenüber der Altstadt nicht durchsetzen, so gewann sie doch, wie auch in anderen Sparten der Wirtschaft, eine Ergänzungsfunktion zu ihr, indem sie neuaufkommende Geschäftszweige an sich zog. So faßten vor allem die unter dem Dachbegriff „geistige Interessen" subsummierten Branchen Fuß. Sie dienten entweder der Bildung, dem Vergnügen oder der Unterhaltung bzw. befriedigten Dienstleistungen des Verkehrs. Ihnen schlossen sich die damals sehr exklusiven Fahrzeuggeschäfte an. Ihre erstaunlich große Zahl läßt den Lebensstandard der Oberschicht ermessen.
So sehen wir, daß die Ringstraße vor allem im Abschnitt zwischen Babenbergerstraße und Schwarzenbergplatz in ihrer gründerzeitlichen Entwicklung das Musterbeispiel der Kommerzialisierung einer alten Repräsentativstraße bietet.
5. Auf die Ausweitung der City in Gestalt von Banken und Versicherungen wurde bereits hingewiesen. Der v. H.-Anteil der *Geld- und Versicherungs-*

Tabelle 15 Vergleich der Konsumbereiche des Geschäftslebens von Wien 1902 und der Ringstraßenzone 1914

	Wien 1902			Ringstraßenzone 1914 (I. Bezirk)		
	Betriebe		Wohnparteien je Betrieb	Betriebe		Wohnparteien je Betrieb
I. Lebens- und Genußmittel	25.994	*43,5*	14,6	189	*22,3*	17,1
II. Körperpflege, Reinigung	4.781	*8,0*	79,5	98	*11,6*	33,0
III. Gastgewerbe	6.138	*10,3*	61,9	163	***19,3***	19,8
IV. Bekleidung, Schmuck	9.180	*15,4*	41,4	126	*14,9*	27,9
V. Geistige Interessen	2.326	*3,9*	163,4	92	***10,9***	35,2
VI. Wohnungseinrichtung	4.574	*7,6*	83,1	79	*9,3*	40,9
VII. Fahrzeuge				25	***2,9***	129,4
VIII. Geldwesen	631	*1,1*	602,2	30	***3,5***	107,8
IX. Sonstiges	6.107	*10,2*	62,2	45	*5,3*	71,9
Summe	59.731	*100%*	6,4	847	*100%*	3,8

institute mit Parterrelokalen und direktem Kundenkontakt war daher im Ringstraßenbereich außerordentlich groß und lag – ebenso wie der Hundertsatz der Geschäfte für geistige Interessen – wesentlich über dem Stadtmittel.

6. Die weitaus auffälligste Gruppe ist jedoch die des *Gastgewerbes*. Sie stellte fast ein Fünftel aller Lokale. Die Vielzahl von Kaffeehäusern, Restaurants und kleinen Gaststätten wird nur verständlich, wenn wir uns vergegenwärtigen, daß die Ringstraße in einer Zeit vorherrschenden Fußgängerverkehrs errichtet wurde. Damit übernahm sie, unterstützt durch die großen öffentlichen Grünflächen des Stadtparks, Volksgartens und Rathausparks in hohem Maße für die Bevölkerung der Altstadt die Erholungsfunktion, welche vor der Stadterweiterung die Wälle und das Glacis innehatten. Die großen Eckkaffeehäuser am Ring besaßen als Treffpunkte von Künstlern, Gelehrten und Studenten nicht bloß eine kulturelle Aufgabe, sondern darüber hinaus auch eine wichtige wirtschaftspolitische – vor allem im Börseviertel, wo ein Gutteil der geschäftlichen Transaktionen in ihnen abgewickelt wurde.

7. Zweifellos aus der großen Bedeutung der Ringstraße als Arbeitsstättenbereich läßt sich die beachtliche Zahl der Papierhandlungen und Friseure (für Herren!) erklären.

Hinsichtlich der *Besetzung der einzelnen Branchen* bestanden zwischen den Abschnitten der Ringstraße recht charakteristische Unterschiede. Sie werden besonders deutlich, wenn man die Zahl der Geschäfte mit der Zahl der Wohnparteien in Beziehung bringt. Gerade die Gruppe der Nahrungs- und Genußmittelgeschäfte läßt erkennen, wie wichtig für ihre Existenz neben der Wohnfunktion auch die Betriebsfunktion war. So läßt sich die hohe Quote des Börseviertels vor allem bei Tabaktrafiken nur durch den regen Geschäftsbetrieb rings um die Börse erklären. In abgeschwächtem Maße gilt dies auch für das Postsparkassenviertel, wo die riesige Arbeitsstätte des Kriegsministeriums zweifellos auch für das Entstehen von Weingeschäften und Tabaktrafiken ausschlaggebend war. Eine gewisse Parallele dazu zeigt sich bei der Gruppe Körperpflege, Reinigungs- und Gesundheitswesen. Hier waren es vor allem die Friseure, die gleichfalls in den beiden genannten Vierteln im Anschluß an die Börse und das Kriegsministerium dichtgedrängt nebeneinander saßen.

TABELLE 16 Arten und Viertelsbildung der Geschäfte im Ringstraßenbereich 1914

Geschäftsarten	Textil-viertel	Börse-viertel	Roßauer-viertel*	Votiv-kirchen-viertel*	Rathaus-viertel	Opern-viertel	Schwarzen-bergplatz-viertel	Postspar-kassen-viertel	Insge-samt
I. *Nahrungs- und Genußmittel*									
„Gemischtwaren"	22	8	11	8	14	7	22	6	98
Back- und Süßwaren	4	3	—	1	4	3	1	4	20
Milch	4	6	3	1	3	2	3	3	25
Fleischhauer	3	2	2	—	1	2	—	1	11
Fisch, Geflügel, Wild, Gemüse	1	2	3	—	—	—	—	—	6
Wein, Kaffee	—	2	1	—	2	5	1	4	15
Tabaktrafiken	9	9	1	—	6	5	10	5	45
Zusammen	43	32	21	10	30	24	37	23	220
	25,0	25,0	16,8	26,31	26,79	21,43	18,41	18,85	21,78
II. *Körperpflege, Reinigung, Gesundheitswesen*									
Apotheken	1	1	—	1	2	1	1	1	8
Parfümerie, Drogerie	4	—	1	2	3	4	3	1	18
Friseur, Kosmetik	7	12	3	—	6	7	15	13	63
Putzerei, Wäscherei	2	2	3	1	3	3	3	—	17
Sanitärer Bedarf, Optiker	—	—	—	1	—	1	2	—	4
Zusammen	14	15	7	5	14	16	24	15	110
	8,14	11,72	5,6	13,16	12,50	14,29	11,94	12,30	10,89
III. *Gastgewerbe*									
Gasthaus	6	7	4	3	9	11	17	6	63
Restaurant	2	5	—	—	5	2	4	2	20
Kaffeehaus	10	11	1	2	16	9	19	10	78
Alkoholausschank	2	2	4	—	1	2	1	2	14
Automatenbüffet	—	1	—	—	—	—	1	—	2
Zusammen	20	26	9	5	**31**	24	42	20	177
	11,63	20,32	7,2	13,16	**27,68**	21,42	20,90	16,40	17,53

Fortsetzung ▶

TABELLE 16 Fortsetzung

Geschäftsarten	Textil-viertel	Börse-viertel	Roßauer-viertel*	Votiv-kirchen-viertel*	Rathaus-viertel	Opern-viertel	Schwarzen-bergplatz-viertel	Postspar-kassen-viertel	Insge-samt
IV. *Bekleidung*									
Kleiderhandlung	2	—	7	1	—	1	1	1	13
Herrenmoden	2	3	2	1	1	2	—	—	11
Textilwaren (Modewaren)	15	4	2	—	1	—	—	—	22
Tuche	7	1	7	2	—	1	—	1	19
Leinen, Baumwollwaren	3	2	—	—	1	—	—	—	6
Spitzen, Seiden	5	1	—	—	—	—	1	2	9
Wäsche	3	3	—	—	—	—	1	2	9
Wirkwaren	6	1	6	—	—	—	—	—	13
Kurzwaren	7	—	1	—	—	—	—	—	8
Galanteriewaren	4	—	1	1	—	1	4	2	13
Schuhgeschäfte	3	—	2	—	—	1	2	3	11
Spezialgeschäfte**	3	1	9	—	—	3	6	—	22
Uhren, Goldwaren, Juwelen	2	1	2	—	—	1	3	5	14
Zusammen	62	17	39	5	3	10	18	16	170
	36,05	*13,28*	*31,2*	*13,16*	*2,68*	*8,93*	*8,96*	*13,12*	*16,83*
V. *Geistige Interessen*									
Buchhandel (Leihbibliothek)	—	8	4	2	1	7	9	7	38
Papierhandel	7	5	7	1	5	8	7	5	45
Musikalienhandel	—	—	—	—	1	2	6	3	12
Kunsthandel	—	—	—	—	—	2	6	—	8
Film, Briefmarken u. dgl.	—	—	1	—	—	—	1	2	4
Zusammen	7	13	12	3	7	**19**	29	17	107
	4,07	*10,16*	*9,6*	*7,89*	*6,25*	***16,97***	*14,42*	*13,94*	*10,59*

Tabelle 16 Fortsetzung

Geschäftsarten	Textil-viertel	Börse-viertel	Roßauer-viertel*	Votiv-kirchen-viertel*	Rathaus-viertel	Opern-viertel	Schwarzen-bergplatz-viertel	Postspar-kassen-viertel	Insge-samt
VI. *Wohnungseinrichtung*									
Installateur	4	1	3	1	8	1	8	2	28
Raumdekoration***	—	1	4	2	—	3	9	5	24
Beleuchtungskörper	—	1	—	—	—	—	4	1	6
Bettwaren	1	—	—	—	—	2	—	—	3
Möbel	2	—	2	—	2	1	2	—	9
Haus- und Küchengeräte	6	1	4	—	4	4	—	2	21
Öfen	—	—	—	—	—	—	—	1	1
Nähmaschinen, Klaviere	—	—	—	1	1	1	1	—	4
Zusammen	13	4	13	4	**15**	12	24	11	96
	7,56	3,12	10,4	10,53	**13,39**	10,71	11,94	9,01	9,50
VII. *Fahrzeuge*									
Autohaus	—	1	—	—	1	—	9	8	19
Autozubehör und Sonstiges	—	1	—	1	1	—	1	3	7
Zusammen	—	2	—	1	2	—	10	**11**	26
		1,56		2,63	1,79		4,97	**9,01**	2,58
VIII. *Geld- und Versicherungswesen* (Parterregeschäfte)									
Banken und Sparkassen	3	11	11	1	3	—	3	1	33
Versicherungen	1	3	3	—	2	—	2	1	12
Zusammen	4	**14**	14	1	5	—	5	2	45
	2,32	**10,94**	11,02	2,63	4,46		2,49	1,64	4,46

Fortsetzung ▶

Tabelle 16 Fortsetzung

Geschäftsarten	Textil- viertel	Börse- viertel	Roßauer- viertel*	Votiv- kirchen- viertel*	Rathaus- viertel	Opern- viertel	Schwarzen- bergplatz- viertel	Postspar- kassen- viertel	Ins- ge- samt
IX. *Sonstiges*									
Blumen	—	2	—	—	1	2	8	—	13
Kohlen	1	2	—	2	3	1	—	—	9
Schreibmaschinen	1	—	—	—	—	—	—	5	6
Technische Artikel	1	—	3	—	1	—	3	—	8
Kistenhandlung	3	—	—	—	—	—	—	—	3
Verschiedenes	3	1	7	2	—	4	1	2	20
Zusammen	9	5	10	4	5	7	12	7	59
	5,23	3,90	8,0	10,53	4,46	6,25	5,97	5,73	5,84
Gesamtzahl	172	128	125	38	112	112	201	122	1.010

* Angaben aus 1925.
** Handschuhe, Hüte, Krawatten, Schirme, Mieder.
*** Teppiche, Tapeten, Antiquitäten.

Beim Gastgewerbe, vor allem bei den Kaffeehäusern, treten Zusammenhänge mit den repräsentativen Abschnitten der Ringstraße deutlich zu Tage. Das Rathausviertel und das Schwarzenbergplatzviertel fallen daher durch eine weit überdurchschnittliche Zahl sehr geräumiger und vornehm ausgestatteter Kaffeehäuser besonders auf.

Auf die Sonderstellung des Textilviertels in der Bekleidungsbranche wurde oben hingewiesen. Einen überdurchschnittlichen Belag mit Bekleidungsgeschäften verzeichnete auch das Postsparkassenviertel. Umgekehrt fehlten im Rathausviertel Textilgeschäfte - mit Ausnahme von dreien! – völlig. Die Luxusansprüche der hier wohnenden Oberschicht waren einfach durch die lokalen Möglichkeiten nicht zu befriedigen. Man hielt an der Tradition fest, in den Citygeschäften der Altstadt einzukaufen.

In dem sonst in manchem mit dem Textilviertel wesensverwandten Postsparkassenviertel machte sich die Nähe der Wollzeile, des alten Standorts des Zeitungs- und Verlagswesens sowie des Buchhandels, bemerkbar, indem einige Vertreter dieser Branchen in ihm Fuß faßten.

Die meisten Cityfunktionen im Einzelhandel hatte jedoch das Schwarzenbergplatzviertel an sich gezogen. Hier war nicht nur der Buchhandel, sondern auch der Musikalien- und Kunsthandel weitaus am stärksten vertreten. Auch bei den Geschäften für den Wohnungsbedarf läßt sich eine Bevorzugung dieses Viertels erkennen, in dem vor allem Antiquitätenhändler und sonstige der Raumdekoration dienende, zum Teil dem Gewerbe angehörende Betriebe ihren Standort hatten.

5. Hotels

Wien hat im internationalen Fremdenverkehr vor dem Ersten Weltkrieg keineswegs die Rolle gespielt, wie man sie aufgrund seines Weltstadtcharakters eigentlich erwarten würde und wie sie auch dank der Filmindustrie als landläufige Meinung fixiert wurde. In Wirklichkeit konnte es sich nicht mit Paris oder Berlin messen. Nur ein sehr bescheidener Bruchteil der Übernachtungen entfiel auf das internationale Publikum, während die eigentliche Masse der Gäste aus den verschiedenen Kronländern der Monarchie stammte.

Die Hotelbauten, die im Zuge der Ringstraße entstanden, erscheinen in folgender Hinsicht bemerkenswert.

1. Sie waren *keineswegs von vornherein in den städtebaulichen Projekten vorgesehen*, dementsprechend entstanden sie auch nicht auf einmal, sondern erst nach und nach.

2. Dem Wesen der Ringstraßenverbauung gemäß stellten sie sich auf die obersten Gesellschaftsklassen ein und verstanden es durch glanzvolle Ausstattung und ein bestens geschultes Personal, das *internationale Publikum* zu gewinnen.

3. Ihre *Lage* innerhalb der Ringstraßenzone wählten sie in recht charakteristischer Position, nämlich meist unmittelbar *neben den ehemaligen Haupttoren der Stadt*, so unweit des Kärntnertors, dem einstigen Ausfallstor nach Süden, welches die Verkehrsströme nicht nur von der Triester Straße, sondern auch von der Mariahilfer Straße in die Stadt leitete, ferner in der Nähe des Rotenturmtores – von dem aus über eine Brücke (über den Donaukanal) die Fernstraße nach Böhmen und Mähren führte – und schließlich beim Schottentor, das den Verkehr der lokalen Wege aus dem nordwestlichen Wienerwald und der Donauuferstraße sammelte.

Am Kärntner Ring etablierte sich als erstes namhaftes, mit allem Komfort ausgestattetes Hotel das *Grand Hotel*. Es wurde vor 1866 vollendet und erwarb später ein ursprünglich als Hotel garni erbautes Nebenhaus dazu. Dem architektonischen Stil der Zeit entsprechend, waren sowohl die Gesellschaftsräume als auch der Speisesaal in Dimensionen und Ausstattung noch ganz am Vorbild des Palastbaus orientiert.

Gegenüber dem Grand Hotel entstand 1873 das *Hotel Imperial* in einem 1862–1865 für den Herzog von Württemberg erbauten Palais. Infolge seiner vornehmen Anlage und Atmosphäre wurde es von den Angehörigen des Hochadels und dem internationalen Publikum bevorzugt. Es verfügte 1914 über 150 Fremdenzimmer.

Als ein Hinweis für den im späten 19. Jahrhundert anwachsenden Ausländerfremdenverkehr kann die Gründung des *Hotels Bristol* im Jahre 1893 unmittelbar an der Einbindung der Kärntner Straße in den Kärntner Ring gewertet werden. Dieses benützte am Anfang ein 1861 als Wohnhaus errichtetes Gebäude. 1898 erfolgte eine namhafte Vergrößerung durch den Kauf und Umbau des ursprünglich dem Grafen Hoyos gehörigen benachbarten Palastes. 1914 standen 235 Fremdenzimmer (darunter 30 Appartements) zur Verfügung. Dieses Hotel war in seiner prachtvollen Ausstattung und erstklassigen Betriebsführung auf die exklusiven Ansprüche der High-Society eingestellt. Der vornehme Charakter des ganzen Baus gewann durch die Beibehaltung der ursprünglichen Raumeinteilung der Häuser eine individuelle Note.

An der Kaifront der Altstadt fand ein einziges Großobjekt des Beherbergungswesens, das *Hotel Métropole*, seinen Platz. Es wurde in den Jahren 1871–1873 nach den Plänen der bereits genannten Architekten Carl Schumann und Ludwig Tischler von der Wiener Baugesellschaft errichtet. 460 Wohnräume standen zur Verfügung, die nach der Art des damals bei Miethäusern geläufigen Prinzips der Durchgangszimmer miteinander verbunden waren und je nach Wunsch einzeln oder als Appartement vergeben werden konnten. Ähnlich wie beim Hotel Bristol und beim Grand Hotel war das Erdgeschoß an Geschäftslokale vermietet. Der fünfte Stock (letzte Etage) blieb für das zahlreiche Dienstpersonal reserviert.

Unweit des Schottentors etablierten sich das *Hotel Regina* im Votivparkviertel und das *Hotel de France* am Schottenring.

Wir können somit zusammenfassend feststellen, daß die Fremdenverkehrsfunktion im ursprünglichen Konzept der Ringstraße nicht vorgesehen war, und daß sich, vom Hotel Métropole abgesehen, die anderen Hotels erst im Laufe der Zeit an Stelle von Wohnbauten festgesetzt haben. Damit fügt sich die Entwicklung des Hotelgewerbes ein in den bereits wiederholt genannten Prozeß der Entfremdung von Ringstraßenhäusern im Verlaufe der Citybildung.

6. Dienstleistungsbetriebe

Beim Überblick über die Sozialstruktur wurde der Gruppe der „Freien Berufe", vor allem den Ärzten und Rechtsanwälten, besondere Aufmerksamkeit geschenkt, und dies aus gutem Grund, weil nicht zuletzt sie es waren, die dem Wohncharakter der Ringstraße, zumindest in einzelnen Vierteln, eine besondere Note verliehen.

Darüber hinaus bot die Ringstraße auch den Nährboden für die ersten Innovationen auf dem tertiären Sektor. So sehen wir, daß die erste Filmgesellschaft sich im Postsparkassenviertel niederließ, und daß hier neben den Büros großer Schiffahrts- und Bahnlinien auch der Autohandel seinen Standort fand.

Dagegen faßte das Zeitungswesen nur mit einzelnen Ablegern im Schwarzenbergplatzviertel Fuß, wahrte aber im übrigen die Stammposition längs der Wollzeile in der Altstadt.

Tabelle 17 Spezielle Dienste in der Ringstraßenzone 1914

	Textilviertel K/M/G	Börseviertel K/M/G	Roßauerviertel K/M/G	Votivkirchenviertel* K/M/G	Rathausviertel* K/M/G	Opernviertel K/M/G	Schwarzenbergplatzviertel K/M/G	Postsparkassenviertel K/M/G	Insgesamt K/M/G
Speditionen	4/—/2	4/—/1	7	—	3	—	*9*	2	29/—/3
Zeitungen	—	—	—	1	—	—	*3/—/1*	2	5/—/1
Filmgesellschaften	—	—	—	—	—	—	—	*3*	3
Büros von Schiffahrts- und Bahnlinien	2	2	—	—	3	2	*8*	1	18

* Angaben erst aus dem Jahre 1925.
Größe der Büros: K bis 1 Geschoß, M 1–3 Geschosse, G ab 3 Geschosse.
Eine Angabe entspricht K.

Aus dem Beziehungsdreieck von Fabriksniederlagen, Versicherungen und Transportgewerbe versteht man die Häufigkeit der Speditionen im Schwarzenbergplatzviertel und im Textilviertel. In letzterem verfügten die Speditionen sogar über eigene Häuser.

7. Gewerbe

Auf die gesellschaftliche Stellung der Gewerbetreibenden wurde bereits bei der Kennzeichnung der Sozialstruktur von Wien und der Ringstraße eingegangen. Wir dürfen aufgrund der dort getroffenen Feststellungen erwarten, daß das Gewerbe unter allen Wirtschaftszweigen der Ringstraße die weitaus geringste Rolle spielte. Dies ist an sich nicht selbstverständlich, wenn man bedenkt, daß die Bautätigkeit auf der Ringstraße in eine Zeit fällt, in der sich, losgelöst von den hemmenden Fesseln des Zunftzwanges und im Zeichen der liberalen Gewerbegesetzgebung des Jahres 1859, binnen der beiden darauffolgenden Dezennien die Zahl der Gewerbebetriebe in Wien nahezu verdoppelt hat. Nur die Ringstraße blieb, von einzelnen Abschnitten abgesehen, von dieser generellen Entwicklung ausgespart. Dies hatte gute Gründe, denn es fehlten zwei wichtige Voraussetzungen für die Ansiedlung des Gewerbes:
1. die den mittelmäßigen Einkommensverhältnissen der meisten Gewerbetreibenden adäquaten bescheidenen Wohnungen und
2. die Möglichkeiten zur Unterbringung von Werkstätten, wie sie nach wie vor sowohl in den Vorstädten als auch in den Vororten außerhalb der Linie in den tiefen Hofräumen existierten. Soweit das Gewerbe überhaupt in den Ringstraßenhäusern Einlaß fand, blieb es auf das deklassierte Souterrain, d. h. das halb in die Erde eingesenkte Tiefparterre, beschränkt.
Bei einer Gegenüberstellung des Gewerbes von ganz Wien mit dem der Ringstraßenzone können wir feststellen, daß sich in dieser nur einige wenige Branchen anzusiedeln vermochten, wobei sie, bezogen auf die Zahl der Wohnparteien, bestenfalls den Stadtdurchschnitt erreichten.
So entsprach selbst der im ersten Moment sehr hoch scheinende Anteil des Bekleidungsgewerbes (der Modesalons, Schneider und Pfaidler), umgerechnet auf die Summe der Wohnparteien, lediglich dem Stadtmittel. Bei den metallverarbeitenden Gewerben (den Schlossern, Spenglern), ebenso beim Ledergewerbe (den Schuhmachern und Taschnern) und den holzverarbeitenden Branchen (den Tischlern, Drechslern usw.) lag er durchwegs weit darunter und betrug oftmals nur 20–30 v. H. desselben.
Eine deutliche *Viertelsbildung im Ringstraßenbereich* weisen die Bekleidungsgewerbe, die Erzeugung von Instrumenten, wie Musikinstrumenten, Uhren, wissenschaftlichen Apparaten und chirurgischen Bestecken, die Installateure sowie das graphische Gewerbe auf. So ballten sich die Buchdrucker rings um die Universität im Rathaus- und Roßauerviertel. Die Photographen besaßen am Opernring, dem am stärksten frequentierten Teile des Ringes, ihre Ateliers. Im Schwarzenbergplatzviertel häuften sich die Erzeuger von

TABELLE 18 Vergleich des Gewerbes in Wien 1902 und der Ringstraßenzone 1914

	Wien 1902			Ringstraßenzone 1914		
	Zahl		Wohnparteien pro Betrieb*	Zahl		Wohnparteien pro Betrieb**
Textil- und Bekleidungsgewerbe						
Modesalons	9.230			16		
Schneider				88		
Pfaidler				10		
Modistin	385			15		
Miedermacher	186			5		
Verschiedenes				5		
Insgesamt	(9.801) 14.210	*35,9*	26,7	139	*49,5*	23,3
Metallverarbeitung						
Schlosser	1.032			14		
Spengler	646			3		
Verschiedenes				5		
Insgesamt	(1.678) 4.732	*12,0*	80,3	22	*7,8*	147,0
Erzeugung von Instrumenten						
Musikinstrumente	77			4		
Uhren	573			7		
Wiss.-chirurgische Instrumente	366			4		
Insgesamt	(1.016) 2.729	*6,9*	139,2	15	*5,3*	215,7
Leder						
Sattler, Riemer u. dgl.	538			3		
Schuhmacher	6.078			11		
Insgesamt	(6.616) 7.662	*19,4*	49,6	14	*5,0*	231,0

Fortsetzung ▶

TABELLE 18 Fortsetzung

	Wien 1902			Ringstraßenzone 1914		
	Zahl		Wohnparteien pro Betrieb*	Zahl		Wohnparteien pro Betrieb**
Steine und Erden						
Steinmetz	150			2		
Hafner				2		
Insgesamt	(150) 505	1,3	752,5	4	1,4	808,7
Baugewerbe						
Installateur	326			24		
Glaser	388			4		
Anstreicher	554			3		
Tapezierer	870			9		
Rauchfangkehrer	135			1		
Schildermaler	197			1		
Insgesamt	2.470	6,2	153,8	42	15,0	**77,0**
Holz- und Flechtindustrie						
Tischler	3.254			17		
Drechsler, Jalus.	1.056			2		
Insgesamt	(4.310) 6.113	15,5	62,2	19	6,8	170,3
Graphisches Gewerbe						
Buchdrucker und Buchbinder	754			16		
Photograph	352			10		
Insgesamt	1.106	2,8	343,6	26	9,2	**124,4**
Summe	(27.147)					
Insgesamt	39.527		9,6	281	100%	11,5

* Volkszählung 1900: rd. 380.000 Wohnparteien.
** 3.235 Wohnparteien im Anteil des I. Bezirkes.

TABELLE 19 Arten und Viertelsbildung des Gewerbes im Ringstraßenbereich 1914

Gewerbearten	Textil-viertel	Börse-viertel	Roßauer-viertel*	Votivkirchen-viertel*	Rathaus-viertel	Opern-viertel	Schwarzenberg-platzviertel	Postspar-kassenviertel	Summe
Textil- und Bekleidungsgewerbe									
Modesalons	—	—	6	—	—	3	13	—	22
Schneider	21	9	40	3	4	13	27	14	131
Pfaidler	8	—	—	—	1	1	—	—	10
Modistin	4	—	5	2	—	2	7	2	22
Miedermacher	1	—	1	—	—	2	1	1	6
Verschiedenes	1	—	11	1	—	2	2	—	17
	35	9	63	6	5	23	50	17	208
	64,82	42,86	57,8	30,0	14,71	56,10	50,51	56,68	51,0
Metallverarbeitung									
Schlosser	2	2	4	1	3	4	3	—	19
Spengler	—	1	—	—	1	—	1	—	3
Verschiedenes	—	2	2	1	1	—	1	1	8
	2	5	6	2	5	4	5	1	30
	3,70	23,81	5,5	10,0	14,71	9,76	5,05	3,33	7,3
Erzeugung von Instrumenten									
Musikinstrumente	—	—	1	—	—	1	3	—	5
Uhren	1	—	4	2	—	1	3	2	13
Wiss. u. chirurg. Instr.	—	—	—	—	—	1	3	—	4
	1	—	5	2	—	3	9	2	22
	1,85		4,6	10,0		7,32	9,09	6,67	5,4
Leder									
Sattler, Riemer u. dgl.	—	1	2	—	—	—	2	—	5
Schuhmacher	2	1	12	4	2	—	5	1	27
	2	2	14	4	2	—	7	1	32
	3,70	9,52	12,8	20,0	5,88	—	7,07	3,33	7,8
Steine und Erden									
Steinmetz und Hafner	—	—	1	1	—	—	2	—	4
	—	—	1	1	—	—	2	—	4
			0,9	5,0			2,02		1,0

Fortsetzung ▶

Tabelle 19 Fortsetzung

Gewerbearten	Textil-viertel	Börse-viertel	Roßauer-viertel	Votivkirchen-viertel*	Rathaus-viertel	Opern-viertel	Schwarzenberg-platzviertel	Postspar-kassenviertel	Summe
Baugewerbe									
Installateur*	4	1	5	—	8	1	8	2	29
Glaser	1	1	1	—	—	1	1	—	5
Anstreicher	1	—	3	—	—	—	2	—	6
Tapezierer, Dekorateur	—	—	4	3	3	1	3	2	16
Rauchfangkehrer	—	—	—	—	—	—	1	—	1
Schildermacher	1	—	—	—	—	—	—	—	1
	7	2	13	3	11	3	15	4	58
	12,97	*9,52*	*11,9*	*15,0*	*32,35*	*7,32*	*15,15*	*13,33*	*14,2*
Holz									
Tischler	5	3	5	—	3	1	4	1	22
Drechsler, Jalousien-macher	—	—	1	1	—	1	1	—	4
	5	3	6	1	3	2	5	1	26
	9,26	*14,29*	*5,5*	*5,0*	*8,82*	*4,87*	*5,05*	*3,33*	*6,4*
Graphisches Gewerbe									
Buchdrucker u. -binder	1	—	—	1	8	1	5	1	17
Photograph	1	—	1	—	—	5	1	3	11
	2	—	1	1	8	6	6	4	28
	3,70		*0,9*	*5,0*	*23,53*	*14,63*	*6,06*	*13,33*	*6,9*
	54	21	109	34	20	41	99	30	408
Zahl der Häuser	128	60	89	37	79	56	144	56	
Gewerbebetriebe pro 100 Häuser	42	35	122	54	43	73	69	53	
Wohnparteien	780	278	1.319	618	308	449	811	299	
Gewerbebetriebe pro 100 Wohnparteien	6,9	7,6	11,0	5,5	6,5	9,1	12,2	10,3	

* Angaben für 1925.

Musikinstrumenten und wissenschaftlichen Geräten sowie die Installateure. Darüber hinaus war es ebenso wie das Roßauerviertel ein Schwerpunkt der Schneider und Modesalons. Dieses Viertel war auch das einzige der Ringstraße mit einem im Verhältnis zu den Wohnparteien über dem Stadtmittel gelegenen Anteil von Gewerbebetrieben. In allen anderen Abschnitten lag der Gewerbesatz darunter und war am niedrigsten im Rathausviertel, wo er nur rund zwei Drittel des Stadtdurchschnitts betrug.

8. Die Viertelsbildung der Wirtschaftsfunktionen

Aus der systematischen Darstellung aller auf der Ringstraße ansässigen Wirtschaftszweige rundet sich das Bild in Richtung auf ein mosaikartiges Zusammentreten derselben zu spezifischen Vergesellschaftungen. Manche Branchen benötigen einander, ergänzen sich, manche schließen sich aus, manche sind Mitläufer oder gar Bindemittel bei allen Assoziationen.
Zu ihrem besseren Verständnis seien die historisch-topographischen Standortsbedingungen nochmals kurz rekapituliert:
1. Die längst abgetragenen Tore der Altstadt wirkten weiter in dem Sinn, daß sie zu Ausfallspforten für in der Altstadt beheimatete Funktionen wurden, die nun in den Ringstraßenbereich ausgreifen. Die Schottengasse (Schottentor) bot den Auslaß für das Bankenwesen, die Kärntner Straße (Kärntnertor) für das Hotelgewerbe und die Modesalons, welche in der Altstadt keinen Platz mehr finden konnten, die Wollzeile (Stubentor) brachte aus dem ehemaligen Universitätsviertel Verlagsanstalten und Buchhandlungen in das Postsparkassenviertel. Eine mehr flächige Ausweitung erfolgte schließlich im Nordwesten der Stadt, wo die in der Altstadt im Norden des Hohen Marktes seßhaften Textilniederlagen und -handlungen sich in die Ringstraßenzone hinaus ergossen.
2. Der bereits eingangs diskutierte Gesichtspunkt der vielfältigen Auswirkungen öffentlicher Bauten kann nun etwas näher spezifiziert werden. Von entscheidender Tragweite für die wirtschaftlichen Verflechtungen im Nordwesten der Stadt wurde die Errichtung der Börse. Sie zog nicht nur das Bankenwesen an sich, sondern darüber hinaus die mit den Geldinstituten aufs engste verknüpften Versicherungen und Speditionen, die Import-Export-Kaufleute, Agenten, Auskunfteien usw.
Von den kulturellen Institutionen hatte die Universität Bedeutung durch ihre Anziehungskraft auf Buchdrucker und Buchbinder, aber ebenso auf Großpensionen, in denen wohlhabende Studenten logierten.
Im kulturellen Spannungsfeld zwischen Oper und Musikvereinssaal wohnten nicht bloß zahlreiche Künstler, sondern hier lag auch der Standort des Klavierbaus, der Geigenmacher, des Kunst- und Musikalienhandels.
Abschließend soll noch versucht werden, die für die einzelnen Ringstraßenviertel typischen Gruppierungen der Wirtschaftszweige zu kennzeichnen.
1. An der Vorderfront der Altstadt gegen die Ringstraße hin kam es im *Opern- und Schwarzenbergplatzviertel* zur weitaus interessantesten Mengung der Wirtschaftsfunktionen. Hier begegneten sich die Vertreter der klassischen Phase der Industrialisierung, nämlich die großen Eisenbahnlinien in Form des Eisenbahnministeriums, die Direktionen der Privatbahnen und die Büros der Schwerindustrie. Hier häuften sich die Niederlagen der chemischen Industrie, die Kontore der jungen, aufstrebenden Gummiwarenerzeugung. Hotels und Versicherungen nahmen ganze Häuserblöcke ein.
Exklusive Modellhäuser befriedigten die Wünsche eines anspruchsvollen Publikums. Der am stärksten vom Verkehr durchpulste Abschnitt des Ringes wurde zur Ausstellungsstraße neu aufkommender Handelsbranchen, wie des Autohandels, und spezialisierter Dienstleistungen des Verkehrs.
Die Umwandlung dieser einst vom Adel geprägten Viertel war somit bereits vor dem Ersten Weltkrieg im vollen Gang. Gerade das elementare Einbrechen mächtiger Wirtschaftskräfte in die stellenweise noch ganz feudalen Geist atmenden noblen Wohnviertel zählt zu den faszinierendsten Vorgängen des spätkaiserlichen Wiens.
2. Eine völlig andere Situation bestand im *Textilviertel*. Dieses war an der Rückfront der Stadt gegen den Strom erwachsen. Zu seinem Verständnis müssen wir uns erneut die Lage Wiens zur Donau vergegenwärtigen. Wien hatte, anders als Budapest, nie eine Schaufront zum Strom gekehrt, und demgemäß war auch das Erscheinungsbild der vorstädtischen Peripherie an der Nordwestflanke der Altstadt stets ein bescheidenes gewesen. Die Errichtung der Roßauerkaserne trug zusätzlich zu einer gewissen abwertenden Einschätzung bei.
Dessenungeachtet kann das in seinen Verkehrsbeziehungen weitgehend auf die Nord- und Nordwestbahn, d. h. die Hauptverbindungsstränge mit Böhmen, Mähren und den Sudentenländern, ausgerichtete *Textilviertel* geradezu als Modell für das Zustandekommen einer wirtschaftsräumlichen Einheit inmitten eines großen Stadtorganismus gelten. An das Kerngebiet um den Rudolfsplatz, mit den zahlreichen Niederlagen großer Fabriken, schlossen sich mehrere Ergänzungsfunktionen leistende Streifen an. Beiderseits des Schottenrings hatten sich hauptsächlich Speditionen, Agenturen und Kommissionshandlungen eingerichtet, im Roßauerviertel besaß das Verlagswesen seine Hilfskräfte in Form zahlloser Schneider, Hemden-

VI. Die Ringstrasse als Ausweitungsfeld der City

macher, Federnschmückerinnen und dergleichen mehr. Viele kleine Betriebe und Werkstätten waren hier zum Teil im Wohnverband untergebracht.
Die Bedeutung des Glacis als Holzlagerplatz an der Donaukanallände im Norden der Stadt wirkte in der Niederlassung diverser Holz- und Möbelfirmen nach.
Im Seitenflügel des Textilviertels gegen die Börse hin, wo die finanziellen Transaktionen auf industriellem Sektor getätigt wurden, drängten sich Agenturen und Kommissionshandlungen sowie kleine Wechsler, die Kapital für verschiedenste Zwecke zu hohem Zinsfuß vorstreckten, rings um die Bauten von Großbanken, Versicherungen und Speditionen.
3. Im *Votivparkviertel* und im *Rathausviertel* waren wirtschaftliche Funktionen nur relativ schwach vertreten. Einzelne Vorposten des Textil- und Börseviertels schoben sich noch in den Nordteil des Rathausviertels hinein, während in seinem Südteil Kontore der chemischen Industrie und Papierniederlagen gleichsam Ausläufer des Opernviertels bildeten.
4. Das jüngste Glied in der Ringstraßenverbauung, das *Postsparkassenviertel*, besaß eine deutliche Sonderstellung insofern, als sich seine späte Entstehungszeit auch in der Akkumulation zum Teil avantgardistischer, erst um die Jahrhundertwende aufkommender Spezialgeschäfte und Dienstleistungen, die anderwärts keinen Platz fanden, äußerte. Hier saßen nicht nur die ersten Filmgesellschaften, die ersten Reklamebüros, der Schreibmaschinenhandel, der Autohandel und Unternehmen für Hoteleinrichtungen, Telephonapparatebau und dergleichen mehr, sondern hier bestand überhaupt die größte Vielfalt an Branchen.
In diesem Sinne erscheint es für das Wesen dieses Viertels symptomatisch, daß das „Industriehaus" an der Kaifront gerade hier errichtet wurde. Über 30 verschiedene Handels- und Gewerbebetriebe fanden darin ihre gemeinsame Arbeitsstätte [1].

---

[1] *Franz Josefs-Kai 7*

Parterre: Niederlage einer Maschinenfabrik, Schneidermeister, Schreibmaschinenhandel

Mezzanin: Kleidererzeugung und -handel, Uhrenhandel

1. Stock: Schirmfabrik

2. Stock: Kaufmann, Blusenfabrik, Tuch- und Baumwollwarenhandel, Vertreter, technische Artikel, Knöpfeerzeugung

3. Stock: Tuchhandel, Altbrünner Lederwarenniederlage, Gummimäntelniederlage

4. Stock: Handel optischer Artikel, Wäsche-Engroshandel, Auskunftei, Niederlage einer Stickereifabrik.

Franz Josefs-Kai 9

Parterre: 1. Brunner Brauerei AG. – Niederlage, Handel mit Friseurartikeln, Lederhandel, Autogeschäft

1. Stock: Teppichhandel, Handel mit Silberwaren, Kaufmann, Handel mit Bijouterien, Wirkwarenerzeugung, Schuhwarenhandel

2. Stock: Roßhaarfabrik, Bijouterieerzeugung, Buchbinder, Seidenwarenhandel, Rechtsanwalt, Spirituosenhandel, Gold- und Silberwarenhandel

3. Stock: Stickereibetrieb, Vertreter (2), Seidenwarenhandel, Export-Import, Reklameunion, Österreichisch-Ungarische Ferani-elektrische Zählergesellschaft, Niederlage einer mechanischen Weberei

4. Stock: Österreichische Billet- und Wertzeichen Automatengesellschaft, Niederlage einer Kautschukfabrik, Goldwarenhandel

Angaben aus: LENOBELs Adreßbuch der Häuser, Hausbesitzer und Hausbewohner von Wien. Nach Bezirken, Straßen und Häusern geordnet, I. Bezirk 1914. Unter Benutzung amtlicher Quellen herausgegeben von JOSEF LENOBEL, Verlagsbuchhandlung, Wien IX.

VII. DIE VERSCHRÄNKUNG DER WOHN- UND WIRTSCHAFTSFUNKTION IM JAHRE 1914

1. Das Ausmaß der Entfremdung von Wohnungen zugunsten von Betriebsstätten

Bei der Kennzeichnung der Expansion der einzelnen Wirtschaftszweige wurde immer wieder auf den Vorgang des Einnistens von Büros, Magazinen, Geschäften und dergleichen auf Kosten von Wohnungen hingewiesen. Es erschien von Interesse, das Ausmaß dieses Prozesses hausweise und damit auch viertelweise graphisch festzuhalten.

Mit Hilfe eines Dreiecksdiagramms wurde dabei versucht, den *drei verschiedenen Möglichkeiten der Nutzung von Räumlichkeiten* gerecht zu werden. Sie bestehen in

1. der *Nutzung als Wohnfläche*,
2. der *Nutzung als Betriebsfläche*,
3. der gleichzeitigen Nutzung als Wohn- und Betriebsfläche *(gemischte Betriebsfunktion)*.

Da die Masse der Ringstraßenhäuser fünf Geschosse umfaßte, wurde mit Rücksicht darauf die Abgrenzung von sieben Nutzungstypen mit den Schwellenwerten von 20, 40 und 60 v. H. Anteil der jeweiligen Flächenwidmung vorgenommen. Diese Typen sollen jeweils charakteristische Mengungsverhältnisse und Anordnungen der verschiedenen Funktionen in einem Haus wiedergeben (vgl. Kartentafel IV). Es sind die folgenden:

1. *Häuser mit reiner Wohnfunktion*
Bei ihnen wird im allgemeinen nur das Parterre für Geschäftslokale und Magazine verwendet. Alle anderen Geschosse dienen der Wohnfunktion.

2. *Häuser mit vorwiegender Wohnfunktion*
Die Nichtwohnfunktionen haben bereits ein bis zwei Geschosse beschlagnahmt, d. h. im ersten Stock sind bereits kleine Büros der Industrie, kleine Banken oder Arbeitsstätten von Angehörigen der freien Berufe untergebracht.

3. und 4. *Häuser mit Mengung von Wohn- und Betriebsfunktion*
Mit dem Übergreifen der Citybildung auf die oberen Stockwerke kommt es zu einer oft nahezu chaotisch anmutenden Mengung von Wohn- und Betriebsfunktion, wobei die erstere immer mehr nach oben hin abgedrängt wird. Es wurden hierbei zwei Typen von Häusern unterschieden. Bei den Bauten mit mäßiger Wohnfunktion beträgt diese noch 40–60 v. H., bei den Bauten mit geringer Wohnfunktion sinkt sie unter 40 v. H. ab. Drei Geschosse und mehr werden bereits von der Betriebsfunktion bzw. einer gemischten Wohn- und Betriebsfunktion besetzt.

5. *Häuser mit überwiegender Betriebsfunktion*
Beträgt die Betriebsfunktion mindestens 50 v. H. der Nutzfläche des Hauses, so kann bereits von ihrer Dominanz gesprochen werden. In vielen Fällen handelt es sich dabei um größere Betriebe, die jeweils eine Etage zur Gänze belegen.

6. *Häuser mit reiner Betriebsfunktion*
Bei ihnen bleibt nur noch ein Geschoß, meist der letzte Stock oder Teile der vorletzten und letzten Etage der Wohnfunktion vorbehalten.

7. *Häuser mit gemischter Nutzung*
Ist schließlich über die Hälfte des Hauses einer gemischten Nutzung im Sinne der Einheit von Wohnungs- und Betriebsstätte gewidmet, so wird dafür ein eigener Typ ausgewiesen. Gerade die Heraushebung der vor dem Ersten Weltkrieg bei den freien Berufen, Gewerbetreibenden und Kaufleuten noch recht bedeutsamen Einheit von Wohnung und Betrieb läßt eine weitere charakteristische Eigenheit der Ringstraßenhäuser deutlich erkennen.

8. Einen Sonderfall bilden die wenigen *Paläste*, die sich bis 1914 noch erhalten hatten (vgl. Liste im Anhang).

Überblicken wir das viertelweise aufsummierte Resultat dieser Häusertypisierung (vgl. Tab. 20), so können wir feststellen, daß die Häuser mit einer Mengung von Wohn- und Betriebsfunktion die Mehrheit bildeten. Die reinen Wohnbauten hatten schon erhebliche Einbußen erlitten. Sie stellten nur noch knapp 8 v. H. aller Häuser. Ähnlich bescheiden war übrigens der Prozentsatz der reinen Betriebsbauten (von öffentlichen Gebäuden und anderen Objekten, die von vornherein für Nichtwohnzwecke errichtet wurden, ist hier abzusehen).

Viertelweise lagen die Akzente jedoch außerordentlich verschieden. Die stärkste Entfremdung der Miethäuser hatte das *Textilviertel* zu verzeichnen. Hier überwogen die Betriebsbauten mit mehr als 50 v. H., und die Häuser mit vorwiegender Wohnnutzung (Typ 2) waren bereits auf 3 v. H. herabgesunken. Beachtlich hoch war infolge der führenden Stellung der Kauf-

VII. Die Verschränkung der Wohn- und Wirtschaftsfunktion im Jahre 1914

Tabelle 20 Die Verschränkung von Wohn- und Wirtschaftsfunktion in den Bauten der Ringstraße 1914

Funktion der Bauten	Textilviertel		Börseviertel		Roßauerviertel*		Votivkirchenviertel*		Rathausviertel		Opernringviertel		Schwarzenbergplatzviertel		Postsparkassenviertel		Insgesamt	
1. Paläste											1	*1,8*	4	**2,7**			5	*0,8*
2. Reine Wohnfunktion (80 v. H. d. Nutzfläche u. m.)	—		—		1	*1,1*	1	*2,7*	21	**26,6**	11	**20,0**	20	*13,9*	1	*1,8*	55	*8,5*
3. Überwiegende Wohnfunktion (60–80 v. H.)	4	*3,1*	11	*19,0*	24	*27,0*	8	*21,6*	38	**48,1**	16	*29,1*	37	*25,7*	14	*25,0*	152	*23,5*
4. Mäßige Wohnfunktion (40–60 v. H.)	11	*8,6*	5	*8,6*	31	*34,8*	16	**43,3**	10	*12,7*	16	*29,1*	35	*24,3*	14	*25,0*	138	*21,4*
5. Gemischte Nutzung und geringe Wohnfunktion	37	**28,9**	15	**25,9**	25	**28,1**	6	*16,2*	8	*10,1*	3	*5,4*	16	*11,1*	9	*16,1*	119	*18,4*
6. Überwiegende Betriebsfunktion (50–80 v. H.)	41	**32,0**	10	*17,2*	3	*3,4*	—		—		4	*7,3*	8	*5,6*	2	*3,6*	68	*10,5*
7. Reine Betriebsfunktion (80 v. H. und mehr)	7	*5,5*	14	**24,1**	2	*2,2*	2	*5,4*	—		4	*7,3*	16	*11,1*	10	**17,8**	55	*8,5*
8. Einheit Wohn-Betriebs-Funktion (50 v. H. u. m.)	28	**21,9**	3	*5,2*	3	*3,4*	4	*10,8*	2	*2,5*	—		8	*5,6*	6	*10,7*	54	*8,4*
	128	*100%*	58	*100%*	89	*100%*	37	*100%*	79	*100%*	55	*100%*	144	*100%*	56	*100%*	646	*100%*
Öffentliche Gebäude	3		4		1		2		16		7		10		8		51	
Fragliche Häuser	—		1		3		—		—		3		8		—		15	
	131		63		93		39		95		65		162		64		712	

* Angaben für 1925.

leute und Rechtsanwälte die Zahl der Häuser, in der die Einheit von Wohnung und Betrieb noch die Hauptrolle spielte (29 v. H.).

Das Roßauerviertel schloß sich in seiner Gesamtstruktur an das Börse- und Textilviertel an, erreichte jedoch nicht deren Betriebskonzentration. Ein ganz anderes Bild bot dagegen das großbürgerliche Wohnquartier des *Rathausviertels*, in dem die reinen bzw. überwiegenden Wohnbauten noch über drei Viertel des Miethausbestandes stellten.

Eine Übergangsstellung bezogen das *Opern-* und das *Schwarzenbergplatzviertel*. Hier war der Entfremdungsprozeß viel weiter gediehen, die Mengung dominierte bereits in mehreren Häuserblöcken.

Um eine wirklichkeitsnahe Vorstellung von dem Problem der Verschränkung der Wohn- und Wirtschaftsfunktion zu vermitteln, wurden aus den einzelnen Vierteln typische Häuser ausgewählt und ihre genauen Daten im Anhang beigefügt (Nr. 5).

2. Die Wechselwirkung von Sozialstruktur und Wirtschaftsfunktion

In den vorhergehenden Kapiteln wurden unter den verschiedensten Aspekten immer wieder die zum Teil ins Auge stechenden Eigenheiten der einzelnen Abschnitte der Ringstraße möglichst präzise herauszuarbeiten versucht. Es soll nun als letztes eine Zusammenfassung derselben geboten werden, um das Wesen der einzelnen Viertel auch in allen Facetten und Nuancierungen verständlich zu machen.

Die größten Kontraste bot zweifellos das Viertel um den *Schwarzenbergplatz*. Hier hatte der Hochadel gleich zu Beginn eine stattliche Zahl von Palästen erbaut und bewohnte sie zum Teil noch selbst. Daneben waren jedoch auch Gewerbetreibende und Kaufleute in den Besitz von Häusern gekommen. Beide Gesellschaftsgruppen: Adelige und Handwerker, lebten oft als Mieter unter einem Dach. Alteingesessenes Gewerbe, wie Modesalons, Hut- und Handschuhmacher, Galanteriewarenerzeuger und dergleichen mehr, war aus der Altstadt hierher übersiedelt.

Ausgerechnet in diesem Raum suchten die um die Jahrhundertwende auftretenden Wachstumsindustrien, die Schwer- und die chemische Industrie, ihre Büroräume.

Neben ihnen saßen die von der Musiktradition Wiens bestimmten Branchen: der Musikinstrumentenbau und der Kunsthandel.

Schließlich gaben die großen Hotels, das k. u. k. Offizierskasino (das frühere Palais des Erzherzogs Ludwig Victor) und die Kaffeehäuser diesem Teilstück der Ringstraße durch ihr Publikum einen gewissen internationalen Anstrich. Diese Exklusivität verstärkten die zahlreichen Autogeschäfte, welche die Parterrelokalitäten um die Jahrhundertwende für ihre Zwecke umgebaut hatten.

Im Vergleich zum Schwarzenbergplatzviertel bot das *Opernviertel* einen etwas abgeschwächten Kontrast. Der Geldadel und der auf fernen Domänen residierende Landadel beteiligten sich etwa zu gleichen Teilen am Hausbesitz. Die Nahrungsmittelindustrie, vor allem die Zuckerindustrie, hatte hier ihre Zentralbüros; das Eisenbahnministerium breitete sich auf Kosten von Mietwohnungen aus; die Böhlerwerke waren der Exponent der Schwerindustrie.

Moderner in seiner Branchenmengung, jedoch weniger exklusiv hinsichtlich seiner Bewohner zeigte sich das *Postsparkassenviertel*. Der allgemeinen Entwicklung vorauseilend, war der Hausbesitz bereits in Anonymität gehüllt. Mit Rechtsanwälten, Kaufleuten und etwas Textilindustrie bildete es in manchem ein bescheidenes Pendant zum Textilviertel. Als hätte man aus allen Winkeln der Stadt die hochspezialisierten und oft nur durch ganz wenige Betriebe vertretenen Branchen hier zusammengefegt, so bietet sich uns die bunte Palette auf dem Dienstleistungs- und Handelssektor dar.

Von dem durch eine feudale Grundschicht mit späterer industrieller Überprägung gekennzeichneten Teil der Ringstraße (Opern- und Schwarzenbergplatzviertel) schied sich das *Rathausviertel* nicht allein durch die sperrenden Baukörper der Museen. Seine spätere Entstehungszeit verlieh ihm zugleich auch eine andere soziale Substanz. Das Rathausviertel wurde *vom und für das Großbürgertum* von Wien gebaut. Diese Tatsache wirkte bis zum Ersten Weltkrieg nach. Es blieb das großbürgerliche Wohnquartier par excellence. Industrielle, Bankiers und „Kapitalisten aller Art" schienen nicht nur im Hausbesitz, sondern gleicherweise unter den Mietparteien auf. Die administrativen und die geistigen Führungskräfte der Stadt hatten hier ihr Domizil. Der Wohncharakter dominierte. Wirtschaftsfunktionen konnten nur randlich eindringen und sind als Auslieger des Banken- bzw. Opernviertels zu werten.

Trotz des Vorhandenseins großer Kaffeehäuser war es ein ruhiges Viertel, abgerückt vom Getriebe der Ringstraße. Die weiten Arkadengänge und die geplanten Geschäftslokale darin füllten sich nicht, wie von den Architekten erwartet, mit geschäftigem Leben. Ebensowenig vermochte der „isoliert" an der Rückseite des Rathauses angelegte, von Laubengängen gesäumte Friedrich Schmidt-Platz, welcher die Idee seiner Gestaltung von der südeuropäischen Piazza übernahm, funktionell deren Bedeutung zu erlangen.

Der durch die vom Schottentor ausgehenden Radialstraßen, Alser- und Universitätsstraße begrenzte *Sektor um die Votivkirche* bildete einen randlichen Flügel des Rathausviertels. Seine tragende Schicht waren jedoch die Ärzte. Ihnen gehörten nicht nur einige Häuser, sondern sie belegten auch über ein Viertel aller Wohnungen. Die zahlungskräftigen Privatpatienten aus der Wiener Oberschicht ermöglichten ihnen einen entsprechend aufwendigen Lebensstil. Die Nähe der Universitätskliniken bedingte ihren beruflichen Standort. Vom Bankenviertel ausstrahlend, waren die Rechtsanwälte die zweitwichtigste Sozialgruppe. Die Wirtschaftsfunktion trat ebenso wie im Rathausviertel gegenüber dem Wohncharakter ganz in den Hintergrund.

Auf die funktionelle Eigenart des von der Börse geprägten *Nordwestabschnitts der Ringstraße* wurde bereits ausführlich eingegangen. Die von und mit ihr lebende Bevölkerungsgruppe der Kaufleute und Rechtsanwälte beherrschte das Feld und gab dem ganzen Gebiet einen internationalen

VII. Die Verschränkung der Wohn- und Wirtschaftsfunktion im Jahre 1914

Die Strukturmerkmale der Ringstraßenviertel in der Gründerzeit (1914)

	Textilviertel	Börseviertel	Roßauerviertel	Votivkirchenviertel	Rathausviertel	Opernviertel	Schwarzenbergplatzviertel	Postsparkassenviertel
Hauptphase d. Bautätigkeit	1. und 2.	2.	3.	3.	3.	1.	1. und 2.	4.
Bautypen	Bürgerliches Miethaus			Großbürgerliches Miethaus		Bürgerliches Miethaus	Palais / Mietpalais	Großbürgerliches Miethaus
Sozialstruktur: Hausbesitzer	Juristische Personen				Industrielle Bankiers		Hochadel / Industrieadel	Mehrere Besitzer
	Textilfabrikanten	Bankiers Industrielle				Von Kapitalzinsen lebender Adel		
Mieter	Kaufleute	Rechtsanwälte	Mittlere Beamte Gewerbetreibende	Hohe Beamte Ärzte	Private (Frauen)	Private (Frauen)		Private (Männer) Freie Berufe
Wirtschaftsfunktionen: Industriebüros Großhandel Geld- und Versicherungswesen Hotels	Textilindustrie u. -großhandel	Banken Versicherungen	Textilgroßhandel Lebensmittelgroßhandel		Holzindustrie	Schwerindustrie		Großhandel vielfältiger Art
						Möbel-, Zuckerindustrie	Lebensmittel-, chemische, Papierindustrie Speditionen Großhotels	
	Speditionen				Pensionen			
Geschäfte Dienstleistungen Gewerbe	Bekleidungsgewerbe		Bekleidungsgewerbe	Sanitärer Bedarf	Kaffeehäuser Installateure Buchdrucker	Buch-, Papierhandel Photographen	Fahrzeughandel	
	Kistentischler						Bahn- und Schifffahrtslinien, Bekleidungsgewerbe Musikinstrumentenerzeugung	Filmgesellschaften
Vorherrschende Funktionstypen der Häuser	Überwiegende Betriebsfunktion		Mengung von Wohn- und Betriebsfunktion	Wohnfunktion		Mäßige Wohnfunktion		Mengung von Wohn- und Betriebsfunktion

Zuschnitt, nicht zuletzt durch den beachtlichen Anteil fremdsprachiger Elemente.

Darüber hinaus bestand eine interessante soziale Polarität dadurch, als sich zu diesen vom spekulativen Denken der liberalen Epoche geprägten Berufsgruppen gerade hier zahlreiche konservative und kleinbürgerliche Existenzen, mittlere Angestellte und Kleingewerbetreibende gesellten. Die Fortdauer einer gewissen geringschätzigen Einstufung dieses im ehemaligen Augelände an der Rückfront der Altstadt angelegten Stadtteils kam darin zum Ausdruck. Am Hausbesitz beteiligten sich auch juristische Personen, darunter der Bürgerspitalfonds der Gemeinde Wien, sowie Textilfabriken.

Kern und Angelpunkt dieses Gebietes war die Börse, von welcher sich das Textilviertel gegen den Donaukanal hin ausbreitete. Zum Gefolge der Fabriksniederlagen zählten verschiedene Zubringerdienste und Hilfsgewerbe, wie Speditionen, Kommissionsgeschäfte, Auskunfteien und Kistentischler. Die Börsegasse fungierte als Grenze gegenüber dem eigentlichen Börseviertel, in dem die Rechtsanwälte in einer Art von Symbiose mit Banken und Versicherungen lebten.

An der Peripherie des Roßauerviertels war der kleine Mittelstand, ein sonst in der Ringstraße fehlender Bevölkerungsbestandteil, ziemlich zahlreich vertreten.

Bis zum Jahr 1914 erfuhr die Wohnfunktion in allen drei Vierteln eine Reduzierung auf weniger als die Hälfte des ursprünglichen Ausmaßes.

VIII. WIEN VOR DEM ERSTEN WELTKRIEG: DIE STELLUNG DER WIENER RINGSTRASSE IM SOZIALEN UND WIRTSCHAFTLICHEN GEFÜGE DER STADT

Bei den systematischen Ausführungen über die Sozialstruktur und die wirtschaftlichen Funktionen der Ringstraße vor Ausbruch des Ersten Weltkrieges (vgl. Kartentafel I) wurde, soweit dies die Unterlagen gestatteten, stets versucht, das Stadtganze im Auge zu behalten, denn nur unter ständigem Bezug auf die Gesamtsituation ist es möglich, die Ringstraße in ihrer Besonderheit verständlich zu machen.

Diese Sonderstellung, die im einzelnen nicht immer exakt quantifiziert werden konnte, weil hierzu die Quellen in keiner Weise ausreichen, sei im folgenden noch zusammenfassend charakterisiert:

1. Die Stellung der Ringstraße in der baulichen Gliederung der Stadt

Mit dem Ringstraßenbau wurde der Auftakt für eine geradezu hektische Bautätigkeit im gesamten Stadtgebiet gegeben, die zu einer entscheidenden Umformung des Baukörpers von Wien führte.

In dieser neuen baulichen Struktur konnte die Ringstraße jedoch ihre einmalige Position wahren. Sie gab wohl in manchem das Vorbild ab für die Rasteraufschließungen außerhalb des Gürtels, doch kam es nirgends mehr im Stadtgebiet zu einer durchgreifenden staatlichen Planung größerer Bereiche. Bis zum Jahr 1890 blieb es außerhalb der Linie (Gürtel) im wesentlichen den damals noch selbständigen Großgemeinden vorbehalten, unter Zugrundelegung der für das Land Niederösterreich geltenden Vorschriften ihre Parzellierungen vorzunehmen. Privatgeometer wurden damit beauftragt. Sie mußten selbstverständlich auf die herrschenden Besitzverhältnisse Rücksicht nehmen. Das alte, längst vom Häusermeer überfahrene Flurgefüge schimmert daher bis zur Gegenwart herauf im Straßennetz der äußeren Bezirke durch.

Die großartige städtebauliche Konzeption von monumentalen Staatsbauten, Parkanlagen und Miethausblöcken trug den Stempel der Einmaligkeit und glückte in der Folge nirgends mehr. Am Ringstraßenkonzept orientierte städtebauliche Projekte, wie jenes von RIEHL für den zehnten Gemeindebezirk (Favoriten), kann man noch im Stadtarchiv studieren. Sie gelangten jedoch nicht zur Verwirklichung. Man hielt an der billigen und unschönen Rasteraufschließung mit zumindest blockweise mehr oder weniger gleichförmigen Parzellenzuschnitten bei sparsamster Ausweisung von Grünflächen fest. Dem städtebaulichen Formalprinzip der gründerzeitlichen Bauordnung entsprechend, kam es dabei am Stadtrand zu einer Mengung von Industrieanlagen und Wohnbauten. Es ist sehr zu bedauern, daß die staatliche Planung bei der Durchführung der Donauregulierung in den Jahren 1870–1874 auf die Gestaltung der sogenannten Donauregulierungsgründe im Augeländ westlich des Durchstichs keinen Einfluß nahm, sondern die Aufschließung spekulativen Elementen, vor allem Baugesellschaften, überließ. So ist es begreiflich, daß sich in dem bis dahin stets von Überschwemmungen bedrohten und daher als Wohngebiet wenig geschätzten Gebiet auch nicht die von einzelnen Autoren propagierte Cottageverbauung bzw. Miethäuser für den Mittelstand durchsetzen konnten. Es entstand vielmehr ein recht chaotisches Gemenge von Industrieanlagen und Arbeiterzinskasernen.

Nicht nur in ihrer Gesamtkonzeption, sondern auch mit ihren Wohnbauten nimmt die Ringstraße eine Ausnahmestellung ein. Wohl kamen zwangsläufig Einflüsse von älteren Bauformen sowohl der Altstadt als auch der Vorstädte zum Tragen, doch verschmolzen sie mit den neuen architektonischen Leitbildern zumindest teilweise zu Sonderformen, die, wie der Palastbau und das Mietpalais, nur beiderseits des Belvederes noch in den ehemaligen Vorstadtbereich hinausgegriffen haben, sonst aber der städtischen Agglomeration fehlen. Andere Typen, wie das großbürgerliche Miethaus, fanden auch in den guten Wohnquartieren der inneren und äußeren Bezirke Anwendung. Der Doppeltrakter schließlich wurde schlechthin der Prototyp der Bautätigkeit um die Jahrhundertwende und bestimmte die Neuaufschließung am Rande der wachsenden Agglomeration. Dabei mußte er sich freilich an das Arbeitermilieu anpassen. Ein Ersatz der Mittelwohnungen durch Kleinwohnungen war die Folge.

2. Die Stellung der Ringstraße in der sozialräumlichen Gliederung der Stadt

Die architektonische Einmaligkeit der Ringstraße fand ihr Spiegelbild in einer Vorrangstellung im sozialen Gefüge der Stadt. Vom NW und SW abgesehen, war der Ringstraßenbereich Wohnsitz der oberen Gesellschaftsklassen. Er fing eine letzte Expansion feudaler Kreise auf, nahm aber auch das dem industriellen Wesen verbundene Großbürgertum auf. Der in der Altstadt noch recht zahlreich beheimatete Mittelstand von Gewerbetreibenden und Beamten konnte nur im Textil- und Roßauerviertel Fuß fassen. Obwohl im letzten Viertel des 19. Jahrhunderts mit der Cottage-Idee ein Abwandern der Oberschicht an den Stadtrand einsetzte, konnte diese periphere Bewegung die Position der High Society in der Ringstraßenzone nicht erschüttern. Sie war überdies die zwangsläufige Konsequenz der Tatsache, daß mit den achtziger Jahren, als die Verbauung der Stadterweiterungsgründe (vom Postsparkassenviertel abgesehen) im wesentlichen abgeschlossen war, die mit der wachsenden Stadt gleichfalls an Zahl zunehmenden oberen Sozialgruppen hier nicht mehr Platz fanden.

In der sozialräumlichen Gliederung von Wien vor dem Ersten Weltkrieg, wie sie auf der Kartentafel I dargestellt wurde, hebt sich somit die Ringstraße als *der sozial aufgewertete Rahmen der Altstadt* deutlich heraus. Von ihr aus bestand ein ausgeprägtes, noch am feudalen Bauprinzip orientiertes soziales Gefälle über die Vorstädte zu den Vororten hin.

3. Die Stellung der Ringstraße in der wirtschaftsräumlichen Gliederung der Stadt

Auch im Wirtschaftsleben von Wien gewann die Ringstraße eine Schlüsselposition. Sie zog alle neuen, im späten 19. Jahrhundert aufkommenden Cityfunktionen an sich, die Zentralbüros der Industrie, die Generalrepräsentanzen des Versicherungswesens, die Dienstleistungen des Verkehrs, den Autohandel usw. Sie nahm die ersten halboffiziellen Einrichtungen auf, die neben den schon älteren Institutionen des Staates entstanden.

Gleichzeitig erfolgte eine gewisse Funktionsteilung mit der Altstadt, indem diese vor allem durch die Bewahrung eines beachtlichen Anteils von alteingesessenem und hochspezialisiertem Gewerbe gleichsam traditionsverbunden blieb, während das Gewerbe im Ringstraßenbereich nur noch eine ganz untergeordnete Rolle gewinnen konnte.

Eine Aufgabenteilung erfolgte auch auf dem Gebiet des Einzelhandels. Die Ringstraße spezialisierte sich auf den langfristigen Bedarf und konnte damit als *„Ergänzungsstraße"* neben die alten Geschäftsstraßen der Altstadt treten, die wie der Graben und die Kärntner Straße in erster Linie den gehobenen periodischen Bedarf (Bekleidung, Schmuck) befriedigten.

Überblickt man den gesamten Bauplan der Stadt am Vorabend des Ersten Weltkriegs, so erscheint es wesentlich festzuhalten, daß bei der Verschränkung von sozialräumlicher und funktioneller Differenzierung das *soziale Bauprinzip die Oberhand behielt*, d. h. daß selbst in jenen Teilen der inneren Bezirke, in denen sich eine massierte Hinterhofindustrie entwickelt hatte, nicht, wie in anderen europäischen Städten, triste Arbeiterwohnviertel entstanden, sondern die neu errichteten Miethäuser durchwegs für den Mittelstand gebaut wurden.

Dieser Vorrang des sozialen Prinzips vor dem wirtschaftlichen trifft gleicherweise auch für die Ringstraßenzone zu. Auch hier können wir erkennen, daß trotz der Niederlassung der Büros der Schwerindustrie und der chemischen Industrie im Opern- und Schwarzenbergplatzviertel der noble Wohncharakter nach wie vor erhalten blieb, d. h. daß in Wien die Citybildung zum Unterschied von englischen und französischen Großstädten nicht mit sozialer Deklassierung und Slumbildung erkauft wurde. In diesem Sinne stellt die Wiener Ringstraße ein einmaliges Phänomen dar, insofern als sich die höchste Rangordnung auf dem sozialen Felde mit der Ausweitung der City zu einer Einheit verband. Damit ist auch für den Ringstraßenbereich der Beweis erbracht, daß sich in Wien vor 1914 die wirtschaftlichen Phänomene des Industriezeitalters in das aus der Ära der feudalen Residenz überlieferte sozialräumliche Bauprinzip einfügen mußten.

DIE RINGSTRASSE IN DER ZWISCHEN- UND NACHKRIEGSZEIT

I. DIE ENTWICKLUNG WIENS ZWISCHEN DEN BEIDEN WELTKRIEGEN

Der Erste Weltkrieg bedeutete für das europäische Städtewesen einen entscheidenden Einschnitt. Wie durch einen Katalysator verstärkt, kamen im Städtebau und im gesamten wirtschaftlichen und gesellschaftlichen Gefüge bereits zuvor ansatzweise vorhandene Tendenzen geradezu schlagartig zum Durchbruch.

Für Wien bedeutete sein Ende eine weit tiefere Zäsur als für alle anderen mittel- und westeuropäischen Großstädte. Durch den Zusammenbruch der Monarchie wurde aus der Metropole eines 52-Millionen-Staates über Nacht der viel zu große und überdies exzentrisch gelegene *Wasserkopf eines Reststaates* mit kaum sieben Millionen Menschen. Herausgerissen aus alten historisch-politischen Zusammenhängen, losgetrennt von einem weiten Hinterland, das es bis dahin in kulturellen und wirtschaftlichen Belangen zu versorgen hatte, dessen großes Attraktionszentrum es überdies in bevölkerungsmäßiger Hinsicht war, *mußte Wien während der Zwischenkriegszeit aufs schwerste um seine Existenz ringen*. Alle seine bisherigen Grundlagen waren in Frage gestellt. Die Krise eines Staatsgebildes, an dessen Lebensfähigkeit die eigene Bevölkerung zweifelte, konzentrierte sich in besonderem Maße in seiner Hauptstadt. Harte innenpolitische Auseinandersetzungen verschärften die wirtschaftliche Notlage. Mit der Einführung des allgemeinen Wahlrechtes hielt die Sozialdemokratische Partei im Jahre 1918 ihren Einzug in die Kommunalverwaltung. Es erstaunt nicht weiter, daß dieses „rote Wien" von der in anderen Traditionen verwurzelten konservativen Bevölkerung der alpinen Bundesländer abgelehnt wurde. Sein noch immer internationales Wesen, dem ein starker Zustrom des Ostjudentums eine besondere Färbung gab, stand auch im schärfsten Kontrast zu der Mentalität der Bürger der verhältnismäßig kleinen Landeshauptstädte. Wie in einem Brennglas eingefangen, potenzierte sich die wirtschaftliche und innenpolitische Krise des Staates in der Millionenstadt.

Die verschiedensten Bereiche des städtischen Lebens büßten ihre bisherigen Grundlagen ein. Besonders schwer war die Anpassungskrise der Wirtschaft. Sie wurde verschärft durch die totale Inflation von 1921 bis 1923, die nach einer kurzen Erholungspause 1929 ausbrechende Weltwirtschaftskrise und die innenpolitischen Auseinandersetzungen der dreißiger Jahre.

Der Substanzverlust, den die Stadt auf dem Finanz-, Organisations- und Handelssektor erlitt, spiegelt sich am klarsten im Geldwesen wider. Die Zahl der Geld- und Kreditinstitute schmolz rasch dahin. Die Bilanzsummen der Wiener Banken sanken von über 10 Milliarden Kronen im Jahre 1913 auf ein Zwanzigstel dieses Wertes in den Inflationsjahren zwischen 1921 und 1924 herab und erreichten selbst im Jahrfünft einer bescheidenen Konjunktur während der späten zwanziger Jahre nur noch ein Drittel der Abschlüsse um die Jahrhundertwende. Die *Arbeitslosigkeit* war die fürchterliche Geißel der dreißiger Jahre. Jeder dritte Arbeitnehmer in Wien stand ohne Verdienst da, und viele von ihnen erhielten nicht einmal die geringfügige Beihilfe der „Arbeitslosenunterstützung", weil sie bereits zu lange ohne Beschäftigung und daher „ausgesteuert" waren.

Mit der Konstituierung der Nachfolgestaaten im Jahre 1918 wurde das gesamte *Industriegefüge* des österreichischen Rumpfstaates *aus seinen alten Zusammenhängen gerissen*. Jene waren an dem Aufbau einer eigenen Industrie interessiert und umgaben sich zum Teil mit hohen Zollmauern. Die Schwerindustrie, vor allem der Obersteiermark, aber auch des Wiener Umlandes, war in der Monarchie auf der Kohlenbasis des mährisch-schlesischen Raumes erwachsen. Die neue Grenzziehung zwang zum Import der Kohle und brachte damit eine Erhöhung der Produktionskosten. In der alteingesessenen Textilindustrie ging die gekennzeichnete enge Verflechtung mit den Sudetenländern verloren. Die kaufmännischen Zentralen, die in Wien saßen, waren nunmehr von ihren Erzeugungsstätten getrennt und verloren ihre Daseinsberechtigung.

Die Konsumgüterindustrie und das Luxusgewerbe wurden außerdem durch den *Zusammenbruch der bisherigen Gesellschaftsordnung* empfindlich getroffen. Das Ende des kaiserlichen Hofstaates hatte eine außerordentliche Verringerung des in der Stadt lebenden Adels, die Agrarreform der Nachfolgestaaten überdies seine Verarmung zur Folge. Zahlreiche Industrielle und Bankiers verlegten mit Rücksicht auf ihre Liegenschaften auch ihren Wohnsitz dorthin. Die breite Schicht des besitzenden Bürgertums verlor ihr Kapital durch Kriegsanleihen, die Inflation und schließlich die Entwertung des Hausbesitzes (Mieterschutzgesetz 1917). Leitende Beamte und Offiziere büßten zum Großteil ihre Existenz ein.

Eine gewisse Vorstellung von der allgemeinen Verarmung der Wiener Bevölkerung vermitteln uns die Sparkassenberichte. Im Schnitt des Jahrfünfts von 1905 bis 1910 hatten die Einlagen 430 Kronen pro Einwohner ausgemacht. Sie erreichten in der Zwischenkriegszeit selbst in der Konjunktur der zwanziger Jahre nur noch die Hälfte davon.

Hand in Hand mit dieser Veränderung der Wiener Sozialpyramide verschob sich auch die *Bevölkerungsstruktur*. Durch die Rückwanderung nichtdeutscher Bevölkerungsgruppen in ihre Heimatländer sank die Einwohnerzahl von Wien von über 2,2 Millionen (1918) auf 1,8 Millionen (1923). Eine beachtliche Verringerung des Hauspersonals bildete die unmittelbare Reaktion auf die Verarmung der Ober- und Mittelschicht, eine *radikale Reduzierung der Kinderzahl* und damit eine *einschneidende Verkleinerung der Haushalte* war die Antwort der breiten Masse auf die katastrophale Situation der Wirtschaft. Mit einer Geburtenrate von nur 5,5‰ in den dreißiger Jahren wurde Wien von pessimistischen Bevölkerungswissenschaftlern als eine sterbende Stadt bezeichnet, und manche prophezeiten bereits, daß die nächste Generation auf den Trümmern der Ringstraße ihre elenden Hütten erbauen würde! Dies waren zweifellos übertriebene Schlußfolgerungen. Sie kennzeichnen jedoch die in der Gegenwart kaum mehr vorstellbare tiefe Depression, in der sich damals die Stadt und ihre Bevölkerung befanden und die eine zwangsläufige Folge des die gesamte städtische Existenz umfassenden Schrumpfungsprozesses darstellte.

Provisorien und Desorganisationserscheinungen bildeten die Konsequenzen auf dem *städtebaulichen* Sektor. Der von der Gründerzeit geschaffene Stadtkörper wurde durch das *Mieterschutzgesetz* 1917 gleichsam fossilisiert. Hatte dieses in der Kriegszeit erlassene Gesetz ursprünglich die Aufgabe, die im liberalen Wohnungswesen vorhandenen Härten für Kriegsteilnehmer und ihre Familien zu mildern und einen Kündigungsschutz zu gewähren, so führte das gleiche Gesetz, zur Institution erhoben, in den Inflationsjahren zur völligen Entwertung des Hausbesitzes. Das für die kapitalistische Wohnungswirtschaft kennzeichnende System hoher Mieten, hoher Mobilität der Mieter, eines hohen Prozentsatzes an Untermietern wurde ins Gegenteil verkehrt. Die Mieten sanken zu reinen Anerkennungsgebühren herab, die Wohnung wurde zum Erbgut des Mieters. Hohe Ablösen, wie sie als eine Art kapitalisierter Mietzins beim Abschluß neuer Mietverträge vom Hausbesitzer oder Vermieter gefordert wurden, trugen zur Konservierung des bestehenden sozialen und wirtschaftlichen Gefüges wesentlich bei. Eine starke Abnahme der Untermieter war eine weitere Folge, denn es war nunmehr für die Arbeiterbevölkerung überflüssig geworden, sich durch Weitervermietung von Bettstellen einen Beitrag zur Miete zu verschaffen. Im Gegenteil, im Stadtganzen kam es sogar zu einer interessanten Umkehr der Verhältnisse insofern, als jetzt die verarmten Angehörigen der Mittel- und Oberschicht dazu übergingen und übergehen mußten, durch Teilvermietung ihrer großen Wohnungen ihre schmale Existenzgrundlage zu verbreitern. In diesen Notjahren der Zwischenkriegszeit sind die Hofrats- und Offizierswitwen als Vermietertypen zu einer von Zeitgenossen häufig glossierten Klischeevorstellung geworden.

Während das bauliche Gehäuse der Gründerzeit selbst kaum angetastet wurde, vollzogen sich in ihm doch recht beachtliche Wandlungen. Die äußeren Bezirke verloren durch die erwähnte Abwanderung fremdsprachiger Bevölkerungselemente, vor allem aus den Bezirken Ottakring und Favoriten, einen Teil ihrer Bewohner. Eine Abnahme der vorher sehr hohen Wohndichte war damit verbunden. Gerade in diesen vor dem Ersten Weltkrieg so besonders mobilen Bezirken, auf deren Bewohner man mit Recht das Wort von den „Großstadtnomaden" hatte anwenden können, wurde es nun zur Regel, daß von nun ab die Menschen ihr Leben in ein- und derselben Wohnung zubrachten.

Stärkere Umschichtungen vollzogen sich in den inneren Bezirken, welche über das Untermietwesen einen Teil der Zuwanderung auffingen. Die weitaus größte Mobilität im ganzen Stadtkörper verzeichnete jedoch die Ringstraßenzone. In ihr kam es nicht nur zu einer Auswechslung ganzer Sozialgruppen, sondern hier erfuhr auch die Wohnungsstruktur die stärksten Wandlungen.

Das einzig und allein vorhandene Material, ein Adreßbuch aus dem Jahre 1942, gestattet es leider nicht, die Prozesse im einzelnen zu erfassen. Doch soll zumindest versucht werden, in groben Umrissen ihre Gesamttendenz und die viertelweisen Unterschiede zu skizzieren.

II. DIE REDUZIERUNG DER OBERSCHICHT IM RINGSTRASSENGEBIET

Das Schlagwort von der Reduzierung der Oberschicht wird bei der Kennzeichnung der Entwicklungstendenz des mitteleuropäischen Städtewesens in der Zwischenkriegszeit gerne gebraucht. Welches Ausmaß diese Erscheinung tatsächlich erreichte, hat noch niemand näher untersucht. Wenn eine derartige Quantifizierung nunmehr für die Ringstraße angestrebt wird, so muß von vornherein einschränkend bemerkt werden, daß das genannte Adreßbuch aus dem Jahre 1942, dessen Angaben mittels einer zehnprozentigen Stichprobe ausgewertet wurden, leider keinen sehr günstigen Querschnitt bietet. Zu diesem Zeitpunkt war nämlich der österreichische Staat bereits in das Deutsche Reich eingegliedert worden, das sich überdies gerade auf dem Höhepunkt des totalen Krieges befand. Es ist daher anzunehmen, daß die Sozialstruktur des Ringstraßengebietes gegenüber der Zwischenkriegszeit bereits weitere Veränderungen erfahren hatte. So trug die antisemitische Haltung des NS-Regimes zweifellos zu einer erheblichen Verminderung der Kaufleute und Rechtsanwälte bei, beides Berufsgruppen mit stark jüdischer Provenienz, für die überdies in dem auf Kriegswirtschaft ausgerichteten totalitären Staat kein rechter Platz bestand. Es dürften somit die für diese Sozialgruppen ermittelten Werte bereits unter den Zahlen der Zwischenkriegszeit gelegen sein. Andererseits waren zahlreiche Offiziere, vermutlich zum Teil an Stelle von jüdischen Vormietern, in die Wohnungen der Ringstraße eingewiesen worden. Bei einem Anteil von nahezu 5 v. H. wurden sie in der folgenden Tabelle jedoch nicht getrennt ausgewiesen, sondern in der Spalte „sonstige Mittelschicht" mit aufsummiert.

Große Schwierigkeiten bereitet es, die beiden wichtigen Gruppen der Oberschicht des kaiserlichen Wiens, nämlich den Adel und die Privaten, in ihren Restbeständen zu diesem Zeitpunkt noch aufzuspüren. Durch die Abschaffung des Adelsprädikates in der Ersten Republik am 3. April 1919 war die Führung von Adelsbezeichnungen überhaupt verboten worden. Allerdings hatte die konservative Diktatur seit 1934 nicht mehr auf die Einhaltung dieses Verbotes geachtet, so daß im LEHMANN'schen Adreßbuch eine ganze Zahl von Adelstiteln erneut aufscheint. Dessenungeachtet ist zu erwarten, daß ein Teil des Adels bereits in andere Sozialgruppen eingeschmolzen worden war und sich nicht mehr exakt fassen ließ. Dies gilt vor allem für den einstigen Beamtenadel und den Geldadel.

Völlig undurchsichtig geworden ist die Gruppe der „Privaten". Wohl werden rund 15 v. H. aller Mieter unter dieser Bezeichnung aufgeführt, doch ist mit ziemlicher Sicherheit anzunehmen, daß die Mehrzahl von ihnen bereits zu den Pensionisten zu zählen ist. Dieser Begriff hatte damals aber noch nicht in die Adreßbücher Eingang gefunden. Ein weiterer Teil dieser Gruppe – vor allem die so bezeichneten Frauen – hat wohl mehr schlecht als recht von der Untervermietung der großen Wohnungen (vgl. oben) ihr Dasein gefristet. Von Kapitalrenten dürften nur noch rund 20 v. H. der Gesamtmasse der Privaten gelebt haben. Die Entwertung des Hausbesitzes durch das Mieterschutzgesetz war neben dem Verfall der Wertpapiere mit ein entscheidender Faktor für den Sturz dieser für den Gesellschaftsaufbau der Gründerzeit so wichtigen Sozialgruppe.

Aus der Tabelle 21: „Der Sozialaufbau der Wohnparteien der Ringstraße 1914 und 1942" lassen sich folgende *Veränderungen der Gesellschaftsstruktur* ablesen:

1. Die *Schrumpfung der* noch im Feudalprinzip verankerten *rentenkapitalistischen Elemente* sowohl des Adels als der Privatiers alten Schlages.
2. Die *Dezimierung der ökonomischen Führungsgruppe*, d. h. der Industriellen, Bankiers und Kaufleute und der letzten Endes in die Organisation der Wirtschaft wesentlich integrierten Rechtsanwälte.
3. Erstaunlicherweise ziemlich *unberührt* von der tiefgreifenden Umschichtung blieb *die Spitze der Bürokratie*, wobei die Reduzierung der hohen Funktionäre des Staates durch eine Vermehrung der organisatorischen Elitekräfte in der Privatwirtschaft, der Direktoren, Prokuristen usw., reichlich wettgemacht wurde.
4. Eine *Zunahme* verzeichneten die *freien Berufe* (Architekten, Künstler und dergleichen).
5. Das *mittlere Beamtentum* und ein breites *Heer von Angestellten* drängte in die frei werdenden Wohnungen der Oberschichte nach.

Es ist zu erwarten, daß mit diesen beträchtlichen quantitativen Veränderungen der Gesellschaftsstruktur auch Veränderungen der Sozialgruppen

II. Die Reduzierung der Oberschicht im Ringstrassengebiet

Tabelle 21 Der Sozialaufbau der Wohnparteien der Ringstraße 1914 und 1942

	1914	1942
Oberschicht		
Adel	7,5	2,0
Industrielle und Bankiers	6,0	2,5
Private	19,8	3,0*
	33,3	7,5
Mittelschicht		
Selbständige:		
Freie Berufe	19,5	16,0
Gewerbetreibende und Kaufleute	23,8	15,7
	43,3	31,7
Beamte u. dgl.:		
Beamtenadel	4,9	
Hohe Beamte	9,5	13,5
Mittlere Beamte	7,2	18,3
Offiziere	1,0	4,0
	22,6	35,8
Unterschicht	0,8	10,0
Pensionisten Rentner		15,0*

Quellen:
1914: Lenobels Adreßbuch der Häuser, Hausbesitzer und Hausbewohner von Wien 1914.
1942: 10%-Stichprobe aus Lehmanns Adreßbuch 1942.
* Schätzung

innerhalb des Ringstraßenbereiches verbunden waren. Das recht unterschiedliche Verhalten der wichtigsten Sozialgruppen in den einzelnen Vierteln soll im folgenden gekennzeichnet werden:
Der *Adel* erlitt von allen Gesellschaftsschichten die weitaus schwersten Einbußen, doch konnte er interessanterweise trotz aller Ausdünnung seiner einstigen Substanz den Schwerpunkt rings um den Schwarzenbergplatz bewahren. Hier betrug sein Verlust rund 75 v. H. des Standes von 1914, während er sonst in der Ringstraßenzone durchwegs bei 80 v. H. und darüber lag. Allerdings mußte er auch hier eine Abdrängung aus dem Ringstraßenzug in Richtung auf die Altstadt in Kauf nehmen.
Im gleichen Viertel behaupteten sich auch die *Industriellen* relativ gut. Ihre Zahl ging bloß auf die Hälfte zurück. Dabei dürfte freilich der Zuzug von deutschen Fabrikanten, die in Österreich ein Entwicklungsgebiet sahen, eine gewisse Rolle gespielt haben. Eine ungleich stärkere Einbuße hatte dagegen das alte Zentrum der Industriellen, das Rathausviertel, zu verzeichnen. Hier büßten sie rund zwei Drittel ihrer Zahl ein. Noch katastrophaler war der Rückgang im Textil- und Postsparkassenviertel.
Dieses viertelweise recht unterschiedliche Verhalten der Unternehmer wurde im großen und ganzen von den *Kaufleuten* geteilt. Auch sie vermochten sich bemerkenswerterweise im Schwarzenbergplatz- und Opernviertel am besten zu behaupten, während sie in ihren früheren Domänen, dem Textil- und Postsparkassenviertel, gleichfalls auf ein Viertel des Vorkriegsstandes und weniger reduziert wurden. In diesem Schicksal der wirtschaftlichen Elite zeichnet sich bereits die Wirtschaftsentwicklung im Ringstraßenbereich ab.
Ein von den Industriellen und Kaufleuten etwas abweichendes Verhalten weisen die *Angehörigen der freien Berufe* auf. Die in ihrer Existenz von der Wirtschaftskrise am ärgsten betroffene Gruppe der *Rechtsanwälte* hatte zwar im Börse-, Textil- und Roßauerviertel eine starke Abnahme zu verzeichnen, konnte sich dagegen im Postsparkassenviertel verhältnismäßig gut behaupten und fand zudem beiderseits des Schwarzenbergplatzes und im Opernviertel einen neuen Standort. Hier glückte es den Rechtsanwälten, sich direkt in den Nobelmiethäusern an der Ringstraße einzunisten, wobei sie häufig die Großwohnungen von ehemaligen Adelsfamilien besetzten.
Die Gruppe der *Ärzte* wahrte einerseits ihre Vorherrschaft im Votivkirchenviertel, folgte aber andererseits den Rechtsanwälten bei ihrer Ausbreitung bis zum Schwarzenbergplatzviertel hin, wobei sie gleichfalls die Lage an der Ringstraße selbst bevorzugte.
Bei den Spitzenfunktionären der *Bürokratie* zeigt sich im Gegensatz dazu ein gewisses Zurückweichen vor den Kräften der Citybildung insofern, als sie sich in den genannten Vierteln beiderseits des Opern-, Kärntner und Parkringes nur jeweils in Anlehnung an die Altstadt halten konnten, während sie ihre Position an der Ringstraße selbst aufgeben mußten.
Recht bemerkenswert ist die starke Zunahme der Beamten mit mittlerem

II. Die Reduzierung der Oberschicht im Ringstrassengebiet

Dienstrang im Textilviertel, Postsparkassenviertel und Roßauerviertel. Es zeigt sich hierbei ein deutliches Zusammengehen mit der Gruppe der Privaten, die ja, wie oben ausgeführt, zu einem wesentlichen Teil aus pensionierten Staatsangestellten bestand. Diese Gruppe fand einen neuen Schwerpunkt an der Peripherie der Ringstraße gegen den neunten Bezirk hin, war aber im übrigen ohne deutliche Ballungen in allen anderen Abschnitten vertreten.

Das Wohnungserbe der dezimierten wirtschaftlichen Führungskräfte (Industrielle und Kaufleute) traten somit in der Hauptsache die Staatsbeamten, Angestellten und Pensionisten an.

Aus den gekennzeichneten Veränderungen ergibt sich somit der Trend zum *Abbau der* einst *ausgeprägten Segregation* der verschiedenen Sozialgruppen im Ringstraßenbereich. Dieses Phänomen entspricht im großen und ganzen dem Schrumpfungsprozeß der Wirtschaft und ist als gegenläufiger Vorgang zur Herausbildung ausgeprägter sozialer Viertel im gründerzeitlichen Wien zu deuten.

III. DIE VERÄNDERUNGEN DER WIRTSCHAFTSSTRUKTUR IM RINGSTRASSENGEBIET

Der Tenor der Entwicklung, nämlich der Schrumpfungsprozeß wesentlicher Wirtschaftsfunktionen, wurde bereits herausgestellt. Welche Sparten der Wirtschaft betraf er und welches Ausmaß erreichte er dabei?
Bei näherem Zusehen bietet sich uns ein kompliziertes und im ersten Augenblick schwer auflösbares Gewirr von zum Teil recht konträren Erscheinungen. Versuchen wir, sie in ein Ordnungssystem zu bringen, so können wir feststellen, daß es sich im wesentlichen um zwei große Bewegungen handelt, die gegensätzliche Vorzeichen besitzen und sich überschneiden, d. h. die eine Entwicklungskurve entspricht dem Verlust ehemaliger Wirtschaftsfunktionen und bildet das Pendant zum Zusammenbruch eines großen Reiches, die zweite Kurve entspricht der allgemeinen Entwicklungsrichtung der europäischen Wirtschaft und bedeutet ein Aufwachsen neuer Funktionen.

Folgende Vorgänge sind auf das *Verlustkonto der wirtschaftlichen Funktionen* zu buchen:
1. Mit der *Einbuße der Finanzstellung Wiens* als Aktienmarkt und Umschlagplatz der österreichischen Reichshälfte war auch das internationale Prestige der Wiener Börse aufs schwerste erschüttert worden. Auf den damit zusammenhängenden Wandel des Börse- und Textilviertels, die starke Verminderung der Zahl der Kaufleute, der Rechtsanwälte, der Börsenagenten usw. wurde bereits hingewiesen. Hand in Hand damit vollzog sich eine völlige Umstrukturierung des Bankenwesens. Während der Inflation der frühen zwanziger Jahre und schließlich in der Weltwirtschaftskrise schmolz die Zahl der kleinen Privatbanken rasch dahin. Für die überlebenden Großbanken bestand die Notwendigkeit des Zusammenschlusses (vgl. unten).
2. Im Zusammenhang damit stand der *Bedeutungsschwund der klassischen Industriezweige* der Monarchie. Vor allem der *Textilindustrie*. Die sudetenländischen Fabriken, welche die Masse der Betriebe stellten, gaben ihre Büros in Wien auf. Dadurch verloren zahlreiche Speditionen ihre wichtigsten Auftraggeber und mußten in Konkurs gehen.
Die klassische Exportindustrie der Monarchie, die *Zuckerindustrie*, besaß ihre Produktionsstätten in Böhmen und Mähren (vgl. oben). Sie verlagerte gleichfalls ihre Zentralen von Wien nach Prag. Die *Holzindustrie* büßte den noch unausgeschöpften Reichtum der bosnischen Wälder ein und wurde auf ihr alpines Hinterland beschränkt. Die *Papierindustrie*, bei welcher die Erste Republik über rund 50 v. H. der Gesamtkapazität der Monarchie verfügte, befand sich insofern in einer Sackgasse, weil der größte Teil der einstigen Absatzgebiete verlorenging, da sich die Nachfolgestaaten mit hohen Zollschranken umgürteten.
3. Schwer beurteilen läßt sich der Rückgang des Bekleidungsgewerbes, das in einzelnen Abschnitten der Ringstraße, im Opern- und Roßauerviertel während der Gründerzeit recht ansehnlich war. Möglicherweise erfolgte seine Reduzierung aus kriegsbedingtem Anlaß.

Recht vielfältig waren die Ursachen für die *Erweiterung der Wirtschaftsfunktionen* in einer Stadt, deren Bevölkerungszahl immerhin um über 400.000 Menschen abgenommen hatte und die sich überdies auf ein enorm verkleinertes Wirtschaftsgebiet einstellen mußte. Sie lagen:
1. Im *zunehmenden Raumbedarf der bereits bestehenden Wirtschaftsfunktionen*. Dieser beruhte auf dem während der Zwischenkriegszeit in allen europäischen Industriestaaten wirksam werdenden Trend zur Vergrößernug des Verwaltungsapparates auf Kosten der Beschäftigtenzahlen der Produktion. Diese Entfaltung des tertiären Sektors der Wirtschaft verlieh auch der Wiener City gewisse Impulse. Als Schulbeispiel für die Expansion der Bürofläche bei Industriebetrieben seien die österreichischen Konzerne der Schwerindustrie angeführt, welche den Zerfall der Monarchie einigermaßen glimpflich überdauert hatten, wie die Böhlerwerke, die Wiener Siemenswerke und die Alpine Montangesellschaft. Die Generaldirektionen aller genannten Großfirmen hatten bis wenige Jahre vor dem Ersten Weltkrieg noch mit jeweils einer Wohnhausetage ihr Auslangen gefunden. Erst 1914 gelang der Firma Böhler der Erwerb des Hauses Elisabethstraße 5. Während der Zwischenkriegszeit weitete sie ebenso wie die anderen Großfirmen ihre Büroräumlichkeiten gleich einem Polypen auf dem Wege über Dependancen in die Nachbarhäuser hinein aus.
2. *Auch kleinere Betriebe begannen* nunmehr, *Stadtbüros zu errichten*. Dies war besonders bei der Textilindustrie der Fall. Eine Anzahl von Betrieben mit weniger als 200 Arbeitern, die vor dem Ersten Weltkrieg noch kein

Zentralbüro in Wien besaßen, schlug nunmehr im Textilviertel Niederlagen auf und füllte damit wenigstens teilweise die durch den Ausfall der sudetenländischen Fabriken entstandenen Lücken.

In stärkerem Ausmaß trafen die beiden genannten Erscheinungen für die elektrotechnische und die chemische Industrie zu, welche in der kurzen Wirtschaftsblüte der späten zwanziger Jahre die Wachstumsindustrien des österreichischen Staates waren.

Von entscheidender Bedeutung wurde das *Auftreten der Erdölgesellschaften*, die, vorwiegend mit ausländischem Kapital ausgestattet, Schurfrechte im Raum der neuentdeckten Quellen im Weinviertel erwarben.

3. Die zuletzt genannten Industriezweige hatten bis zum Ersten Weltkrieg kaum eine eigene Sparte des *Großhandels* entwickelt. Nunmehr setzte auch bei ihnen die Abspaltung der Vermarktung von der Produktion ein.

4. Schließlich blieb Wien von der generellen Tendenz zur fortschreitenden *Spezialisierung des Dienstleistungssektors* nicht ausgespart. Reisebüros, Verlagsanstalten u. a. wurden in größerer Zahl gegründet.

5. Als Ausdruck einer nicht mehr in allen Belangen hinreichenden Ausstattung, Gliederung und Aufgabenstellung der offiziellen Verwaltungs- und Kulturinstitutionen entstand eine Reihe von *halboffiziellen Einrichtungen* der Wirtschaft, aber auch des kulturellen Lebens. Es war dies freilich nur ein erster Auftakt zu einem die gegenwärtige Situation geradezu beherrschenden Prozeß.

6. Eine recht interessante Entwicklung nahm das *Versicherungswesen*. Negative und positive Strömungen trafen zusammen. Auf der einen Seite konstatieren wir, daß die Mehrzahl der alteingesessenen kapitalstarken Versicherungen, die im Raum der österreichisch-ungarischen Monarchie verankert waren, mit in die große Pleite des Bankenwesens hineingezogen wurde, während sich andererseits verschiedene ausländische Versicherungen auf Wiener Boden, und zwar mit Vorliebe im Ringstraßenbereich, neu etablierten, so daß im großen und ganzen die Zahl der Versicherungsgesellschaften konstant blieb.

Im Zusammenhang mit den skizzierten allgemeinen Veränderungen der Wirtschaft kam es auch zu *Standortverlagerungen* der einzelnen Zweige *innerhalb der Ringstraßenzone*.

Wie nicht anders zu erwarten, hatte der ganze *Nordwestabschnitt* die schwersten Einbußen zu verzeichnen. Für die unglaubliche Mobilität der Textilfirmen spricht, daß, abgesehen von sieben Betrieben, alle einst vorhandenen Fabriksniederlagen im Laufe der Zwischenkriegszeit verschwunden sind. Nur die Niederlassungen der Vorarlberger Textilindustrie wahrten ihren Standort. Der enorme Bedeutungsverlust des Textilviertels konnte nur in völlig unzureichendem Maße durch das Eindringen kleinerer österreichischer Fabriken und durch die Ansiedlung von Werkstätten kompensiert werden, die sich hauptsächlich mit der Erzeugung von Hemden, Kleidern, Blusen, Krawatten usw. beschäftigten. Einige der alten Fabriksniederlagen verwandelten sich in Großhandelsbüros, ohne dadurch jedoch die alte Prosperität erreichen zu können. Es ist begreiflich, daß verschiedene andere Funktionen den leer gewordenen Raum okkupierten. So delegierte vor allem der Magistrat der Stadt Wien verschiedene Verwaltungsabteilungen hierher.

Der beachtliche Rest fiel der Wohnfunktion anheim, welche somit einen ansehnlichen Zuwachs verzeichnen konnte. Aus den aufgegebenen Büros entstanden zahlreiche mittelgroße Wohnungen. Mittlere Beamte und Angestellte zogen ein. Viele von ihnen befanden sich 1942 schon im Ruhestand (vgl. oben).

Der Wandel im Kerngebiet des Textilviertels um den Rudolfsplatz warf seine Wellen bis an die Peripherie. Das Roßauerviertel büßte das Gros seiner Gewerbebetriebe ein. Die Zunahme der Wohnfunktion war hier noch beachtlicher als dort, brachte aber im Prinzip dieselbe soziale Schicht in die frei werdenden Wohnungen.

Der starke Rückgang der Banken im *Börseviertel* wurde von den Semperitwerken zum Aufbau eines ganzen Bürohauskomplexes zwischen der Helferstorferstraße und der Hohenstaufengasse benützt. Lediglich vier Banken hatten die wirtschaftliche Depression der Zwischenkriegszeit überdauert und mußten sich, um zu überleben, zu Zusammenschlüssen bereit finden. So kam es 1929 zur Fusionierung zwischen der Allgemeinen österreichischen Bodencreditanstalt und der Creditanstalt und darüber hinaus 1934 zur Vereinigung mit dem Wiener Bankverein. Der Creditanstalt-Bankverein war das Ergebnis.

Völlig anders verlief die Entwicklung im Viertel um den *Schwarzenbergplatz*. Hier besaß die Textilindustrie nie sonderliches Gewicht. Nur die Ausläufer des Bekleidungsgewerbes der Altstadt reichten längs der Kärntner Straße herein und verzeichneten – wohl kriegsbedingt – bis zum Jahre 1942 einen gewissen Rückgang. Der Schwund der einst recht zahlreichen Vertretungen von Papierfabriken läßt sich aus den generellen Schwierigkeiten der österreichischen Papierindustrie erklären.

Im übrigen fällt dieser ganze Abschnitt der Ringstraße durch einen Bedeutungszuwachs der Wirtschaftsfunktion auf. Erdölkonzerne, Zementfabriken, Bergbaubetriebe wählten hier ihren Standort. Der Großhandel weitete sich aus. Versicherungsgesellschaften, vor allem ausländischer Provenienz,

III. Die Veränderungen der Wirtschaftsstruktur im Ringstrassengebiet

ließen sich nieder, als eine der ersten die Versicherung Kosmos aus Zürich (1924 im Haus Schwarzenbergplatz 15). Die Dienstleistungen des Verkehrs konnten einen Zuwachs verzeichnen, ebenso der Fahrzeughandel. Um den Kristallisationskern des Bundesverlages siedelten sich Musik-, Schulbücher- und wissenschaftliche Verlage an.

An dieser positiven Entwicklung nahm auch das *Opernviertel* teil. Auch hier vermehrte sich die Zahl der Reisebüros, der Verlagsanstalten und halboffiziellen Institute. Auf die Expansion der führenden Industriebetriebe, wie der Gebrüder Böhler, der Wiener Siemenswerke und der Alpine Montangesellschaft, wurde schon hingewiesen. Ferner faßte eine Schar kleiner Bauunternehmen Fuß.

Der Hauptverlust des Opernviertels ergab sich aus der Auflösung des Zuckerkartells. Nach dem Zusammenbruch von 1918 verblieben nämlich bloß vier Zuckerfabriken bei Österreich, während der Löwenanteil der ehemaligen österreichischen Zuckerindustrie an die Tschechoslowakei fiel. Dementsprechend übersiedelte der 1858 in Wien gegründete Zentralverein der Zuckerraffinerien der Österreichisch-ungarischen Monarchie, dem auch ein Zuckerforschungsinstitut angeschlossen war (Elisabethstraße 18), nach Brünn.

Im *Rathausviertel* überwog vor dem Ersten Weltkrieg die Wohnfunktion. Sie blieb im wesentlichen auch weiterhin dominant. Nur für den Südteil wurde die Ausbreitung der Großfirma Elin im Baublock zwischen Bellariastraße und Hansenstraße von einiger Bedeutung. Auf den Rückgang der Holzindustrie wurde schon hingewiesen. Mit dem Schwund der zahlungskräftigen Studenten schrumpfte auch die Zahl der Pensionen rings um die Universität zusammen.

Das schon vor dem Ersten Weltkrieg durch seine bunte Branchenmengung bemerkenswerte *Postsparkassenviertel* behielt seinen Charakter bei. Eine sehr vielfältige metallverarbeitende Industrie, die von der Leichtmetallmöbelherstellung bis zum Telephonapparatebau reichte, trat die Nachfolge der Textilindustrie an. Die Zunahme des Verlagswesens kann als Ausstrahlungseffekt der Wollzeile aus der Altstadt gewertet werden.

Die angedeuteten Veränderungen im Wirtschaftsgefüge der Ringstraße lassen zugleich die *wirtschaftspolitische Umorientierung der Stadt* erkennen. Ihre alte Verflechtung mit den Sudetenländern, Böhmen, Mähren, mußte aufgegeben werden. Dem nunmehr *nach Westen* orientierten Staat folgend, verlagerte sich die Citybildung in den südwestlichen Ringstraßenabschnitt und verband sich hier mit der alten Geschäftsachse der Mariahilfer Straße. Diese Umorientierung wurde durch den Niedergang der feudalen Oberschicht ganz wesentlich erleichtert. Die Ausweitung der Cityfunktion in dem zwischen Stadtpark und Museen gelegenen Teilstück der Ringstraße vollzog sich auf Kosten des Wohnraumes. Im Gegensatz dazu hatte die ganze Nord- und Nordwestflanke um die Börse ihre einstige Vorrangstellung verloren; Wohnungen des unteren Mittelstandes lösten hier die wirtschaftlichen Funktionen ab.

IV. DIE ENTWICKLUNG WIENS SEIT DEM ZWEITEN WELTKRIEG

Der Anschluß an das Deutsche Reich im Jahre 1938 und der wenig später erfolgende Ausbruch des Zweiten Weltkrieges brachten Wien eine beachtliche Umschichtung seiner Bevölkerung und durch die Einfügung in einen größeren Wirtschaftskörper Kapitalinvestitionen und vielfach Fusionen mit deutschen Unternehmen.

Im Krieg erlitt die Stadt schwere Schäden (Totalverlust von 12 v. H. des Wohnungsbestandes und 25 v. H. der Industriebauten), von denen auch die Ringstraße betroffen wurde (vgl. unten).

Auf Schutt und Trümmern begann das Dasein Wiens nach dem Zweiten Weltkrieg. Es dauerte ein volles Jahrzehnt, bis mit dem Staatsvertrag (1955) auch für die bis dahin in vier Besatzungszonen aufgeteilte Stadt eine Zeit bevölkerungsmäßiger und wirtschaftlicher Konsolidierung eintrat.

Größere Bevölkerungsbewegungen, wie die Austreibung der Juden (rund 10 v. H. der Einwohnerzahl von 1937), die erheblichen Kriegsverluste, die starke Westwanderung bei Kriegsende, der Zustrom von Heimatvertriebenen), haben die Zusammensetzung der Einwohnerschaft gründlich verändert.

Dabei vollzogen sich im Stadtkörper Verschiebungen in Richtung auf eine gewisse Nivellierung der Wohndichte. In den inneren Bezirken kam die Bevölkerungsabnahme zwischen 1934 und 1951 durch die Aufteilung von Großwohnungen und die Zwangseinweisung von Ausgebombten und Flüchtlingen fast ganz zum Stillstand. Das gleiche gilt auch für die Altstadt und die Ringstraßenzone. Seither läßt sich allerdings wieder eine stete Abnahme der Bevölkerung feststellen. In den dicht und hoch verbauten Bezirken, vor allem in den Arbeiterbezirken, ist dagegen eine fortlaufende sehr starke Reduzierung der Bevölkerung infolge Verkleinerung der Haushalte eingetreten.

Nicht so ausgeprägt wie in anderen europäischen Städten ist die Randwanderung in das Weichbild der Stadt. Dies hängt damit zusammen, daß die Bevölkerungszahl von Wien im Vergleich zur Zwischenkriegszeit von 1,8 Mill. (1934) auf 1,6 Mill. (1961) weiter abgenommen hat und sich infolge des Geburtendefizits trotz beachtlicher Zuwanderung nur in dieser Höhe halten kann.

Die klare sozialräumliche Gliederung des gründerzeitlichen Stadtkörpers beginnt sich aufzulösen. Zur *Verwischung der Viertelsbildung* tragen geringe Mobilität und Undurchsichtigkeit des Wohnungsmarktes entscheidend bei. Die schwindelnd hohen Ablösen bzw. Kaufpreise von Wohnungen erschweren nämlich den sozial aufstrebenden Elementen die Erlangung entsprechend größerer Wohnungen, während dank der Beibehaltung des Mieterschutzes und niedriger Mieten sozial absteigende Bevölkerungsgruppen in Wohnungen verharren können, die der gesellschaftlichen Stellung der Eltern- und Großelterngeneration angemessen waren. Erst in jüngster Zeit ist dieses erstarrte System etwas in Bewegung geraten.

Die *Nivellierung der Sozialstruktur* äußert sich im Fehlen von Großwohnungen beim Neubau von Miethäusern und im Phänomen der Teilung von ehemaligen Groß- und Herrschaftswohnungen (besonders im Ringstraßenbereich und in der Altstadt) sowie umgekehrt in der Zusammenlegung von Kleinwohnungen.

Die gegenwärtige wirtschaftliche Situation ist dahingehend zu kennzeichnen, daß im Zeichen der Prosperität, trotz stagnierender Bevölkerungszahl, der Flächenbedarf der verschiedenen städtischen Funktionen in ansehnlichem Ausmaß steigt.

Somit kann die Gegenwart in ihren allgemeinen Tendenzen im Prinzip wieder dort anknüpfen, wo die Entwicklung der Gründerzeit durch den Ausbruch des Ersten Weltkrieges jäh abgestoppt wurde. Für das gesamtstädtische Funktionsgefüge hat dies folgende Konsequenzen:

1. Eine Ausweitung der City beiderseits des Donaukanals und entlang der alten Ausfallstraßen in die inneren Bezirke hinein, bedingt durch den wachsenden Raumbedarf des Verwaltungsstabes der Industrieunternehmen und des Dienstleistungssektors sowie dank der Vermehrung von halboffiziellen Institutionen.

2. Einen Aufschwung alter und einen Aufbau neuer Geschäftsstraßen.

3. Eine Vergrößerung und einen Ausbau der öffentlichen Einrichtungen (von den Wohlfahrtsanstalten über die Schulbauten bis zu den Verwaltungsinstitutionen).

4. Steigende Ansprüche an die Wohnungsgröße und damit im Stadtganzen eine Reduzierung der Wohndichte.

V. DIE BAULICHEN VERÄNDERUNGEN DER RINGSTRASSE: BOMBENLÜCKEN UND IHRE SCHLIESSUNG

Während der Zwischenkriegszeit hatte das Ringstraßengebiet keinerlei bauliche Veränderung erfahren, abgesehen von den inneren Umgestaltungen, auf die bereits oben hingewiesen wurde. Anders im Zweiten Weltkrieg. Nicht nur einzelne Monumentalbauten, wie das Burgtheater und die Staatsoper, wurden auf das schwerste getroffen und mußten nach den alten Plänen wiederaufgebaut werden, sondern auch der Miethausbestand erlitt weit ärgere Einbußen, als man dies nach dem ersten Augenschein erwarten würde.

Zwei Sektoren wurden von den Zerstörungen besonders heimgesucht: einerseits der Raum um die Staatsoper und andererseits der Abschnitt zwischen der Votivkirche und der Börse. Von geringfügigen Ausnahmen abgesehen, wurden diese Bombenlücken mittlerweile wieder aufgefüllt. Nur vereinzelte Ruinenstätten blieben, als Parkplätze bzw. Standorte des Gebrauchtwagenhandels provisorisch genutzt, erhalten. Die auf manchen Grundstücken wild stehenden Bäume lassen den Abstand zur Zeit der Zerstörung bereits deutlich erkennen.

Die Zahl der Ruinengrundstücke sowie die der Neubauten ist aus der Tafel V (Stand 1963) zu ersehen. Sie wurde viertelweise in der folgenden Tabelle zusammengestellt.

Die am nördlichen Altstadtsaum vorgelagerte gründerzeitliche Häuserzeile wurde durch Kriegseinwirkungen vollkommen hinweggefegt, so daß zur Zeit ein verhältnismäßig breiter, überwiegend als Parkplatz genutzter Pufferstreifen zwischen der Kanallände und der teilweise durch den Steilabfall der Stadtterrasse markierten Front der Altstadt besteht. Der totale Verlust an Bauparzellen beträgt hier insgesamt zwölf.

Es erhebt sich die Frage, in welcher Form die Neubauten in das bestehende Gefüge der Ringstraße eingepaßt wurden. Im großen und ganzen können wir feststellen, daß, abgesehen von dem Bürohochhaus an der Stelle der Gartenbaugesellschaft und dem zwanzigstöckigen Ringturm der Wiener Städtischen Versicherung, welcher die Ecke Franz Josefs-Kai – Donaulände – Schottenring markiert, die Profillinie der Ringstraße durch die neu errichteten Objekte keine grundsätzlichen Veränderungen erfuhr. Dies hängt

TABELLE 22: Die Bombenlücken der Ringstraße nach dem Zweiten Weltkrieg und ihre Schließung (Stand 1963)

Viertel	Wohnbauten	Bürobauten	Ruinengrundstücke
Textilviertel	6	1 (Städt. Vers.)	4
Börseviertel		2	5
Roßauerviertel	5	3	
Votivparkviertel	3		
Rathausviertel	1	2	2
Akademieviertel	1	7	
Schwarzenbergplatzviertel	6	8 (Hotel Intercontinental, Museum d. Stadt Wien)	4
Postsparkassenviertel	4	3	
Ringstraße	26	26	15

damit zusammen, daß die Klassen der Bauordnung des kaiserlichen Wiens nach wie vor Gültigkeit besitzen und der Bau von Hochhäusern Sondergenehmigungen unterliegt.

In der vertikalen Gliederung unterscheiden sich die Nachkriegsbauten vom alten Baubestand jedoch grundsätzlich dadurch, daß man sich bemüht, unter Anwendung der heute usuell geringeren Geschoßhöhe, ein bis zwei Etagen mehr unterzubringen als in gründerzeitlichen Häusern. Überdies sind sämtliche Geschosse, abgesehen vom Parterre, völlig gleichmäßig ausgebildet.

V. Die baulichen Veränderungen der Ringstrasse: Bombenlücken und ihre Schliessung

Mit der Vermehrung der Geschoßzahlen erfolgte zwangsläufig eine Steigerung der Geschoßflächendichte und damit eine intensivere Ausnützung der Parzelle. Dem Gebot der steigenden Bodenpreise gehorchend, läßt sich auch sonst das „Herausschinden" zusätzlicher Wohn- und Nutzflächen durch den Mansardenausbau an einzelnen Ringstraßenbauten beobachten.

Tiefgreifender als der Wandel der baulichen Gestalt ist der Unterschied der Neubauten gegenüber den alten Ringstraßenhäusern in funktioneller Hinsicht. Während nämlich bei diesen Wohn- und Wirtschaftsfunktion in engem räumlichem Kontakt unter einem Dach vereint waren und sind, zielt nun die generelle Tendenz der Neubautätigkeit dahin, entweder reine Bürohäuser oder aber mehr oder minder reine Wohnbauten zu errichten. In der obigen Tabelle wurde deshalb auch eine Sonderung der Neubauten nach ihrer Zweckbestimmung vorgenommen. Auf die Frage, welche Bedeutung die neuerrichteten Wohnbauten für die Wohnfunktion der Ringstraße besitzen, soll noch im anschließenden Kapitel eingegangen werden.

VI. DIE VERÄNDERUNGEN DER ZAHL DER WOHNUNGEN UND BETRIEBSSTÄTTEN VON 1914 BIS 1963

Die Unübersichtlichkeit der verschiedenen, zum Teil konträren und daher einander kompensierenden Prozesse auf dem Bevölkerungssektor hat ebenso wie das Auf und Ab der Wirtschaftsentwicklung seit dem Zusammenbruch der Monarchie zu recht divergierenden Auffassungen hinsichtlich der Vorgänge im Ringstraßenbereich geführt. Es bestehen folgende gegensätzliche Meinungen:
1. Die Auffassung, daß die Citybildung weiter fortschreitet und in zunehmendem Maße Wirtschaftsfunktionen an die Stelle der Wohnungen treten, mit anderen Worten, daß die Ringstraße immer mehr den Charakter eines reinen Arbeitsstättenbereiches, ähnlich der Londoner City, annimmt.
2. Die Auffassung, daß die Wohnfunktion an Boden gewinnt und deshalb, verglichen mit dem kaiserlichen Wien, heute mehr Menschen im Ringstraßengebiet wohnen als vor 50 Jahren.
Beide Meinungen stützen sich auf die Interpretation von Statistiken für den gesamtstädtischen Bereich bzw. auf die Verallgemeinerung von Einzelbeobachtungen und die Übertragung von Entwicklungstendenzen aus anderen großen europäischen Städten auf den Wiener Boden.
Sie wurden niemals mittels einer genauen Analyse überprüft, damit erhärtet oder widerlegt oder revidiert. Die notwendige Detailuntersuchung zur Klärung dieser auch für die Wiener Stadtplanung interessanten Frage wurde im Rahmen der vorliegenden Arbeit durchgeführt, und ihre Ergebnisse sollen im folgenden zur Darstellung gelangen.
Als Grundlagen standen einerseits die historischen Adreßbücher von LENOBEL (1914) und LEHMANN (1942) zur Verfügung, andererseits wurde 1963 eine hausweise Erhebung der Wohn- und Wirtschaftsfunktion in Form einer Revision des Urmaterials der Häuser- und Wohnungszählung vom Jahre 1961 durchgeführt. Verschiedene Ergänzungen und Nachträge stammen aus dem Jahr 1966.
Es ist selbstverständlich, daß dieses heterogene Grundlagenmaterial nicht völlig vergleichbare Daten bereithält. Abgesehen von Druckfehlern der genannten Adreßbücher, erhebt sich bei ihrer Auswertung vor allem die grundsätzliche Schwierigkeit, daß die Zahl der Wohnungen oft nicht mit der Zahl der Mieter übereinstimmt, weil eine Mietpartei oft zwei oder gar drei Wohnungen innehatte. Da eine Rekonstruktion der Zahl der Wohnungen für das Jahr 1914 aus den Bauakten bzw. den Archivunterlagen über die Mietzinssteuer infolge des immensen Arbeitsaufwandes unmöglich erschien, mußte die Zahl der Wohnungen mit der Zahl der Mieter gleichgesetzt werden.
Auch die vom Statistischen Zentralamt durchgeführte Häuser- und Wohnungszählung birgt manche Fehlerquellen. So sind aus ihr z. B. die gehorteten Wohnungen nicht ersichtlich, die leer stehen bzw. unter den Namen von Strohmännern aufscheinen.
Alle die genannten Unstimmigkeiten dürften jedoch zusammen 10 v. H. des Grundlagenmaterials kaum überschreiten. Sie können daher als ein genereller, sämtliche Viertel der Ringstraße betreffender Ungenauigkeitsfaktor aus dem Gesamtresultat ausgeklammert werden.

1. Die typischen Phänomene

Die wichtigsten Veränderungen im Verhältnis von Wohnungen und Betriebsstätten in dem halben Jahrhundert von 1914 bis 1961 lassen sich dessenungeachtet in ihren Hauptresultaten klar erfassen. Sie umspannen im wesentlichen zwei entgegengesetzte Bewegungen:
1. die Vermehrung der Zahl der Wohnungen,
2. die Vermehrung der Zahl der Betriebsstätten.
Unter Zugrundelegung der gegenwärtigen Zahl der Wohnungen und Betriebsstätten wurden im einzelnen folgende typische Prozesse unterschieden und auf der Kartentafel V Haus für Haus dargestellt.
Zu 1. Die *Vermehrung der Zahl der Wohnungen* beruhte dabei auf folgenden Vorgängen:
a) der *Teilung von Wohnungen;*
b) in geringerem Umfang auf der *Auflösung von Betrieben,* deren Räume wieder in Wohnungen umgewandelt wurden;

c) einen Sonderfall stellen die *Neubauten* dar, in denen stets viel mehr Wohnungen als in dem zerstörten Althaus untergebracht wurden.

Zu 2. Die *Vermehrung der Zahl der Betriebsstätten* resultiert gleichfalls aus dem Zusammenwirken verschiedener Ereignisse:

a) Häufig erfolgten *Abspaltungen von Büros aus* dem Verband ehemaliger *Großwohnungen;*

b) nicht selten wurden *Wohnungen* zur Gänze *in Betriebsstätten umgewandelt;*

c) schließlich entstanden neue Betriebsstätten beim *Neubau von Bürohäusern.*

Nur selten stößt man im Ringstraßenbereich auf den Fall der Zusammenlegung von Wohnungen, der in der Zone der Kleinstwohnungen in den äußeren Bezirken ziemlich häufig vorkommt.

Welche *physiognomischen Veränderungen* sind die Folge all dieser Erscheinungen? Die *Umwidmung von Wohnungen in Büros* gibt sich meist schon beim genaueren Fassadenstudium zu erkennen. Große Reklameschilder stehen auf den Dächern, Leuchtbuchstaben prangen zwischen den Fenstern, die mattierten Fenstergläser tragen eingeätzte Firmenbezeichnungen. Häufig ersetzen metallgefaßte Schwenkfenster die älteren mehrteiligen Holzrahmen. Es fehlen die für Wohnräume bezeichnenden verschieden gemusterten Vorhänge, ebenso die konventionellen Fensterpölster. Der gesamte Erhaltungszustand des Hauses erfuhr durch den Einzug von Büros häufig eine Verbesserung. Die Fassaden sind öfters renoviert, bei Großbüros teilweise – nicht immer glücklich – sogar zur Gänze modernisiert, d. h. ihres alten Erscheinungsbildes beraubt.

Charakteristische Veränderungen vollzogen sich im Bunde mit der Ausweitung von Geschäftslokalen im Erdgeschoß. Sie reichen vom Vorsetzen von Portalbauten vor die Hausfront bis zum Einziehen von Betonpfeilern und dem Ersatz der Hausmauern durch eine Glaswand.

Das Einziehen von Zwischendecken zur besseren Ausnützung der oft beträchtlichen Raumhöhe (4,30 m bis 5,50 m) bildet gleichfalls ein wichtiges Element des inneren Umbaus. Die Aufrichtung bzw. Beseitigung von Trennwänden verändert die alten Raumeinteilungen.

In Abhängigkeit von der Größe und den Aufgaben der Büros bestehen Unterschiede im Ausmaß der inneren baulichen Umgestaltung.

Kleinbüros besitzen im allgemeinen keine sonderliche Dynamik. Die Abtrennung einzelner Räume von einer ehemaligen Herrschaftswohnung zu Bürozwecken, wie z. B. Ordinationsräumen, Rechtsanwaltskanzleien und dergleichen mehr, hat meist nur ein Abmauern von Türen, das Aufstellen von Gangwänden u. dgl. zur Folge. Diese Umbauten sind stets von geringfügigem Ausmaß und beeinträchtigen die Qualität der verbliebenen Wohnräume in der Regel kaum.

Während bei kleinen Büros häufig eine gegenseitige Behinderung bei Expansionsbestrebungen eintritt, wenn sie in enger Tuchfühlung miteinander in einem Stockwerk untergebracht sind und sich daher weder in der Horizontalen noch in der Vertikalen ausdehnen können, gelingt es *mittelgroßen Büros* bereits, über die Stiegen in die nächsthöhere Etage vorzustoßen. Erst in Verbindung mit dieser Expositur im nächsthöheren Geschoß kommt es zur Errichtung von firmeneigenen Materialaufzügen, Verbindungstreppen usw. Wände werden verstellt, Türen ausgebrochen, um eine rationale, meist kleinzügigere Raumgliederung zu erhalten. Die am Palastbau orientierten Dimensionen der alten Herrschaftswohnungen sind für Büros an sich denkbar ungeeignet.

Eine ganz andere Situation herrscht bei *Großbüros*. Sie schieben im Zuge ihrer Ausweitung die Wohnungen gleichsam vor sich her in die höheren Stockwerke hinauf, kesseln sie ein und kapseln sie ab. Die vollkommene Umwandlung eines Wohnhauses in ein Großbürohaus ist jedoch durch den Mieterschutz mit hohen finanziellen Belastungen für die Betriebe verbunden und erfolgt daher nur zögernd. Den Mietern müssen entweder horrende Ablösen geboten oder Ersatzwohnungen zur Verfügung gestellt werden.

Die Bestrebungen aller Großbüros laufen darauf hinaus, nach Möglichkeit die gesamten Räumlichkeiten eines Hauses zu erwerben, und zwar nicht nur die Wohnungen, sondern auch die Büros. Vom derart eroberten Stammhaus aus verzweigen sie sich dann gleichsam polypenartig in die Nachbarhäuser hinein. Durchbrüche durch die Feuermauern sind an der Tagesordnung. Auf diese Art und Weise kann sukzessive ein Nachbarhaus nach dem anderen seinen Wohncharakter verlieren. Musterbeispiele für solche Vorgänge bieten die Firmen Gebrüder Böhler & Co. AG. (Elisabethstraße 12), die Firma Elin-Union AG. (Doblhoffgasse 5) und die Siemens GmbH. (Nibelungengasse 13-15).

Verhältnismäßig selten erfolgte eine *Umwandlung von Bürohäusern in Wohnhäuser*. Ein Beispiel hierfür liefert das Haus Franz Josefs-Kai 5, das 1914 Sitz der Österreichisch-ungarischen Mineralölverwaltung war. Heute befinden sich darin zwölf Wohnungen und drei Büros. Die büromäßige Einteilung der Zimmer wurde meist beibehalten und nur Küchen, Bäder und Toiletten neu etabliert, wobei man ähnlich wie bei Neubauten die Naßeinheiten zusammenlegte.

Die *Wohnungsteilungen* gehören zu dem *quantitativ wichtigsten Vorgang* beim Wandel im baulichen Gehäuse der Ringstraße.

Es erhebt sich die Frage, ob sich hierbei bestimmte Regeln des Vorgehens beobachten lassen. Grundsätzlich ist festzuhalten, daß die viel zu großen, repräsentativen Räume den heutigen Wohnansprüchen und der funktionellen Differenzierung einer Wohnung nicht mehr entsprechen. Nur mit einem Überfluß an billigem Hauspersonal konnte man derart aufwendig eingerichtete Räumlichkeiten wirklich pfleglich instand halten. Die Flucht der durch hohe Flügeltüren miteinander verbundenen und zueinander sich öffnenden Durchgangszimmer steht im Widerspruch zu den modernen Einzweckräumen, die nur durch eine Tür von dem eine Verteilerfunktion ausübenden Vorzimmer her betreten werden. Die Küchen sind zu groß und damit für den modernen Kleinhaushalt unserer Tage unbequem geworden. Das Dienstbotenzimmer besitzt seine alte Funktion nicht mehr und ist meist zur Abstellkammer geworden. Die Sitte der getrennten Schlafzimmer wurde im allgemeinen aufgegeben.

Nun ist es aber keineswegs einfach, aus diesen großen, in sich wohl abgewogenen gründerzeitlichen Wohnungen moderne Appartements zu machen. Jedes Aufstellen von Trennwänden zerstört nämlich nicht nur den Blickfang des stuckverzierten Plafonds, sondern auch die harmonischen Raumproportionen.

Die generellen Lösungen liegen daher ganz allgemein auf der Linie einer Aufteilung der Wohnung im Sinne einer Verminderung der Raumzahl, einer Teilung der zu großen Salons, einer Umwandlung von Nebenräumen in Abstellkammern oder Badezimmer und dergleichen mehr.

Entsprechend den vorgeführten Typengrundrissen der Ringstraßenhäuser ergeben sich zwei grundsätzliche Möglichkeiten:

Beim Vorhandensein von zwei Stiegen genügt die Abmauerung von zwei Türen sowie die Anlage von Badezimmer und Küche im straßenseitigen Trakt, um zwei Wohnungen zu erhalten. Anders ist es überall dort, wo nur ein Stiegenaufgang zur Verfügung steht. Dann setzt eine Wohnungsteilung zugleich die Halbierung des ehemaligen Vorzimmers voraus. Bieten sich zwei Wohnungseingänge an, wie dies öfters der Fall ist, findet man mit der Aufstellung einer Trennwand sein Auslangen. Gibt es nur einen einzigen Wohnungseingang, dann wird das Vorzimmer nach vollzogener Teilung häufig überhaupt aus dem Wohnungsverband herausgelöst und an den Gang angeschlossen. Seine frühere Existenz läßt sich dann nur noch an den beiderseitigen Mauerpfeilern ablesen. Oft kam es zur Zerschlagung der ehemaligen Etagenwohnung in drei bis vier Wohnungen.

Das Beispiel einer derartigen Wohnungszertrümmerung bietet Figur 29 (Biberstraße 8, 4. Stock), wo heute vier Wohnungen die Stelle einer Herrschaftswohnung einnehmen.

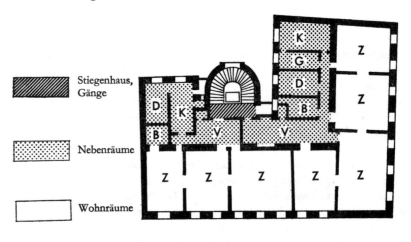

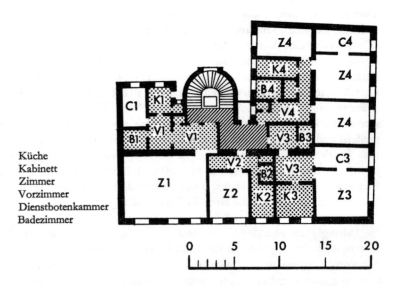

K Küche
C Kabinett
Z Zimmer
V Vorzimmer
D Dienstbotenkammer
B Badezimmer

Fig. 29 Beispiel einer Wohnungsteilung (Biberstraße 8, 4. Stock), vgl. Anhang 5, S. 239

Mit diesen Wohnungsteilungen verbindet sich häufig ein Bestimmungswandel der Räume. Die großen Zimmer werden zu Wohn- und Schlafräumen, die kleinen zu Kinderzimmern und Küchen, die Dienstbotenzimmer zu Abstellräumen, Garderoben oder Badezimmern. Aus den ehemaligen meist großen, randlich gelegenen Schlafräumen entstehen Untermietzimmer oder Studierräume für die heranwachsende Jugend.

Die *Hintergründe der Wohnungsteilungen* im Ringstraßenbereich sind außerordentlich mannigfaltig. Es darf bei dem vorgeführten Gesamtergebnis nicht vergessen werden, daß sie zu einem wesentlichen Teil bereits im Geschehen der Zwischenkriegszeit wurzeln. Hierzu gehören vor allem verschiedene wirtschaftliche Phänomene, wie die Verarmung der Oberschicht, die schrumpfende Haushaltsgröße, die Notwendigkeit, Untermieter aufzunehmen, welche sich schließlich selbständig machen konnten und Teile der Wohnungen in Eigenregie übernahmen.
Nicht unterschätzt werden darf der Faktor des Mieterschutzes und die davon herrührende „Versteinerung" auf dem Wohnungsmarkt sowie die Kapitalisierung des Mietzinses in Form von hohen (illegalen!) Ablösen. So haben wohl manche Eltern, die im Besitz von Großwohnungen waren, einen Teil derselben für ihre Kinder abgezweigt. Aus derartigen Wohnungsteilungen entstanden schließlich ebenfalls neue Wohnungen. Auch die Abtretung von Teilen der Wohnung, d. h. von einzelnen Räumen an Nachbarbüros, liegt in dieser Linie.
Außer diesen wirtschaftlichen Faktoren waren es jedoch vor allem politische Ursachen, die zur Wohnungszerschlagung beitrugen. Die Austreibung der Juden nach 1938, später die Zwangseinweisung von Ausgebombten bzw. Flüchtlingen während des Krieges, schließlich der Wohnungswechsel im Jahr 1945, als oft Widerstandskämpfer oder ehemals politisch Verfolgte die Großwohnungen in Beschlag nahmen, all dies hatte nicht nur eine höchst beklagenswerte Vernichtung der einst wertvollen Innenausstattung der Wohnungen zur Folge, sondern auch eine Mobilität der Mietparteien, wie sie im Wiener Stadtgebiet einmalig dasteht.

2. Das Gesamtausmaß der Vorgänge

Aufgrund der gekennzeichneten Phänomene überrascht das Gesamtausmaß der Umwandlung von Wohnungen in Betriebsstätten in dem halben Jahrhundert von 1914 bis 1963, wie es in der folgenden Tabelle 23 aufgerechnet wurde, nicht mehr.

Wenn man das Roßauer- und Votivkirchenviertel ausklammert, für die erst Angaben aus dem Jahre 1925 zur Verfügung stehen, so kommt man in den übrigen Vierteln bei einer Ausgangsbasis von 3235 Mietparteien im Jahre 1914 auf einen Gesamtumsatz von 2519 Veränderungsfällen, das sind insgesamt 77,8 v. H., von denen 922 auf die Abnahme, 1435 auf die Zunahme von Wohnungen und 162 auf die Abspaltung von Betriebsstätten aus Wohnungen entfallen. Bei diesen Zahlen ist allerdings zu berücksichtigen, daß bei den Angaben über die Abnahme der Wohnungen der seinerzeitige Wohnungsbestand zugrunde gelegt werden mußte, während die Angaben über die Zunahme von Wohnungen auf der heutigen Wohnungszahl basieren.
Wir sehen als Gesamtresultat die überraschende Tatsache, daß *dank der Neubauten* im gesamten *eine positive Wohnungsbilanz* zu verzeichnen ist und die Zahl der Wohnungen um über 500 zugenommen hat.
Die Neubauten bilden somit das eigentliche Zünglein an der Waage. Es soll noch im besonderen auf sie eingegangen werden, da sie sich als völlig andersartiges Sozial- und Wirtschaftselement im Rahmen der Ringstraße ausweisen. Wie aus der Kartentafel V ersichtlich, beträgt die Vermehrung der Wohnungen bei einem Neubau in der Regel 20–30 Einheiten.
Dies hängt nicht nur mit der bereits erwähnten Vermehrung der Geschosse zusammen, sondern vor allem damit, daß nunmehr Kleinwohnungen, d. h. Garçonnieren für alleinstehende Berufstätige, und Mittelwohnungen für Ehepaare an die Stelle der einstigen Großwohnungen getreten sind.
Vergleichen wir die sonstigen Vorgänge miteinander, so können wir feststellen, daß der gekennzeichnete Prozeß der Umwandlung von Wohnungen in Betriebsstätten in den Altbauten (25,9 v. H.) zu einem sehr wesentlichen Teil durch Wohnungsteilungen (20,2 v. H.) kompensiert wird. Zählen wir die Zunahme an Wohnungen auf Kosten aufgelassener Betriebsstätten dazu (8,4 v. H.), so erscheint er zahlenmäßig mehr als ausgeglichen.
Als interessantes Gesamtresultat der Entwicklung können wir somit eine zahlenmäßige *Zunahme sowohl der Wohnungen als auch der Betriebsstätten* verzeichnen.

3. Die viertelweisen Unterschiede

Überblicken wir die Phänomene in ihrer viertelweisen Differenzierung, so erkennen wir erneut die bereits wiederholt charakterisierte individuelle Note der einzelnen Ringstraßenabschnitte.
Entsprechend der bereits für die Zwischenkriegszeit analysierten Verlage-

VI. Die Veränderungen der Zahl der Wohnungen und Betriebsstätten von 1914 bis 1963

Tabelle 23 Veränderungen der Zahl der Wohnungen und Betriebsstätten von 1914 bis 1961

Mietparteien 1914 (= Wohnungen)	Textil-viertel		Börse-viertel		Roßauer-viertel*		Votiv-kirchen-viertel*		Rathaus-viertel		Opern-viertel		Schwarzen-bergplatz-viertel		Postspar-kassen-viertel		Insgesamt (ohne *)	
	780	100%	278	100%	1317	100%	307	100%	618	100%	449	100%	811	100%	299	100%	3.235	100%
1. Abspaltung von Betriebsstätten aus Wohnungen = Konstanz der Wohnungen	14	1,8	16	5,8	—		3	1,0	24	3,9	31	6,9	36	4,4	41	**13,7**	162	5,0
Umwandlung von Wohnungen in Betriebsstätten in Altbauten	121	15,5	94	**33,8**	24	1,8	—		145	23,5	151	**33,6**	256	**31,6**	70	23,4	837	25,9
in Neubauten	38	4,9	—		26	2,0	—		—		47	**10,5**	—		—		85	2,6
2. Abnahme der Wohnungen	−159	−20,4	−94	−33,8	−50	−3,8	—		−145	−23,5	−198	−44,1	−256	−31,6	−70	−23,4	−922	−28,5
Umwandlung von Betriebsstätten in Wohnungen	110	**14,1**	22	7,9	86	6,5	13	4,2	18	2,9	27	6,0	72	8,9	24	8,0	273	8,4
Neubau bzw. Aufstockung	183	**23,5**	13	4,7	89	6,7	36	11,7	23	3,7	49	10,9	191	**23,6**	50	16,7	509	15,7
Teilung v. Wohnungen	128	16,4	48	17,3	133	10,0	44	14,3	138	**22,3**	67	14,9	200	**24,7**	72	**24,1**	653	20,2
3. Zunahme der Wohnungen	+421	54,0	+83	29,9	+308	23,3	+93	30,2	179	28,9	143	31,8	463	57,2	+146	48,8	+1.435	44,3
Wohnungsbilanz	+262	+**33,4**	−11	−3,9	+249	+18,9	+93	+30,2	+34	+5,4	−55	−**12,3**	+207	+25,6	+76	+25,4	+513	+15,8
Umsatzziffer (1+2+3)	594	76,2	193	69,5	358	**27,1**	96	31,2	348	56,3	372	82,8	755	**93,2**	257	85,9	2.519	77,8

* Angaben erst aus dem Jahre 1925.

rung des wirtschaftlichen Schwergewichts vom Nordwestabschnitt der Ringstraße (Textilviertel, Börseviertel) zum Opernviertel hin, bilden diese beiden Abschnitte ein Gegensatzpaar. Beiden gemeinsam ist eine Umsatzziffer, die rund drei Viertel des alten Wohnungsbestandes ausmacht. Im *Opernviertel* erreicht die Zunahme der Betriebsstätten auf Kosten von Altwohnungen, durch Büroneubauten sowie durch Abspaltung von Betrieben aus Wohnungen mit über 50 v. H. den weitaus höchsten Wert von allen Ringstraßenvierteln. Die Wohnungsbilanz ist mit einem Abgang von 12,3 v. H. negativ.

Ganz anders das *Textilviertel*. Hier beträgt die Zunahme der Wohnungen rund die Hälfte des einstigen Wohnungsbestandes, wobei Neubauten, Aufstockungen und Teilungen von Wohnungen ebenso wie die Umwandlung von Betriebsstätten in Wohnungen zu diesem ansehnlichen Prozentsatz beitrugen. Zieht man den Abgang von Wohnungen infolge Umwandlung in Betriebsstätten ab, so verbleibt noch immer eine positive Wohnungsbilanz von über 33 v. H.

Hinsichtlich des Wohnungssaldos schließt überraschenderweise das *Börseviertel* an das Opernviertel an. Dies hängt vor allem damit zusammen, daß die Häuser gegenüber der Universität, welche vor dem Ersten Weltkrieg noch überwiegend Wohnhäuser waren, heute von einer Unzahl kleiner und mittlerer Büros eingenommen werden.

Die denkbar größte Mobilität weist das *Schwarzenbergplatzviertel* auf, in dem die Umsatzziffer nahezu an den Wohnungsstand von 1914 heranreicht. Das Überraschende dabei ist, daß in diesem heute wirtschaftlich aktivsten Abschnitt der Ringstraße die Wohnungszunahme rund ein Viertel des Ausgangstandes beträgt. Dieser Zuwachs geht auf das Konto der zahlreichen Neubauten, die an der Stelle von Bombenruinen errichtet wurden und in erster Linie Wohnzwecken dienen.

Das *Postsparkassenviertel* besitzt eine ähnliche Gesamtbilanz, fällt jedoch durch den hohen Prozentsatz der Abspaltungen von Betriebsstätten aus Wohnungen auf. Es handelt sich hierbei vor allem um Kleinbüros, die durch Zerschlagung von Großwohnungen entstanden sind.

Das *Rathausviertel* ist jenes Viertel, das die geringsten inneren Umschichtungen erfuhr und bei dem sich die Umwandlung von Wohnungen in Betriebsstätten und Wohnungsteilungen etwa die Waage halten. Alle anderen Vorgänge blieben von untergeordneter Bedeutung.

Diese viertelweisen Unterschiede dürfen nicht darüber hinwegtäuschen, daß oft von Haus zu Haus die schroffsten Gegensätze bestehen und selbst in den einzelnen Objekten die verschiedensten Vorgänge nebeneinander herliefen und weiter in Aktion sind. (Vgl. Anhang)

Unabhängig von der Viertelsbildung erweist sich jedoch die Ringstraße selbst in zunehmendem Maße als die dynamische Achse des Geschehens, eine Tatsache, die bereits in der fortschreitenden Kommerzialisierung dieses Straßenzugs sichtbar zum Ausdruck kommt und in der ursprünglichen städtebaulichen Konzeption nicht verankert war. Besonders deutlich zeigt sich dieser Trend im Abschnitt des Schottenringes, wo wir konstatieren können, daß sich vom Ring aus ein deutliches Wirtschaftsgefälle nach beiden Seiten hin entwickelt hat. Der Schottenring ist, eingespannt zwischen den beiden Eckpfeilern des Creditanstalt-Bankverein, und dem neuen Hochhaus der Städtischen Versicherung, heute zu einer Leitlinie der Wirtschaftsfunktionen geworden. Von ihr aus läßt sich in Richtung auf das Zentrum des Textilviertels um den Rudolfsplatz, aber noch viel stärker gegen Nordwesten hin, im Roßauerviertel, eine gleichsam streifenweise Zunahme der Wohnfunktion beobachten.

Eine Parallele dazu bieten der Kärntner- und der Schubertring, wo vor allem gegen die Altstadt hin die Wohnfunktion noch Bedeutung besitzt, während längs des Ringes die großen Herrschaftswohnungen meist ohne Teilungen in die Hand von Großbetrieben übergegangen sind.

4. Die Veränderungen der Wohnungsstruktur

Es ist zu erwarten, daß die starke Mobilität auf dem Wohnungssektor, die Funktionsänderungen und Teilungen von Wohnungen ebenso wie die Neubautätigkeit eine wesentliche Veränderung der Wohnungsstruktur mit sich gebracht haben.

Es erhebt sich dabei die Frage, ob der gekennzeichnete Umfang der Veränderungen, der das Resultat der Entwicklung eines halben Jahrhunderts darstellt, sich hinsichtlich der darin verborgenen Prozesse in ein Nacheinander derselben auflösen läßt. Leider fehlen Unterlagen, die eine exakte Rekonstruktion dieser im einzelnen sehr komplexen Vorgänge gestatten würden. Eine gewisse schlaglichtartige Erhellung ermöglichen immerhin die Wohnungszählungen 1934 und 1961.

Freilich sind die 1961 für die Ringstraßenzone im ersten Gemeindebezirk ausgewiesenen Zählbezirke nicht identisch mit der in der vorliegenden Arbeit verwendeten Viertelsgliederung, so daß ein direkter quantitativer Vergleich mit den Ergebnissen der eigenen Arbeit nicht möglich ist. Es können nur die Ergebnisse der amtlichen Zählungen von 1934 und 1961 miteinander verglichen werden; freilich auch nur mit Einschränkungen. Es bestehen nämlich in der Erhebungseinheit Unterschiede. Die Zählung

von 1934 verwendet die „Wohneinheit" (eine Wohneinheit ist ein Zimmer, eine halbe Wohneinheit ein Kabinett, Nebenräume werden nicht gezählt), die Zählung von 1961 die „Nutzfläche" der Wohnungen als Einstufungskriterium. Aufgrund der gründlichen Kenntnis der typischen Wohnungsgrundrisse und -größen wurde trotzdem eine Parallelisierung versucht.
Ein *Vergleich der Wohnungsstruktur der Ringstraße in den Jahren 1914, 1934 und 1961* (vgl. Tab. 24) gestattet folgende Feststellung:

TABELLE 24 Vergleich der Wohnungsstruktur der Ringstraßenzone (I. Bezirk)

	1914*		1934**		1961***	
Kleinwohnungen (bis 1,5 WE)	162	*5,0*	1.203	*25,3*	755 (bis 60 m²)	*20,3*
Mittelwohnungen (2,0–3,5 WE)	1.149	*35,5*	1.847	*39,2*	1.644 (60–130 m²)	*44,1*
Großwohnungen (ab 4,0 WE)	1.924	*59,5*	1.666	*35,5*	1.326 (130 u. m. m²)	*35,6*
	3.235	*100%*	4.716	*100%*	3.725	*100%*

* Schätzung aufgrund der Wohnungsstruktur der Bauten der Wiener Baugesellschaft (vgl. Tab. 1).
** Ergebnisse der Wohnungszählung 1934, aufsummiert unter Zugrundelegung der Zählbezirke 1961.
*** Ergebnisse der Wohnungszählung 1961, Summe der Zählbezirke 2–5. Die Ausdehnung der Zählbezirke ist größer als die der Ringstraßenzone im I. Bezirk und schließt Häuserblöcke der Altstadt ein. Dementsprechend wurde eine Reduzierung der absoluten Zahlen um 20% vorgenommen.

1. Während der Zwischenkriegszeit erschienen erstmals Kleinwohnungen in beachtlicher Zahl auf der Ringstraße. Sie betrugen in allen Vierteln rund 25 v. H. des Wohnungsbestandes.
2. Ihre Zunahme vollzog sich jedoch keineswegs auf Kosten der Mittel- bzw. Großwohnungen, sondern war vielmehr Ausdruck einer generellen beachtlichen Wohnungszunahme, von der auch die Mittelwohnungen profitierten.
3. Die Zunahme der Wohnungszahlen ist dabei wesentlich größer, als daß man sie lediglich aus der Teilung von Wohnungen erklären könnte. Es liegt die Schlußfolgerung nahe, daß der Wohnungszuwachs aus der Umwandlung von Betriebstätten in Wohnungen resultierte, ein aufgrund der tiefen wirtschaftlichen Depression der dreißiger Jahre durchaus begreifliches Ergebnis.

Vergleichen wir anschließend die Angaben für 1961 mit jenen der Zwischenkriegszeit (1934), so erkennen wir:
1. daß sich jetzt das Verhältnis zugunsten der Mittelwohnungen, und zwar zu Lasten der Kleinwohnungen, verschoben hat, während die Zahl der Großwohnungen praktisch unverändert blieb;
2. die wichtige Tatsache einer beachtlichen Abnahme der Wohnungen um rund 20 v. H. in diesem Zeitraum, wobei
3. diese Abnahme die Mittelwohnungen am wenigsten erfaßte, so daß sie relativ an Gewicht zunahmen. Darin dürfte bereits der beginnende Wiederaufbau von Wohnhäusern im Ringstraßenbereich (vgl. unten) zur Geltung kommen.
4. Man darf aus dieser Abnahme schließen, daß in der Nachkriegszeit ein beachtlicher Prozeß der Umwandlung von Wohnungen in Betriebstätten in Gang gekommen ist, der als aktuelles Phänomen auch weitere Beachtung verdient.

Die durch den Krieg und die unmittelbare Nachkriegszeit verursachten Veränderungen entziehen sich einer Aussage.

Die Interpretation des zur Verfügung stehenden Materials gestattet es somit, die *Veränderungen der Wohnungen und Betriebstätten* im Ringstraßenbereich auch in ihrer *Phasenfolge* zu erfassen, wobei im wesentlichen drei Etappen unterschieden werden können:
1. Die *Zwischenkriegszeit* ist einerseits durch eine *starke Wohnungsteilung*, vor allem von Groß- und Herrschaftswohnungen, und andererseits durch die *Umwandlung von Betriebstätten in Wohnungen* charakterisiert.
2. In der *Gegenwart* läßt sich wieder ein *Vordringen der Arbeitsstätten* auf Kosten von Wohnungen feststellen. Dieser Prozeß ist im raschen Fortschreiten begriffen und erfaßt ziemlich gleichmäßig alle Wohnungsgrößen.
3. Eine *Zunahme des Wohnraumes* erfolgt vor allem im letzten Jahrzehnt auf dem Weg über den *Wiederaufbau* nach Bombenruinen. Diese Neubautätigkeit erweist sich als eigentliches Zünglein an der Waage, das auch die Wohnungsbilanz mit einem Aktivum abschließen läßt. Allerdings rückt ihr Ende bereits in greifbare Nähe, weil es ja nur noch wenige Baulücken zu schließen gibt.

4. Die Veränderungen der Wohnungsstruktur

Werfen wir als letztes noch die Frage nach der Auswirkung der Veränderungen von Wohnungen und Betriebsstätten auf die Wohnungsstruktur in den einzelnen Vierteln der Ringstraße auf und ziehen wir zu ihrer Beantwortung die Ergebnisse der amtlichen Wohnungszählung 1961 für die Zählbezirke zu Rate (Tab. 25), so fällt uns zunächst auf, daß die viertelweisen Abweichungen der Angaben von den bereits genannten Mittelwerten für den gesamten Ringstraßenbereich nur ein mäßiges Ausmaß besitzen. Durch den höchsten Prozentsatz an Großwohnungen bei gleichzeitig geringstem Anteil an Kleinwohnungen hebt sich das Rathausviertel deutlich heraus. Es vermochte seinen einstigen Nobelcharakter über alle Krisen hinweg am besten zu bewahren. Umgekehrt weist das Postsparkassenviertel die relativ meisten Kleinwohnungen auf. Das vorhin gekennzeichnete Gegensatzpaar von Opern- und Textilviertel erstaunt durch die Ähnlichkeit seiner Wohnungsstruktur, bei der mittelgroße Appartements nahezu die Hälfte aller Wohnungen ausmachen. Über die nicht zu übersehenden qualitativen Unterschiede der Wohnungen gibt die Statistik freilich keine Auskunft.

TABELLE 25 Die Wohnungsstruktur der Ringstraßenzone nach Zählbezirken 1961*

Prozentanteil der Wohnungsgrößen

	Opern- und Schwarzenbergplatzviertel	Rathausviertel	Börse- u. Textilviertel	Postsparkassenviertel
Kleinwohnungen (bis 60 m^2)	17,4	14,5	21,2	28,9
Mittelwohnungen (60–130 m^2)	48,8	40,6	49,1	36,4
Großwohnungen (130 u. mehr m^2)	33,8	44,9	29,7	34,7

* Ergebnisse der Wohnungszählung 1961.

Fassen wir abschließend die Einzeltatsachen zusammen, so ergeben sich folgende Sachverhalte:

1. Die *Zerschlagung der einstigen Großwohnungsstruktur* im Ringstraßenbereich vollzog sich *unabhängig von* den wirtschaftlichen Intentionen *der Citybildung*, wie der Vergleich von Börse- und Opernviertel beweist.
2. Die Veränderungen der Wohnungsstruktur seit Ende der Gründerzeit erfolgten in Richtung auf eine *Nivellierung der* damals recht ausgeprägten *Unterschiede zwischen den einzelnen Ringstraßenabschnitten*.
3. Ein entsprechender *Abbau der* einst ausgeprägten *sozialen Segregation* ist zu erwarten. Ob und in welchem Ausmaß er erfolgte, soll im folgenden Kapitel diskutiert werden.

VII. DIE VERÄNDERUNGEN DER BEVÖLKERUNGS- UND SOZIALSTRUKTUR VON WIEN SEIT DER GRÜNDERZEIT

Ebenso wie bei allen anderen städtischen Erscheinungen ist es nicht möglich, die Ringstraße in ihrer gegenwärtigen Bevölkerungs- und Sozialstruktur isoliert zu behandeln. Zu sehr ist gerade diese Zone des Stadtkörpers mit tausendfachen Fäden dem gesamten städtischen Organismus verbunden. Es erscheint daher notwendig, eine kurze Diskussion der Veränderungen des Bevölkerungsaufbaus und der Gesellschaftsordnung von Wien den regionalen Ausführungen voranzustellen.

Wien nimmt unter den europäischen Millionenstädten durch seinen demographischen Schrumpfungsprozeß eine Sonderstellung ein. Viele Erscheinungen des städtischen Gefüges sind nur von dieser Warte aus verständlich.

Folgende Vorgänge sollen, soweit es das amtliche statistische Material gestattet, in ihren quantitativen und qualitativen Dimensionen kurz analysiert werden:
1. die Veränderung der Haushaltsstruktur;
2. die Veränderung der generativen Struktur der Bevölkerung;
3. die Veränderung des Sozialaufbaus.

TABELLE 26 Gruppierung der Haushalte Wiens nach der Personenzahl 1910 und 1961

Personenzahl der Haushalte	1910		1961*		Differenz
1	28.185	*5,9*	192.010	*27,7*	+*21,8*
2	86.915	*18,1*	246.634	*35,6*	+*17,5*
3	98.057	*20,5*	149.694	*21,6*	+ *1,1*
4	88.835	*18,6*	69.766	*10,1*	− *8,5*
5 und mehr	177.347	*36,9*	34.817	*5,0*	−*31,9*
	479.339	*100%*	692.921	*100%*	

* Die seit 1910 erfolgten Eingemeindungen sind so unbedeutend, daß sie keine Verfälschung der Struktur mit sich bringen.

1. Die Veränderung der Haushaltsstruktur

Die Veränderung der Haushaltsstruktur weist folgende Grundtendenz auf: Eine *Auflösung der* komplex gebauten *Großhaushalte* der Gründerzeit, bei denen die Personenzahl im Durchschnitt 4,3 betrug (1910) *zu den Kleinhaushalten* der Gegenwart. Bis 1961 war die durchschnittliche Größe der Wiener Haushalte bereits auf 2,35 abgesunken.

Die Konsequenz dieser Entwicklung bildet eine erhebliche Vermehrung der Zahl der Haushalte (vgl. Tab. 26) und ein spürbares Nachlassen der Wohndichte.

Die Zunahme der Ein- und Zweipersonenhaushalte von 24 v. H. auf über 63 v. H. im abgelaufenen halben Jahrhundert zeigt den Wandel am besten. Die Haushalte mit 3 Personen blieben mit rund 20 v. H. nahezu unverändert und bilden damit gleichsam die Drehachse dieser Strukturumkehr.

2. Die Veränderung der generativen Struktur der Bevölkerung

Die Veränderung der generativen Bevölkerungsstruktur steht letztlich als auslösender Prozeß im Hintergrund dieser Veränderung der Haushaltsstruktur. Hohe Geburtenziffern und dementsprechend kinderreiche Familien waren ein Kennzeichen von Wien um die Jahrhundertwende. Eine auf breitem Fundament ruhende Bevölkerungspyramide entsprach dem Wesen der stark wachsenden Stadt.

Seit dem Ersten Weltkrieg läßt sich ganz allgemein im mittel- und westeuropäischen Städtewesen ein stetes Absinken der Geburtenraten beobachten. Unter dem Eindruck der Wirtschaftskrisen, der fürchterlichen Arbeitslosigkeit und der drückenden Wohnungsnot kam es im Wien der Zwischenkriegszeit zu einem Geburtenrückgang sondergleichen. Mit einer Geburtenziffer von 5,5 v. T. erreichte die Stadt einen negativen Rekord.

TABELLE 27   Der Altersaufbau von Wien 1910 und 1961

	1910	1961	Differenz	
0–10	18,0	8,1	− 9,9	
10–20	18,7	12,1	− 6,6	
20–30	20,3	11,4	− 8,9	
30–40	16,7	13,2	− 3,5	−28,9
40–50	11,6	12,4	+ 0,8	
50–60	8,1	17,8	+ 9,7	
60 u. darüber	6,6	25,0	+18,4	+28,9

Im heutigen *Altersaufbau* (vgl. Tabelle 27) spiegelt sich noch das Erbe beider Perioden wider. Die in der späten Gründerzeit im Kindesalter stehende Generation ist heute längst in das Heer der Rentner und Pensionisten eingerückt. Zwar wurde die Begleichung dieser „Hypothek des Todes" durch die inzwischen sehr gestiegene Lebenserwartung etwas hinausgeschoben, steht nunmehr aber knapp bevor. Die außerordentliche Überalterung der Wiener Bevölkerung, von der 1961 (Volkszählung) ein Viertel 60 Jahre und älter war, bildet für die Stadt ein ernsthaftes bevölkerungspolitisches Problem.

Die geburtenschwachen Jahrgänge der Zwischenkriegszeit bedingen überdies eine schwache Besetzung des im erwerbsfähigen Alter stehenden Mittelbaus der 30–40jährigen. Gut besetzt sind dagegen dank der erhöhten Gebürtigkeit zwischen 1938 und 1945 sowie der Zuwanderung junger Menschen die Jahrgänge der 18–25jährigen.

Trotz der in der Gegenwart wieder erfreulich ansteigenden Geburtenzahl (1965 13 v. T.), besteht nach wie vor infolge der hohen Sterberate ein Geburtendefizit. Die Stadt ist zur Erhaltung ihres Bevölkerungsstandes auf die Zuwanderung angewiesen. Mit der Fortdauer dieses Zuzuges, welcher im Jahrzehnt von 1951 bis 1961 rund 120.000 Menschen umfaßte, steht und fällt die künftige Bevölkerungsentwicklung von Wien und letztlich seine gesamte Existenz.

Nicht erfüllt hat sich die auf dem ungünstigen Altersaufbau fußende Prognose bezüglich des Rückganges der berufstätigen Bevölkerung. Dank vermehrter Zuwanderung junger Menschen, des verstärkten Einbaus weiblicher Arbeitskräfte und der ansteigenden Pendelwanderung hat vielmehr der in den Arbeitsprozeß eingeschaltete Teil der Wiener Bevölkerung im letzten Jahrzehnt weiter zugenommen.

3. Die Veränderung des Sozialaufbaus

Die Veränderung des Sozialaufbaus kann nicht isoliert von jener der Haushalts- und Bevölkerungsstruktur betrachtet werden, sondern steht mit beiden in engen Wechselbeziehungen.

Die amtliche Statistik hält nur verhältnismäßig wenig Daten bereit, um den Wandel des Sozialaufbaus sichtbar zu machen, der sich im letzten halben Jahrhundert vollzogen hat (vgl. Tab. 28).

Diese Veränderungen bestehen einerseits in einer sukzessiven Abnahme der Selbständigen, aber auch der Arbeiter, und andererseits in einem kontinuierlichen Aufwachsen der Angestelltenschaft, ein Prozeß, der von Anbeginn mit der Entfaltung des tertiären Sektors der Wirtschaft verknüpft ist.

Versuchen wir über diesen Vorgang Klarheit zu erlangen und damit den Standort der gegenwärtigen Entwicklung zu präzisieren, so können wir dies nur unter Zuhilfenahme der für die frühe Gründerzeit – d. h. den Beginn des Ringstraßenbaus – gewonnenen Resultate über die damalige Sozialschichtung der Wiener Bevölkerung (vgl. Fig. 28).

Die Sozialstruktur Wiens im Jahre 1869 war noch zur Gänze durch das Nebeneinander bzw. die Verschmelzung von Bestandteilen der Feudalordnung und eines frühindustriellen Gesellschaftsaufbaus geprägt. Heute sind die damals noch recht wichtigen Elemente der Feudalstruktur, die

TABELLE 28   Die Gliederung der Berufstätigen von Wien 1910, 1934, 1951, 1961

	1910	1934	1951	1961
Selbständige	**16,3**	15,7	12,2	10,3
Mithelfende Familienangehörige	1,2	1,2	2,2	2,9
Lehrlinge	5,0	2,4	2,5	3,9
Angestellte	13,6	25,4	35,2	**40,6**
Arbeiter	**65,9**	55,3	47,9	42,3

VII. Die Veränderungen der Bevölkerungs- und Sozialstruktur von Wien seit der Gründerzeit

vielschichtige Gruppe des Adels und der von Kapitalrenten lebende Bevölkerungsteil praktisch verschwunden. Übrig blieben allein die Gewerbetreibenden. Seither erfuhr die industrielle Gesellschaftsstruktur insofern einen tiefgreifenden Wandel, als der tertiäre Sektor der Wirtschaft seine Angestelltenheere aufgebaut hat. Erst durch diesen Prozeß wurde die ältere industrielle Gesellschaftsordnung mit ihren klassischen Einstufungskriterien von Besitz und Vermögen, Bildung und Einkommen tatsächlich aufgebrochen. Wir können feststellen, wie nunmehr diese jüngste, rasch anschwellende Sozialgruppe die alten Sozialgruppen gleichsam aushöhlt, überlagert und zum Teil zum Verschwinden bringt. Dies gilt in besonderem Maße für die Selbständigen, und zwar sowohl für die Gewerbetreibenden als auch für die Angehörigen der freien Berufe, welche mehr und mehr ein Angestelltenverhältnis eingehen und damit auch das Sozialverhalten

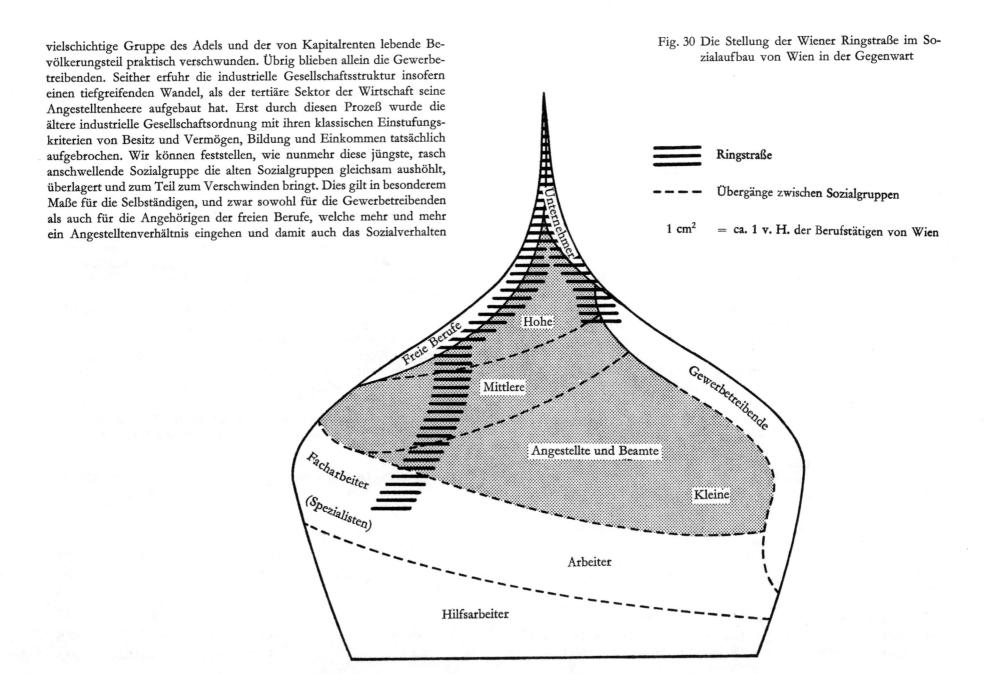

Fig. 30 Die Stellung der Wiener Ringstraße im Sozialaufbau von Wien in der Gegenwart

ändern. Dies gilt aber ebenso für die arrivierten Mitglieder der Arbeiterschaft, die nicht zuletzt dank einer fortschrittlichen Sozialgesetzgebung juristisch den Angestellten gleichgestellt werden bzw., wenn es sich um begehrte Facharbeiter, wie Werkmeister und dergleichen, handelt, aus Konkurrenzgründen von den Betrieben überhaupt sofort in ein Angestelltenverhältnis übernommen werden.

In einem Schema wurde versucht, den derart veränderten gegenwärtigen Sozialaufbau festzuhalten (vgl. Fig. 30). An die Stelle der klar gegliederten Sozialpyramide des kaiserlichen Wiens ist eine Zwiebelform getreten. Darin äußert sich die Anhebung des Lebensstandards breiter unterer Bevölkerungsschichten. Der hart an der Grenze des Existenzminimums lebende Bevölkerungsteil schmilzt zunehmend dahin. Die einst durch das Konubium mitbestimmten scharfen Grenzen zwischen den Ständen sind, wenn auch noch nicht ganz beseitigt, so doch durchgängig geworden. Die Variationsbreite der einstigen Unterschichten in bezug auf Einkommen und Besitz, ausgedrückt durch Wohnung und Konsum langfristiger und periodischer Güter, hat sich erhöht. Eine Auf- bzw. Abwertung ganzer Berufsgruppen ist erfolgt. Das einst wichtige Kriterium der höheren Bildung hat sehr an Wert verloren, mit gewissen praktischen Fertigkeiten verbundene Berufe haben dagegen an Wert gewonnen.

Der Verlust der Spitze geht bereits auf das Konto der Zwischenkriegszeit und wurde von nicht hoch genug einzuschätzender Tragweite für das bauliche Gefüge und den Wirtschaftsaufbau der Stadt. Die einstige Gruppe des gehobenen Mittelstandes, die Angehörigen der freien Berufe, Architekten, Fachärzte, Rechtsanwälte, sowie Großgewerbetreibende haben stellvertretend ihren Platz besetzt.

Ein direkter *Konnex zwischen Sozial- und Haushaltsstruktur* besteht bei dem in der Gründerzeit so wichtigen Element der familienfremden Personen. Dieses hat in den letzten fünf Jahrzehnten eine starke Reduzierung erfahren (Tab. 29), und zwar einerseits durch die Abnahme des Hauspersonals – infolge Verarmung der Oberschicht und des Mittelstandes in der Zwischenkriegszeit und steigender Löhne in der Gegenwart – und andererseits durch den Rückgang des Untermietwesens. Infolge der durch das Mieterschutzgesetz niedrig gehaltenen Mieten bestand in der Zwischenkriegszeit für die Arbeiterschaft nicht mehr der Zwang zur Untervermietung ihrer an sich überbelegten Wohnungen. In der Gegenwart ist die in der Zwischenkriegszeit wichtige Untervermietung der Groß- und Herrschaftswohnungen durch die verarmten Angehörigen des Mittelstandes und der Oberschicht dank der wirtschaftlichen Konsolidierung dieses

TABELLE 29 Die Zusammensetzung der Wiener Haushalte in den Jahren 1910, 1934 und 1961

	1910	1934	1961
Haushaltsvorstände und Ehefrauen	*	56,6	67,2
Kinder	*	29,0	24,4
Sonstige Familienangehörige	*	6,1	5,1
Hauspersonal	5,1	2,7	0,5
Untermieter	8,5 ⎫ 12,6	5,6	2,8
Sonstige familienfremde Personen	4,1 ⎭		

* ohne Angaben.

Bevölkerungsteiles in starkem Rückgang begriffen. Die Untervermietung ist von der Regel zur Ausnahme geworden.

Der *Sozialaufbau* steht ferner mit der *Altersstruktur* in Beziehung. Zwei Faktoren kommen dabei ins Spiel:

Die erste wichtige Tatsache ist das Streben nach sozialem Aufstieg. Sie äußert sich in der Änderung der Berufszugehörigkeit innerhalb eines Menschenlebens bzw. im Weiterrücken innerhalb einer starren bürokratischen Rangordnung.

Die zweite Tatsache besteht im unterschiedlichen Altersaufbau von aussterbenden Berufs- und Sozialgruppen, die daher durch eine entsprechende Überalterung auffallen, während im „Kommen" begriffene Berufe hauptsächlich von jungen Menschen getragen werden.

Durch diese beiden Elemente erfährt das einfache Schichtenmodell des Sozialaufbaus eine entscheidende Modifikation. Es ist sehr zu bedauern, daß die amtliche Statistik über diese interessanten sozialwirtschaftlichen Phänomene leider keine Auskünfte erteilt.

Dasselbe gilt für die Beziehungen zwischen Sozialstruktur und generativem Verhalten, wo man nur aus bezirksweisen Korrelationen darauf schließen kann, daß die Angehörigen der Ober- und Mittelschichten eine größere Kinderfreudigkeit besitzen als jene der Arbeiterschaft, weshalb ihre Haushalte etwas größer sind.

In der Gründerzeit standen die Wohnungsgröße und der konstruktive Bautyp in engem und unmittelbarem Zusammenhang mit der ständischen Gliederung der Bevölkerung. Ob und wieweit dieser gelockert wurde, darüber gestattet die offizielle Statistik leider keine Aussage.

VIII. DIE GEGENWÄRTIGE BEVÖLKERUNGS- UND SOZIALSTRUKTUR DER RINGSTRASSE

1. Die Stellung der Ringstraße im städtischen Gefüge

a) Wohnfunktion und Wohndichte

Die Bedeutung der Ringstraße als Wohnstätte läßt sich mittels der Zählsprengelangaben der Personenstandserhebung für 1959 mit rund 14.500 Menschen angeben. Wie erwähnt, decken sich diese Zählsprengel jedoch nicht völlig mit dem in der vorliegenden Arbeit untersuchten Gebiet.

Immerhin erreicht die Ringstraßenzone die Einwohnerzahl einer Kleinstadt (vergleichbar Bad Ischl, Hallein, Braunau am Inn). Ihre großen und geräumigen Miethäuser sind jedoch keineswegs gleichmäßig mit Menschen erfüllt, sondern weisen im Gegenteil sehr große Unterschiede der Wohndichte auf. Die Zahl der Bewohner pro Haus (Behausungsziffer) verteilt sich dabei ziemlich gleichmäßig über die in Zehnereinheiten gestuften Größenklassen (vgl. Tab. 30). Erst ab 50 Personen setzt ein deutlicher Abfall ein.

Die einzelnen Quartiere sondern sich hierbei nicht so klar, wie man es erwarten würde. Lediglich das Börse- und das Opernviertel fallen durch ihren überdurchschnittlichen Prozentsatz an reinen Bürohäusern auf, in denen meist nur noch der Portier wohnt. Auf der anderen Seite hebt sich das Roßauerviertel durch seinen Wohncharakter deutlich ab. Die Masse der Häuser zählt hier 30 und mehr Mieter. Ihm folgt das Postsparkassenviertel mit gleichfalls größerer Wohndichte. Das Votivkirchen- und das

TABELLE 30 Zahl der Häuser und Bewohner im Ringstraßenbereich 1959

Anzahl der Bewohner	Textilviertel		Börseviertel		Roßauerviertel*		Votivparkviertel*		Rathausviertel*		Opernviertel		Schwarzenbergplatzviertel		Postsparkassenviertel		Summe	
1–5	6	8,3	10	**25,0**	4	4,3	—	—	8	9,6	6	**20,0**	22	**16,1**	4	9,1	60	11,5
6–10	1	1,4	4	10,0	1	1,1	—	—	6	7,2	2	6,7	14	10,2	1	2,2	29	5,5
11–20	13	18,0	13	**32,5**	7	7,5	6	**25,0**	15	**18,1**	3	10,0	31	**22,6**	5	11,4	93	17,8
21–30	21	**29,2**	6	15,0	10	10,8	6	**25,0**	19	**22,9**	7	**23,3**	31	**22,6**	14	**31,8**	114	21,8
31–40	10	13,9	4	10,0	19	**20,4**	5	**20,8**	18	**21,7**	5	**16,7**	22	**16,1**	9	**20,5**	92	17,6
41–50	8	11,1	2	5,0	21	**22,6**	4	**16,7**	9	10,9	5	**16,7**	12	8,8	8	**18,2**	69	13,2
51 und mehr	13	**18,1**	1	2,5	31	**33,3**	3	12,5	8	9,6	2	6,6	5	3,6	3	6,8	66	12,6
Häuser	72	100	40	100	93	100	24	100	83	100	30	100	137	100	44	100	523	100
Gesamtzahl der Bewohner	2.366		688		4.428		785		887		833		3.163		1.304		14.454	

* Vollständige Deckung zwischen Zählsprengel und Viertelgliederung; bei anderen Vierteln nur unvollständige Deckung.

Quelle: Die Personenstands- und Betriebsaufnahme am 10. Oktober 1959. Mitt. a. Statistik u. Verwaltung d. Stadt Wien 2, 1960.

Rathausviertel ähneln einander insofern, als die Mehrzahl der Häuser eine kontinuierliche Abstufung zwischen 11 und 40 Bewohnern aufweist. Im Textilviertel wechseln die Extreme von menschenleeren und überfüllten Häusern geradezu mosaikartig ab.

Mit dieser oftmals von Haus zu Haus sprunghaft wechselnden Behausungsziffer bezieht die Ringstraße jedoch keineswegs eine Ausnahmestellung im Vergleich zur Altstadt und den inneren Bezirken, sondern fügt sich vielmehr in die schon seit dem 19. Jahrhundert dem ganzen Innenstadtbereich eigene Struktur einer starken Mengung von Wohn- und Betriebsstätten ein.

b) Die Haushaltsstruktur

Zieht man als nächstes die Haushaltsstruktur (Tab. 31) zum Vergleich heran, so erlebt man freilich gewisse Überraschungen. Diese betreffen weniger die Haushaltsgröße — welche im Vergleich zum Stadtmittel eine höhere Quote von Haushalten mit drei und mehr Personen aufweist – als vielmehr die Kinderzahl.

Nach der landläufigen Meinung bildet die Ringstraße ein kinderloses Gebiet. Diese Vorstellung bedarf einer gewissen Korrektur. Sie ist insofern richtig, als das Ringstraßengebiet durchschnittlich eine etwas größere Zahl von kinderlosen Haushalten aufweist als die gesamte Stadt. Daneben

TABELLE 31 Größe und Kinderzahl der Haushalte im Ringstraßenbereich 1961 in Prozenten

	Wien	Zählbezirke der Ringstraßenzone (I. Bezirk)			
		Textil- und Börseviertel	Rathausviertel	Opern- und Schwarzenbergplatzviertel	Postsparkassenviertel
Personen je Haushalt					
1	27,7	20,2	24,9	26,8	27,3
2	35,6	34,3	31,9	34,6	32,8
3	21,6	23,8	20,6	20,0	21,8
4	10,1	**12,6**	**12,9**	11,3	11,1
5 und mehr	5,0	**9,1**	**9,7**	7,4	7,0
Kinder je Haushalt					
0	72,5	70,2	74,7	**77,7**	**76,0**
1	18,9	18,6	15,7	13,8	15,0
2	6,5	**8,6**	**6,8**	6,4	**6,9**
3	1,5	**2,1**	**1,8**	**1,7**	1,3
4 und mehr	0,6	0,5	**1,0**	0,4	0,8
Gesamtzahl der Haushalte	692.921	1.506	1.431	1.602	1.266

Quellen: Mitt. a. Statistik u. Verwaltung d. Stadt Wien. Sonderheft 1965. – Die Wiener Wohnbevölkerung nach Zählbezirken (Ergebnisse der Volkszählung vom 21. März 1961).

besitzt sie im Mittel eine größere Zahl von Haushalten mit zwei und mehr Kindern. Zwei diametral verschiedene Haushaltsstrukturen begegnen sich somit, worauf noch näher einzugehen sein wird. Immerhin können wir festhalten, daß sich die Ringstraßenzone nicht von der Regel ausschließt, daß Stadtgebiete mit einem überdurchschnittlichen Besatz an Mittel- und Oberschicht auch eine größere Fruchtbarkeit als Arbeiterbezirke aufweisen. Diese Regel ist jedoch nicht ganz unabhängig von der Citybildung, wie uns ein Blick auf die Tabelle 31 lehrt. Die am stärksten von Arbeitsstätten okkupierten Viertel um Oper und Schwarzenbergplatz weisen nämlich einen beachtlich über dem Stadtdurchschnitt liegenden Prozentsatz an kinderlosen Haushalten auf, während das Textilviertel, in dem die Wohnfunktion (vgl. oben) durch Wohnungsteilungen und Auflösung von Betrieben stark an Boden gewonnen hat, einen über dem Stadtmittel liegenden Anteil von Haushalten mit zwei und mehr Kindern besitzt. Das Rathausviertel schließt in seiner Struktur mehr an das Textilviertel, das Postsparkassenviertel an das Opernviertel an.

c) Der Altersaufbau und Beschäftigungsgrad

Auch im Altersaufbau und Beschäftigungsgrad weist die Ringstraßenzone einige Abweichungen gegenüber dem Stadtmittel auf (vgl. Tab. 32). Drei Personengruppen sind bei diesem Vergleich wichtig:
1. *Der Anteil der Kinder von 0–10 Jahren* liegt in allen Abschnitten unter dem Stadtmittel. Jedoch ist dieser Unterschied wesentlich geringer,

TABELLE 32 Wohnbevölkerung nach Alter und Geschlecht im Ringstraßenbereich 1961 in Prozenten

Altersstufen	Wien		Zählbezirke der Ringstraßenzone (I. Bezirk)							
			Börse- und Textilviertel		Rathausviertel		Opern- und Schwarzenbergplatzviertel		Postsparkassenviertel	
	männl.	weibl.	männl.	weibl.	männl.	weibl.	männl.	weibl.	männl.	weibl.
0–10	9,5	6,9	8,2	6,3	7,1	6,0	7,5	5,3	8,5	5,7
10–20	14,0	10,6	**16,4**	**13,2**	14,2	11,9	12,0	9,7	12,4	10,8
20–30	12,9	10,2	12,8	10,1	12,5	10,5	13,7	10,9	10,1	9,5
30–40	13,5	13,0	10,2	10,8	9,4	10,8	11,1	12,8	11,8	12,0
40–50	11,8	12,7	14,1	16,3	12,5	13,9	11,8	13,6	**13,6**	**15,6**
50–60	17,4	18,2	16,8	19,2	18,6	17,6	**19,4**	**20,1**	**20,2**	**19,7**
60 und darüber	20,9	28,4	21,5	24,1	**25,7**	**29,3**	24,5	27,6	23,4	26,7
Insgesamt	707.763	919.803	1.702	2.208	1.573	2.156	1.712	2.239	1.309	1.750
Davon Beschäftigte	450.695	356.231	1.080	963	976	876	1.097	972	884	744
%-Anteil der Beschäftigten an der Wohnbevölkerung	63,7	38,7	63,5	**43,6**	62,0	40,6	64,1	**43,4**	**67,5**	42,5

Die Aufgliederung nach Zählbezirken überschneidet sich mit der bisher verwendeten Viertelsgliederung (vgl. Tabelle 24, S. 118).

Quellen: Mitt. a. Statistik u. Verwaltung d. Stadt Wien, Sonderheft 1965. – Die Wiener Wohnbevölkerung nach Zählbezirken (Ergebnisse der Volkszählung vom 21. März 1961). – I. Heft: Wohnbevölkerung nach Alter und Geschlecht.

als man erwarten würde. Der Prozentsatz der Jugendlichen von 10–20 Jahren übertrifft jedoch den Stadtdurchschnitt. Er weist eine auffallende Parallele zum hohen Anteil der 40–50jährigen auf. Die Schlußfolgerung, daß es sich hierbei um zusammengehörige Eltern-Kinder-Generationen handelt, liegt nahe und ebenso die Annahme, daß es sich hierbei um Haushalte handelt, die im Gefolge der Umschichtungsvorgänge in der Ringstraßenzone während der Kriegs- und unmittelbaren Nachkriegsjahre eingemietet wurden. Vor allem der hohe Anteil derartiger Familien im Textilviertel, wo vor 1938 der Textilgroßhandel im wesentlichen in jüdischen Händen lag, führt mit Notwendigkeit zu einer solchen Erklärung.

2. *Der Anteil der Bevölkerung im Alter über 60 Jahre* bewegt sich um das Stadtmittel. Durch den hohen Besatz mit Selbständigen, die meist später als die unselbständigen Berufstätigen aus dem Berufsleben ausscheiden, liegt der Anteil der Pensionisten und Rentner jedoch unter dem Stadtdurchschnitt.

3. *Der Anteil der im Berufsleben stehenden Personen* notiert mit über der Hälfte der Gesamtbevölkerung wesentlich über dem Stadtmittel, wobei vor allem der hohe Prozentsatz an berufstätigen Frauen auffällt. Dabei ist das Durchschnittsalter der Berufstätigen gleichfalls höher als im Stadtganzen, wie man aus der starken Besetzung der Altersklassen der 50–60jährigen ersehen kann.

Zwischen den einzelnen Vierteln der Ringstraße bestehen jedoch Unterschiede. Das Rathausviertel und das Textilviertel bilden hierbei in gewisser Hinsicht ein Gegensatzpaar. In ersterem ist die Überalterung größer als in ganz Wien. Dagegen hat das Textilviertel den geringsten Hundertsatz alter Leute und die höchsten Werte in den mittleren Jahrgängen zwischen 40 und 60. Mit 43,6 v. H. berufstätigen Frauen erreicht es gleichfalls ein Maximum.

d) Die Sozialstruktur

Die amtliche Statistik enthält nur wenige Daten zur Kennzeichnung des Sozialaufbaus. Dessenungeachtet läßt sie erkennen, daß sich auch heute noch die Ringstraßenzone hinsichtlich der sozialen Gliederung der Wohnbevölkerung vom gesamten städtischen Gefüge abhebt (vgl. Tab. 33).

Alle anderen bisher in einer Einzelanalyse angeführten Elemente der Bevölkerungsstruktur weisen demgegenüber nur geringfügige Abweichungen auf, ein Zeichen dafür, daß die demographischen Merkmale der verschiedenen Sozialgruppen bereits eine außerordentliche Angleichung erfahren haben.

Der Sozialaufbau der Ringstraßenzone wird in hohem Maße von *einer* Sozialgruppe bestimmt, nämlich den *Selbständigen*, die in manchen Abschnitten, wie im Opern-, Schwarzenbergplatz- und Postsparkassenviertel, 40 v. H. aller männlichen Berufstätigen stellen und auch bei den Frauen mit Sätzen bis zu 20 v. H. noch verhältnismäßig zahlreich vertreten sind. Diese Werte finden lediglich in einzelnen Vorstadtbereichen unmittelbar an den Ausfallstraßen und in den Cottagevierteln ein gewisses Äquivalent.

Im Vergleich zu den Selbständigen ist die Zahl der Arbeiter sehr niedrig.

TABELLE 33 Beschäftigte aus der Wohnbevölkerung nach Stellung im Beruf und Geschlecht in der Ringstraßenzone 1961

	Wien		Börse- und Textilviertel		Rathausviertel		Opern- und Schwarzenbergplatzviertel		Postsparkassenviertel	
	männl.	weibl.	männl.	weibl.	männl.	weibl.	männl.	weibl.	männl.	weibl.
Selbständige	12,5	7,4	27,6	15,2	31,6	13,9	**40,6**	**18,9**	**39,2**	**21,9**
Mithelfende	0,9	5,4	1,4	8,0	1,6	8,9	1,6	9,5	1,6	8,6
Angestellte	41,4	39,6	**50,3**	**46,2**	**52,2**	**46,8**	43,3	41,5	46,7	42,1
Arbeiter	40,7	44,3	17,5	27,3	12,8	**29,1**	12,6	**29,0**	11,0	26,3
Lehrlinge	4,5	3,3	**3,2**	3,3	1,8	1,3	1,9	1,1	1,5	1,1
Insgesamt	450.695	356.231	1.080	963	976	876	1.097	972	884	744

VIII. Die gegenwärtige Bevölkerungs- und Sozialstruktur der Ringstrasse

Sie schwankt bei den Männern zwischen 10 und 18 v. H. und erreicht bei den Frauen etwas höhere Werte, weil ja die Hauswartinnen und das ausschließlich weibliche Hauspersonal zu dieser Gruppe zählen.

Der Hundertsatz der Angestellten liegt etwas über dem Stadtmittel. Ihre soziale Rangordnung geht aus dem amtlichen Material nicht hervor.

Wie nicht anders zu erwarten, bestehen recht beachtliche Unterschiede in der Sozialstruktur innerhalb der Ringstraßenzone. Opern- und Textilviertel bilden auch hier, wie schon des öfteren, die beiden Extreme. In ersterem erreichen die Selbständigen ein absolutes Maximum, während im Textilviertel die Arbeiter und Angestellten die höchsten Prozentsätze verzeichnen.

Die amtliche Statistik gestattet es nicht, die Zusammenhänge zwischen Sozialstruktur und Wohnungsstruktur aufzuhellen. Dies hat zwei Hauptgründe:

1. stellt die Einteilung der Berufstätigen nach ihrer Stellung im Beruf keineswegs mehr ein schichtenspezifisches Kriterium dar und besitzt daher nur sehr eingeschränkte Aussagekraft im Hinblick auf die Gesellschaftsstruktur (vgl. Fig. 30).
2. äußert sich darin auch die Tatsache, daß neben der Wohnungsgröße des einzelnen Hauses auch der Wohnwert der verschiedenen Viertel der Ringstraße, wie er von der Bevölkerung eingeschätzt wird, eine wesentliche Rolle spielt.

Mit den aus dem amtlichen statistischen Material gewonnenen groben analytischen Aussagen über den Bevölkerungs- und Sozialaufbau kann nur ein Rahmen abgesteckt werden, innerhalb dessen die eigentlichen Phänomene dieses Fragenkomplexes noch der Untersuchung harren. Um sich an sie heranzutasten und die Fäden der Einzelanalyse zu dem Muster der Strukturen zu verknüpfen, war es notwendig, eine eigene Detailanalyse der Bevölkerungs- und Sozialstruktur durchzuführen. Ihre Grundlage bildete das statistische Urmaterial der Volks-, Häuser- und Wohnungszählung 1961, dessen Angaben durch Begehungen und Befragungen 1963 (vereinzelt noch 1966) ergänzt wurden.

Mittels einer vierzigprozentigen Stichprobe wurden folgende Fragen zu klären versucht:

1. die Veränderungen des Sozialaufbaus seit der Gründerzeit,
2. die Beziehungen von Wohnungsgröße, Sozialaufbau und Bevölkerungsstruktur und
3. die besonderen Phänomene der Ringstraße, wie die Auflösung der Einheit von Wohnung und Arbeitsstätte der Selbständigen und die Kriterien der Wohlhabenheit und Deklassierung.

2. Die Veränderung des Sozialaufbaus der Ringstraße seit der Gründerzeit

Um den gegenwärtigen Sozialaufbau der Ringstraße auch in seiner historischen Dimension richtig zu deuten, wurde versucht, den Anschluß an die für 1914 und 1942 gebotene Gliederung zu finden.

Das folgende Diagramm (Fig. 31) veranschaulicht die Entwicklung des Sozialaufbaus der Ringstraße seit der Gründerzeit.

Es läßt folgende strukturelle Veränderungen erkennen:

1. den schrittweisen Rückgang der Angehörigen der Oberschicht, für den allerdings der Zusammenbruch der Monarchie ein weit einschneidenderer Eingriff war als das Ende des Zweiten Weltkrieges. Freilich ist die feudale Grundsubstanz, der Adel sowie die Gruppe der von rentenkapitalistischen Intentionen getragenen Privaten, nunmehr endgültig verschwunden. Zurück blieb die wirtschaftliche Elitegruppe der Industriellen und Bankiers, die freilich im Vergleich zu 1942 zahlenmäßig ebenfalls abgenommen hat.
2. Der Block des gehobenen Mittelstandes, der sogenannten „freien Berufe", vertreten durch Ärzte, Rechtsanwälte, Architekten, Künstler, Steuerberater, Werbefachleute u. dgl., weist gleichfalls eine rückläufige Tendenz auf. Bei den Ärzten befindet sich die Zahl der Doppelexistenzen, d. h. der Spitalsärzte mit Privatpraxis, im Zunehmen.

Der Rückgang der Gewerbetreibenden entspricht dem allgemeinen Trend dieser Gruppe, bei welcher ganze Branchen auf dem Aussterbeetat stehen bzw. in fortdauernder Reduktion begriffen sind.

3. Ziemlich unverändert blieb seit der Zwischenkriegszeit die Gesamtzahl der Angestelltenschaft mit einem Drittel aller Mietparteien. Allerdings hat sich innerhalb derselben das Schwergewicht noch stärker auf die mittleren und kleinen Angestellten und Beamten verschoben.

4. Rentner und Pensionisten bilden den Ersatz für den Substanzverlust der selbständigen Berufstätigen und der Oberschicht. Sie stellten 1963 rund ein Viertel aller Hauptmieter.

Da heute in einem Gutteil der Haushalte nicht allein der Haushaltsvorstand zu den Einkommensbeziehern zählt, wurde diese Gliederung der Mietparteien nach dem Beruf des Haushaltsvorstandes auf alle im Haushalt lebenden Berufstätigen erweitert, nicht zuletzt deshalb, um einen direkten Anschluß an die bereits gebotenen Überblicksangaben der amtlichen Statistik zu finden (Tab. 34).

Diese Gegenüberstellung läßt erkennen, daß die Sozialgliederung der Haushaltsvorstände und der übrigen im Haushalt wohnenden Berufs-

2. DIE VERÄNDERUNG DES SOZIALAUFBAUS DER RINGSTRASSE SEIT DER GRÜNDERZEIT

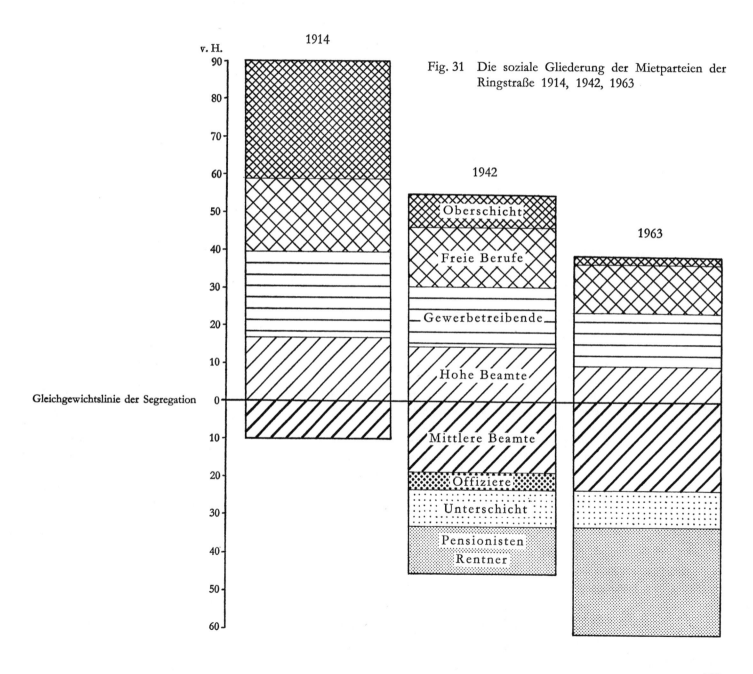

Fig. 31 Die soziale Gliederung der Mietparteien der Ringstraße 1914, 1942, 1963

TABELLE 34 Sozialaufbau der Mietparteien und Berufstätigen der Ringstraße 1961/63

	Haushaltsvorstände	Berufstätige
Oberschicht	2,3	2,0
Mittelschicht		
Selbständige:		
Freie Berufe	11,0 ⎫ 24,9	11,4 ⎫ 26,0
Gewerbetreibende	13,9 ⎭	14,6 ⎭
Höhere Beamte und Angestellte	10,7 ⎫ 33,0	11,5 ⎫ 47,5
Mittlere Beamte und Angestellte	22,3 ⎭	36,0 ⎭
Unterschicht		
Arbeiter, Lehrlinge, Hauspersonal	10,2	22,9
Rentner, Pensionisten	26,5	
Ohne Berufsangabe	3,1	1,5

tätigen beachtliche Unterschiede aufweist, derart, daß bei den letzteren der Hundertsatz der mittleren Angestellten und Arbeiter beträchtlich zunimmt. Der wichtige Faktor der sozialen Mobilität innerhalb der einzelnen Familien kommt dadurch zum Ausdruck, so u. a. die Tatsache, daß die Söhne und Töchter von Gewerbetreibenden häufig in ein Angestelltenverhältnis hinüberwechseln oder aber auch als Facharbeiter ihr Brot verdienen. Desgleichen besteht bei den Kindern von Vertretern der freien Berufe eine Neigung zur gesicherten Beamtenexistenz. Die erwerbstätigen Frauen bilden ein weiteres Element, das durch seine im ganzen subordinierte Stellung gleichfalls die Gesamtgliederung der Berufstätigen verändert. Schließlich muß noch die Gruppe der Untermieter berücksichtigt werden, welche sich vorwiegend aus Angestellten und Arbeitern formiert.

3. Die Beziehungen zwischen Wohnungsgröße, Sozialaufbau und Bevölkerungsstruktur

Wohnungsstruktur und Sozialstruktur bilden die beiden Eckpfeiler des im einzelnen recht komplizierten Zusammenhanges zwischen Gesellschaftsordnung und baulicher Substanz einer Stadt. Im Wohnungswesen der Gründerzeit bestand ein enger Konnex zwischen Größe und Ausstattung der Wohnung und dem Berufsstand der darin lebenden Menschen. Wieweit bestehen diese Wechselbeziehungen noch heute?
Um diese Frage zu beantworten, wurden, einerseits von der Wohnungsstruktur und andererseits von der Sozialstruktur ausgehend, die Querbezüge zu anderen wesentlichen demographischen Faktoren, wie Haushaltsgliederung und Altersaufbau, analysiert. Um nicht durch eine übergroße Anhäufung von Tabellen und Zahlen zu ermüden, wurden die wichtigsten Resultate in schematisierter Form graphisch dargestellt.
Die *Verflechtung von Wohnungs- und Sozialstruktur* und ihre gegenwärtigen Entwicklungstendenzen lassen sich am besten an Hand eines *Vergleichs zwischen* dem *Rathausviertel* und dem *Börseviertel* verdeutlichen (vgl. Fig. 32).
Trägt man die jeweils stärkste Besetzung einer Wohnungsgrößenklasse durch eine bestimmte Sozialschicht in eine Matrix ein, so demonstriert das Rathausviertel geradezu modellartig eine ausgeprägte positive Korrelation zwischen sozialem Status und Wohnungsgröße. In den Herrschaftswohnungen mit über sechs Zimmern dominiert die Oberschicht, in den Appartements mit viereinhalb bis sechs Wohneinheiten leben die Angehörigen der freien Berufe, in den Wohnungen mit drei bis vier Zimmern die höheren Angestellten und Beamten, an die sich auch die Gewerbetreibenden mit etwas breiterer Streuung und im ganzen bescheidenerer Wohnungsgröße anschließen. Die mittleren Angestellten setzen sich deutlich ab, Arbeiter und Hilfsarbeiter überwiegen in den Kleinwohnungen.
Im Gegensatz dazu läßt sich im Börseviertel das Vorprellen der unteren Bevölkerungsgruppen in die Mittel- und Großwohnungen deutlich beobachten. Die aggressivste Gruppe stellen hierbei die mittleren Angestellten, die bereits in die Großwohnungen eindringen. Letztere gelten hier nicht mehr als ein Privileg des gehobenen Mittelstandes. Praktisch fällt die Oberschicht in diesem Viertel überhaupt aus (nur neun Vertreter).
Alle anderen Viertel ordnen sich zwischen diese beiden Extreme ein. Das Votivparkviertel schließt nahezu an das Rathausviertel an, das Textilviertel an das Börseviertel. Im Opern- und Postsparkassenviertel haben dagegen die mittleren Angestellten die Großwohnungen schon stärker okkupiert. Das Roßauerviertel ähnelt dem Textilviertel, nur treten hier die höheren Angestellten und die Angehörigen der freien Berufe überhaupt auffallend zurück.
Als eine Bevölkerungskategorie, die sich dieser Einstufung entzieht, erweisen sich die aus dem aktiven Berufsleben ausgeschiedenen Rentner und

3. Die Beziehungen zwischen Wohnungsgrösse, Sozialaufbau und Bevölkerungsstruktur

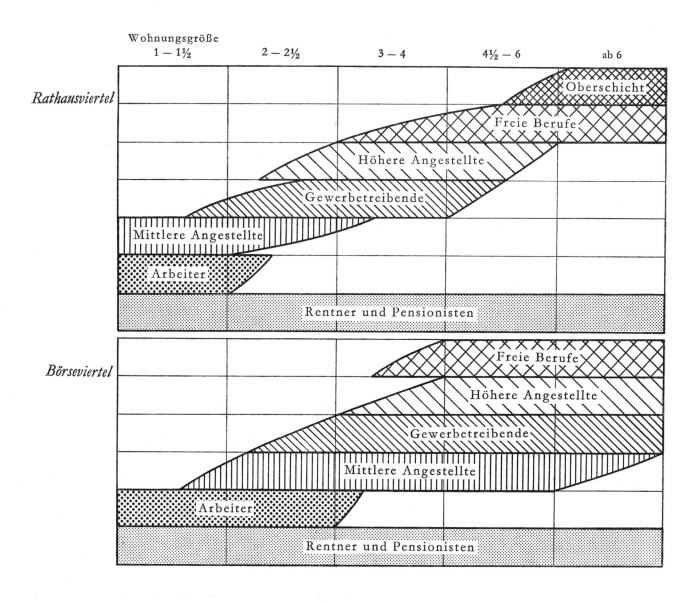

Fig. 32 Wohnungsgröße und dominante Sozialstruktur der Ringstraße 1963

Pensionisten. Diese beiden bis vor kurzem aufgrund der österreichischen Sozialgesetzgebung gesondert geführten Gruppen umfassen jedoch zu heterogene Bestandteile, als daß man bei ihnen Schwerpunktbildungen erwarten dürfte. In manchen Vierteln der Ringstraße, wie dem Opernviertel, streuen sie nahezu gleichmäßig über alle Wohnungsgrößenklassen – ausgenommen die Herrschaftswohnungen – hinweg. Zu den Pensionisten zählen hierbei die ehemaligen mittleren und höheren Angestellten und Beamten, zu den Rentnern die Arbeiter, aber auch die ehemals selbständigen Gewerbetreibenden bzw. jeweils auch deren Witwen. Beide Gruppen übergreifen damit wesentliche soziale Schichtgrenzen.

Die *Zusammenhänge zwischen Wohnungsgröße und Haushaltsgröße* sind bei weitem nicht so durchsichtig wie diejenigen zwischen Sozialstruktur und Wohnungsgröße.
Dies hat auf Wiener Boden gute Gründe. Seit einem halben Jahrhundert kann nämlich eine freie Anpassung der verschiedenen Haushaltstypen an die jeweils zweckmäßige Wohnungsgröße nicht mehr erfolgen, weil die Hemmnisse auf dem Wohnungsmarkt, die unterschiedliche Mietpreisbildung bei den einzelnen Rechtsformen der Wohnungen, der nach wie vor geltende Mieterschutz usw. dem entgegenstehen. Die geringe Mobilität der Mietparteien bewirkt, daß einerseits zahlreiche alleinstehende Personen in zum Teil verwahrlosten Großwohnungen hausen, während andererseits mehrköpfige Familien mit Kleinstwohnungen ihr Auslangen finden müssen.

Nur bei einem einzigen Viertel der Ringstraße, nämlich dem *Opernviertel*, besteht eine klare positive Korrelation zwischen der Personenzahl der Haushalte und der Wohnungsgröße (vgl. Fig 33). Bei allen anderen Vierteln liegen nur die beiden Extreme fest, nämlich einerseits der Konnex zwischen Einpersonenhaushalten und Kleinstwohnungen und andererseits der zwischen Herrschaftswohnungen und kompliziert konstruierten Mehrpersonenhaushalten. Dazwischen existiert eine zum Teil völlig indifferente Streu, bei der es aus Zufallsgründen, wie im Votivkirchenviertel, vorkommen kann, daß die Wohnverhältnisse der Dreipersonenhaushalte im Durchschnitt ungünstiger sind als die der Zweipersonenhaushalte!
Eine Erscheinung läßt sich allerdings in allen Vierteln nachweisen, nämlich die, daß Ehepaare bzw. homogene Familienhaushalte mit drei oder vier

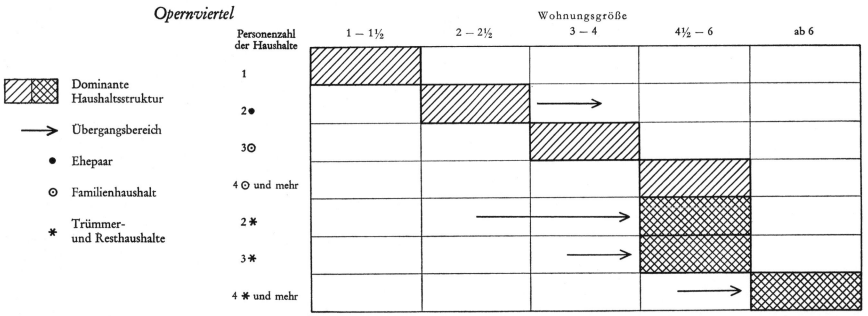

Fig. 33 Wohnungsgröße und dominante Haushaltsstruktur der Ringstraße 1963

3. Die Beziehungen zwischen Wohnungsgrösse, Sozialaufbau und Bevölkerungsstruktur

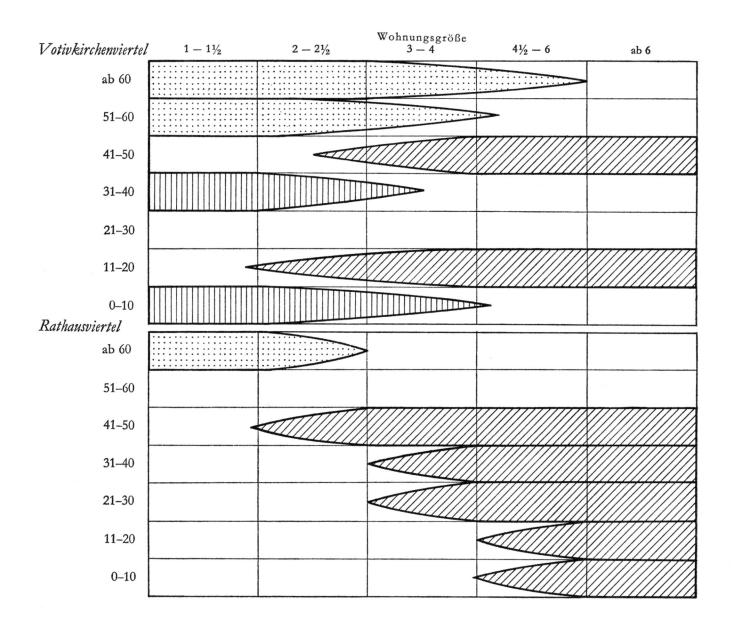

Fig. 34   Wohnungsgröße und Altersstruktur an der Ringstraße 1963

Personen im Durchschnitt weniger Wohnraum benötigen als die numerisch gleich großen Rest- oder Trümmerhaushalte mit heterogener Zusammensetzung (u. a. weitschichtig Verwandte, Untermieter, Hauspersonal u. dgl.). Der Unterschied beträgt dabei durchwegs eine ganze Größenklasse der Wohnungsstruktur.

Noch schwieriger zu fassen sind die Bezüge zwischen *Wohnungsgröße und Altersstruktur*. Auch hier gilt ebenso wie bei der Haushaltsstruktur, daß den dominanten Faktor für das demographische Gefüge eben nicht die Wohnungsstruktur, sondern die Sozialstruktur darstellt (vgl. unten) und nur von dieser aus eine sinnvolle Diskussion der Problematik möglich erscheint.

Bloß in einem einzigen Viertel, wo sich auch die Sozialschichten konkordant zur Wohnungsgröße klar sondern, nämlich im *Votivkirchenviertel*, tritt der recht interessante Fall auf, daß man zwei ineinandergeschachtelte Generationssysteme, die einerseits in den Kleinwohnungen und andererseits in den Großwohnungen auftreten, klar voneinander trennen kann (vgl. Fig. 34).

Im *Rathausviertel*, in dem die unteren Schichten lediglich eine untergeordnete Bedeutung besitzen, fehlt in den Kleinwohnungen die mittlere Generation und ebenso die Kindergeneration. Hier ist die Überalterung des in Kleinwohnungen lebenden Bevölkerungsteils auch besonders kraß.

Diese beiden Viertel bilden jedoch Ausnahmefälle hinsichtlich der Transparenz der Beziehungen zwischen Alters- und Wohnungsstruktur. In allen übrigen Abschnitten der Ringstraße variiert der Altersaufbau der Bewohner von verschieden großen Wohnungen nicht wesentlich.

Dieses Beispiel zeigt deutlich, auf welche Schwierigkeiten man stößt, wollte man in Ermangelung einer brauchbaren Sozialgliederung, von der Wohnungsstruktur ausgehend, die verschiedenen Elemente der generativen Bevölkerungsstruktur, wie Geburtenziffern, Kinderzahlen usw., in ein sinnvolles Bezugssystem bringen.

Das Verständnis für die Besonderheiten des Alteraufbaus und der Haushaltsgliederung eröffnet sich jedoch bei einer *von der Sozialstruktur ausgehenden Analyse* (vgl. Tab. 35).

Die einzelnen *Sozialgruppen* weisen *sehr beachtliche Unterschiede der Altersstruktur* auf, die nicht allein durch den verschiedenen Ausbildungsgang und die Berufslaufbahn erklärt werden können. So fällt vor allem die starke Besetzung der Jahrgänge zwischen dem 21. und 45. Lebensjahr bei den *mittleren Angestellten* auf, in einer Altersklasse, die im Stadtganzen an sich relativ schwächer besetzt ist. Darin äußert sich zweifellos ein vehementes

TABELLE 35 Sozialaufbau und Altersstruktur der wohnhaften Berufstätigen der Ringstraße 1961

Alter	Arbeiter	Mittlere Angestellte	Höhere Angestellte	Gewerbetreibende	Freie Berufe	Oberschicht
14–21	**23,5**	12,8	—	1,0	—	—
21–45	37,5	**46,2**	43,7	24,5	35,7	23,8
45–65	37,0	38,4	49,5	**60,4**	50,7	58,2
über 65	2,0	2,6	6,8	14,1	13,6	**18,0**

Nachdrängen dieser Berufsgruppe in der Gegenwart einerseits auf dem Wege des Untermietwesens und andererseits über die Inbesitznahme frei werdender Wohnungen.

Die Unterschiede in der Altersstruktur bei den *höheren Angestellten* erscheinen nicht besonders auffällig, wenn man bedenkt, daß sich infolge der akademischen Berufslaufbahn die meisten von ihnen erst mit 25 Jahren und noch später um einen Dienstposten bewerben können.

Alarmierend erscheint dagegen die Überalterung bei den *Gewerbetreibenden*, von denen über drei Viertel schon mehr als 45 Jahre zählen, ein Prozentsatz, der nur von den Angehörigen der Oberschicht übertroffen wird. Etwas günstigere Aspekte zeigt der Altersaufbau bei den Angehörigen der freien Berufe.

Es muß offenbleiben, wieweit diese Überalterung der selbständig Berufstätigen, von denen viele ihren Beruf auch noch nach Vollendung des 65. Lebensjahr ausüben, durch den Rückgang bestimmter Berufszweige bedingt ist – wie dies tatsächlich für viele Gewerbe zutrifft bzw. wieweit etwa eine Stadtrandbewegung von jüngeren Mitgliedern dieser Sozialgruppen, so z. B. bei den Angehörigen der Oberschicht und der freien Berufe, eine Rolle spielt (Ärzte, Rechtsanwälte, Steuerberater, Architekten usw.). In dem hohen Prozentsatz an Arbeitern zwischen 14 und 21 stecken die an sich verschiedenwertigen Gruppen der Hausgehilfinnen, Lehrmädchen und gewerblichen Lehrlinge. Sie alle sind nur unter den Mitbewohnern und Untermietern, niemals aber unter den Hauptmietern zu finden.

Bei einem Vergleich zwischen *Sozialaufbau und Haushaltsstruktur* (Fig. 35) fällt nur eine deutliche Zäsur auf, und zwar diejenige zwischen den Haushalten von Berufstätigen und denen der Rentner bzw. Pensionisten. Bei den

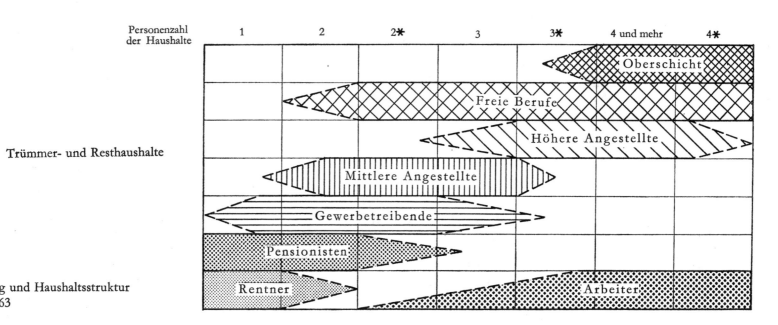

* Trümmer- und Resthaushalte

Fig. 35 Soziale Gliederung und Haushaltsstruktur der Ringstraße 1963

letzteren dominieren die Ein- und Zweipersonenhaushalte, wobei wiederum bei den Rentnern die Einpersonenhaushalte und bei den Pensionisten die Zweipersonenhaushalte häufiger sind. Dagegen liegt bei den berufstätigen Haushaltsvorständen kein so klarer Konnex zwischen einer bestimmten Haushaltsgröße und Berufszugehörigkeit vor. Überdies schwanken die Werte auch von Viertel zu Viertel recht beachtlich. Immerhin läßt sich in allen Vierteln die erstaunliche Parallele zwischen Arbeitern und Angehörigen der Oberschicht beobachten, bei denen gleicherweise größere Haushalte mit vier und mehr Personen dominieren. Ein gut faßbarer Unterschied zeichnet sich auch zwischen den mittleren und höheren Angestellten ab. Bei ersteren treten häufig Zwei- und Dreipersonenhaushalte auf, bei letzteren Vierpersonenhaushalte. Dies ist ein Hinweis auf die durchschnittlich größere Kinderzahl der Akademiker. Die Überalterung der Gewerbetreibenden äußert sich im Vorherrschen von Zweipersonenhaushalten. Sehr verschieden geartet ist die Haushaltsstruktur der Angehörigen freier Berufe. Sie weist, – teilweise im Zusammenhang mit dem Vorwiegen bestimmter Berufsgruppen – die größte Variationsbreite von Viertel zu Viertel auf.

4. Die besonderen Phänomene der Ringstraße

a) Die Auflösung der Einheit von Wohnung und Betriebsstätte bei den selbständig Berufstätigen

Trotz aller Veränderungen im sozialen und wirtschaftlichen Gefüge von Wien während der letzten 50 Jahre blieb die Ringstraße der Hauptsitz der selbständig Berufstätigen. Für die Gegenwart gestattet es das vorhandene statistische Urmaterial – im Verein mit einer Kartierung –, die Frage zu prüfen, in welchem Umfang selbst bei dieser Gruppe die alte Einheit von Wohnung und Arbeitsstätte bereits aufgegeben wurde bzw. noch besteht.

Die folgende Tabelle 36 umfaßt sämtliche Angehörigen der angeführten Berufsgruppen, die 1961–1963 im Ringstraßenbereich wohnten bzw. arbeiteten, gleichgültig, ob sie als Hauptmieter, Mitbewohner oder Untermieter einer Wohnung gemeldet waren.

Das Verhalten der einzelnen Sparten der Selbständigen (Rechtsanwälte, Ärzte, Architekten, Baumeister, Steuerberater und ähnliche Wirtschaftsberufe) weist interessante Unterschiede auf. Erstaunlicherweise hat sich die

TABELLE 36 Die Auflösung der alten Einheit von Wohnung und Betriebsstätte bei den selbständig Berufstätigen auf der Ringstraße 1963

	Einheit von Wohnung und Betrieb (= 100%)	Nur Wohnung		Nur Betrieb	
Rechtsanwälte	96	50	*52,1*	108	*112,5*
Ärzte	161	114	*70,8*	38	*23,6*
Architekten u. dgl.	62	17	*27,4*	18	*29,0*
Steuerberater u. dgl.	51	20	*39,2*	18	*35,3*
Kaufleute	135	224	*165,9*		
Großhändler	37	19	*51,4*		
Gewerbetreibende	89	171	*192,1*		
Industrielle und Bankiers	10	68	*680,0*		

alte Einheit von Wohnung und Betriebsstätte bei den Architekten und Baumeistern am besten erhalten. Ihnen folgen die Steuerberater und sonstige vom tertiären Sektor der Wirtschaft lebende Repräsentanten der freien Berufe. Deutlich weichen von ihnen die Ärzte ab, die in vielen Fällen im Ringstraßengebiet noch die Wohnung besitzen, ihre Ordination jedoch in einem inneren oder äußeren Bezirk aufgeschlagen haben. Bereits in weit höherem Maße haben die Rechtsanwälte ihren Wohnsitz in der Ringstraßenzone aufgegeben, dagegen gehört es bei ihnen zum Prestige, hier eine Kanzlei zu unterhalten. In dem viel höheren Dissoziierungsgrad von Wohnung und Büro kommt die stärkere Distanzierung des Privatlebens vom Beruf bei den Rechtsanwälten im Vergleich zu den Ärzten klar zum Ausdruck.

Die Wirtschaftstreibenden unterscheiden sich wesentlich von den Mitgliedern der bisher genannten Berufe. Für die meisten von ihnen besitzt die Ringstraße als Wohnort eine entscheidende Bedeutung. Dies gilt vor allem für die Kaufleute, die vielfach in den von der Citybildung erfaßten inneren Bezirken ihre Büros haben, jedoch nach wie vor im Ringstraßengebiet wohnen. Ähnliches gilt für die Gewerbetreibenden. Begreiflicherweise blieb die Einheit von Wohnung und Büro bei den Industriellen nur noch in Einzelfällen (insgesamt zehn) erhalten.

Die im einzelnen recht beachtlichen *viertelweisen Unterschiede* können aus der Tabelle 37 entnommen werden. Sie sind heute nicht mehr so ausgeprägt wie vor dem Ersten Weltkrieg, aber noch keineswegs beseitigt.

Eine Haupttendenz sei als erstes herausgestellt, nämlich die nicht weiter erstaunliche Tatsache, daß sich mit dem Aufwachsen des wirtschaftlichen Schwerpunkts um die Oper seit der Zwischenkriegszeit die Büros der Rechtsanwälte, Ärzte, Architekten und Steuerberater ebenfalls hierher verlagert haben. Dementsprechend überwiegt im Opern-, Schwarzenbergplatz- und Postsparkassenviertel sowie im Börseviertel die Bürofunktion, während im Rathaus-, Votivkirchen-, Roßauer- und Textilviertel die Wohnfunktion den Vorrang besitzt. Die zuerst genannten Viertel sind es auch, in denen sich neu aufkommende freie Berufe, u. a. Steuerberater, Werbefachleute u. dgl., in größerer Zahl etablierten. Andererseits hat das in seiner Wohnungsstruktur am wenigsten angetastete Rathausviertel weitaus am besten die überlieferte Einheit von Wohnung und Arbeitsstätte bei allen Berufszweigen bewahrt.

In bezug auf die räumliche Verteilung ist neben der Verschiebung der Rechtsanwälte aus dem Textilviertel in das wirtschaftliche Kraftfeld um die Oper vor allem auch die diffuse Ausstrahlung der Fachärzte aus ihrem Revier um die Votivkirche bemerkenswert. Das Rathausviertel ist zu ihrem neuen Zentrum geworden, von dem aus sie ihre Fühler bis zum Schwarzenbergplatz hin vorgestreckt haben. Überhaupt haben sich die Ärzte, verglichen mit dem einschneidenden Bedeutungsschwund der Rechtsanwälte, ganz vorzüglich behauptet, ja ihre Zahl gegenüber der Gründerzeit sogar etwas vermehrt. Große Teile der Ringstraßenzone sind zu einer Domäne der Fachärzte geworden.

Von den alten Strukturen erhielt sich im Textilviertel die Dominanz der Kaufleute und Gewerbetreibenden, allerdings nur noch auf dem Wohnungssektor. Die Betriebsstätten wurden bald nach dem Niedergang der Wiener Börse aus dem nunmehr wirtschaftlich toten Raum in die Bezirke Neubau und Mariahilf beiderseits der aufstrebenden Cityachse der Mariahilfer Straße verlagert.

b) Die Revision der klassischen Kriterien der Wohlhabenheit: Hauspersonal und geringer Prozentsatz berufstätiger Frauen

Das *Hauspersonal* zählte in der Gründerzeit zu den spezifischen Kriterien der Wohlhabenheit und diente als wichtiges Kriterium für die Trennung des gehobenen Mittelstandes vom Kleinbürgertum. Dementsprechend war seine damals unabdingbar zum Sozialprestige gehörende Existenz auch

TABELLE 37 Die viertelweisen Unterschiede in der Auflösung der Einheit von Wohnung und Betrieb bei den selbständig Berufstätigen im Ringstraßengebiet 1963

		Textil-viertel	Börse-viertel	Roßauer-viertel	Votiv-kirchen-viertel	Rathaus-viertel	Opern-viertel	Schwarzen-bergplatz-viertel	Postspar-kassen-viertel	Insgesamt
Rechtsanwälte	W+B	2	6	**13**	6	**24**	15	**21**	9	96
	W	7	2	6	5	**19**	2	6	3	50
	B	6	**19**	3	1	4	18	**38**	19	108
Ärzte	W+B	11	9	14	**27**	**49**	18	23	10	161
	W	**22**	7	**26**	12	13	8	18	8	114
	B	8	2	8	4	5	3	7	1	38
Architekten	W+B	**10**	4	7	2	**13**	9	**12**	5	62
u. dgl.	W	—	—	7	2	3	—	5	—	17
	B	4	—	—	—	1	1	8	4	18
Steuerberater	W+B	6	5	8	4	**10**	4	8	6	51
u. dgl.	W	3	1	1	6	1	2	4	2	20
	B	1	4	1	—	—	—	**12**	2	20
Insgesamt	W+B u. W	61	34	82	64	**131**	58	97	41	
	W+B u. B	48	49	54	44	106	80	**119**	54	
Kaufleute	W+B	17	8	18	9	20	13	**28**	22	135
	W	37	12	**62**	10	21	21	**56**	15	234
Großhändler	W+B	3	2	3	1	**9**	4	6	9	37
	W	—	3	2	—	1	4	4	5	19
Industrielle und	W+B	1	2	2	2	1	—	1	1	10
Bankiers	W	8	7	**10**	—	8	**12**	**13**	**10**	68
Gewerbe-	W+B	8	5	15	10	—	17	20	5	80
treibende	W	**54**	6	37	7	—	22	**34**	11	171

W Wohnung, B Büro

bereits in die Wohnungsgrundrisse eingeplant. Die Untergrenze für das Auftreten einer Dienstbotenkammer lag um die Jahrhundertwende bei einem Dreizimmerappartement.
Dieses Limit rückte nun während der letzten Jahrzehnte beachtlich nach oben. Auf die verschiedenen wirtschaftlichen Hintergründe: die Verarmung des Mittelstandes und der Oberschicht, die steigenden Arbeitslöhne und Soziallasten, wurde bereits hingewiesen. Wichtiger jedoch ist der sämtliche Sozialschichten umfassende Vorgang des Abbaues der patriarchalischen Haushaltsstruktur und der Neubildung von Kleinhaushalten. Damit vollzog sich auch die Herauslösung des Dienstpersonals aus dem Haushalt des Arbeitgebers.
Für die Untersuchung erwuchsen aus diesem Sachverhalt verschiedene

Schwierigkeiten, denn die amtlichen Haushaltslisten gaben lediglich über die im Haushaltsverband wohnenden Personen Aufschluß, während das nur im Haushalt beschäftigte Personal nicht aufscheint. Da dieses überdies häufig bloß stunden- oder tageweise beschäftigt wird, läßt es sich auch über Kranken- und Pensionsversicherungskarteien kaum ermitteln. Es bedürfte einer zeitraubenden Enquete, um die Struktur jenes Personenkreises von Raumpflegerinnen zu erfassen, der die moderne Haushaltsführung der oberen Mittelschicht kennzeichnet.

Welche Aussagen sind aufgrund des zur Verfügung stehenden Volkszählungsmaterials über die in den Haushalten gemeldeten Dienstboten möglich? Noch immer besteht eine gewisse, wenn auch keineswegs ausschließliche *Bindung an Groß- und Herrschaftswohnungen* und, hinsichtlich der Struktur der Arbeitgeber, ein auffälliger Zusammenhang mit den bereits vorhin erwähnten Berufssparten der Selbständigen, vor allem den *Fachärzten* und *Rechtsanwälten*, sowie mit den letzten spärlichen Resten der Oberschicht. In geringerem Ausmaß ist Hauspersonal noch bei den Spitzenvertretern der staatlichen Bürokratie zu finden. Zu den seltenen Ausnahmen gehören die Haushalte, welche sogar zwei Bedienstete (außer einer Hausgehilfin ein Kindermädchen o. dgl.) im Wohnungsverband aufweisen.

Die in Bälde zu erwartende neuerliche Verringerung des Hauspersonals ergibt sich zwangsläufig aus seiner *Altersstruktur*. Zwei Gruppen sondern sich nämlich deutlich voneinander. Die Mehrheit bilden jene betagten Dienstboten, die sozusagen mit ihrer „Herrschaft" alt geworden sind. Die zweite, kleinere Gruppe setzt sich im wesentlichen aus jungen Mädchen zusammen, welche direkt aus dem ländlichen Milieu in die Stadt hereinwechselten. Sie gehören der starken Zuwanderungswelle der Zwanzigjährigen an, auf die schon oben hingewiesen wurde.

Aus den diversen angeführten Gründen erscheint es daher heute *nicht mehr möglich*, das Vorhandensein von im Wohnungsverband lebendem *Hauspersonal als Einstufungskriterium für den oberen Mittelstand* zu verwenden. Die echte Einkommensgrenze dafür ist zumindest auf Wiener Boden bereits gegen die Untergrenze der Oberschicht hin verschoben. Mit ausländischen Währungen bezahlte Angehörige fremder Nationen bilden selbstverständlich eine Ausnahme.

Haushalts- und Altersstruktur der Mietparteien, Wohnungsgröße und wachsende Zahl von stundenweise arbeitenden Aufräumfrauen erweisen sich demnach in unserer Zeit als wichtige Variable in dem einst so klar im Sozialaufbau verankerten Konnex zwischen Haushaltspersonal und sozialer Stellung des Dienstgebers.

Das *Kriterium der berufstätigen Frauen* besitzt in der amerikanischen Sozialökologie eine außerordentliche Bedeutung. Es wird dort stets als ein wichtiger Indikator für die mindere Qualität von Wohnquartieren verwendet und korreliert im allgemeinen negativ mit der sozialen Rangordnung von Bevölkerungsteilen. Wie kann man nun die von diesen amerikanischen Erfahrungen völlig abweichende Struktur der Ringstraßenzone erklären, für welche die Statistik einen sogar recht beachtlich über dem Stadtmittel gelegenen Prozentsatz an berufstätigen Frauen ausweist?

Eine stichprobenweise Untersuchung der Haushalts- und Berufsstrukturen läßt rasch erkennen, daß sich hinter dieser sozialen Wirklichkeit das Phänomen des Doppelverdienertums des Mittelstandes verbirgt. Dieses weist bei den einzelnen Sozialgruppen allerdings einen etwas unterschiedlichen Charakter auf.

a) So wird die große Zahl der selbständigen Berufstätigen im Ringstraßengebiet durch eine entsprechend *hohe Zahl an mithelfenden Familienangehörigen*, – in erster Linie Frauen (vgl. Tab. 33) – ergänzt.

b) Hierzu kommt eine *große Zahl berufstätiger Ehepaare*, vor allem in Kreisen von Beamten und Angestellten. Auch Ärzteehepaare sind recht häufig.

Ein nicht zu unterschätzender Anteil der berufstätigen Frauen entfällt auf die Witwenbetriebe im Handel und im Gewerbe.

Wie bereits aus dem groben Überblick der amtlichen Sozialstatistik hervorgeht, nehmen die Frauen im Berufsleben meist mit schlechter bezahlten Posten vorlieb. So bilden daher Ehen zwischen Angestellten und Arbeiterinnen, Akademikern und mittleren Angestellten nicht eine Ausnahme, sondern eher die Regel.

c) Die Kriterien der Deklassierung

Eine fortschreitende soziale Deklassierung gehört als Pendant zur Citybildung vieler europäischer Großstädte, wenn man von den durch den Bombenkrieg ausgelöschten und wiederaufgebauten deutschen Großstädten absieht.

Die Tabelle 34 läßt erkennen, daß von einem massierten Eindringen der Unterschicht in den Ringstraßenbereich noch keine Rede sein kann. Abgesehen von einzelnen Häuserblöcken des Roßauer- und Textilviertels, ist die Zahl der Arbeiter unter den Haushaltsvorständen ganz unbedeutend. Unter den Berufstätigen stellten jedoch die Arbeiter bei der Volkszählung 1961 rund ein Viertel. Wie läßt sich diese Diskrepanz erklären? Kann sie bereits als Symptom einer aktuellen Infiltration unterer Bevölkerungsgruppen gewertet werden?

Eine Analyse der Haushaltslisten gestattet uns auch hierauf eine Antwort und läßt gleichzeitig die von der offiziellen Statistik völlig verdeckte

Vielschichtigkeit dieses Problems erkennen. Es sind im wesentlichen vier Elemente, die den oben genannten beachtlich hohen Prozentsatz an Arbeitern ergeben:
1. die Gruppe der Hauswarte,
2. die berufstätigen Frauen, die in ihrer Eigenschaft als gewerbliche Hilfskräfte zu den Arbeiterinnen gezählt werden,
3. ein kleiner Teil der Hauptmieter,
4. ein größerer Teil der Untermieter.

Im folgenden seien diese recht heterogenen Elemente noch etwas näher gekennzeichnet.

Zu 1. Die Sparte der *Hauswarte* stellt infolge der niedrigen Behausungsziffer vieler Ringstraßenbauten von Viertel zu Viertel einen wechselnden, zwischen 5 und 10 v. H. betragenden Anteil an den Berufstätigen. Ähnlich wie beim Hauspersonal lassen sich zwei Generationen ziemlich deutlich unterscheiden. Alleinstehende alte Frauen oder Rentnerehepaare bilden die eine Gruppe. Sind Angehörige vorhanden, so gehören sie, von wenigen Ausnahmen abgesehen, gleichfalls dem Arbeiterstand an. Die zweite Gruppe wird von jungen Familien gestellt. Häufig sind es Maurer aus dem Burgenland, die auf dem Wege über die Annahme eines Hausbesorgerpostens durch die Ehegattin den Sprung in die Großstadt wagen, der ansonst durch die Misere des Wohnungsmarktes nur schwer möglich wäre. Interessanterweise häufen sich gerade im Textilviertel derartige Fälle.

Zu 2. Einen wesentlichen Hundertsatz dieser unter dem farblosen Terminus der Arbeiter subsummierten Sozialgruppen stellen die *gewerblichen Hilfskräfte*. Zu diesen zählen vor allem Friseurinnen sowie die Angehörigen der Textilbranche, u. a. unselbständige Schneiderinnen, Modistinnen, Weißnäherinnen und dergleichen mehr. Schließlich darf man nicht vergessen, daß auch das ständige Hauspersonal von der amtlichen Statistik infolge der Sozialgesetzgebung gleichfalls zu den Arbeitern gerechnet wird.

Zu 3. Nicht zu übersehen ist schließlich die Tatsache, daß im Zeichen der Konjunktur mit ihren vielfältigen Chancen für Zusatzverdienste aller Art, vor allem die im Baugewerbe tätigen *Facharbeiter* so gut verdienen, daß sie sich eine größere Wohnung im Ringstraßengebiet leisten können. Daneben findet man auch die Angehörigen von gastgewerblichen Berufen, die im Saisongeschäft ein glänzendes Einkommen beziehen, wie Kellner u. dgl., ferner Fachkräfte des graphischen Gewerbes (Setzer, Buchdrucker) sowie Mechaniker aus der blühenden Fahrzeugbranche. Das Einsickern derartiger Berufsgruppen ging stets mit der Zerschlagung von Herrschaftswohnungen bzw. mit dem Niedergang von Wirtschaftszweigen und der Umwandlung von Betriebsstätten in Wohnungen Hand in Hand. Es ist daher im großen und ganzen eine Erscheinung, die sich auf das Roßauer und Textilviertel beschränkt, hier allerdings bereits eine gewisse Bedeutung besitzt, während sie im übrigen sporadisch blieb.

Die Ringstraße hat wohl zweifellos vieles von ihrer einstigen sozialen Exklusivität verloren, Befürchtungen hinsichtlich einer Slumbildung entbehren bisher im großen und ganzen der hierfür notwendigen Voraussetzungen.

Zu 4. Ein gerne als Kennzeichen der *Deklassierung* angeführtes Phänomen bildet die *Untervermietung von Wohnungen*. Es ist durchaus richtig, daß das Untermietwesen im Ringstraßengebiet neben der Altstadt die relativ größte Bedeutung innerhalb des Stadtganzen besitzt. Eine nähere Untersuchung zeigt aber auch hier, daß der amtlicherseits verwendete Sammelbegriff des „Untermieters" sehr verschiedene Strukturen umfaßt, welche unter dem Aspekt einer „potentiellen Deklassierung" recht unterschiedlich zu werten sind. Die *wichtigsten Typen von Untermietern* seien im folgenden kurz skizziert:

Eine beachtliche Zahl von Untermietern wird speziell in der Ringstraßenzone von *Lebensgefährten* entweder des männlichen oder weiblichen Haushaltsvorstandes (und damit Hauptmieters!) gestellt. Nicht nur aus Gründen steuerrechtlicher Art, sondern auch durch das Nachwirken bürgerlicher Moralbegriffe bedingt, scheint diese Bezeichnung praktisch nicht auf, selbst dort, wo der eifrige Leser von Haushaltslisten mit ziemlicher Sicherheit auf eine gemeinsame Haushalts- und Lebensführung der darin verzeichneten Personen schließen kann.

In eine ähnliche Rubrik gehören die diversen oft unklaren und recht *weitschichtigen Verwandtschaftsverhältnisse* bzw. die langjährigen Haushaltsgemeinschaften bei befreundeten Personen.

Wieder etwas anders gelagert sind die Fälle von kompletten *Untermietfamilien bei alleinstehenden Personen*, sozialpsychologische Motive spielen hierbei gelegentlich eine wichtigere Rolle als wirtschaftliche Erwägungen. Ein einsamer alter Herr mag es schätzen, im Rahmen einer Familie mitbetreut zu werden, ebenso ist manche alte Dame für kleinere Hilfeleistungen von seiten junger Menschen, die sie bei sich aufnimmt, recht dankbar. Die Problematik der Erhaltung der meist viel zu großen Wohnungen durch alleinstehende alte Leute spielt bei dieser Kategorie von Untermietern oft eine wesentliche Rolle.

Zum Untermietwesen zählen ferner die interessanten *Reliktformen patriarchalischer Verhältnisse* in Gestalt der Unterbringung von Hilfskräften durch den Unternehmer, ein besonders im Gastgewerbe noch häufig anzutreffender Fall, vor allem dann, wenn die herkömmliche Einheit von Wohnung und Betriebsstätte in einem Haus gewahrt wurde.

Durch die Nähe der Universität und mehrerer Hochschulen bedingt, bilden schließlich die *Studenten* eine quantitativ recht wichtige Gruppe. Sie sind besonders im Roßauerviertel, aber auch im Bereich des Schwarzenbergplatzes im Anschluß an das Studentenheim in der Seilerstätte zahlreich vertreten und stellen rund ein Viertel aller Untermieter.

Zählen die Studenten bereits zu den „echten Untermietern", so gilt dies erst recht für die Arbeiter und Angestellten, die in eine Wohnung aufgenommen werden. Dieses ausschließlich von finanziellen Erwägungen bestimmte Untermietwesen fällt meist dadurch auf, daß zwei oder mehr Untermieter, die zueinander kaum irgendwelche Beziehungen aufweisen, in einer Wohnung hausen.

Es ist ausschließlich dieses echte Untermietwesen, welches tatsächlich zu einer gewissen Deklassierung mancher Viertel der Ringstraße beiträgt.

Da die Untermieter als Ganzes ein Gemenge derart heterogener Gruppen und Grüppchen bilden, ist es auch schwierig, mit Pauschalangaben über sie aufzuwarten. Die erstgenannten Gruppen sind dabei überhaupt auszuklammern. Immerhin gelangt man bei einer Überprüfung der Zusammenhänge zwischen dem Untermietwesen und der Wohnungs- und Sozialstruktur des Ringstraßengebiets zu folgenden Feststellungen:

1. Die Masse der Untermieter lebt in Wohnungen mit durchschnittlich *drei bis vier Zimmern*. Sie fehlen jedoch ebensowenig in Mittelwohnungen wie in Herrschaftswohnungen.
2. Überprüft man die *Sozialstruktur der Vermieter*, so läßt sich feststellen, daß nahezu die *Hälfte aus Rentnern und Pensionisten*, darunter in erster Linie aus alleinstehenden Frauen, besteht. Die landläufige Vorstellung vom Vermieterinnentyp der alleinstehenden alten Damen hat demnach ihre Berechtigung. An zweiter Stelle rangieren die Angestellten. Entsprechend den angeführten Typen von Untermietern treten jedoch sämtliche Sozialgruppen als Vermieter auf. So gibt es z. B. Angehörige der Oberschicht, die Freunde ihrer studierenden Kinder bei sich beherbergen und dergleichen mehr.
3. Bei den *Untermietern* gehört wiederum *nahezu die Hälfte zur Gruppe der mittleren Angestellten*. An zweiter Stelle stehen die Studenten (vgl. oben). Aber auch Angehörige der freien Berufe haben sich in Großwohnungen, meist als künftige Wohnungswerber, eingemietet.
4. Hinsichtlich der *Altersstruktur* besteht fast immer der *Abstand von einer Generation zwischen Vermietern und Untermietern*. Bei den ersteren überwiegen die Jahrgänge der Über-60-Jährigen, bei den Untermietern stellen die 20–30jährigen über ein Drittel und mehr.
5. Hinsichtlich der Geschlechterproportion besitzen bei den echten Untermietern die Männer die Mehrheit. In der Gesamtzahl wird sie jedoch durch die Lebensgefährtinnen, die beim Unternehmer wohnenden weiblichen Hilfskräfte sowie durch Studentinnen und dergleichen mehr nahezu wieder aufgehoben.

d) Die Frage der Reststrukturen bei starker Entfremdung der Wohnhäuser

Es erhebt sich weiter die Frage, welche Wirkungen die wachsende Beschlagnahme des Wohnraums durch Betriebsfunktionen vielfältiger Art auf die Sozialstruktur ausübt und welche Reststrukturen in jenen Häusern auftreten, bei denen der Entfremdungsprozeß schon so weit vorgeschritten ist, daß nur noch ihre obersten Geschosse die ursprüngliche Wohnfunktion bewahren konnten. Untersucht man die Häuser mit vorwiegender Betriebsfunktion im Hinblick auf die dort wohnhafte Bevölkerung, so kann man folgendes feststellen:

1. Der *Prozentsatz an Pensionisten, Rentnern*, alleinstehenden alten Leuten ist *wesentlich höher* als in den übrigen Häusern der Ringstraßenzone.
2. *Trümmerhaushalte* verschiedenster Art, u. a. mit Untermietern usw., spielen gleichfalls eine größere Rolle.
3. Junge Haushalte und *Familien mit Kindern fehlen* nahezu vollständig.

Diese Erscheinung hat gute Gründe. Angesichts der gegenwärtigen Situation des Wiener Wohnungsmarktes mit seinen hohen Ablösen für geräumige, gut ausgestattete Altwohnungen ist es in den wirtschaftlich dynamischen Vierteln der „Ringstraße" privaten Wohnungswerbern einfach nicht mehr möglich, mit den finanzkräftigen und expansiven Betrieben zu konkurrieren.

e) Die Sonderstellung der Neubauten

Die neuen Wohnbauten stellen – gemessen am Gesamtbestand der Miethäuser – im Ringstraßengebiet mit knapp 5 v. H. nur ein bescheidenes Kontingent (vgl. Tab. 22). Dessenungeachtet erscheint es von Interesse, die Frage zu prüfen, ob und in welcher Hinsicht sie sich in ihrer Wohnungs-, Bevölkerungs- und Sozialstruktur von den Altbauten unterscheiden.

1. Auf die Unterschiede hinsichtlich der Wohnungsgröße wurde bereits hin-

gewiesen (vgl. S. 115). Herrschaftswohnungen mit viereinhalb und mehr Zimmern fehlen. Dafür treten in größerer Zahl Garçonnieren für alleinstehende berufstätige Personen auf. Infolge der geringen Ausmaße der Wohnungen und der größeren Zahl der Geschosse erbrachten die Neubauten dem Ringstraßenbereich die schon besprochene Zunahme des Wohnungsbestandes.

2. In der Struktur der Wohnbevölkerung äußert sich viel stärker als bei den Altbauten der *Citycharakter* des Ringstraßenbereichs. *Einpersonenhaushalte* von Berufstätigen sind zahlreich vertreten, dagegen fehlen die kompliziert strukturierten Großhaushalte der alten Herrschaftswohnungen völlig. Die durchschnittliche *Haushaltsgröße* ist demgemäß in den Neubauten *geringer als in den Altbauten* und liegt mit etwa 2,1 Personen auch unter dem Stadtmittel.

3. In dem Verhältnis von Berufstätigen, Pensionisten und zugehöriger Wohnbevölkerung besteht eine deutliche Verschiebung zugunsten der *berufstätigen Bevölkerung*. Der Kinderanteil ist sehr gering, ebenso aber auch der Hundertsatz an Rentnern und Pensionisten. In einem Teil der Häuser fehlen letztere überhaupt völlig.

4. Dementsprechend besteht auch die Altersstruktur im wesentlichen nur aus dem *Mittelbau*. Der Sockel der Kinder und Jugendlichen fehlt gleicherweise wie der „Altersbauch" der Wiener Alterspyramide.

5. Aus dem Fehlen der kinderreichen Haushalte erkennen wir bereits, daß die kleinen Neubauwohnungen nicht mehr den Anreiz für Familien bieten wie die benachbarten geräumigen Altwohnungen.

6. Die *Sozialstruktur unterscheidet sich* dagegen *nicht so wesentlich von jener der Althäuser*, als man es vielleicht erwarten würde. Der Anteil der Selbständigen ist nahezu ebenso hoch. Nur die Gewerbetreibenden treten sehr zurück, ein Hinweis darauf, daß diese Berufsgruppe ganz allgemein im Rückgang begriffen ist. Die Stelle der Pensionisten und Rentner nehmen in erster Linie mittlere Angestellte ein, die daher in den Neubauten über einen wesentlich höheren Prozentsatz als in den Althäusern verfügen und zur eigentlich tragenden Gruppe aufrücken (40 v. H. und mehr). Interessanterweise vermißt man Arbeiter, selbst hochspezialisierte Facharbeiter, unter den Haushaltsvorständen.

5. Die sozialräumliche Gliederung der Ringstraße in der Gegenwart

Die Wandlungen der Wohnungsstruktur, des Gesellschaftsaufbaus und Wirtschaftsgefüges der Ringstraßenzone haben wesentliche Veränderungen der sozialen Wertigkeit der einzelnen Viertel und ihrer charakteristischen Assoziierungen im Gefolge gehabt. Die einst ausgeprägten Unterschiede wurden zwar generell erheblich abgebaut, jedoch keineswegs ausgelöscht. Sie kurz zu kennzeichnen soll im folgenden versucht werden.

Durch den höchsten Prozentsatz an Gewerbetreibenden und Kaufleuten hebt sich das *Textilviertel* noch immer deutlich von allen anderen Abschnitten ab. Allerdings blieb in vielen Fällen nur noch die bloße Wohnfunktion als leeres Gehäuse des einst pulsierenden Geschäftsbetriebes bestehen. Über den Prozeß der Wohnungsteilungen drangen mittlere Angestellte und Arbeiter in größerer Zahl in das Sozialgefüge ein. In diesem Sektor schrumpfender Wirtschaftskapazität sind die Haushalte verhältnismäßig groß und kinderreich.

Eine noch wesentlich stärkere Zunahme der Wohnfunktion auf Kosten der Betriebsfunktion vollzog sich im *Roßauerviertel*. Die Anzeichen einer gewissen damit verbundenen Deklassierung lassen sich in den an den einstigen Vorstadtraum angrenzenden Häuserblöcken zwischen Berggasse und Türkenstraße unschwer erkennen. Sie äußern sich in einer enormen Überalterung der Bevölkerung – es gibt ausgesprochene „Pensionistenhäuser" – in der Existenz zahlreicher Facharbeiter unter den Haushaltsvorständen und im blühenden Untermietwesen. Gegen den Schottenring zu erfolgt, gleichsam Straße für Straße, eine Anhebung des sozialen Niveaus. Die Zahl der selbständigen Berufstätigen nimmt zu, die Arbeiter verschwinden.

Das *Börseviertel* nahm nicht an der Entwicklung des Textil- und Roßauerviertels teil. Vielmehr brachte ihm die Lage an Haupteingangspforten in die Altstadt (Schottengasse, Wipplingerstraße) eine massierte Ansiedlung von sehr verschiedenartigen Büros. Die Entfremdung der Miethäuser ist daher entsprechend weit vorgeschritten. Auf dem Bevölkerungssektor blieben typische Reststrukturen zurück, die durch einen hohen Prozentsatz von Pensionisten und Rentnern sowie von Berufstätigen – namentlich von Angehörigen der freien Berufe (Rechtsanwälte!) – gekennzeichnet sind.

Mit den geringsten Umschichtungen im Wohnungsbestand und der besten Bewahrung des einstigen Nobelcharakters hebt sich das *Rathausviertel* von allen anderen Ringstraßenquartieren deutlich ab. In seinen großräumigen Herrschaftswohnungen leben heute nach wie vor in erster Linie die Repräsentanten der freien Berufe, Ärzte und Rechtsanwälte, ferner die Spitzenfunktionäre der Privatwirtschaft, leitende Direktoren und Manager, sowie hohe Staatsbeamte. Für die geringe Mobilität des Viertels spricht auch der extrem hohe Prozentsatz an Pensionisten, welcher ebenso wie der Bevölkerungsanteil der Über-60-Jährigen das Stadtmittel überschreitet.

VIII. Die gegenwärtige Bevölkerungs- und Sozialstruktur der Ringstrasse

Das *Votivkirchenviertel* schließt sich strukturell im großen und ganzen an das Rathausviertel an. Nur ist in ihm die Überalterung der Bevölkerung geringer. Unter den Angehörigen der freien Berufe bestreiten nach wie vor die Ärzte den Löwenanteil.

Eine erhebliche Einbuße der Wohnfläche erlitt der ganze Abschnitt der Ringstraße zwischen den Museen und dem Stadtpark. Die zumeist geteilten Wohnungen haben sich nur noch in den höheren Stockwerken erhalten. Dem Citycharakter entsprechend, liegt der Prozentsatz der Haushalte ohne Kinder im *Opernviertel* beachtlich über dem Stadtmittel. Im Zusammenhang damit ist der Anteil der berufstätigen Bevölkerung und darunter der Selbständigen besonders hoch.

Die alten Traditionen äußern sich noch in der Anwesenheit einer größeren Zahl von Gewerbetreibenden – hauptsächlich des Bekleidungsgewerbes – und Künstlern.

Die stärkste innere Umgestaltung erlebte wohl das *Schwarzenbergplatzviertel*, welches heute den wirtschaftlich aktivsten Sektor der Ringstraße darstellt. An die Stelle des Adels sind in der Hauptsache Angehörige der freien Berufe getreten. Infolge der Zerschlagung der Etagenwohnungen sind aber auch bereits zahlreiche mittlere Angestellte in die stark verkleinerten Wohnungen eingezogen.

Das *Postsparkassenviertel* besitzt gleichfalls einen sehr hohen Prozentsatz von Selbständigen. Unter ihnen dominieren die Rechtsanwälte. Trotz seiner Randstellung hat es, nicht zuletzt dank der Qualität seiner erst um die Jahrhundertwende errichteten Wohnbauten, den Abstieg des Textilviertels nicht geteilt, zu dem es in der späten Gründerzeit ein gewisses Gegenstück bildete. Es rangiert vielmehr heute im Hinblick auf die soziale Rangordnung seiner Bewohner an zweiter Stelle hinter dem Rathaus- und Votivkirchenviertel.

IX. DIE RINGSTRASSE ALS ARBEITSSTÄTTEN-BEREICH

1. Ein- und Auspendler

Mit einer Zahl von rund 56.000 Beschäftigten (1959) wird die überragende Stellung der „Ringstadt" als Arbeitsstättenbereich eindrucksvoll dokumentiert.

Es arbeiten auf engem Raum soviel Menschen wie in einer Großstadt mit über 100.000 Einwohnern, so etwa in Salzburg.

Allerdings entfällt von dieser enormen Beschäftigtenzahl nur rund ein knappes Zehntel auf die Erwerbstätigen, die zugleich im Ringstraßenbereich wohnen. 51.000 Personen strömen Tag für Tag aus anderen Stadtteilen hierher zur Arbeit.

Bedauerlicherweise gestattet es das veröffentlichte statistische Material nicht, die Frage nach der Anziehungskraft der Ringstraße auf die Berufstätigen der verschiedenen Stadtteile exakt zu beantworten. Es ist nur eine gemeinsame Aussage für den gesamten ersten Gemeindebezirk und damit für die Altstadt einschließlich der Ringstraße möglich (vgl. Fig. 36). Reiht man die einzelnen Wiener Bezirke nach dem Prozentsatz der

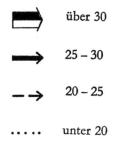

Prozent der Einpendler in den I. Bezirk

→ über 30
→ 25 – 30
-→ 20 – 25
····· unter 20

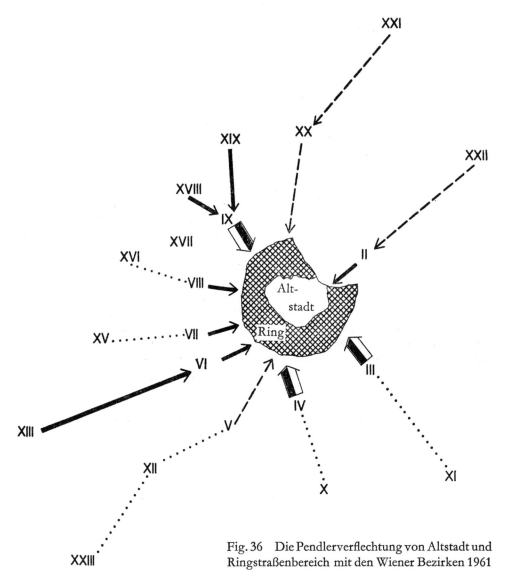

Fig. 36 Die Pendlerverflechtung von Altstadt und Ringstraßenbereich mit den Wiener Bezirken 1961

Pendler, welche sie in den ersten Bezirk entsenden, so ergibt sich nachstehende Rangordnung:

Innere Bezirke:	III Landstraße	*32,0*
	IV Wieden	*31,3*
	IX Alsergrund	*31,2*
Äußere Bezirke:	XIX Döbling	*29,9*
Innere Bezirke:	VIII Josefstadt	*28,9*
	VII Neubau	*27,6*
	II Leopoldstadt	*27,2*
Äußere Bezirke:	XVIII Währing	*26,8*
	XIII Hietzing	*26,7*
Innere Bezirke:	VI Mariahilf	*25,9*
	V Margareten	*22,3*
Äußere Bezirke:	XXI Floridsdorf	*21,3*
	XX Brigittenau	*21,2*
	XVII Hernals	*20,7*
	XIV Penzing	*20,7*
	XXII Donaustadt	*20,1*
	X Favoriten	*19,7*
	XV Rudolfsheim-Fünfhaus	*19,1*
	XII Meidling	*19,1*
	XVI Ottakring	*18,6*
	XI Simmering	*18,5*
	XXIII Atzgersdorf-Liesing	*16,7*

An dieser Reihenfolge erkennt man einen deutlichen Zusammenhang mit der sozialräumlichen Gliederung von Wien insofern, als mit der Zunahme der Angestelltenschaft in den einzelnen Bezirken auch der Verflechtungsgrad mit der Innenstadt wächst. Dementsprechend sind auch die jenseits des Gürtels gelegenen Mittelstandsbezirke Döbling, Währing und Hietzing durch recht hohe Pendlerquoten vertreten.

Im Vergleich zur exorbitant hohen Zahl der Einpendler ist die der Auspendler mit 2600 (1961) sehr bescheiden. Nur ein Drittel aller wohnhaften Berufstätigen sucht außerhalb des ersten Bezirkes einen Arbeitsplatz auf.

Mit diesem geringen Auspendlerprozentsatz findet der Ringstraßenbereich, abgesehen von der Altstadt, erst wieder in den schon stärker vom Stadtkörper abgesetzten Bezirken nördlich der Donau (Floridsdorf, Donaustadt) sowie in der südwestlichen Bandstadt im Raum Atzgersdorf-Liesing Entsprechungen. Ansonsten gehört es zum Wesen der Wiener Agglomeration, daß sie durch eine äußerst intensive Pendelwanderung, im Durchschnitt zwei Drittel der Berufstätigen, in ihren einzelnen Gliedern verflochten ist.

Der bereits gekennzeichnete Sozialaufbau der Ringstraßenzone erfährt durch die Pendelwanderung eine weitere Akzentuierung, und zwar insofern, als die *männlichen Arbeiter*, für die im Ringstraßenbereich nur wenige Arbeitsplätze vorhanden sind, die *höchste Auspendlerquote* aufweisen. Dasselbe gilt übrigens auch für die Lehrlinge.

2. Die Größenordnung der Arbeitsstätten

Hinsichtlich der Größenordnung der Arbeitsstätten hebt sich die Ringstraßenzone durch den hohen Hundertsatz an Großbetrieben deutlich aus dem städtischen Gefüge heraus.

Wie die Tabelle 38 erkennen läßt, nimmt mit wachsender Größe der Be-

TABELLE 38 Vergleich der Betriebsgrößen in Wien und der Ringstraßenzone 1959

Betriebsgröße:	Gesamtzahl der Betriebe		
Zahl der unselbständig Beschäftigten	Wien	Ringstraßengebiet	
0	37.305	754	*2,0*
1	14.746	481	*3,3*
2–4	18.428	816	*4,4*
5–9	8.715	491	*5,6*
10–14	3.293	218	*6,6*
15–19	1.700	112	*6,6*
20–49	3.307	239	*7,2*
50–99	1.116	100	*9,0*
100–249	674	51	*7,6*
250–499	221	25	*11,3*
500–999	101	9	*8,9*
ab 1000	40	7	*17,5*
	89.646	3.303	*3,7*

Quelle: Die Personenstands- und Betriebsaufnahme am 10. Oktober 1959. Mitt. a. Statistik u. Verwaltung d. Stadt Wien 2, 1960.

2. Die Grössenordnung der Arbeitsstätten

Tabelle 39   Betriebsstätten, Wohn- und Arbeitsbevölkerung im Ringstraßenbereich 1959

Ringstraßenviertel	Textil-viertel	Börse-viertel	Roßauer-viertel*	Votiv-kirchen-viertel*	Rathaus-viertel*	Opern-viertel	Schwarzen-bergplatz-viertel	Postspar-kassen-viertel*	Insgesamt	Wien
Gesamtzahl der Betriebe	443	283	458	128	461	239	950	341	3.303	89.646
Aufgegliedert nach der Zahl der Beschäftigten										
0–4	250	147	325	106	312	146	553	212	2.051	70.479
	56,5	*51,9*	*71,0*	**82,8**	*62,7*	*61,1*	*58,4*	*62,1*	*62,1*	*78,7*
5–19	123	78	88	17	109	62	260	84	821	13.708
	27,8	**27,6**	*19,2*	*13,3*	*23,7*	*25,9*	**27,3**	*24,6*	*24,9*	*15,3*
20–49	47	31	27	4	18	12	79	21	239	3.307
	10,6	**10,9**	*5,9*	*3,1*	*3,9*	*5,0*	*8,3*	*6,2*	*7,2*	*3,7*
50–99	9	17	13	—	8	11	30	12	100	1.116
	2,0	**6,0**	*2,8*		*1,7*	*4,6*	*3,1*	*3,5*	*3,0*	*1,2*
100–249	11	5	3	1	8	2	17	4	51	674
	2,5	*1,8*	*0,7*	*0,8*	*1,7*	*0,9*	*1,8*	*1,2*	*1,5*	*0,8*
250–499	2	3	1	—	2	4	9	4	25	221
	0,4	*1,1*	*0,2*		*0,4*	*1,7*	*0,9*	*1,2*	*0,8*	*0,2*
500–999	—	—	1	—	3	1	2	2	9	101
			0,2		*0,7*	*0,4*	*0,2*	*0,6*	*0,3*	*0,1*
1.000 und mehr	1	2	—	—	1	1	—	2	7	40
	0,2	*0,7*			*0,2*	*0,4*		*0,6*	*0,2*	*0,0*
Arbeitsbevölkerung	6.758	7.592	4.757	576	7.900	5.666	14.419	8.337	56.005	668.245
Wohnbevölkerung	2.366	688	4.428	785	887	833	3.163	1.304	14.454	
Verhältnis Wohn- zu Arbeitsbevölkerung	1 : 2,9	1 : 11,0	1 : 1,1	1 : 0,7	1 : 8,9	1 : 6,8	1 : 4,6	1 : 6,4	1 : 3,9	

* Vollständige Deckung zwischen Zählsprengeln und Viertelsbildung; bei den anderen Vierteln nur unvollständige Deckung.

Quelle: Die Personenstands- und Betriebsaufnahme am 10. Oktober 1959. Mitt. a. Statistik u. Verwaltung d. Stadt Wien 2, 1960.

triebe auch der Ringstraßenanteil stetig zu. Von den 1959 in Wien gezählten 40 Betrieben mit über 1000 Beschäftigten hatten allein sieben ihren Standort auf der Ringstraße. Zwergbetriebe mit keiner bzw. einer fremden Arbeitskraft sind dagegen viel spärlicher vertreten als in den anderen Stadtteilen. *Mehr als die Hälfte aller Beschäftigten arbeitet in Betrieben mit mehr als 100 Arbeitnehmern.*

3. Die Bedeutung der einzelnen Betriebsklassen

Von seiten der amtlichen Statistik stehen leider keine kompletten Daten zur Verfügung, um die Bedeutung der verschiedenen Betriebsklassen auf der Ringstraße in Hinblick auf die Beschäftigtenzahlen exakt quantifizieren zu können.

Erstens fand bei der Erstellung der Zählbezirke für die Betriebsstättenerhebung 1964 die Ringstraßenzone wohl bei der Abgrenzung Berücksichtigung, allerdings nur für den I. Gemeindebezirk, während der entsprechende Abschnitt im IX. Bezirk (Roßauerviertel) mit der ehemaligen Vorstadt Roßau zu einer Zähleinheit zusammengezogen wurde.

Zweitens blieben der Kreis der freien Berufe, die Anstalten des Gesundheits- und Fürsorgewesens, die Einrichtungen der Kultur und die Dienststellen von Behörden außerhalb der Erhebung. Für diese gerade für die Ringstraßenzone entscheidend wichtigen Betriebsstätten liegen daher keine Angaben vor. Auch ein Rückgriff auf die 1959 – freilich mit etwas anderen Erhebungsprinzipien – durchgeführte Betriebs- und Personenstandszählung ist nur in eingeschränktem Maße möglich, da bei dieser Zählung die Gesamtzahlen der Betriebsklassen nur für den I. Bezirk veröffentlicht wurden.

Die mit entsprechender Vorsicht durchgeführte Kombination von beiden Zählungen läßt erkennen, daß in der Ringstraßenzone die Verwaltungsstellen der Industrie mit rund einem Fünftel aller Beschäftigten noch knapp die Führung innehaben. Dieser Prozentsatz geht auf das Konto der Hauptquartiere der Schwerindustrie, elektrotechnischen und Maschinenindustrie (zusammen 13,3 v. H.). Der Textilsektor (3,0 v. H.) und die chemische Industrie (3,4 v. H.) treten demgegenüber zurück. Knapp aufgeschlossen folgen das Geld- und Versicherungswesen (18,7 v. H.), die Arbeitsstätten des öffentlichen Dienstes (schätzungsweise rund 18 v. H.) und der Großhandel (17,0 v. H.).

4. Die viertelweisen Unterschiede

Auf dem Arbeitsstättensektor sind die Unterschiede der einzelnen Ringstraßenviertel weitaus größer als im sozialen Bereich. Das Verhältnis zwischen Arbeits- und Wohnbevölkerung (vgl. Tab. 39) läßt dies deutlich erkennen. Dabei bestehen zwischen benachbarten Vierteln oft größte Unterschiede. Das Votivkirchenviertel mit vorwiegendem Wohncharakter, in dem die „Nachtbevölkerung" sogar die „Tagbevölkerung" übertrifft, befindet sich in unmittelbarer Nachbarschaft zum Börseviertel, wo tagsüber rund elfmal soviel Menschen arbeiten als nachts schlafen. Einige Großbetriebe lassen hier, ebenso wie im Rathausviertel, die Beschäftigtenzahl in die Höhe schnellen. Das Opern- und das Postsparkassenviertel weisen recht ähnliche Zahlenverhältnisse von 1 : 6,4 bzw. 1 : 6,8 zwischen Nacht- und Tagbevölkerung auf. In beiden Quartieren sind Großunternehmen zu Hause. Dabei ist jedoch die Durchschnittszahl der Betriebe pro Haus im Opernviertel nur halb so hoch wie in den mit Betrieben vollgeräumten Häusern des Postsparkassenviertels.

X. DIE ANALYSE DER WIRTSCHAFTLICHEN FUNKTIONEN DER RINGSTRASSE

Der Bedeutungszuwachs der wirtschaftlichen Funktionen konnte aus den obigen Ausführungen bereits klar entnommen werden. Es erhebt sich nun die Frage, welche Veränderungen mit dieser Zunahme des Flächenbedarfs hinsichtlich der Betriebszahlen und der Branchengliederung verbunden waren. Welche Wirtschaftsfunktionen können zur Zeit als die Hauptträger der fortschreitenden Citybildung bezeichnet werden?

Bei der Beantwortung dieser Frage ist die Gesamtentwicklung der einzelnen Wirtschaftszweige ebenso im Auge zu behalten wie die Stellung Wiens im Rahmen des österreichischen Staates. Wie bisher gewährt hierbei die Untersuchung der Ringstraßenzone einen ganz vorzüglichen Zugang zum Verständnis der allgemeinen Problematik.

Den Ausgangspunkt für die folgende Darlegung über die einzelnen Wirtschaftszweige bieten jeweils die beachtlichen zahlenmäßigen Verschiebungen innerhalb des Ringstraßengebietes zwischen 1914 und 1961/63, die auch tabellarisch festgehalten wurden. Freilich muß man bei ihrer Interpretation berücksichtigen, daß die Veränderungen, die sich in der Zwischenkriegszeit ereignet haben, sich nicht exakt von jenen in der Nachkriegszeit trennen lassen.

1. Industrieniederlagen und -büros

Zahl und Größe der Fabriksbüros erweisen sich als der beste Anzeiger zur Bestimmung des wirtschaftlichen Einzugsgebietes einer Großstadt. Der wirtschaftliche Abstieg Wiens von der Kapitale eines Großreiches zur Hauptstadt eines Kleinstaates wird einem daher auf keinem Wirtschaftssektor so nachdrücklich bewußt, wie bei einem historischen Vergleich der Fabriksniederlagen im Ringstraßenbereich vor dem Ausbruch des Ersten Weltkrieges und heute (vgl. Tab. 40).

Man darf freilich nicht außer acht lassen, daß verschiedene Entwicklungen in diesem Gesamtresultat enthalten sind.

1. Die *Anpassungserscheinungen* an das reduzierte Staatsgebiet betrafen vor allem die *Konsumgüterindustrie* auf das schwerste. Für sie zeichnet die *Zwischenkriegszeit* verantwortlich (vgl. S. 106).

TABELLE 40   Industrieniederlagen und Büros im Ringstraßenbereich 1914 und 1963

Industriezweige	1914 K /M/G*	1961/63 K /M/ G	Veränderungen K / M / G
Ohne Angaben	40/—/—	—	— 40/ — / —
Textilindustrie	118/29/2	54/18/—	— 64/—11/— 2
Lebensmittelindustrie	23/—/1	6/ 1/—	— 17/+ 1/— 1
Holz	20/—/—	8/—/—	— 12/ — / —
Möbel	20/—/—	2/—/—	— 18/ — / —
Steine und Erden	23/—/1	18/ 2/ 1	— 5/+ 2/ —
Bergbaubetriebe	12/—/1	8/ 2/ 2	— 4/+ 2/+ 1
Erdölfirmen		2/ 4/ 3	+ 2/+ 4/+ 3
Schwerdindustrie, Maschinen, elektr.	47/ 1/2	44/20/13	— 3/+19/+11
Chem. Industrie	46/ 2/1	30/ 9/10	— 16/+ 7/+ 9
	349/32/8	172/56/29	—177/+24/+21

* Größe der Büros: K: bis 300 m², M: 300–1500 m², G: über 1500 m².

2. Die modernen Wachstumsindustrien, wie die chemische Industrie, die elektrotechnische Industrie, der Maschinen- und Fahrzeugbau, konnten dagegen diese Krise meistern. In diesen Branchen verbesserte sich die Position der Ringstraße wesentlich.

3. Der bereits erwähnte enorm steigende Flächenbedarf aller städtischen Funktionen äußert sich in einer Verschiebung von ursprünglich dominierenden Kleinbüros zu den größeren, immer mehr Raum beanspruchenden Verwaltungsstellen der Produktion hin. Die ab den dreißiger Jahren auf-

tretenden kapitalstarken internationalen Erdölfirmen gehören mit zu jenen Großunternehmen, die den Besitz von eigenen repräsentativen Bürohäusern in zunehmendem Maße anstreben.

Im Niederlagswesen der Wiener Ringstraßenzone spiegelt sich die ganze gegenwärtige Problematik der österreichischen Industrie. Die sichtlich unausgewogene Industriestruktur der Zweiten Republik resultiert zum überwiegenden Teil aus dem industriepolitischen Erbe zweier ehemaliger Großstaaten. Vor dem Zerfall der Monarchie war die Großindustrie des heutigen Österreich hauptsächlich (zwei Drittel) im Osten des Landes konzentriert und bestand aus der Revierbildung in der Mur-Mürz-Furche auf der Basis des Eisenerzabbaus und einer vielfältigen Konsumgüterindustrie im Wiener Becken vor den Toren der Hauptstadt. Den einzigen nennenswerten davon abgesetzten Industrieraum bildete der auf mittelalterlichen Traditionen des Bodenseegebietes fußende Textilindustriebezirk Vorarlbergs.

Unmittelbar nach 1938 bahnten sich, eingeleitet durch Neugründungen von Großbetrieben in Oberösterreich und gefördert durch kriegsbedingte Verlagerungen von Rüstungsfabriken in die sogenannte „Alpenfestung", größere Standortverschiebungen an. Die russische Besetzung von Niederösterreich und Teilen von Wien nach 1945 löste eine Westflucht von industriellen Unternehmungen aus. Niederösterreich erlitt überdies durch die Beschlagnahme und teilweise Demontage nahezu aller Großbetriebe durch die russische Verwaltung schwere Einbußen, während gleichzeitig in den westlichen Bundesländern mit Marshall-Plan-Mitteln eine zielstrebige Neugründung und Erweiterung von industriellen Betriebsstätten in Gang kam. Auf diese Weise entstand namentlich in den Bundesländern Oberösterreich, Salzburg und im Tiroler Inntal eine ganze Reihe neuer Fabriken. Ein gewisser Ausgleich der bisher sehr asymmetrischen Standortverteilung der österreichischen Industriestätten war die Folge.

Die aktuelle Stellung von Wien als Zentrale der österreichischen Industrie und hier im besonderen wieder die Position der Ringstraße wurde mittels eines Verzeichnisses der Bundeskammer der gewerblichen Wirtschaft aus dem Jahre 1961 über die Industriebetriebe mit mehr als 250 Beschäftigten in den einzelnen Bundesländern in folgender Hinsicht untersucht:

1. in bezug auf die Betriebsgröße der Fabriken mit Zentralbüros,
2. in systematischer Hinsicht, d. h. im Hinblick auf die branchenmäßigen Unterschiede,
3. in regionaler Beziehung, d. h. in bezug auf den unterschiedlichen Anteil der einzelnen Bundesländer, und
4. im Hinblick auf die innerstädtische Differenzierung, d. h. unter Berücksichtigung des jeweiligen Anteils der Ringstraße, der Altstadt und der inneren Bezirke.

Zu 1. Im Hinblick auf die *Betriebsgrößenklassen* erweist sich die Ringstraßenzone als der bevorzugte Standort für die Zentralbüros großer Konzerne, sowohl der verstaatlichten Unternehmen als auch der Privatindustrie. Die wichtigsten international bekannten Großbetriebe seien nachstehend angeführt[1]. Zu ihnen zählen auf dem Sektor der Schwerindustrie

die Oesterreichisch-Alpine Montangesellschaft (Generaldirektion Friedrichstraße 4),

die Böhlerwerke (Generaldirektion Elisabethstraße 12),

die Vereinigten Österreichischen Eisen- und Stahlwerke (VÖEST) in Linz (Rathausplatz 4),

die Steyr-Daimler-Puch AG. (I., Kärntner Ring 7: Generaldirektion und Hauptverwaltung, und Schwarzenbergplatz 5: Verkauf).

Die großen Aktiengesellschaften der Elektroindustrie, wie:

die AEG-Austria (IV., Schwarzenbergplatz 11),

die Oesterreichischen Brown-Boveri-Werke (I., Franz Josefs-Kai 47),

die Siemens Gesellschaft (I., Nibelungengasse 13-15),

haben hier ebenso Platz wie die internationalen Konzerne der Erdölindustrie. Letztere konzentrieren sich besonders augenfällig um den Sachwarzenbergplatz. Hier ist vertreten:

die Firma Shell Austria AG. „Shellhaus" (I., Schubertring 14), Zweigstelle Schwarzenbergplatz 4 (Haus der Industrie!),

die Mobil Oil Austria AG. (I., Schwarzenbergplatz 16, Buchhaltung: Kärntner Ring 5),

die Österreichische Mineralölverwaltung AG. mit verschiedenen Abteilungen:

Bau und Montage: I., Mahlerstraße 6,

Vermessung: I., Schottenring 10,

Bau- und Projektionsabteilung: I., Reichsratsstraße 1.

Dazu gesellen sich die marktbeherrschenden Großunternehmen der Baustoffindustrie, wie

die Perlmooser Zementwerke AG., (I., Operngasse 1),

die Wienerberger Ziegelfabriksgesellschaft (I., Karlsplatz 1),

ferner die größte Aktiengesellschaft der Papierindustrie, die Neusiedler AG., (I., Schottenring 21).

Bei manchen dieser großen Konzerne hat sich allerdings gerade in jüngster Zeit infolge des akuten Platzmangels in der Ringstraßenzone die Notwendig-

[1] Heraufgeführt bis 1969.

keit zur Standortverlagerung ergeben. 1963 wurde von der Österreichisch-Amerikanischen Gummiwerke AG. (Semperit) der gesamte Häuserblock Hohenstaufengasse-Heßgasse geräumt und in der Wiedner Hauptstraße im vierten Bezirk an der Stelle eines ehemaligen Palais ein Bürohochhaus errichtet.

Der Zwang zur Ausweitung und Standortveränderung ergab sich auch für die Philips GmbH., die ein modernes Bürohochhaus am Laaer Berg an der Südeinfahrt von Wien (X., Triester Straße 64) errichtet hat, jedoch aus Repräsentationsgründen und praktischen Erwägungen die alte Zentrale am Schwarzenbergplatz beibehielt.

Nur diesen mit internationalem Kapital arbeitenden Weltfirmen war diese periphere Verlagerung ihrer Hauptgeschäftsstellen möglich, während andere Betriebe nach wie vor in drückender räumlicher Beengtheit lebend, ihre alte Ausweitungspolitik im Sinne des Erwerbs einzelner Wohnungen weiter betreiben, da eine Zusammenfassung ihrer zahlreichen verstreut liegenden Büroräumlichkeiten in einem Büroneubau aus finanziellen Gründen nicht in Frage kommt.

Fragen wir nach dem Zusammenhang zwischen Betriebsgröße und Errichtung eines Zentralbüros in Wien bzw. im Ringstraßengebiet, so können wir feststellen, daß alle Betriebe der österreichischen Bundesländer mit über 1000 Beschäftigten ein Wiener Büro unterhalten. Nur zwei Bergbauunternehmen weichen von dieser Regel ab. Die Betriebe mit 500–1000 Beschäftigten sind noch zu 83 v. H. in Wien vertreten, und selbst die Mittelbetriebe mit 251–500 Beschäftigten weisen noch zu 75 v. H. ein Büro oder zumindest eine Niederlage in Wien auf (vgl. Tab. 41).

TABELLE 41 Die Zentralbüros der österreichischen Industriebetriebe* in Wien und im Ringstraßenbereich 1966 nach Größenklassen

Beschäftigtenzahl der Betriebe	Gesamtzahl der Betriebe	% der Zentralbüros	
		in Wien	im Ringstraßenbereich
251–500	179	75	29
501–1000	92	83	41
1001 und mehr	54	96	**54**
Insgesamt	325		

* Österreichische Bundesländer ohne Wien.

TABELLE 42 Die Zentralbüros der österreichischen Industriebetriebe* in Wien und im Ringstraßenbereich 1966 nach Branchen

Industriezweige	Gesamtzahl der Betriebe	% der Zentralbüros	
		in Wien	im Ringstraßengebiet
Erdölindustrie	16	*100*	**100**
Textilindustrie	66	*92*	**55**
Chem. Industrie, Glas	25	*84*	*28*
Maschinen, Elektroindustrie	89	*83*	*24*
Bergbau und eisenschaffende Industrie	27	*77*	**70**
Papierindustrie	31	*77*	*35*
Holzindustrie	15	*73*	*13*
Nahrungs- und Genußmittelindustrie	26	*73*	*16*
Lederindustrie	18	*67*	*11*
Steine und Erden	22	*64*	**50**
	325		

* Österreichische Bundesländer ohne Wien.

Die Bedeutung der Ringstraße wird auch durch die Tatsache belegt, daß mit der Beschäftigtenzahl der Fabriken auch der Hundertsatz der Vertretungen ansteigt.

Insgesamt entfällt rund die Hälfte aller Fabriksniederlagen in Wien auf die Ringstraßenzone.

Zu 2. Die verschiedenen *Industriezweige* zeichnen sich allerdings durch einen unterschiedlichen Anwesenheitsgrad aus (vgl. Tab. 42).

Dabei unterscheiden sich jedoch die Produktionsgüter- und Konsumgüterindustrien keineswegs so sehr voneinander, wie man es vielleicht erwarten würde. So steht z. B. die stärker auf einen lokalen Kundenkreis angewiesene Nahrungs- und Genußmittelindustrie in einer Reihe mit der Holzindustrie.

Hinsichtlich ihrer Vertretung im Ringstraßenbereich sieht die Abfolge freilich wesentlich anders aus. Hierbei wirken die aus der k. und k. Monarchie ererbten Strukturen durch den hohen Besatz aller Lagerstättenbetriebe (Bergwerke, Steine und Erden), der Schwerindustrie und Textilindustrie nach.

Zu 3. Die regionale Analyse wirft gleichfalls recht interessante Aspekte auf. Reiht man die österreichischen *Bundesländer* sowohl in bezug auf die Repräsentanz ihrer Industrien in Wien als auch im Ringstraßengebiet, so ergibt sich folgendes Bild (vgl. Tab. 43).
Dieses unterschiedliche Verhalten läßt sich nur aus der Kenntnis der besonderen Industriestruktur der einzelnen Bundesländer und unter Berücksichtigung ihrer verschieden gearteten historischen Beziehungen zur alten Metropole begreifen und soll daher kurz diskutiert werden.
Erst nach dem Ersten Weltkrieg gelangte das *Burgenland*, der Hauptteil des deutschsprachigen Westungarns, an Österreich. Es verlor durch die Grenzziehung von 1921 seine alten städtischen Mittelpunkte, die bei Ungarn verblieben, und wurde zu einem nahezu städtelosen Bundesland. Mit dem

TABELLE 43 Die Zentralbüros der österreichischen Industriebetriebe* in Wien und im Ringstraßenbereich 1966 nach Bundesländern

Bundesländer	Gesamtzahl der Betriebe	% der Zentralbüros	
		in Wien	im Ringstraßengebiet
Burgenland	6	*100*	**67**
Vorarlberg	26	*93*	**58**
Niederösterreich	101	*90*	*47*
Steiermark	55	*89*	*38*
Tirol	25	*84*	*24*
Oberösterreich	78	*69*	*25*
Kärnten	25	*56*	*32*
Salzburg	9	*55*	*11*
	325		

* Österreichische Bundesländer ohne Wien.

Fehlen leistungsfähiger städtischer Zentren verbindet sich das Fehlen von eingesessenen Industriebetrieben. Aktuelle Versuche, Fabriken in das Burgenland zu verpflanzen, sind zu einem Gutteil gescheitert. Wien bildet nach wie vor das große Auffangzentrum für die überschüssigen burgenländischen Arbeitskräfte, für das Heer der Wochenpendler, vorzüglich der Bauarbeiter. Da es sich bei den neu begründeten Industriebetrieben durchwegs um Zweigstellen von Wiener Firmen handelt, erstaunt es nicht weiter, daß alle ihre Zentralen in der Bundeshauptstadt vertreten sind.
Eine völlig andere Situation besteht in *Vorarlberg*, dem westlichsten Bundesland Österreichs. Es ist von allen Bundesländern am stärksten industrialisiert. Die weitgehend exportorientierte Textilindustrie verkörpert den wichtigsten Wirtschaftszweig des Landes. Sie unterhält seit alters Niederlagen in Wien und war schon vor dem Ersten Weltkrieg fast zur Gänze hier vertreten. Heute gibt es keine einzige Vorarlberger Textilfabrik mit über 250 Beschäftigten, die nicht in der Bundeshauptstadt ihre eigene Repräsentanz besäße.
Das Schicksal von *Niederösterreich* war durch alle Zeiten am engsten mit jenem von Wien verbunden. Wie die Spinne im Netz sitzt die österreichische Hauptstadt seit dem Bau der Kommerzialstraßen im Knoten der von hier ausstrahlenden Straßen, später der Bahnlinien. Von Wien gingen die entscheidenden Impulse zur Anlage der Webersiedlungen im Waldviertel, zum Aufbau der Textilindustrie im Wiener Becken aus. Wien war und ist für Niederösterreich das große Konsumzentrum und in jahrhundertelanger Tradition Sitz der Niederösterreichischen Landesregierung. Dieser alten historisch-geographischen Verflechtung entspricht der hohe Prozentsatz der in Wien vertretenen Unternehmen (90 v. H.). Nur einzelne, unmittelbar am Stadtrand von Wien gelegene Industriebetriebe halten es nicht für notwendig, ein eigenes kostspieliges Stadtbüro zu unterhalten. Nahezu die Hälfte der niederösterreichischen Fabriken besitzt in der Ringstraßenzone einen Stützpunkt.
Eine wesentlich andere Industriestruktur als Niederösterreich weist die *Steiermark* auf. Sie wird im großen und ganzen von der Groß- und Schwerindustrie beherrscht, während die Textilindustrie bloß ganz schwach vertreten ist. Holz und Eisen waren schon im Spätmittelalter die tragenden Pfeiler der Wirtschaft. Ihre Verarbeitung fand im 19. Jahrhundert den Weg zur großbetrieblichen Organisation. Die seit 1946 überwiegend verstaatlichten und daher von Wien aus verwalteten Großunternehmen haben zu einem wesentlichen Teil im Ringstraßenbereich ihr Zentralbüro.
Ebenso wie in der benachbarten Steiermark bildeten auch in *Kärnten* bis herauf ins späte 19. Jahrhundert „Wald und Eisen" das eigentliche Fun-

dament der Wirtschaft. Erst durch die Gründung der Alpine Montan AG. 1883 mit dem Sitz in Leoben geriet die Kärntner Eisenindustrie ins Hintertreffen und ging alsbald nahezu völlig zugrunde. Nur ein einziges größeres Unternehmen, der heute verstaatlichte Betrieb der KESTAG in Ferlach, konnte sich halten. Erst in der Zwischenkriegszeit wurde die Holzindustrie zu einem gewissen Ersatz. Jedoch blieb die Mehrzahl der Betriebe klein. Kärnten ist heute ein verhältnismäßig schwach industrialisiertes Land. Dessenungeachtet sind die wenigen größeren Betriebe doch in Wien und hier vor allem auf der Ringstraße vertreten.

Von den nach dem Zweiten Weltkrieg in steiler Aufwärtsentwicklung begriffenen westlichen Bundesländern *Oberösterreich*, *Salzburg* und *Tirol* verfügt interessanterweise geradezu das westlichste über den weitaus stärksten Kontakt mit der Bundeshauptstadt. *Salzburg*, in dem die Großindustrie nach wie vor nur durch einzelne Vorposten vertreten ist, läßt seine wirtschaftliche Verflechtung mit dem oberdeutschen Raum schon durch die geringe Zahl seiner in Wien und auf der Ringstraße vertretenen Unternehmen erkennen. Überhaupt ist bemerkenswert, daß von den Industrien dieser drei Bundesländer die Ringstraßenzone nur noch zu einem geringen Teil, etwa von einem Viertel bis zu einem Drittel aller Betriebe, aufgesucht wird. Es muß offenbleiben, ob dafür Kostenüberlegungen oder geringere Bestrebungen nach Repräsentierung den Ausschlag geben. Zweifellos dürfte das erstgenannte Motiv bei den Mittelbetrieben in *Oberösterreich* der entscheidende Faktor sein. Dabei verzeichnet gerade Oberösterreich die stärkste aktuelle Dynamik auf dem industriellen Sektor. Während die führenden Betriebe des Landes (Stickstoffwerke Linz, VÖEST, Steyr-Daimler-Puch, Aluminiumwerk Ranshofen, Zellstoffabrik Lenzing) in Wien vertreten sind, haben zahlreiche in der Achse des Alpenvorlandes und damit in vorzüglicher Verkehrslage neu gegründete Betriebe auf eine Zentrale in Wien verzichtet und halten ihre Kundenkontakte über tüchtige Vertreter und gutbeschickte Ausstellungen auf der Wiener Messe aufrecht.

Zu 4. Die folgende Tabelle 44 gewährt einen Einblick in die *innerstädtische Differenzierung* der Repräsentanzen der verschiedenen Industriesparten.
Sie läßt deutlich erkennen, daß die Altstadt von Wien im Vergleich zur Ringstraßenzone für die Zentralbüros der Industriebetriebe nur eine untergeordnete Rolle spielt. Als viel wichtiger erweisen sich dagegen die inneren Bezirke (die ehemaligen Vorstädte), welche durch Übernahme bestimmter Cityfunktionen für die Vermarktung und Verwaltung der industriellen Produktion in einer ganzen Anzahl von Betriebszweigen bereits die Führung ergriffen haben.

TABELLE 44 Die Lage der Zentralbüros der österreichischen Industriebetriebe im Stadtgebiet 1966

Industriezweige	Insgesamt in Wien vertretene Unternehmen	Prozentanteil Ringstraßengebiet	Altstadt	Innere Bezirke
Erdölindustrie	6	100	—	—
Bergbau und eisenschaffende Industrie	24	80	12	8
Steine und Erden	14	79	—	21
Textilindustrie	61	61	16	23
Papierindustrie	24	45	12	43
Chem. Industrie, Glas	21	33	14	53
Nahrungs- und Genußmittelindustrie	19	32	16	52
Maschinen-, Elektroindustrie	74	29	12	59
Holzindustrie	11	18	27	55
Lederindustrie	12	17	17	66
	266			

Dies gilt namentlich für jene Großbetriebe des Stadtrandes von Wien, deren traditionelle Stammhäuser in den alten Gewerbevorstädten lagen und die nach Aussiedlung ihrer zu klein gewordenen Produktionsstätten hier ihre Büros und Niederlagen zurückließen.

Aus den allgemeinen wirtschaftshistorisch bedingten Umwälzungen im Niederlagswesen resultierten – wie teilweise bereits angedeutet – zwangsläufig auch beachtliche *Veränderungen innerhalb der Ringstraßenzone* (vgl. Tab. 45)[1].

Das *Textilviertel* büßte über die Hälfte der Unternehmen ein. Interessanterweise verstärkte sich jedoch der Konzentrationsgrad der Textilfabriken in

---

[1] Die Angaben dieser Tabelle beruhen auf der Kompletterhebung 1963 und stimmen daher nicht mit den Daten der Tab. 41—44 überein, in denen nur die Betriebe mit mehr als 250 Beschäftigten aufscheinen.

Tabelle 45 Die Viertelbildung von Büros der Industrie und des Großhandels im Ringstraßenbereich 1961/63

		Textilviertel K/M/G	Börseviertel K/M/G	Roßauerviertel K/M/G	Votivkirchenviertel K/M/G	Rathausviertel K/M/G	Opernviertel K/M/G	Schwarzenbergplatzviertel K/M/G	Postsparkassenviertel K/M/G	Insgesamt K/M/G
Ohne nähere Angaben	GH	11 *11,7*	12/2/—	3/—/—	3	10/1	—	29/3 *29,8*	23/1 *25,5*	91/7/—
Textilien, Bekleidung, Leder	F	39/15/— *76,1*	3/2/—	1	—	3/1	1	3	4	54/18/—
	GH	101/6/— *80,2*	7	3	4	2	3	7/1/—	10	137/7/—
	Konfektion	46/9/— *85,7*	1/1/—	1	—	2/—/1	—	1	3	54/10/1
	G	16	11	29 *26,4*	2	3	11	27 *24,8*	10	109
Schwer-, Maschinen- u. elektrotechn. Ind.	F	7/5/—	3/2/—	—	2	12/3/4 *22,3*	4/4/7 *19,0*	13/3/2 *22,3*	3/3	44/20/13
	GH	13/1/—	12	7/2/—	1	6/1	13	26/1 *27,6*	16/1	94/6/—
Lebensmittel	F	—	1/1	1	—	1	—	1	2	6/1
	GH	1/1	2/1	3	—	1	1	5/2 *35,0*	3	16/4
Chemische und Gummiindustrie	F	3/1	7/1/9 *28,3*	2/1/—	—	4/1	4/1	7/4/1 *26,1*	3	30/9/10
	GH	3	—/1/—	2	—	—	1	2/3/—	6	14/4/—
Steine und Erden		3	1	3/1	1/1	—	2	4/—/1 *23,8*	4	18/2/1
Baugewerbe			2	4	2	5	2	6 *23*	2	23
Papier		—/—/1	1	—	—	5	2	8 *44,4*	1	17/—/1
Holz		—	—	1	—	1	—	1	5 *62,5*	8
Möbel		—	—	—	—	—	—	1	1	2
Bergbaubetriebe Handel–Produktion								7/2/2	1/—/—	8/2/2
Erdölgesellschaften		—	—	—	—	1/—/1	—	1/4/2 *70,0*	—/—/1	2/4/3

Größe der Büros: K bis 300 m², M 300–1500 m², G über 1500 m². Eine Angabe entspricht K. GH Großhandel, F Fabriksniederlagen, G Gewerbebetrieb.

diesem Sektor. Vereinzelt zogen auch Büros der Eisenverarbeitung in die freigewordenen Räume ein.

Völlig verschwand die Textilindustrie aus dem *Roßauerviertel*, das überhaupt die stärkste Einbuße an Fabriksbüros von allen Ringstraßenvierteln zu verzeichnen hat. Die einst hier ansässige Holz- und Möbelindustrie hat gleichfalls das Feld geräumt, ebenso der Maschinenbau.

Im *Börseviertel* trat die chemische Industrie die Nachfolge der Textilbranche an. Hierbei bildete die Firma Semperit den Kristallisationskern für die Ansiedlung weiterer Unternehmen dieses Produktionszweiges. Der 1963 von den Semperitwerken geräumte Häuserblock zwischen Schottenbastei und Helferstorferstraße wurde 1969 vom Bundesministerium für Unterricht aufgekauft und wird zur Unterbringung von Universitätsinstituten Verwendung finden.

Das *Votivkirchenviertel*, welches im Niederlagswesen niemals irgend eine Rolle gespielt hatte, verlor im Zuge des generellen Bedeutungsschwundes des ganzen Nordwestabschnittes der Ringstraße die restlichen Industrievertretungen.

Einen neuen Verwaltungsstandort der Eisen- und Stahlindustrie bildet das *Rathausviertel*, wo auch die VÖEST (Vereinigte Österreichische Stahl- und Eisenwerke AG., Linz an der Donau, Rathausplatz 4, Wien I) als derzeit führender österreichischer Großbetrieb die Räumlichkeiten seiner Wiener Geschäftsstelle laufend erweitert (vgl. oben). Damit tritt das Rathausviertel nunmehr gleichwertig neben den bereits vor dem Ersten Weltkrieg im Hinblick auf die Schwerindustrie wichtigen Südabschnitt der Ringstraße um *Oper und Schwarzenbergplatz*! Hier gelang es vor allem der chemischen Industrie, ihre Position ganz erheblich auszubauen. Dadurch wurde das Schwarzenbergplatzviertel zum Sammelpunkt der wichtigen Erdölfirmen, Bergbauunternehmen und chemischen Betriebe.

Das *Postsparkassenviertel* litt nicht nur unter dem Niedergang der Textilindustrie, sondern verzeichnete auch generell eine Abnahme der Fabriksbüros. Es teilt somit das Schicksal des benachbarten Textilviertels. Im großen und ganzen kommt darin die generelle Schwergewichtsverschiebung der Industrieniederlagen von der Donaukanalseite nach dem westlichen und südlichen Ringstraßensektor im Sinne der bereits beschriebenen wirtschaftspolitischen Neuausrichtung der Stadt auf die veränderte Situation der Zweiten Republik klar zum Ausdruck.

2. Der Großhandel

Die Grundtendenzen auf dem Sektor der industriellen Produktion schwingen auch bei der generellen Entwicklung des Großhandels mit (vgl. Tab. 46). Die Herausdifferenzierung eines produktionsunabhängigen Großhandels vollzog sich in wesentlichen Sparten der Wirtschaft erst seit der Zwischenkriegszeit, als eine unternehmensmäßige Trennung von industrieller Fertigung und Vermarktung in größerem Umfang einsetzte.

Aus diesem Grunde war der Gesamtverlust an Großhandelsbetrieben auch keineswegs so gravierend wie im Niederlagswesen.

Dabei wird die Reduzierung des Textilgroßhandels und Großhandels ohne nähere Angaben – bei dem es sich im wesentlichen auch um Textilunternehmen gehandelt haben dürfte – durch den Aufbau des Großhandels im Bunde mit der metallverarbeitenden und elektrotechnischen Industrie wettgemacht. Diese junge Entwicklung zählt zu den wichtigsten Vorgängen im Ringstraßenbereich.

Parallel zur Industrie existiert auch im Großhandel allenthalben der Trend zur Errichtung mittelgroßer Kontore.

Hinsichtlich der viertelweisen Veränderungen verlief die Entwicklung von Industrieniederlagen und Großhandelsbetrieben durchaus nicht ganz konform. Nur bei der Textilbranche bestand das gleiche Verhalten. Die Position des Textilviertels im Rahmen des Wiener Textilgroßhandels hat sich dabei nicht nur relativ, sondern auch hinsichtlich der Zahl der Unternehmen verstärkt. Alle anderen Viertel verzeichnen demgegenüber mehr oder minder große Verluste.

TABELLE 46 Großhandelsbetriebe im Ringstraßenbereich 1914 und 1961/63

Großhandelszweige	1914 K/M/G*	1961/63 K/M/G	Veränderungen K / M /G
Ohne Angaben	170/ 1/1	91/ 7/—	—79/+ 6/—1
Textilien	154/ 5/—	137/ 7/—	—17/+ 2/ —
Lebensmittel	36/—/—	16/ 4/—	—20/+ 4/ —
Eisen, Maschinen, elektrotechnische Geräte	11/—/—	94/ 6/—	+83/+ 6/ —
Chemische Erzeugnisse	11/—/—	14/ 4/—	+ 3/+ 4/ —
Summe	382/ 6/1	352/28/—	—30/+22/—1

Größe der Büros: K: bis 300 m², M: 300–1500 m², G: über 1500 m².

Beim Engroshandel mit Maschinen und elektrotechnischen Erzeugnissen stimmen die derzeitigen Schwerpunkte nicht so ausgeprägt mit jenen der branchenverwandten Fabriksunternehmen überein. Das Rathausviertel besitzt nur eine geringe kommerzielle Bedeutung, während das Postsparkassenviertel eine recht beachtliche Expansion des Großhandels aufweist. In ihm haben verschiedenste, zum Teil recht undurchsichtige Export-Import-Gesellschaften ihren Sitz aufgeschlagen. Überdies fand hier der Wiener Großhandel mit elektrotechnischen Artikeln einen neuen Standort. Demgegenüber läßt sich der enorme Bedeutungsverlust des Roßauerviertels als Standort des Großhandels nicht übersehen. Die vielen Textilniederlagen verschwanden hier ebenso wie die einst zahlreichen Handelsunternehmen ohne nähere Firmenbezeichnung. Seine ehemalige Führungsrolle im Lebensmittelgroßhandel mußte es an das Schwarzenbergplatzviertel abgeben.

Im Vergleich zum Niederlagswesen besitzt das Opernviertel hier ein viel geringeres kommerzielles Gewicht als das Schwarzenbergplatzviertel, welches heute, abgesehen von der Textilindustrie, im Wiener Großhandel ganz allgemein die Führung übernommen hat.

3. Banken und Versicherungen

Die Umstrukturierung des Banken- und Versicherungswesens wurde schon bei Behandlung der Zwischenkriegszeit ausführlich diskutiert.
Das Verschwinden der Kleinbetriebe (80 v. H. der Kleinbanken, 50 v. H. der Versicherungen) geht zu Lasten dieser Ära. Auffällig ist seither der Erwerb eigener Häuser sowohl bei den Geldinstituten als auch bei den Versicherungsanstalten. Die Betriebsvergrößerung wird damit deutlich vor Augen geführt. Seit 1961 läßt sich nach Abflauen der großen Verstaatlichungswelle (Verstaatlichung von Großbetrieben der Schwer- und Grundstoffindustrie 1946, der Elektrizitätswirtschaft 1947-1949), die auch die Großbanken betraf, wieder eine bescheidene Renaissance der Privatbanken erkennen. Gleichzeitig damit erfolgte eine gewisse Spezialisierung auf dem Finanzsektor.

Auch im Versicherungswesen ist die Einschaltung von staatlichem und städtischem Kapital nicht zu übersehen. Der an der Stelle eines im Kriege zerstörten Häuserblocks an der Einmündung des Schottenringes in den Franz Josefs-Kai errichtete „Ringturm" der Wiener Städtischen Versicherung mag als ein Symbol dafür gelten. In zunehmendem Maße wird die für die klassische Periode des Versicherungswesens vor dem Ersten Weltkrieg typische Auffächerung in verschiedene Versicherungssparten aufgegeben. Die meisten Großunternehmen streben danach, die Zahl der Versicherungszweige zu vergrößern, um auf diese Weise die erwünschte Risikostreuung zu erlangen.

Neben den staatlich und städtisch gestützten Unternehmen bestehen eine Reihe von Exposituren einflußreicher ausländischer Versicherungen.
Die Verschiebungen im Rahmen der Ringstraße betreffen vor allem das Versicherungswesen. Hier entstand ein neuer Schwerpunkt rings um den Schwarzenbergplatz, an dem ausländische Versicherungen führenden Anteil haben. Das einst dominierende Börseviertel hat nur noch sekundäre Bedeutung.

Nicht so ausgeprägt ist die Verlagerung auf dem Geld- und Kreditsektor. Die einst vorhandene Ballung in Nachbarschaft der Börse besteht nur noch in Resten. Andererseits haben im Opern- und Schwarzenbergplatzviertel verschiedene, zum Teil ausländische Geldinstitute ganze Häuser annektiert, ohne daß es jedoch zur deutlichen Ausbildung eines neuen Schwerpunkts des Bankenwesens gekommen wäre.

4. Das Geschäftsleben

Die Entwicklung des Geschäftslebens im Ringstraßenbereich ist ohne Kenntnis der Gesamttendenzen des Wiener Geschäftslebens sowohl in systematischer als auch in regionaler Hinsicht nicht verständlich.
Folgende wichtige Veränderungen der Konsumgruppen lassen sich hierbei ab der Gründerzeit feststellen:

TABELLE 47 Banken und Versicherungen im Ringstraßenbereich 1914 und 1961/63

	1914 K/M/G	1961/63 K/M/G	Veränderungen K / M / G
Banken	94/ 3/4	17/ 8/ 9	— 77/+5/+ 5
Versicherungen	44/15/2	21/ 7/ 7	— 23/—8/+ 5
Krankenkassen	8/—/—	5/ 1/ 2	— 3/+1/+ 2
Insgesamt	146/18/6	43/16/18	—103/—2/+12

Größe der Büros: K: bis 300 m², G: 300–1500 m², M: über 1500 m².

4. Das Geschäftsleben

TABELLE 48 Die Viertelbildung des Geldwesens und spezieller Dienste im Ringstraßenbereich 1961/63

	Textil-viertel	Börse-viertel	Roßauer-viertel	Votiv-kirchen-viertel	Rathaus-viertel	Opern-viertel	Schwarzen-bergplatz-viertel	Postspar-kassen-viertel	Insgesamt
	K/M/G	K/M/G	K/M/G	K/M/G	K/M/G	K/M/G	K/M/G	K/M/G	K/M/G
Geldwesen u. dgl.									
Banken, Sparkassen	2/1/—	2/2/2	2/—/3	—	2/2/—	1/—/2	5/3/2 **29,4**	3/—/—	17/8/9
Versicherungen	—/—/1	6/1/1 *18,9*	—	—	2/2/1	1/—/1	9/2/3 **37,8**	3/2	21/7/7
Krankenkassen u. dgl.	—	2/1/1	1/—/1	1	—	—	1/—/—	—	5/1/2
Spezielle Dienste									
Speditionen	10/—/1 *38,5*	1/—/—	—/1/—	—	2	2	5/2	5	25/3/1
Zeitungen	—	—	1	—	—	—	—	—	1
Verlage	1	3	1	3	1	1	15 *51,7*	4	29
Reklamebüros	1	—	1	—	2	—	7 *63,6*	1	12
Filmgesellschaften	—	—	—	—	1	—	1	1	3
Reisebüros	—	1	1	1	2	3	5 *38,5*	—	13
Luftfahrtgesellschaften u. dgl.	—	—	—	—	—	3	16/—/1 *73,7*	—	19/—/1

Größe der Büros: K: bis 300 m², M: 300–1500 m², G: über 1500 m².
Eine Angabe entspricht K.

1. Die Gruppe der Lebens- und Genußmittelgeschäfte büßte bereits während der Zwischenkriegszeit etwas von ihrer einst führenden Stellung ein. Nicht zuletzt infolge des Bevölkerungsrückganges begann in den dreißiger Jahren eine Reduzierung der zahllosen kleinen Gemischtwarenläden, Obst- und Gemüsegeschäfte. Interessanterweise konnten sich die Gewerbebetriebe (Fleischhauer und Bäckereien) gut behaupten.

2. Gleichfalls einen Rückgang verzeichnete das Gastgewerbe. Die Zahl der Wein- und Schnapslokale schwand vornehmlich zur Zeit der Weltwirtschaftskrise rasch dahin. Seit dem letzten Krieg setzte dann ein förmliches Gasthaus- und Kaffeehaussterben ein, das durch die Größe dieser Lokale, die vor allem in Eckhäusern untergebracht waren, besonders auffällt. Verschiedene Änderungen im gesamten Lebensstil der Bevölkerung

sind hierfür verantwortlich zu machen. Die besseren Wohnverhältnisse breiter Kreise, die Aufwertung des Familienlebens, das Massenmedium des Fernsehens usw. verminderten mehr und mehr den Prozentsatz jener Menschen, welche ihre Freizeit in Gast- und Kaffeehäusern verbringen.

3. Mit dem Wachsen der Kaufkraft und einer Flut immer neuer Konsumgüter haben bestimmte Branchen einen phänomenalen Aufschwung erlebt. Zu diesen zählen vor allem die Fachgeschäfte für Gesundheitswesen und Körperpflege, Bekleidung, Kraftfahrzeuge und geistige Interessen (Bildung, Erholung und Unterhaltung). Diese Verschiebungen in der Branchengruppierung sind das Spiegelbild tiefgreifender Veränderungen in der Einkommens- und Verbrauchsstruktur der Bevölkerung.

Im gründerzeitlichen Budget stand bei der Masse der Bevölkerung die Ernährung an erster Stelle. Auf sie entfielen im Durchschnitt der Wiener Arbeiterhaushalte über 57 v. H. der Gesamtausgaben. Darin äußerte sich nicht nur das seit den humanistischen Stadtbeschreibungen bespöttelte Phäakentum der Wiener, d. h. die besondere Vorliebe für gutes Essen und Trinken, sondern auch der geringe finanzielle Spielraum zur Befriedigung anderer Bedürfnisse.

Bereits die Zwischenkriegszeit brachte durch die drastische Einschränkung der Kinderzahl und die Zunahme des Anteils der berufstätigen Bevölkerung während der kurzen Wirtschaftsblüte der späten zwanziger Jahre eine Steigerung des Realeinkommens. Die durch den Mieterschutz bedingten niedrigen Mieten erlaubten es den Arbeitnehmern, mittels der eingesparten Wohnungskosten zusätzliche Konsumgüter anzuschaffen. Hierzu zählte in erster Linie die Bekleidung. Mit Beginn der großen Arbeitslosigkeit der dreißiger Jahre war diese Hausse des Geschäftslebens rasch wieder zu Ende.

Erst im Zeichen der gegenwärtigen Konjunktur schieben sich dank ununterbrochen steigender Prosperität und Kaufkraft bisher im Budget der Arbeitnehmer ganz untergeordnete bzw. unbekannte Posten in den Vordergrund. Zu ihnen zählen vor allem die Ausgaben für Wohnungseinrichtung, Bekleidung, Fahrzeuge und Dienstleistungen aller Art.

Diese Umschichtungsvorgänge in den einzelnen Sparten des Geschäftslebens verbinden sich mit einem spürbaren *Konzentrationsprozeß*. Die Zahl der Betriebe hat, verglichen mit der Gründerzeit, nicht zuletzt in Anpassung an die erheblich verringerte Einwohnerschaft beachtlich abgenommen. Den Konsumzuwachs absorbieren neukonstituierte größere und modern ausgestattete sowie rationell geführte Detailgeschäfte, welche vielfach über einen festen Rückhalt in Großhandelsorganisationen verfügen (so z. B. Selbstbedienungsläden, Supermarkets, diverse Filialbetriebe). Dieser Aussiebungsprozeß der Kleinstbetriebe ist sehr verspätet, im wesentlichen erst nach dem Staatsvertrag 1955, in Gang gekommen. Bis vor kurzem (1967) sicherte nämlich das erwähnte Mieterschutzgesetz aus dem Jahre 1917 infolge der niedrigen Lokalmieten den Bestand zahlloser Grenzexistenzen. Umgekehrt hemmte es durch die damit verbundenen schwindelnd hohen Geschäftsablösen den Aufstieg neuer Branchen und junger, initiativer Geschäftsleute. Die Einführung der Gewerberente 1956 hat überdies eine Welle der Konzessionsrücklegungen von seiten betagter Geschäftsinhaber ausgelöst. Steuerliche Begünstigungen für Investitionen lösten gleichzeitig einen lebhaften Umbau und eine aufwendige Neugestaltung zahlreicher Lokale, vor allem in den Geschäftszentren, aus.

Auch *innerhalb der räumlichen Ordnung des Wiener Geschäftslebens* machten sich seit 1918 *neue Tendenzen* bemerkbar. Die ehedem exklusiven Hauptgeschäftsstraßen der Altstadt, wie die Kärntner Straße und der Graben, mußten in Anpassung an den Ausfall einer zahlungskräftigen Oberschicht den einstigen Typ des Citygeschäfts aufgeben. Selbst am Graben, der Wiener Nobelstraße der Gegenwart mit dem relativ reinsten Citycharakter, sind bloß 20 v. H. aller Geschäfte echte Citygeschäfte, d. h. sie führen Waren, die sonst nirgends in Wien erhältlich sind. Weitere 40 v. H. tragen bereits das Gepräge „aufgestockter Citygeschäfte", d. h. sie bieten neben einem Citysortiment auch allgemein gängige Artikel an.

In Ergänzung zu den Bekleidungsstraßen der Altstadt bietet nun der Ringstraßenabschnitt zwischen den Museen und dem Stadtpark geradezu das Musterbeispiel für eine zunehmende Spezialisierung in den Sparten, welche den episodischen Bedarf befriedigen, wie dem Kraftfahrzeughandel und den Dienstleistungen des Verkehrs (Reisebüros, Autobus-, Flug- und Schiffahrtslinien). Seine Dynamik übertrifft die der Altstadtstraßen bei weitem.

Keinerlei Ausstrahlung dieses Geschäftsstraßentyps findet in die inneren Bezirke hinein statt. Diese haben durch den bereits erwähnten starken Bevölkerungsrückgang vorwiegend in den Seitengassen einen bemerkenswerten Schwund des Geschäftslebens zu verzeichnen. Selbst die Hauptachse des Wiener Detailhandels, die Mariahilfer Straße, läßt in den Zubringergassen und in ihren zur Straße hin geöffneten, einst mit Läden vollgestopften Höfen den Funktionsverlust erkennen.

Im Vergleich zu dem relativen Bedeutungsverlust der Altstadt und der inneren Bezirke haben die Zentren der äußeren Bezirke nach dem letzten Krieg einen starken Aufschwung erlebt und mit den zahlreichen großen Geschäften die noch stärker in kleinbetrieblicher Struktur verankerten Geschäftsstraßen der inneren Bezirke überrundet. Das periphere Wachstum

4. Das Geschäftsleben

TABELLE 49 Vergleich des Geschäftslebens von Wien 1954 und der Ringstraßenzone 1966

	Wien 1954			Ringstraßenzone 1966		
	Betriebe		Einwohner je Betrieb*	Betriebe		Einwohner je Betrieb**
Lebens- und Genußmittel	16.075	*35,5*	100	178	*14,2*	81
Körperpflege	5.681	*12,5*	284	132	*10,6*	110
Gastgewerbe	4.228	*9,3*	382	130	*10,4*	112
Bekleidung	7.318	*16,1*	221	250	*20,0*	58
Geistige Interessen	2.263	*5,0*	713	90	*7,2*	160
Wohnung	2.993	*6,6*	539	193	*15,5*	75
Fahrzeuge	518	*1,1*	3.116	117	*9,4*	124
Geldwesen	380	*0,9*	4.247	50	*4,0*	290
Sonstiges	5.907	*13,0*	274	109	*8,7*	133
Summe	45.363	*100%*	35,6	1.248	*100%*	11,6

* Berechnet auf 1,614.000.   ** Berechnet auf 14.500.

des Geschäftslebens ist ein Spiegelbild der regen Wohnbautätigkeit am Stadtrand und damit auch einer gewissen peripheren Verlagerung der Bevölkerung.

Die *Ringstraßenzone* nimmt in dem umrissenen Entwicklungsgefüge der Stadt insofern eine *Sonderstellung* ein, als hier das Geschäftsleben in seiner Gesamtheit keineswegs eine quantitative Einbuße erlitt, sondern vielmehr im Gegenteil *die Zahl der Geschäfte zunahm* (Tab. 49).

Die Einwohnerquoten pro Betrieb lassen erkennen, daß in der Ringstraßenzone durchschnittlich dreimal soviel Geschäfte auf einen Einwohner entfallen als in der ganzen Stadt. 1914 waren es nur doppelt soviel Geschäfte. Somit beträgt der *relative Bedeutungszuwachs rund 50 v. H.*

Bei den einzelnen Geschäftsarten und -gruppen bestehen allerdings beachtliche Unterschiede. Sie seien im folgenden kurz besprochen.

Die Gruppe der *Lebens- und Genußmittelgeschäfte* ist im großen und ganzen nur wenig stärker als im Stadtmittel besetzt. Die Summe der Gemischtwarenhandlungen und Milchgeschäfte hat dabei in den letzten 50 Jahren sogar um rund ein Drittel abgenommen, während jene der Fleischhauer und Tabaktrafiken unverändert blieb.

Einen erheblichen Bedeutungsgewinn erzielte die Sparte *Körperpflege-Reinigung*. Ihr Zuwachs geht auf das Konto der Parfümerien und Drogerien, die ebenso wie die Optiker ihre Zahl verdoppeln konnten. Keine Veränderungen verzeichnen dagegen die Friseure und Putzereien.

Die Entwicklung des *Gastgewerbes* fügt sich zwar generell in das bekannte Phänomen des starken Rückgangs der Gast- und Kaffeehäuser von Wien ein, ist aber im Ringstraßenbereich viel ausgeprägter als im gesamtstädtischen Gefüge.

Während der letzten Jahre setzte längs der Ringstraße ein regelrechtes Kaffeehaussterben ein, das hauptsächlich unter den einst bedeutenden und komfortablen Eckkaffees aufräumte. Neugründungen von Automatenbüffets und Espressos konnten nur teilweise einen Ersatz stellen.

Die Gruppe der *Bekleidungsgeschäfte* holte nicht nur zahlenmäßig sichtbar auf, sondern erfuhr auch eine gewisse innere Umstrukturierung. Dem Versuch einer exakten quantitativen Erfassung dieser Veränderungen begegnen

allerdings geradezu unüberwindbare Schwierigkeiten. Solche ergeben sich erstens aus der Loslösung des Detailhandels aus dem Bekleidungsgewerbe. Zweitens ist es im Falle des Textilviertels praktisch unmöglich, eine genaue Unterscheidung zwischen Klein- und Großhandel durchzuführen.
Verschiedene Sparten, wie der Stoff- und Kurzwarenhandel, sind jedenfalls sehr zurückgegangen, während Schuh-, Uhren- und Juwelengeschäfte erheblich an Terrain gewannen.
Noch viel ausgeprägter äußert sich der Umschichtungsvorgang im Sektor der *geistigen Interessen*. Der alteingesessene Zweig des Buch- und Musikalienhandels verlor an Zahl und Ansehen. Als neue Günstlinge der Konsumenten traten der Photohandel und die Schallplattengeschäfte in den Vordergrund.
Dank der zahlreich neu entstehenden *Dienstleistungsbetriebe des Verkehrs*, wie Reisebüros, Fluggesellschaften usw., ist das Gewicht dieser, nur dem episodischen Bedarf dienenden Gruppe stark gestiegen. Die Ringstraße vermochte ihre Vormachtstellung nicht nur zu behaupten, sondern noch zu steigern. Die zentripetale Tendenz dieser Branche liegt damit auf der Hand.
Dieses Verhalten wird von der Geschäftswelt des *Autohandels* geteilt, welche die Zahl ihrer Salons gegenüber 1914 freilich nur verdreifachen konnte. Durch die Neueröffnung von Autogeschäften in den Bezirkszentren hat die Ringstraße ihre gründerzeitliche Position als Autoausstellungsstraße bereits zu einem Teil eingebüßt und wird sie vermutlich in der Zukunft noch mehr verlieren.
Von diesem aktuellen Expansionsdrang der Spezialgeschäfte für den episodischen Bedarf bleibt die Gruppe *"Wohnungseinrichtung"* ausgeschlossen. Ihr Ausweitungsfeld liegt offenkundig nicht im Ringstraßenbereich. Hier hat die Zahl der Möbel- und Beleuchtungsgeschäfte sogar abgenommen. Die Ringstraße nahm am gegenwärtigen Aufschwung des Möbelsektors keinen Anteil. Die meisten anderen Branchen blieben zahlenmäßig unverändert. Lediglich die Elektrogeschäfte und Installateure nahmen an Zahl erheblich zu.
Auch das *Geldwesen* kann kaum einen Bedeutungsgewinn verzeichnen, im Gegenteil, die Dezentralisierungsbestrebungen haben über den Aufbau eines dichten Netzes von Bankfilialen und Sparkassenzweigstellen in ganz Wien dem Ringstraßegebiet im Hinblick auf die Intensität des Kundenverkehrs eher etwas von seiner ehemaligen Bedeutung genommen.

Die *räumliche Ordnung des Geschäftslebens* unterliegt nicht dem Prinzip der Viertelsbildung, dem sehr häufig soziale Assoziierungen und Gruppierungen anderer Wirtschaftselemente folgen und das daher auch als Grundlage der vorliegenden Ausführungen diente. Sie folgt vielmehr einem linearen Muster, derart, daß jeweils einer bestimmten Straße eine charakteristische Zusammensetzung der Lokale nach Zahl, Branche, Aufmachung und Organisationsform eigen ist. Dieses lineare Ordnungsgesetz im Geschäftsleben wird in entscheidendem Maße vom Verkehr beeinflußt. Dementsprechend erscheint auch das Geschäftsstraßenmuster nachhaltig vom Wiener innerstädtischen Verkehrssystem mit diktiert, in dem seit alters die Radialstraßen den Nah- und Fernverkehr aus und in die Stadt leiten. Sie waren überdies schon früh die Wachstumsspitzen der Verbauung und die hier ansässigen Verkehrsgewerbe gewissermaßen die Vorläufer des modernen Geschäftslebens. Daher sind nahezu alle Radialstraßen zugleich wichtige Hauptgeschäftsstraßen der heutigen Stadt.

Der Ringstraßenbereich, der sich sowohl in seiner architektonischen Gestalt als auch in seinem sozialen und wirtschaftlichen Gefüge vom übrigen Stadtkörper klar abhebt, erfuhr nun längs der Verbindungsstraßen aus der Altstadt in die inneren Bezirke seine Eingliederung in den Bauplan des Wiener Geschäftslebens.
Die Fortsetzung der Wipplingerstraße im Ringstraßengebiet bildet die Liechtensteinstraße, welche sich zu einer kurzen, bescheidenen Einkaufsstraße für das Roßauerviertel entwickelt hat. Von der Schottengasse strahlen die Währinger- und die Universitätsstraße als Geschäftsstraßen aus. Mittels der Babenbergerstraße wurzelt die Mariahilfer Straße im Ringstraßenbereich. Die Operngasse öffnet sich zur Wienzeile bzw. Margaretenstraße hin, und die Kärntner Straße findet quer durch die ehemaligen Stadterweiterungsgründe ihre Fortführung in der Wiedner Hauptstraße. Im Vergleich zu diesen speichenförmig angelegten Straßen hat sich das Geschäftsleben in kreisförmiger Richtung nur an wenigen Stellen entwickelt, so im Zuge der Lastenstraße bloß entlang der Garnisongasse, dem Bindeglied zwischen Alser und Währinger Straße, und im Raum des Getreidemarktes zwischen Wienzeile und Mariahilfer Straße. Auch die Ringstraße selbst konnte einzig und allein im Sektor zwischen den Museen und dem Schwarzenbergplatz, wo sie praktisch die Kommunikation zwischen der westlichen (Mariahilfer Straße) und der östlichen Einfallstraße (Rennweg) darstellt, zu einer Geschäftsstraße von Cityniveau aufrücken. Die Partien des Schotten- und Stubenringes sind nicht über den Rang von Nebengeschäftsstraßen hinausgewachsen, und ebenso blieb längs des "einzeiligen" Franz Josefs-Kais die Ladenfront recht schütter.
Abgesehen von den genannten Straßen existiert eine lockere *Streu von*

4. DAS GESCHÄFTSLEBEN

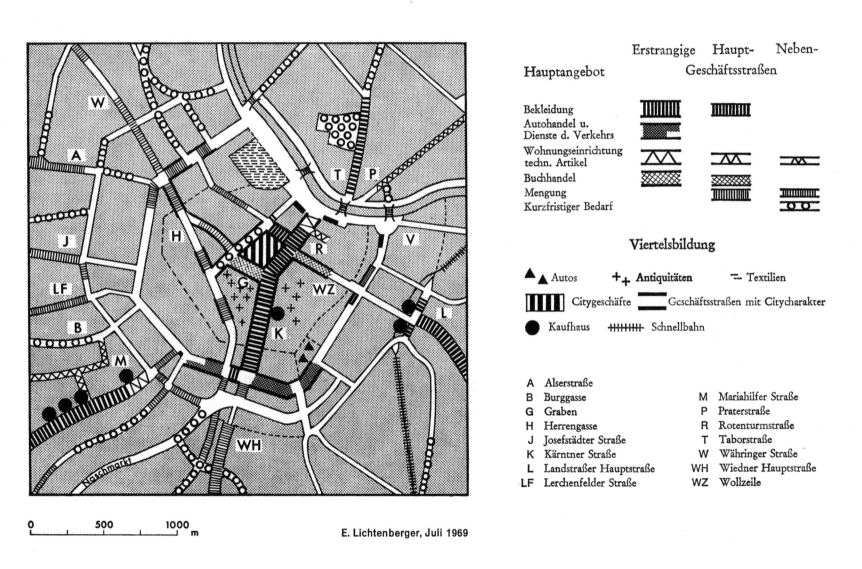

Fig. 37 Die Geschäftsstraßen der Wiener Innenstadt (1969)

X. Die Analyse der wirtschaftlichen Funktionen der Ringstrasse

Tabelle 50 Arten und Viertelbildung der Geschäfte im Ringstraßenbereich 1966

Geschäftsarten	Textil-viertel	Börse-viertel	Roßauer-viertel	Votiv-kirchen-viertel	Rathaus-viertel	Opern-viertel	Schwarzen-bergplatz-viertel	Postspar-kassen-viertel	Insge-samt
I. *Nahrungs- und Genußmittel*									
„Gemischtwaren"	8	6	15	4	9	2	14	4	62
Back- und Süßwaren	4	3	2	2	5	6	1	2	25
Milch	4	—	5	—	—	2	2	1	14
Fleisch	1	2	3	2	1	1	1	—	11
Fisch, Geflügel, Wild, Gemüse	—	1	6	3	1	—	—	—	11
Wein, Kaffee	—	—	—	—	—	3	4	1	8
Tabak-Trafiken	8	8	5	2	7	4	7	6	47
Zusammen	25	20	36	13	23	18	29	14	178
	12,69	15,39	18,95	26,53	20,91	8,22	10,82	16,47	14,2
II. *Körperpflege, Reinigung, Gesundheitswesen*									
Apotheke	1	1	—	1	1	1	2	—	7
Parfümerie, Drogerie	1	7	4	3	3	7	5	2	32
Friseur, Kosmetik	5	5	6	1	6	11	20	7	61
Putzerei, Wäscherei	—	1	6	1	3	5	4	—	20
Sanitärer Bedarf, Optiker	—	1	3	1	1	1	1	2	10
Zusammen	7	15	19	7	14	25	32	11	130
	3,55	11,54	10,00	14,29	12,73	10,96	11,94	12,94	10,4
III. *Gastgewerbe*									
Gasthaus	8	3	9	1	6	6	5	1	39
Restaurant	—	2	—	1	3	3	7	5	21
Kaffeehaus, Espresso	6	7	10	2	7	7	15	5	59
Alkoholausschank	2	—	1	—	1	—	—	—	4
Automatenbüfett	—	1	—	—	3	3	2	—	9
Zusammen	16	13	20	4	20	19	29	11	132
	8,12	10,00	10,53	8,17	18,18	8,67	10,82	12,94	10,6

TABELLE 50 Fortsetzung

Geschäftsarten	Textil-viertel	Börse-viertel	Roßauer-viertel	Votiv-kirchen-viertel	Rathaus-viertel	Opern-viertel	Schwarzen-bergplatz-viertel	Postspar-kassen-viertel	Insge-samt
IV. *Bekleidung*									
Branchenmengung									
mit Oberbekleidung	35	2	—	—	—	—	—	—	37
ohne Oberbekleidung	—	—	—	—	—	—	—	—	—
Wäsche- und Wirkwaren	28	3	2	—	1	3	2	1	40
Herrenmoden	6	1	3	—	1	6	9	—	26
Damenoberbekleidung	4	1	6	1	2	9	5	3	31
Kindermoden	—	1	1	—	—	1	—	—	3
Hutgeschäfte	—	—	—	—	1	4	—	—	5
Pelzwaren	1	1	—	—	1	2	—	—	5
Lederwaren	2	2	2	1	—	4	4	—	15
Schuhe	2	3	3	—	—	7	1	1	17
Kurzwaren	1	2	—	—	1	1	1	—	6
Uhren und Juwelen	—	4	5	1	1	5	4	1	21
Spezialgeschäfte	4	—	1	1	2	3	2	—	13
Schneider, Stoffe	9	5	3	2	4	3	3	2	31
Zusammen	92	25	26	6	14	48	31	8	250
	46,70	*19,23*	*13,68*	*12,24*	*12,73*	*21,92*	*11,57*	*9,41*	*20,0*
V. *Geistige Interessen*									
Buchhandel und Leihbücherei	1	7	4	1	2	4	7	3	29
Buch- und Papierhandel	—	—	2	—	—	—	—	2	4
Papierwaren, Bürobedarf	2	7	7	3	3	10	11	5	48
Musikalienhandel	1	—	—	—	—	2	6	—	9
Kunsthandel	2	1	—	—	—	5	6	1	15
Photogeschäfte	—	3	—	1	3	6	4	—	17
Andenken	—	1	—	—	—	5	2	—	8
Dienstleistungen des Verkehrs	5	1	—	1	3	21	30	2	63
Zusammen	11	20	13	6	11	53	66	13	193
	5,59	*15,38*	*6,84*	*12,24*	*10,00*	*24,20*	*24,63*	*15,29*	*15,5*

Fortsetzung ▶

X. Die Analyse der wirtschaftlichen Funktionen der Ringstrasse

Tabelle 50 Fortsetzung

Geschäftsarten	Textil-viertel	Börse-viertel	Roßauer-viertel	Votiv-kirchen-viertel	Rathaus-viertel	Opern-viertel	Schwarzen-bergplatz-viertel	Postspar-kassen-viertel	Insge-samt
VI. *Wohnungseinrichtung*									
Installateur, Elektriker	2	4	10	3	3	12	7	3	44
Raumdekoration	4	2	4	1	1	3	4	4	23
Beleuchtungskörper	—	—	—	—	—	1	—	—	1
Bettwaren	3	—	—	—	—	1	—	—	4
Möbel	1	—	6	—	—	—	3	3	13
Korbwaren, Holzwaren	—	1	—	—	—	2	1	1	5
Haus- und Küchengeräte	3	1	5	—	1	2	6	1	19
Heizung	—	—	—	1	—	—	—	1	2
Nähmaschinen	—	1	—	—	—	—	3	—	4
Sonstiges	—	—	—	—	1	—	—	1	2
Zusammen	13	9	25	5	6	21	24	14	117
	6,60	*6,92*	*13,16*	*10,21*	*5,45*	*9,59*	*8,96*	*16,47*	*9,4*
VII. *Fahrzeuge*									
Autohaus	2	2	1	—	2	7	26	7	47
Autozubehör, Reifen	5	1	5	—	5	3	4	3	26
Fahrräder	—	—	—	—	—	—	2	—	2
Motorfahrzeuge	—	—	—	—	1	1	—	—	2
Service, Mechaniker	—	—	4	—	—	—	3	—	7
Gebrauchtwagen	—	—	—	—	—	—	—	—	—
Tankstelle	1	—	—	—	2	2	1	—	6
Zusammen	8	3	10	—	10	13	36	10	90
	4,06	*2,31*	*5,26*		*9,09*	*5,94*	*13,43*	*11,77*	*7,2*

TABELLE 50 Fortsetzung

Geschäftsarten	Textil-viertel	Börse-viertel	Roßauer-viertel	Votiv-kirchen-viertel	Rathaus-viertel	Opern-viertel	Schwarzen-bergplatz-viertel	Postspar-kassen-viertel	Insge-samt
VIII. *Geld- und Versicherungswesen*									
Banken	1	4	5	1	1	5	5	—	22
Sparkassen	2	1	—	1	—	1	—	—	5
Versicherungen	6	4	3	—	1	3	6	—	23
Zusammen	9	9	8	2	2	9	11	—	50
	4,57	*6,92*	*4,21*	*4,08*	*1,82*	*4,11*	*4,10*	—	*4,0*
IX. *Sonstiges*									
Spiel- und Sportartikel	1	4	1	—	1	3	1	—	11
Eisen- u. Stahlwaren, Maschinen	2	3	2	1	—	4	—	—	12
Gewerbliche Betriebe	—	—	8	—	—	—	—	4	12
Blumen, Samen	—	5	—	1	2	2	2	—	12
Kohlen	1	1	—	1	1	—	1	—	5
Fabriksniederlagen	10	3	—	3	6	5	6	—	33
Diverses	2	—	22	—	—	—	—	—	24
Zusammen	16	16	33	6	10	14	10	4	109
	8,12	*12,31*	*17,37*	*12,24*	*9,09*	*6,39*	*3,73*	*4,71*	*8,7*
Insgesamt	197	130	190	49	110	219	268	85	1.248 *100%*

Lokalen in den verschiedenen *Ringstraßenvierteln* (vgl. Tab. 50). Eine besonders hohe Ladendichte wird im Textilviertel erreicht. Auf den für dieses Quartier typischen fließenden Übergang vom Großhandel zum Detailverkauf und seine Problematik wurde bereits hingewiesen. Recht bescheidene und billig aufgemachte Verkaufsstellen mit einer bloß wenige Meter breiten Auslage häufen sich hier in ziemlicher Zahl und bieten die verschiedensten Textilfabrikate, u. a. Wäsche, Wirkwaren, Stoffe, Kleider usw., feil. Infolge des engbegrenzten Warensortiments und der kargen Ausstattung unterscheiden sich die hier beheimateten Bekleidungsgeschäfte grundlegend von den auf Konfektionsartikel spezialisierten und modernst eingerichteten Bekleidungshäusern der Wiener Hauptgeschäftsstraßen. Das Textilviertel fungiert heute zu einem Gutteil als Durchgangsstation für Geschäftsleute aus dem Südosten Europas und ebenso als Refugium für kapitalschwache Grenzexistenzen.

Während im Textilviertel die Geschäfte für den Nahbedarf seit der Gründerzeit – wie überall im Ringstraßenbereich – abgenommen haben, weist das Roßauerviertel, wohl nicht zuletzt durch die beachtliche Zunahme der Wohnfunktion bedingt, eine wesentliche Vermehrung der Lebensmittel-

X. Die Analyse der wirtschaftlichen Funktionen der Ringstrasse

Tabelle 51 Arten und Viertelsbildung des Gewerbes im Ringstraßenbereich 1963

Ringstraßenviertel	Textil-viertel	Börse-viertel	Roßauer-viertel	Votivkirchen-viertel	Rathaus-viertel	Opern-viertel	Schwarzenberg-platzviertel	Postspar-kassenviertel	Insgesamt
Textil, Leder, Bekleidung									
Modesalons	2	—	1	—	3	1	7	4	18
Schneider	8	6	6	2	3	7	19	10	61
Kürschner	—	—	1	—	1	—	—	—	2
Pfaidler	—	1	—	—	—	—	—	—	1
Modisten	—	1	—	—	1	1	2	—	5
Miedermacher	—	—	3	—	—	—	1	—	4
	10	8	11	2	8	9	29	14	91
Metallverarbeitung									
Schlosser	2	—	4	—	2	—	1	—	9
Spengler	—	—	1	—	—	1	1	1	4
	2	—	5	—	2	1	2	1	13
Erzeugung von Instrumenten									
Musik	—	—	—	—	—	—	1	—	1
Uhren und Schmuck	—	—	1	—	—	—	—	—	1
Wiss. u. chir. Instr.	—	—	2	1	—	—	—	—	3
	—	—	3	1	—	—	1	—	5
Lederverarbeitung									
Sattler, Riemer	1	—	—	—	—	—	—	1	2
Schuhmacher	1	—	2	6	—	—	—	1	10
	2	—	2	6	—	—	—	2	12

TABELLE 51 Fortsetzung

Ringstraßenviertel	Textil-viertel	Börse-viertel	Roßauer-viertel	Votivkirchen-viertel	Rathaus-viertel	Opern-viertel	Schwarzenberg-platzviertel	Postspar-kassenviertel	Insgesamt
Steine und Erden									
Steinmetz, Hafner	—	—	2	6	—	—	1	—	9
	—	—	2	6	—	—	1	—	9
Baugewerbe									
Installateure, Elektriker	6	—	9	3	2	3	6	2	31
Glaser	2	1	6	—	—	—	2	—	11
Anstreicher	—	—	1	—	—	—	3	—	4
Tapezierer, Dekorateure	—	1	4	2	1	1	3	—	12
Rauchfangkehrer	—	—	—	—	—	—	—	—	—
Schildermaler	3	—	1	—	—	—	—	—	4
	11	2	21	5	3	4	14	2	62
Holzverarbeitung									
Tischler	—	2	6	—	2	2	1	1	14
	—	2	6	—	2	2	1	1	14
Graphisches Gewerbe									
Buchdrucker, -binder	2	2	7	1	—	2	3	1	18
Photographen	—	—	1	—	—	1	1	2	5
Graphiker, Kunstmaler	—	—	—	—	—	—	—	2	2
	2	2	8	1	—	3	4	5	25
	27	14	58	21	15	19	52	25	231

geschäfte, der Geschäfte für Körperpflege und selbst der gastgewerblichen Betriebe auf. Als Standort des Autozubehörhandels und von Reparaturwerkstätten besitzt es auch eine gewisse überlokale Funktion.

Im Rathausviertel hatte das Geschäftsleben von Anfang an keine sonderliche Bedeutung. Auch in der Gegenwart werden die prachtvollen Arkadengänge längs der Rathausstraße und dem Friedrich Schmidt-Platz nur lückenhaft von Geschäften flankiert. Meist dienen die Parterrelokalitäten als Lagerräume oder Büros. Besonders frappiert das Kaffeehaussterben. Von den 16 Cafés im Jahre 1914 bestehen heute nur noch sieben!

Ähnlich im toten Winkel des Detailhandels blieben die Häuserblöcke des Opernviertels rings um den Schillerplatz und das Schwarzenbergplatzviertel im stadtauswärts von der Ringstraße gelegenen Abschnitt. Eine andere Situation existiert gegen die Altstadt zu. In die Mahlerstraße und Walfischgasse wirkten schon in der Gründerzeit Impulse von der Kärntner Straße herein. Sie bringen sich auch heute in Gestalt verschiedener Spezialgeschäfte zur Geltung. In den Baublöcken zwischen Schubertring und Seilerstätte, die einst von geräumigen Gaststätten und Kaffeehäusern erfüllt waren, kann man zur Zeit dem vom Stubenring ausgehenden Umwandlungsprozeß dieser Lokale in Autosalons direkt zusehen.

Das Postsparkassenviertel dürfte im Geschäftsleben einst bessere Tage gesehen haben, als der Stubenring noch das Zentrum des Wiener Autohandels war und in seinen Seitengassen verschiedene Spezialgeschäfte saßen. Wohl blieb diese ältere Struktur hoher Spezialisierung erhalten. Doch läßt sich trotz aller Bemühungen die ungünstige Verkehrslage abseits des Passantenstromes nicht wettmachen.

5. Das Gewerbe

Das Gewerbe zählt zu den Wirtschaftszweigen, deren Aussiedlung aus der Innenstadt bereits mit einen wesentlichen Faktor für die Vorstadtbildung in der Barockzeit darstellte. In mehreren Schüben sind die verschiedensten Branchen, Leder- und Metallverarbeitung, Galanteriewaren, Instrumentenerzeuger u. dgl., schon vor der industriellen Revolution auf die billigeren Vorstadtgründe hinausgezogen.

Dieser Prozeß der Ausfilterung hat gleichsam als Bodensatz eine Branche zurückgelassen, nämlich das hochspezialisierte Bekleidungsgewerbe, die Modesalons, Schneider, Kürschner u. dgl. Sie stellt eine auch für die City anderer Millionenstädte typische Erscheinung dar. Freilich, im Ringstraßenbereich ist sie nur noch in einzelnen Abschnitten heimisch geworden (vgl. o.).

Wie die Aufrechnung für 1963 ergibt (Tabelle 51), rangiert das Gewerbe unter den Wirtschaftszweigen, die, verglichen mit dem kaiserlichen Wien, die stärksten Substanzverluste zu verzeichnen haben. Von dem einstigen Bestand von 408 Betrieben 1914 sind nur noch 230, d. h. etwas mehr als die Hälfte, übriggeblieben. Der Rückgang ist damit wesentlich akzentuierter als im Stadtdurchschnitt. Interessanterweise wurden nicht alle Branchen im gleichen Umfang betroffen. Während die Schneider, Pfaidler, Schlosser, Schuhmacher, Glaser und Photographen sehr stark abgenommen haben, konnten sich andere Spezialgewerbe, wie Miedermacher, Spengler, die Erzeugung wissenschaftlicher Instrumente, Installateure, Tapezierer und Buchdrucker, wesentlich besser halten.

Die starke Reduzierung der Gewerbebetriebe hat zu einer Verwischung der vor einem halben Jahrhundert ausgeprägten Viertelsbildung geführt und die Unterschiede ausgeglichen, insofern als die stark mit Gewerbebetrieben angereicherten Viertel, wie das Roßauer-, Textil-, Opern- und Schwarzenbergplatzviertel, sehr starke Einbußen verzeichnen, während dagegen die anderen Viertel, so vor allem das Rathaus- und Postsparkassenviertel, nur geringe Abnahmen aufweisen.

6. Die wirtschaftsräumliche Gliederung der Ringstraße in der Gegenwart

Die Verlagerung des wirtschaftlichen Schwergewichts im Ringstraßenbereich in den Südabschnitt bescherte besonders dem *Schwarzenbergplatzviertel* ein geradezu verwirrendes Gemenge verschiedenster Wirtschaftszweige. Sie sind in ihrem Nebeneinander aus rein funktionalistischen Erwägungen heraus nicht verständlich, sondern nur aus dem historischen Aspekt ihrer Standortwahl, die eben zu verschiedenen Zeitpunkten erfolgte.

Bereits aus der Gründerzeit stammen die beiden Großhotels Bristol und Imperial und erhielten sich zahlreiche Modellhäuser und Schneiderwerkstätten. Die Anfänge des Autohandels und der spezialisierten Dienstleistungen des Verkehrs (damals Schiffahrtslinien) rühren gleichfalls noch aus der Zeit vor dem Ersten Weltkrieg her. Schon damals bezogen die Verwaltungsbüros der Schwerindustrie und die Niederlagen der chemischen Industrie hier ihre Stellung. Im Kontaktbereich zur Altstadt eröffneten Vergnügungsetablissements die Stätte ihres Wirkens (Ronacher, Moulin Rouge).

Die Zwischenkriegszeit brachte die Stäbe der Erdölkonzerne, Zementfabriken und Bergbaubetriebe in die einstigen Domizile des Hochadels,

6. Die wirtschaftsräumliche Gliederung der Ringstrasse in der Gegenwart

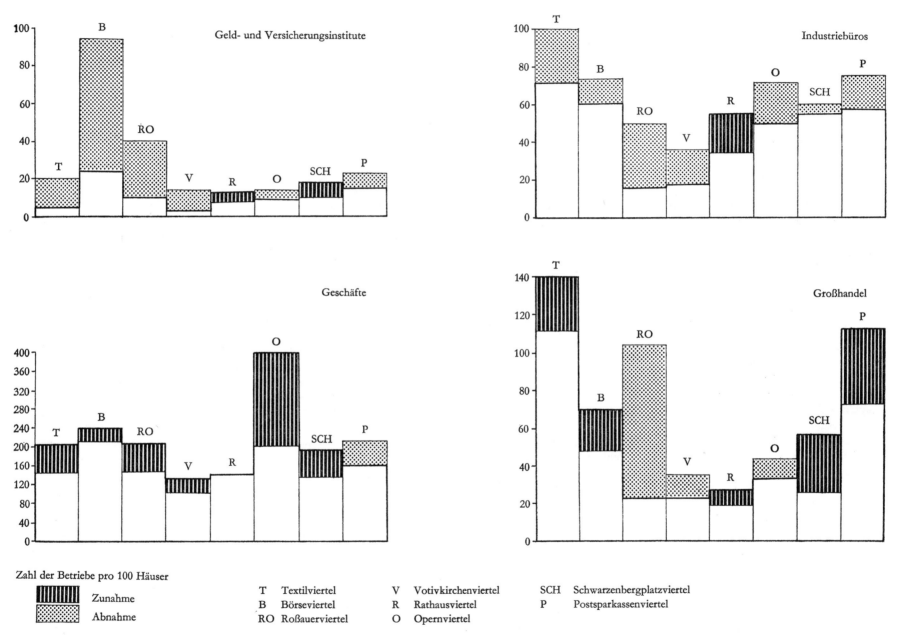

Fig. 38 Die viertelweisen Veränderungen von Geld- und Versicherungswesen, Geschäften, Industriebüros und Großhandel zwischen 1914 und 1963

X. Die Analyse der wirtschaftlichen Funktionen der Ringstrasse

Großhandelsbüros mieteten sich ein, Versicherungen, vor allem ausländischer Provenienz, fanden hier ihre optimale Position. Rund um den Österreichischen Bundesverlag entstand ein Verlagsviertel, welches eine bescheidene Nachfolge des in der Gründerzeit führenden Wiener Zeitungs- und Verlagsquartiers in der Wollzeile antrat.

Die Gegenwart knüpft an diese Tendenzen an. Vor allem internationale Vereinigungen (Atomenergiekommission im Gebäude des ehemaligen Grand Hotels) ließen sich hier nieder. Zu den Versicherungen gesellten sich nunmehr auch verschiedene spezialisierte Geldinstitute (Teilzahlungs- und Investmentbanken). Der Autohandel mit zahlreichen Generalrepräsentanzen wandelte die Parterregestaltung der Häuser längs des Schubertringes und in den Verbindungsgassen gegen die Altstadt hin durch seine prunkvoll adaptierten Ausstellungsräume zum Teil völlig um. Die führenden Luftfahrtgesellschaften beherrschen den Abschnitt des Kärntner Ringes.

So gelang es diesem Sektor der Ringstraße, die Funktionen anderer Abschnitte an sich zu ziehen. Es ist begreiflich, daß sich in diesem überwiegend von den Ausbreitungstendenzen der Privatwirtschaft geprägten Ringstraßenstück die öffentliche Verwaltung nicht ausweiten konnte.

Ein völlig anderes Bild bietet das *Opernviertel*, dessen wirtschaftliche Struktur wesentlich von der des Schwarzenbergplatzquartiers abweicht. Hier bestimmt weder die Vielfalt der Branchen noch die Vielzahl kleiner und mittlerer Büros, sondern die Anwesenheit einiger weniger großer Arbeitsstätten das Funktionsgefüge. Bereits im Verlauf der Zwischenkriegszeit weiteten sich die altansässigen Großunternehmen der Schwerindustrie (Böhler, Alpine Montan, Siemens-Halske) auf Kosten der benachbarten Wohnhäuser aus. Auch das Verkehrsministerium erwarb einige Objekte. Lediglich der Opernring setzt mit seiner nahezu geschlossenen Schaufensterfront den Typus des Kärntner Ringes fort. Autosalons und Fluglinien machen sich zunehmend breit. Übrigens sind diese beiden Teile der Ringstraße die einzigen, welche am abendlichen Fußgängerstrom partizipieren, der die von Lichtreklamen durchflutete Kärntner Straße und abgeschwächt auch die anderen Hauptgeschäftsstraßen der Altstadt im Sommer bis gegen Mitternacht mit buntem, fast südlich anmutendem Leben erfüllt. Der glanzvolle Korso der Ringstraße im kaiserlichen Wien gehört der Vergangenheit an. Der im Krieg zerstörte und in moderner Form wieder aufgebaute Heinrichhof gegenüber der Staatsoper bildet mit seinen zahlreichen, meist kleinen Büros und seinen im Warensortiment auf den sommerlichen Ausländerfremdenverkehr eingestellten Arkadengeschäften ein Übergangsglied zum Schwarzenbergplatzviertel.

Abseits vom pulsierenden Geschäftsleben blieb, wie erwähnt, bis heute das *Rathausviertel*. Doch sind gerade in ihm jüngste Veränderungen zugunsten der Wirtschaftsfunktion nicht zu übersehen. Dabei hat sich die durch das Rathaus bedingte, schon in der Gründerzeit vorhandene Zweiteilung in einen Nord- und Südabschnitt weiter verstärkt.

Der Südabschnitt bildet gewissermaßen einen Ausläufer des Opernviertels. Verschiedene Unternehmen der eisenverarbeitenden und der chemischen Industrie, aber auch Erdölfirmen haben repräsentative Wohnungen aufgekauft und in Büros umgewandelt.

Im Nordflügel gelangt – wie bereits vor dem Ersten Weltkrieg – erneut der Einfluß vom Börseviertel durch Neueröffnung bzw. Wiederbegründung von Privatbanken zur Geltung. Gleichfalls gründerzeitliche Tradition besitzen die Großpensionen. Mit der Universität steht die Niederlassung von mannigfachen öffentlichen und halboffiziellen Institutionen, Studentenverbindungen und Vereinen im Zusammenhang. Die Pelzwarenfirma Foggensteiner bildet einen Vorposten des Textilviertels.

Der Magistrat als das wichtigste zentrale Verwaltungsorgan der Stadt hat nach beiden Seiten hin seine Abteilungen und Dezernate in die benachbarten Häuser entsandt und damit einen Prozeß fortgeführt, dessen Anfänge in die Gründerzeit zurückreichen.

Das zwischen Universitätskliniken und Universität eingespannte *Votivkirchenviertel* blieb abseits der wirtschaftlichen Umschichtungen des Ringstraßenbereichs. Es war ökonomisch nie von Belang. Die Unterbringung von einigen Universitätsinstituten nebst der Ansiedlung von studentischen Standesvertretungen und wissenschaftlichen Verlagen kennzeichnen den inneren Zusammenhang mit der benachbarten Alma mater.

Der von der Währinger Straße und dem Donaukanal begrenzte Nordabschnitt der Ringstraße besaß und besitzt nach wie vor eine ausgeprägte funktionelle Eigenständigkeit. Schärfer als in der Gründerzeit sondern sich jetzt das Banken- und Textilviertel entlang der Börsegasse. Mit dem Schrumpfungsprozeß der Textilniederlagen und des Geldwesens war somit eine recht bemerkenswerte räumliche Entflechtung verbunden.

Im *Börseviertel* bildet heute nicht mehr die Börse, sondern das imposante Gebäude der Creditanstalt-Bankverein den eigentlichen wirtschaftlichen Mittelpunkt. Nach einer Zeit der Stagnation des Bankenwesens haben jüngste Neugründungen, zum Teil in Verbindung mit dem Wiederaufbau von Bombenruinen, einige Banken im südlichsten Häuserstreifen des Roßauerviertels entstehen lassen.

Den Kern des *Textilviertels* bildet der Rudolfsplatz. Hier erhebt sich auch das neuadaptierte Verbandsgebäude der Baumwollspinner und -weber

Österreichs (Nr. 12). Die gegenwärtige Rezession der Textilindustrie vor dem Hintergrund einer weltweiten Absatzkrise ist nicht zu übersehen und äußert sich in der offenkundig geringen Investitions- und Umbautätigkeit des ganzen Quartiers. Die außergewöhnlichen Geschäftspraktiken des hier beheimateten Großhandels, welcher auch den Mann von der Straße durch beachtliche Preisnachlässe zu gewinnen versucht, weisen bereits auf den äußerst scharfen Konkurrenzkampf und die schwierige Verkaufssituation hin. Die Großhandelsbüros, vor allem aber zahlreiche Werkstätten nehmen heute den Platz der einstigen Fabriksniederlagen ein.

Gegen den Schottenring zu ist die öffentliche Verwaltung in Gestalt des Magistrats der Gemeinde Wien in breiter Front in das Textilviertel eingebrochen. Das Erbe des Bürgerspitalsfonds im Hausbesitz kam ihr dabei teilweise zugute. Auf die Infiltration von eisenverarbeitenden Branchen wurde schon hingewiesen.

Die funktionelle Zweiteilung eines Großteils der Häuser, in denen vom Parterre bis zum zweiten oder dritten Geschoß verschiedene Textilbetriebe, darüber dann Wohnungen untergebracht sind, ist in keinem der Ringstraßenreviere so einheitlich ausgeprägt wie hier.

Die Folgen des Schrumpfungsprozesses der Textilindustrie brachten sich an der einstigen Peripherie des Textilviertels, im *Roßauerviertel*, ungleich stärker zur Geltung. Hier saßen während der Gründerzeit in einem Haus oft mehrere Lohn- oder Stückschneider, Heimarbeiterinnen, Weißnäherinnen, Pfaidlerinnen, Stickerinnen und dergleichen mehr und arbeiteten meist im Verlagssystem für die Textilfirmen. Diese funktionellen Beziehungen haben zu bestehen aufgehört. Das Roßauerviertel sank daher, abgesehen von dem erwähnten südlichen Streifen zwischen Kolingasse und Maria Theresien-Straße, zu einem stillen, zweitrangigen Wohnquartier herab. Hier haben sich noch die altertümlichen holzgeschnitzten Portale der Läden etwa in der Liechtensteinstraße erhalten.

Bereits vor dem Ersten Weltkrieg besaß das *Postsparkassenviertel* eine bemerkenswerte Sonderstellung. Es besitzt sie heute noch. Nach wie vor überrascht die Vielfalt der Branchen. Kleine Büros beherrschen das Feld. Große Kontore fehlen, von Einzelfällen abgesehen. Die zahlenmäßig bedeutenden Export-Import-Firmen sind in ihren Existenzgrundlagen oft recht undurchsichtig. Die einstige Spitzenposition im Autohandel mußte an das Schwarzenbergplatzviertel abgegeben werden.

XI. DIE EXPANSION DER VERWALTUNG UND DER HALBOFFIZIELLEN INSTITUTIONEN

Zu den eindrucksvollsten und zugleich überraschendsten Erscheinungen unserer Zeit zählt die Expansion der öffentlichen Verwaltung auf ein Vielfaches ihres einstigen Flächenausmaßes. Sie liefert das Musterbeispiel für die fortschreitende Aufblähung des bürokratischen Apparates, wie es in so anschaulicher und überzeugender Weise durch das Parkinsonsche Gesetz erfaßt wurde. Wenn man bedenkt, daß die Zweite Republik heute kaum ein Siebentel der Einwohnerzahl und nicht einmal ein Achtel der Fläche der Monarchie (1914: 52,4 Mill. Einw., 675.000 km²) aufweist und das Verkehrsministerium des dermaßen verkleinerten Staates sich von seinem ursprünglichen Hauptsitz auf dem Schillerplatz unweit der Akademie der bildenden Künste seit dem Zerfall des Kaiserreiches auf sieben weitere Häuser ausgedehnt hat und in diesen weiterhin Not an Büroraum herrscht, so wird einem diese Vervielfachung des Verwaltungsstabes besonders sinnfällig vor Augen geführt. Verglichen damit, erscheint die Expansion des Magistrats der Gemeinde Wien noch bescheiden, für welches die Räumlichkeiten des Rathauses gleichfalls längst zu klein geworden sind. Eine seit Jahrzehnten währende Dezentralisierung hat über die Aussiedlung von diversen Abteilungen und Dezernaten vor allem im Rathaus- und Textilviertel eine ganze Reihe einstiger Miethäuser in Amtsgebäude verwandelt (in beiden Vierteln je acht Bauten!).

Im ersten Moment weniger auffällig als diese meist auf dem Kaufwege erfolgenden Umwandlungen ganzer Häuser in Amtsgebäude ist die Ausbreitung von verschiedenen halboffiziellen Institutionen. Eine Aufrechnung für den gesamten Ringstraßenbereich ergibt jedoch die beachtliche Zahl von 103 Kleinbüros, 15 mittelgroßen Büros und 25 Häusern. Zu den schon aus der Gründerzeit bekannten Einrichtungen (Kammern, Architektenverein u. dgl.) gesellen sich die verschiedensten neuen Institutionen, von denen Parteizentralen und Gewerkschaften ganze Häuser für sich beanspruchen.

Sie befassen sich mit den unterschiedlichsten Aufgabengebieten und bewegen sich zum Teil im Grenzbereich von Politik und Forschung. Nicht selten verdanken sie einer von Zufälligkeiten gesteuerten Privatinitiative ihr Entstehen.

Überall dort, wo sie ihr Aufgabengebiet im Bereich der Forschung suchen, sind sie letztlich ein Ventil für die Tatsache einer noch nicht vollzogenen Anpassung der Universitätsstruktur in Lehre und Forschung an die ver-

TABELLE 52 Die viertelweise Differenzierung halboffizieller Institutionen und öffentlicher Dienststellen im Ringstraßenbereich 1961/63

	Textil-viertel K/M/G	Börse-viertel K/M/G	Roßauer-viertel K/M/G	Votivkirchen-viertel	Rathaus-viertel K/M/G	Opern-viertel K/M/G	Schwarzenberg-platzviertel K/M/G	Postspar-kassenviertel K/M/G	Insgesamt K/M/G
Halboffizielle Institutionen	10/1/2	11/3/4 *18,8*	3/5/1	—	20/1/2	15/—/3	25/3/12 *25,6*	19/2/1	103/15/25
Öffentliche Dienststellen	2/1/11	—/5/16	—/—/3	—	1/—/14	1/—/14	1/—/18	—/2/5	5/8/81

Größe der Büros: K: bis 300 m², M: 300–1500 m², G: über 1500 m².

änderte Gesellschafts- und Wirtschaftsordnung um die Mitte des 20. Jahrhunderts. Interdisziplinäre Forschung, Teamarbeit benachbarter Wissenschaften, Koordinierung mit praktischen Aufgaben und zweckbestimmte Fragestellung sind ihr nach wie vor fremd. Würde man die unter divergierenden Titeln sich unentwegt weiter ausbreitenden und vermehrenden derartigen Einrichtungen (Institut für Entwicklungshilfe, Standortberatung, Raumordnung usw. z. B. als Anrainer der geographischen Wissenschaft) unter ein Dach bringen, so könnte man, was Flächenausmaß, Personal- und Betriebskosten anlangt, mit Leichtigkeit eine große zentrale Forschungsuniversität begründen.

Blenden wir in der Sozial- und Wirtschaftsgeschichte zurück, so erkennen wir auf dem wirtschaftlichen Felde ähnliche Erscheinungen an der Schwelle zum Industriezeitalter. Als das zünftisch gebundene Gewerbe mit seiner starren Zunftverfassung zu unelastisch geworden war und neue Organisationsformen nicht mehr zu entwickeln vermochte, begannen solche sich unabhängig davon außerhalb desselben zu entfalten. In der Manufakturperiode bemühten sich die vom Herrscherhaus privilegierten „Fabrikanten" darum, den wachsenden Konsumansprüchen gerecht zu werden.

Im Prinzip Ähnliches vollzieht sich heute auf dem Boden der Forschung. Die Hohen Schulen haben, Humboldtschen Idealen folgend, den immens wachsenden Bedarf an praktischer Forschungsarbeit im allgemeinen weder gesehen noch zur Kenntnis nehmen wollen. So mußte sich die Wirtschaft selbst jene Organe schaffen, die ihren Bedarf an Grundlagenforschung befriedigen, sei es im Rahmen eigener Abteilungen oder durch Begünstigung neuentstehender Institutionen.

Die notwendigen Kontakte mit Behörden und Großunternehmen haben die Standortwahl derartiger halboffizieller Institutionen in der Ringstraßenzone zweifellos entscheidend gefördert. Es sind daher in erster Linie auch die wirtschaftlich dynamischeren Viertel, in denen sie Fuß gefaßt haben (vgl. Tab. 52).

XII. DIE VERSCHRÄNKUNG DER WOHN- UND WIRTSCHAFTSFUNKTIONEN

Nach denselben Gesichtspunkten wie für das Jahr 1914 wurde die Verschränkung der Wohn- und Wirtschaftsfunktionen in den Bauten der Ringstraße für die Jahre 1961/63 festgehalten. Als Grundlage dienten die Quadratmeterangaben der Nutzfläche für Wohn- und Betriebszwecke in der Häuserzählung 1961. Auf die darin enthaltenen, sehr beachtlichen Mängel soll nicht weiter eingegangen werden. Es wurde mittels der eigenen Erhebung (1963) versucht, sie soweit als möglich auszumerzen.

Das Ergebnis des Strukturvergleichs zwischen 1914 und der Gegenwart überrascht einigermaßen. Die Veränderungen lassen sich allerdings auf eine relativ einfache Formel bringen. Sie entsprechen nämlich der Tendenz einer Entflechtung der Funktionen. Während die Häuser mit reiner und vorwiegender Wohnfunktion in ihrer Gesamtmasse im wesentlichen unverändert blieben, ist die Zahl der Objekte mit gemischter Nutzung bzw. Einheit von Wohn- und Betriebsfunktionen sehr stark zurückgegangen. Auf ihre Kosten nahmen die Bauten mit reiner Betriebsfunktion beachtlich zu (vgl. Tab. 53).

Diese Tatsache erscheint deswegen beachtenswert, weil sich somit das Anwachsen und Überhandnehmen der Cityfunktionen heute nicht mehr wie in der Gründerzeit in Form eines Haus für Haus von unten nach oben sukzessive fortschreitenden Entfremdungsprozesses der Wohnungen durch Betriebsstätten vollzieht, sondern die völlige Beschlagnahme von Häusern durch Arbeitsstätten dominiert.

Nichtsdestoweniger ergeben sich viertelweise, wie nicht anders zu erwarten, doch sehr beachtliche Unterschiede:

Trägt man die Prozentanteile der Bauten mit vorwiegender Wohnfunktion, vorwiegender Betriebsfunktion und gemischter Nutzung mit den Werten für 1914 und 1961/63 in ein Korrelationsdreieck ein (vgl. Fig. 39), so erkennt man die unterschiedliche Dynamik und Entwicklungstendenz der einzelnen Viertel recht deutlich.

Sie lassen sich zu drei Gruppen zusammenschließen:

1. Die Tendenz zur *Zunahme der Wohnfunktion* vereint die auf dem sozialen Felde differenzierten Viertel um die *Votivkirche* und gegen die *Roßauerkaserne*.
2. In dem einst vom Wohncharakter bestimmten *Rathausviertel* vollzieht sich die Entwicklung der meisten Häuser in Richtung auf eine *gemischte Nutzung*, derart, daß sich immer mehr Betriebsstätten an der Stelle von Wohnungen breitmachen. Damit erfolgte eine Annäherung an das *Postsparkassenviertel*, welches sich hinsichtlich seiner Struktur gegenüber 1914 am wenigsten geändert hat. Durch die Zunahme der Wohnfunktion auf Kosten der Objekte mit gemischter Nutzung reiht sich heute auch das *Textilviertel* hier ein. Drei ursprünglich sehr verschieden strukturierte Viertel haben sich nunmehr zu einer Gruppe vereint, in der die gemischte Hausnutzung überwiegt.
3. Eine starke *Zunahme* der Häuser mit *überwiegender Betriebsfunktion* ver-

TABELLE 53 Vergleich der Wohn- und Betriebsfunktionen der Ringstraßenbauten 1914 und 1961/63

	1914		1961/63	
Paläste	5			
Reine Wohnfunktion	55	30,4	59	29,3
Vorwiegende Wohnfunktion	152		141	
Mäßige Wohnfunktion	138	19,8	159	23,3
Gemischte Nutzung	119	24,8	52	7,8
Einheit Wohnung-Betrieb	54		1	
Überwiegende Betriebsfunktion	68	9,8	67	9,8
Reine Betriebsfunktion	55	15,2	127	29,8
Öffentliche Gebäude	51		76	
	697		682	
Ohne Angaben	15	Ruinen	28	
	712		710	

XII. Die Verschränkung der Wohn- und Wirtschaftsfunktionen

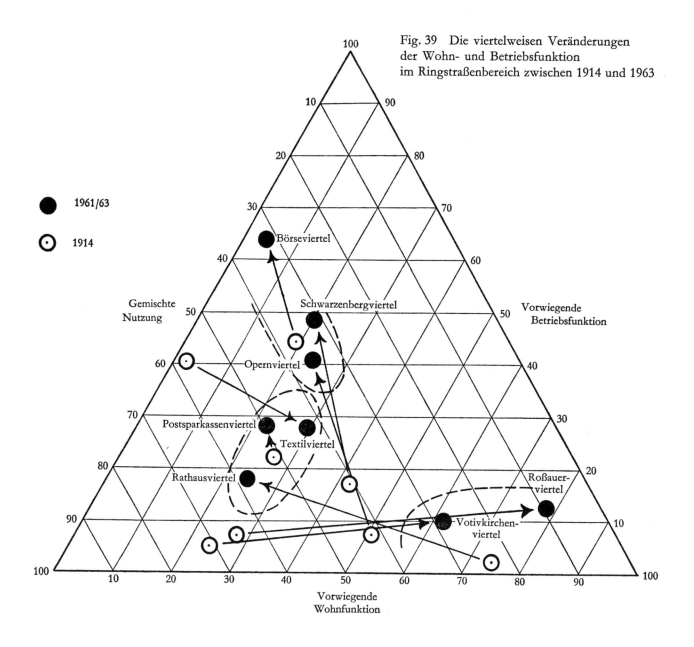

Fig. 39 Die viertelweisen Veränderungen der Wohn- und Betriebsfunktion im Ringstraßenbereich zwischen 1914 und 1963

bindet das *Opern-* und *Schwarzenbergplatzviertel*, auf deren gemeinsame Entwicklungstendenzen ja bereits wiederholt hingewiesen wurde. Sie entsprechen in ihrer heutigen Flächennutzung der des Börseviertels im Jahre 1914. Das letztgenannte ist auch das einzige Viertel der Ringstraßenzone, in dem die Betriebsbauten bereits derart überhandnahmen, daß die Wohnfunktion zu völliger Bedeutungslosigkeit herabsank.

TABELLE 54 Die Verschränkung von Wohn- und Wirtschaftsfunktionen in den Bauten der Ringstraße 1961/63*

Funktion der Bauten	Textilviertel		Börseviertel		Roßauerviertel		Votivkirchenviertel		Rathausviertel		Opernviertel		Schwarzenbergplatzviertel		Postsparkassenviertel		Insgesamt	
Reine Wohnfunktion (80 v.H. d. Nutzfläche u. m.)	7	6,9	—		35	**38,1**	6	16,2	1	1,3	—		8	5,7	2	3,8	59	9,7
Überwiegende Wohnfunktion (60–80 v.H.)	24	23,5	2	3,8	37	**40,2**	17	**45,9**	18	23,4	13	24,1	20	14,5	10	18,9	141	23,3
Mäßige Wohnfunktion (40–60 v.H.)	39	**38,2**	12	22,6	7	7,6	7	18,9	35	**45,5**	11	20,4	30	21,7	18	**33,9**	159	26,2
Gemischte Nutzung	2	2,0	5	9,4	1	1,1	3	8,1	10	12,9	9	16,7	14	10,4	8	15,1	52	8,6
Überwiegende Betriebsfunktion (50–80 v.H.)	19	18,6	9	17,0	6	6,5	1	2,7	4	5,2	3	5,5	19	13,7	6	11,3	67	11,1
Reine Betriebsfunktion (80 v.H. und mehr)	11	10,8	25	**47,2**	6	6,5	2	5,5	9	11,7	18	**33,3**	47	**34,0**	9	17,0	127	20,9
Einheit von Wohn- und Betriebsfunktion (50 v.H. u. m.)	—		—		—		1	2,7	—		—		—		—		1	0,2
	102	100%	53	100%	92	100%	37	100%	77	100%	54	100%	138	100%	53	100%	606	100%
Öffentliche Gebäude	12		5		3		2		17		11		18		8		76	
Ruinen	13		5		—		—		2		—		5		3		28	
Insgesamt	127		63		95		39		96		65		161		64		710	

* vgl. Kartentafel VII.

XIII. DIE GEGENWÄRTIGEN TENDENZEN DER CITYBILDUNG

In den vorangegangenen Ausführungen wurde ein langer Zeitraum und das Gesamtresultat der vielfältigen, zum Teil einander aufhebenden Prozesse quantifiziert und beschrieben. Es war nicht möglich, das Auf und Ab der Entwicklung, d. h. die Mobilität der Betriebe, festzustellen.

Da nun zwischen der Kartierung im Jahre 1963 und der endgültigen Drucklegung dieser Arbeit eine Zeitspanne von einem Jahrfünft verstrichen ist, erschien es zweckmäßig, die gegenwärtigen Tendenzen der Citybildung mittels einer Nacherhebung zu erfassen. Für diesen Vergleich war es freilich infolge des damit verbundenen enormen Arbeitsaufwandes und in Ermangelung von einheitlichem amtlichem Material nicht möglich, die Gliederung der Betriebe nach der in Anspruch genommenen Fläche vorzunehmen. Ungeachtet dieses groben Verfahrens, ergaben sich recht interessante Resultate, die mit der nötigen Vorsicht auch eine gewisse Prognose für die Zukunft gestatten.

Die in den Tabellen 56 bis 60 festgehaltenen Standortveränderungen der Betriebsfunktionen beziehen sich auf sämtliche Zu- und Abgänge und umfassen daher:
1. Umzüge innerhalb der Ringstraßenzone,
2. Weg- und Zuzüge von und in das Ringstraßengebiet sowie
3. Schließungen bzw. Neueröffnungen von Betrieben.

Von Haus zu Haus und von Viertel zu Viertel bestehen große Unterschiede. Oft kann man ganze Häuserreihen abgehen, ohne Veränderungen zu notieren, dann häufen sie sich wieder im Zusammenhang mit manchen Schnittpunkten des Verkehrs und Neubauten derart, daß man seitenlange Protokolle anlegen muß.

Um die langen Zahlenkolonnen der Tabellen in ein übergeordnetes Bezugssystem zu bringen, wurden zwei Kennziffern berechnet:
1. Die Mobilitätsziffer der Betriebe (d. h. die Summe der Veränderungen bezogen auf die Gesamtzahl der Betriebe).
2. Die Wachstums- oder Rückgangsrate.

Beide Kennziffern gestatten es, eine Reihung und Gruppenbildung der ausgewiesenen Betriebstypen vorzunehmen. Ordnet man sie in Form einer Matrix an, so gelangt man zu folgendem Schema der Entwicklungstendenzen innerhalb des Ringstraßenbereiches (vgl. Tab. 55).

Die Ringstraßenzone zeichnet sich ebenso wie die gesamte Wiener City durch einen wesentlich höheren Mobilitätsgrad aus, als man erwarten würde. Eine Umschichtung ihrer Funktionen ist im Gange.

1. Die expansiven Träger der Citybildung sind die folgenden:
   die hochspezialisierten Geschäfts- und Dienstleistungsbetriebe (Reklame, Reisebüros, Luftfahrtsgesellschaften, Verlage);
   der branchenunabhängige Großhandel und der Großhandel mit chemischen Produkten;
   Banken und Sparkassen;
   halboffizielle Institutionen.

2. Die konservativen Elemente bilden:
   die Öffentliche Verwaltung;
   Krankenkassen;
   Bergbaubetriebe;
   Versicherungen.

3. Die flexible Übergangsgruppe wird vom
   Großhandel für Maschinen und Textilien und
   den Freien Berufen repräsentiert.

4. Im Rückgang begriffen ist, von wenigen Ausnahmen abgesehen, das Erzeugungsgewerbe.

5. Die Vertreter der „Flucht aus der City" stellen die zentralen Verwaltungsbüros der Maschinen- und chemischen Industrie dar.

Nachstehend einige Bemerkungen zu den Betriebsgruppen:

Das Geschäftsleben

weist im gesamten Citybereich eine äußerst erfreuliche positive Tendenz auf, wobei sich bei verschiedenen der oben genannten Aufgaben der Innenstadt der allgemein steigende Lebensstandard auswirkt. Die funktionelle Sonderung der Geschäftsstraßen hat sich, Hand in Hand mit einer sehr lebhaften Umgestaltung der Lokale, weiter verstärkt. Darin kommt erneut der an Bedeutung gewinnende Citycharakter des Geschäftslebens der Innenstadt zum Ausdruck.

XIII. Die gegenwärtigen Tendenzen der Citybildung

Tabelle 55   Jährliche Mobilität und Wachstums- bzw. Rückgangsrate von Betriebsstätten der Ringstraße 1963 bis 1968

Mobilität	Saldo				
	Abnahme	Zunahme bis 2 v. H.	bis 4 v. H.	bis 8 v. H.	über 8 v. H.
bis 5 v. H.	Installateure	Buchdrucker, Photographen	Krankenkassen, Bergbaubetriebe, Öffentliche Verwaltung		
bis 10 v. H.	Konfektion Schneider Schuhmacher Glaser Tapezierer Tischler	B Maschinenindustrie B Chemische Industrie Versicherungen			
bis 15 v. H.	Steine, Erden	Erdölgesellschaften GH Maschinen GH Textil B Textil Ärzte	Rechtsanwälte	Verlage Halboffizielle Institutionen Architekten	Luftfahrtgesellschaften
bis 20 v. H.		GH Lebensmittel		Steuerberater Banken Speditionen GH, B Papier	GH o. A. GH Chemie
über 20 v. H.			Baugewerbe		Zeitungen Reklamebüros Reisebüros B Holz, Möbel

B Industriebüros, GH Großhandel

Die Zunahme der Fluggesellschaften, Autohäuser und Banken bestimmt die Entwicklung des Ringstraßenabschnittes zwischen Museen und Stadtpark. Nur an den Einbindungsstellen von Kärntner und Babenbergerstraße sitzen noch einige Bekleidungs-, Photo- und Schmuckgeschäfte. Die Kleinheit einzelner Lebensmittel- und Friseurlokale erklärt ihre Existenz. Sie bieten keine lockenden Angriffspunkte für die Ausweitungsbestrebungen der genannten Branchen. Eckkaffeehäuser und Gaststätten erstellen lohnende Objekte dar. Abseits von dieser dynamischen Entwicklung blieb der Schubertring. Am Schottenring mehren sich die Beispiele einer echten Restaurierung des ursprünglichen Baubestandes.

Geld- und Versicherungswesen (vgl. Tab. 56)
Im Untersuchungszeitraum hat die Zahl der Banken und Sparkassen mit ca. 20 v. H. beachtlich zugenommen, während der Versicherungssektor mit ca. 10 v. H. einen geringeren Zuwachs verzeichnete. Darin äußert sich die Tatsache eines wenn auch bescheidenen Comeback von kleineren Privatunternehmen in Form von Teilzahlungs- und Investmentbanken. Im Versicherungswesen wird die Expansion des Geschäftsbetriebes dagegen von den bereits bestehenden Großfirmen aufgefangen. Der Schwerpunkt der Entwicklung liegt im alten Zentrum des Börseviertels.

In jüngster Zeit gingen öfters Nachrichten über eine Hinausverlagerung von Geldinstituten aus der Wiener Innenstadt durch die Presse. Geht man den Veränderungen auf den Grund, so kann man allerdings feststellen, daß es sich in erster Linie um die Eröffnung von Zweigstellen handelt. Die Notwendigkeit der Bedienung von neuen Wohngebieten am Stadtrand hat Banken und Sparkassen zu einer begrüßenswerten Intitiative veranlaßt. Sie bilden oft die Schrittmacher beim Aufbau lokaler Einkaufszentren im Weichbild der Stadt, denen freilich der Einzelhandel oft nur recht zögernd folgt. Es wäre jedoch abwegig, aus diesen Neugründungen die Schlußfolgerung auf eine Aussiedlung des Geldwesens aus der City ziehen zu wollen.

Erstens darf man bei dieser zentrifugalen Bewegung von Filialen nicht übersehen, daß das Spar- und Kleinkreditgeschäft nur einen Teil des herkömmlichen Aufgabenbereichs der Banken umfaßt, der überdies erst in jüngerer Zeit in das Programm aufgenommen wurde.

Zweitens dürften die Schlußfolgerungen auf einen Bedeutungsverlust des Geldwesens in der City zumindest teilweise aus dem Scheitern von Versuchsgründungen abgeleitet sein, die meist in randlicher Lage zu den bestehenden Schwerpunkten erfolgten (Roßauerviertel, ebenso Randgebiete der inneren Bezirke gegen die City). Gerade diese Beispiele bieten jedoch den Beleg dafür, daß Cityrandlagen den Standortansprüchen der Hauptanstalten des Geldsektors nicht genügen können.

Drittens zählt das Geldwesen in weltweiter Sicht nach wie vor zu den integrierenden Cityfunktionen. Selbst in den amerikanischen Millionenstädten sind es vornehmlich die großen Geldinstitute, welche in den in vieler Hinsicht an wirtschaftlicher Substanz einbüßenden Downtowns neue Wolkenkratzer errichten. Sogar in Detroit, der Stadt mit dem wohl erschreckendsten Niedergang des „Central Business Districts", sind sie ihrem alten Standort treu geblieben.

Die halboffiziellen Institutionen
verzeichnen eine Fülle von Neugründungen. Eine aktive Bilanz von 53 Betrieben in der Ringstraßenzone dokumentiert dies nachdrücklich (vgl. Tab. 57).

Wenn man diese Ziffer betrachtet, so muß sich die Frage aufdrängen, ob unsere Organisationsformen des öffentlichen Lebens in kultureller und verwaltungsmäßiger Hinsicht nicht eine Reform verlangen. Sie sind zweifellos nicht mehr imstande, den vielschichtigen und zum Großteil neu auftretenden Bedürfnissen unserer modernen Gesellschaft nach besserer und rascherer Information und Integration von verschiedenen Interessenssphären und gruppenspezifischen Dienstleistungen Rechnung zu tragen. Eines ist jedenfalls sicher: daß diese bisher kaum beachteten, verschiedenartigen Institutionen zu einem wesentlichen Faktor der Citybildung geworden sind und häufig in einer Art Sukzession den klassischen Cityfunktionen, so vor allem den Büros großer Industriebetriebe, folgen, wenn diese Raum freigeben.

Je nach der Zuordnung zu den verschiedenen Bereichen des öffentlichen Lebens und der privaten Wirtschaft und der daraus resultierenden Notwendigkeit des Kontaktes werden die entsprechenden Viertel, in erster Linie jedoch Cityrandgebiete, aufgesucht, so in der Ringstraßenzone der Nordabschnitt im Anschluß an die Universität (Börse-, Textil- und Roßauerviertel).

Der Großhandel
weist in seiner Gesamtheit nach wie vor eine erfreuliche „Citytreue" auf und zählt zu den aktiven Elementen der gegenwärtigen Betriebsentwicklung in der Wiener Innenstadt, freilich nicht in all seinen Gliedern im gleichen Ausmaß (vgl. Tab. 58).

In erster Linie fällt der enorme Zuwachs der Gruppe auf, die keiner näheren Spezialisierung zugänglich ist. Es ist eine äußerst bewegliche Gruppe, die

XIII. Die gegenwärtigen Tendenzen der Citybildung

Tabelle 56 Die Veränderungen des Geldwesens und der speziellen Dienste im Ringstraßenbereich 1963 bis 1968

Ringstraßenviertel	Textil-viertel	Börse-viertel	Roßauer-viertel	Votiv-kirchen-viertel	Rathaus-viertel	Opern-viertel	Schwarzen-bergplatz-viertel	Postspar-kassen-viertel	Summe der Veränderungen
Zugänge / Abgänge	+ / —	+ / —	+ / —	+ / —	+ / —	+ / —	+ / —	+ / —	+ / — =
Geldwesen									
Banken	2 /	7 / 3	1 / 5		2 / 1	2 /	3 / 1	2 / 1	19 / 11 = + 7
Versicherungen	1 / 1	2 /	2 /		1 /		3 / 3	/ 2	9 / 6 = + 3
Krankenkassen		/ 1							/ 1 = — 1
Spezielle Dienste									
Speditionen	2 / 3	1 /	7 /	1 /	/ 1		4 /	1 / 1	16 / 5 = +11
Zeitungen		1 /			2 / 1	1 /		1 / 1	5 / 2 = + 3
Verlage	2 /				3 /	1 /	7 / 2	1 / 1	14 / 3 = +11
Reklamebüros	2 /		5 /	1 /	3 / 1	3 / 2	4 / 2		18 / 5 = +13
Filmgesellschaften					1 / 1	/ 1			1 / 2 = — 1
Reisebüros	1 /	1 /	/ 1	1 /	1 / 1	3 /	3 /	1 /	11 / 2 = + 9
Luftfahrtgesellschaften u. dgl.			1 /		8 / 1		/ 1	2 /	11 / 2 = + 9

Tabelle 57 Die Veränderungen von halboffiziellen Institutionen und öffentlichen Dienststellen im Ringstraßenbereich 1963 bis 1968

Ringstraßenviertel	Textil-viertel	Börse-viertel	Roßauer-viertel	Votiv-kirchen-viertel	Rathaus-viertel	Opern-viertel	Schwarzen-bergplatz-viertel	Postspar-kassen-viertel	Summe der Veränderungen
Zugänge / Abgänge	+ / —	+ / —	+ / —	+ / —	+ / —	+ / —	+ / —	+ / —	+ / — =
Halboffizielle Institutionen	12 / 1	12 / 2	12 / 2	2 / 0	8 / 7	18 / 4	12 / 8	4 / 3	80 / 27 = +53
Öffentliche Verwaltung	1 /	3 /		2 /	5 / 2	/ 1	4 / 3	1 / 1	16 / 7 = + 9

TABELLE 58 Die Veränderungen von Industriebüros und Großhandel im Ringstraßenbereich 1963 bis 1968

Ringstraßenviertel		Textil-viertel	Börse-viertel	Roßauer-viertel	Votiv-kirchen-viertel	Rathaus-viertel	Opern-viertel	Schwarzen-bergplatz-viertel	Postspar-kassen-viertel	Summe der Veränderungen
Zugänge / Abgänge		+ / −	+ / −	+ / −	+ / −	+ / −	+ / −	+ / −	+ / −	+ / − =
Großhandel ohne nähere Angaben		12 / 4	4 / 1	12 / 4	4 /	6 / 1	1 / 4	16 / 3	7 / 4	62 / 21 = +41
Textil, Leder,	F	16 / 8	1 / 1			2 /	1 / 1	1 / 4	2 /	23 / 14 = + 9
Bekleidung	GH	33 / 13	2 / 1	6 / 2	1 /	1 /	1 / 2	3 / 2	3 / 2	50 / 32 = +18
Konfektion	F	8 / 10				/ 1	1 /	1 / 7	1 /	11 / 18 = − 7
	GH	4 / 1				1 /	/ 1	1 /		6 / 2 = + 4
Maschinen,	F	2 / 2	1 / 1	/ 2		4 / 2	4 /	4 / 4	3 /	18 / 11 = + 7
Elektrotechnik	GH	3 / 3	7 / 3	6 / 3	2 / 1	2 / 3	2 /	5 / 7	6 / 4	33 / 24 = + 9
Lebensmittel	F			3 / 2		/ 3		/ 1		3 / 4 = − 1
	GH	1 / 1	1 / 1		1 / 1	2 / 1	1 /	1 / 1	2 / 2	9 / 7 = + 2
Chem. Industrie,	F	1 /	3 / 5			1 / 2	2 /	2 /	1 /	10 / 7 = + 3
Gummiwaren	GH	2 /	/ 1	3 /	2 /		/ 1	4 / 1	2 /	13 / 3 = +10
Steine und Erden		/ 2	/ 1	2 / 1		1 /		2 / 2	/ 1	5 / 7 = − 2
Baugewerbe		1 / 1	/ 1	3 / 1	1 / 1	/ 2	5 / 3	4 / 1	1 / 1	15 / 11 = + 4
Papier			1 /	1 / 1		1 / 2		5 / 1	3 / 1	11 / 5 = + 6
Holz			1 /	1 /	3 /	/ 1	2 /	1 /	/ 1	8 / 2 = + 6
Möbel		1 /	1 /	2 /			/ 1	1 /	2 / 1	7 / 2 = + 5
Bergbau								1 /		1 / = + 1
Erdölgesellschaften			2 /		/ 1	/ 1			1 /	3 / 2 = + 1

F Fabriksbüros, GH Großhandel

branchenunabhängig im Export-Import-Geschäft eine gewisse Pufferrolle innehat. Sie entfaltet ihre Tätigkeit gleicherweise in der Altstadt wie in der Ringstraßenzone. Die hohe Mobilitätsziffer liefert bereits einen deutlichen Indikator für den stark spekulativen Charakter ihrer Unternehmen. Anders als in den USA, wo der Großhandel bereits der „Suburbanisation" des Geschäftslebens zu folgen beginnt, bestimmen auf Wiener Boden zentripetale Tendenzen nach wie vor seine Standortwahl.

Industriebüros
Die Erhebung ergab einen freilich nur geringen positiven Saldo der Neuniederlassung von kleineren Fabriksbüros im Innenstadtbereich. Die Abschnitte der Ringstraße partizipieren daran in sehr unterschiedlichem Ausmaß. Die Trennung von Textil- und Metallbranche blieb nach wie vor erhalten. Das Textilviertel absorbierte den Großteil des Zugangs auf dem Textilsektor, dessen hohe Mobilitätsziffer als Anzeiger der nach wie vor prekären Lage gewertet werden kann. Opern- und Postsparkassenviertel teilen sich die Zunahme bei den Repräsentanzen der Maschinen- und elektrotechnischen Industrie.

Das Faktum des bescheidenen zahlenmäßigen Gewinns wird überschattet von der Tatsache, daß sich gerade unter den Industriebüros die Vertreter der „Flucht aus der City" befinden. Es sind jene Industriekonzerne, die einen stark wachsenden Bedarf an Bürofläche besitzen, ohne ihn in der räumlich beengten City befriedigen zu können, und die überdies bezüglich ihres Kundenkreises nicht unbedingt einen zentralen Standort benötigen.

Nachdem die Hauptquartiere dieser Großbetriebe durchwegs 500 bis 1000 Angestellte und sogar mehr beschäftigen, fällt ihre Aussiedlung aus der City in Hinblick auf die Arbeitsbevölkerung begreiflicherweise recht ins Gewicht. Die generelle Tendenz des Rückgangs der Verwaltungsstellen der industriellen Produktion an der Ringstraße ist nicht zu übersehen.

Die selbständigen Berufstätigen
Die zentripetalen Tendenzen dieser Berufsgruppe haben sich im letzten Jahrfünft weiter verstärkt, wobei die mit der Wirtschaft verbundenen Professionen, Architekten, Steuerberater, Inhaber von Realitätenbüros und Gebäudeverwaltungen, einen höheren Zuwachs zu verzeichnen hatten als die Rechtsanwälte und diese wieder einen stärkeren als die Fachärzte. Der strukturbedingte unterschiedliche Konzentrationsgrad dieser Berufsgruppen äußert sich darin. 1969 hatten rund 20 v. H. der Rechtsanwälte, aber nur 12 v. H. der Fachärzte Wiens ihre Büros bzw. Ordinationen im Ringstraßenbereich.

In räumlicher Perspektive (vgl. Tab. 59) kann die Gesamttendenz als eine Art Randwachstum in bisher weniger frequentierte Viertel hinein gekennzeichnet werden. Dagegen ist der Zuwachs in den bereits gut besetzten Vierteln weit geringer. Die Höhe der Wohnungs- und Büroablösen im Vergleich zu den zu erwartenden Einnahmen bildet das im einzelnen nicht bekannte Regulativ dieses Vorgangs.

Dies bedeutet, daß im Rathaus-, Opern-, Schwarzenbergplatz- und Postsparkassenviertel zwar eine beachtliche Mobilität der Büros vorhanden ist,

TABELLE 59 Die Veränderungen bei den selbständig Berufstätigen im Ringstraßenbereich 1963 bis 1968

Ringstraßenviertel	Textil-viertel	Börse-viertel	Roßauer-viertel	Votiv-kirchen-viertel	Rathaus-viertel	Opern-viertel	Schwarzen-bergplatz-viertel	Postspar-kassen-viertel	Summe der Veränderungen
Zugänge / Abgänge	+ / —	+ / —	+ / —	+ / —	+ / —	+ / —	+ / —	+ / —	+ / — =
Ärzte	7 / 1	1 / 1	27 / 5	11 / 12	8 / 13	6 / 12	9 / 12	5 / 2	74 / 58 = +16
Rechtsanwälte	12 / 4	6 / 1	12 / 1	3 /	18 / 10	4 / 5	17 / 14	12 / 12	84 / 48 = +36
Architekten u. dgl.	7 /	1 /	11 /	4 /	6 / 2	5 / 4	10 / 5	1 / 3	45 / 14 = +31
Steuerberater u. dgl.	4 / 2	2 / 1	6 / 1	1 /	3 / 1	3 / 1	9 / 1	2 / 5	30 / 12 = +18
Gebäudeverwaltung, Realitäten	5 / 3	2 /	1 /	4 / 1	2 / 2	6 / 2	6 / 2	2 / 2	28 / 12 = +16

die sich jedoch in der Bilanz weitgehend ausgleicht. Neu ist hingegen die verstärkte Ansiedlung im Roßauer- und Textilviertel.

In der räumlichen Verteilung der einzelnen Sparten bestehen nach wie vor gewisse Unterschiede, doch haben sie sich gegenüber 1963 eher abgeschwächt.

So behaupten sich die Rechtsanwälte stärker in ihren alten Schwerpunkten des Börse- und Rathausviertels, während bei den Ärzten eine periphere Verlagerung (Roßauerviertel) auffällt. Im Votivkirchen- und Rathausviertel verzeichnen letztere sogar einen schwachen Rückgang.

Mit der Randwanderung in bisher stärker von der Wohnfunktion bestimmte Viertel bildet diese Gruppe der freien Berufe jedenfalls ein wichtiges Element nicht nur im Kern, sondern auch im Wachstumssaum der City. In beiden Bereichen haben ihre mit der Wirtschaft verknüpften Vertreter an Zahl gewonnen.

Die Öffentliche Verwaltung
weist – verglichen mit der Mobilität der Wirtschaftsfunktionen und der halboffiziellen Institute – eine starke Beharrung auf. Nur langsam siedeln sich neue Ableger an. Ausschließlich im Textilviertel kommt die nach wie vor schwierige Lage der Textilbranche den anhaltenden Expansionsbestrebungen des Wiener Magistrats entgegen.

Das Erzeugungsgewerbe
Der geläufige Schrumpfungsprozeß des Gewerbes hat vor der Innenstadt nicht haltgemacht und wirkt sich hier begreiflicherweise in dem Zweig am stärksten aus, der am relativ wichtigsten ist, nämlich dem Bekleidungsgewerbe (vgl. Tab. 60). Freilich gehen bei diesem Prozeß der Auskämmung auch hier zuerst die Kleinbetriebe voran. Das bedeutet im konkreten Fall,

TABELLE 60 Die Veränderungen des Gewerbes im Ringstraßenbereich 1963 bis 1968

Ringstraßenviertel	Textil-viertel	Börse-viertel	Roßauer-viertel	Votiv-kirchen-viertel	Rathaus-viertel	Opern-viertel	Schwarzen-bergplatz-viertel	Postspar-kassen-viertel	Summe der Veränderungen
Zugänge / Abgänge	+ / −	+ / −	+ / −	+ / −	+ / −	+ / −	+ / −	+ / −	+ / − =
Textil, Leder, Bekleidung									
Modesalons	2 / 1		4 / 1	1 /	1 / 1	3 / 1	3 / 1	2 / 1	16 / 6 = +10
Schneider	/ 3	2 / 2	1 / 1	3 / 1		/ 4	/ 4	/ 1	6 / 16 = −10
Pfaidler		/ 1							/ 1 = − 1
Modistin		/ 1			1 /		/ 1	1 /	2 / 2 = 0
Miedermacher			/ 1						/ 1 = − 1
Metallbearbeitung									
Schlosser			1 / 1	1 / 1					2 / 2 = 0
Spengler			1 / 1					/ 1	1 / 2 = − 1
Erzeugung v. Instrumenten									/ 1 = − 1
Musikinstrumente			/ 1			/ 2	2 /	3 /	7 / 2 = + 5
Uhren und Schmuck	1 /		1 /			1 /	1 / 1		4 / 2 = + 2
Wiss. u. chir. Instr.			2 / 1						

Fortsetzung ▶

TABELLE 60 Fortsetzung

Ringstraßenviertel	Textil-viertel	Börse-viertel	Roßauer-viertel	Votiv-kirchen-viertel	Rathaus-viertel	Opern-viertel	Schwarzen-bergplatz-viertel	Postspar-kassen-viertel	Summe der Veränderungen
Zugänge Abgänge	+ / —	+ / —	+ / —	+ / —	+ / —	+ / —	+ / —	+ / —	+ / — =
Lederverarbeitung									/ 2 = — 2
Sattler, Riemer	/ 2								1 / 3 = — 2
Schuhmacher			1 /	/ 3					
Steine und Erden									/ 1 = — 1
Steinmetz, Hafner				/ 1					
Baugewerbe						1 / 2	/ 1	/ 1	2 / 5 = — 3
Installateur	/ 1	1 /							1 / 3 = — 2
Glaser		/ 1	1 / 2						2 / = + 2
Anstreicher	1 /		1 /				/ 2		1 / 4 = — 3
Tapezierer, Dekorateur			1 / 1	/ 1					0
Rauchfangkehrer									/ 2 = — 2
Schildermaler	/ 1			/ 1					
Holzverarbeitung					/ 1	/ 2		/ 1	1 / 8 = — 7
Tischler	/ 1	1 / 2		/ 1					
Graphisches Gewerbe									2 / 1 = + 1
Buchdrucker, -binder	/ 1	2 /				/ 1	1 /		3 / 1 = + 2
Photograph		1 /	1 /		/ 1	/ 2		/ 2	1 / 6 = — 5
Graphiker, Kunstmaler	1 /		/ 1						
Insgesamt	5 / 10	7 / 7	15 / 12	5 / 8	2 / 3	5 / 14	7 / 10	6 / 7	3 / 22 = —19
Saldo	—5	—	+3	—3	—1	—9	—3	—1	
Zahl der Betriebe 1963	(27)	(14)	(58)	(21)	(15)	(19)	(52)	(25)	(231)

daß die Zahl der Schneider viel stärker abgenommen hat als die der Konfektionswerkstätten. Die Modesalons konnten sogar eine Zunahme verzeichnen!

Nur wenige Branchen haben keine Einbußen erlitten, wie die Photographen, Buchdrucker, Buchbinder und Graphiker. Das kommerzialisierte Gewerbe der Juweliere reiht sich in den Aufschwung der Geschäfte für den periodischen Bedarf ein.

Von den generellen Abnahmetendenzen sind nur das Roßauer- und Börseviertel ausgeschlossen. Das Opernviertel weist andererseits die stärksten Einbußen auf und wird bei gleichbleibendem Trend in Kürze ein gewerbeloser Abschnitt werden.

Die Viertel der Ringstraße beteiligen sich an den Veränderungen von 1963 bis 1968 in unterschiedlichem Ausmaß. Unverändert erhielt sich die Anziehungskraft der „Citykernviertel" um den Schwarzenbergplatz und die Oper, welche einen beachtlichen und sehr vielfältigen Anteil an der positiven Bilanz zu ihren Gunsten verbuchen können.

Als neu aufstrebend erweist sich der lange abseits gelegene Nordwestabschnitt mit Börse-, Textil- und Roßauerviertel. Das Randwachstum der City kommt darin zum Ausdruck.

Andere Viertel stehen mehr am Rande der Entwicklung. So ist der geringere Umsatz im Rathaus- und Postsparkassenviertel bemerkenswert.

Der Hauptzuwachs an Betriebsfunktionen zwischen 1963 und 1968 in den einzelnen Abschnitten der Ringstraßenzone ist in folgender Aufstellung festgehalten.

XIII. Die gegenwärtigen Tendenzen der Citybildung

Hauptzuwachs an Betriebsfunktionen von 1963 bis 1968 in den Vierteln der Ringstraßenzone

	Dominante Betriebsfunktionen 1963	Hauptzuwachs an Betriebsfunktionen bis 1968		Dominante Betriebsfunktionen 1963	Hauptzuwachs an Betriebsfunktionen bis 1968
Textilviertel	Textilfabriken	Textilfabriken	Opernviertel	Büros der Schwerindustrie	Büros der Maschinenindustrie
	Textilgroßhandel	Textilgroßhandel		Öffentliche Verwaltung	—
	Konfektion	—		Rechtsanwälte	—
	Öffentliche Verwaltung	Öffentliche Verwaltung		Steuerberater	—
	Speditionen	—			Halboffizielle Institutionen
		Großhandel o. A.			Luftfahrtgesellschaften
		Halboffizielle Institutionen			Reisebüros
		Architekten, Rechtsanwälte			
Börseviertel	Büros der chem. Industrie	—	Schwarzenbergplatzviertel	Großhandel o. A.	—
	Öffentliche Verwaltung			Lebensmittelgroßhandel	—
	Banken	Banken		Büros der Schwerindustrie	—
	Krankenkassen	—		Chemischen Industrie	
	Versicherungen	Versicherungen		Steine und Erden	
		Halboffizielle Institutionen		Bergbaubetriebe	
		Maschinengroßhandel		Erdölgesellschaften	
Roßauerviertel		Großhandel o. A.		Halboffizielle Institutionen	—
		Großhandel f. Maschinen und chem. Industrie		Banken	—
		Halboffizielle Institutionen		Versicherungen	—
		Versicherungen		Speditionen	Speditionen
		Speditionen		Luftfahrtgesellschaften	
		Reklamebüros		Verlage	Verlage
		Ärzte, Architekten, Rechtsanwälte, Steuerberater		Reklamebüros	—
				Ärzte	—
				Rechtsanwälte	—
Votivkirchenviertel	Ärzte	—		Architekten	—
					Reisebüros
					Steuerberater
Rathausviertel	Büros der Schwerindustrie	—			
	Halboffizielle Institutionen	—	Postsparkassenviertel		
	Öffentliche Verwaltung	—		Großhandel o. A.	—
	Ärzte	—		Halboffizielle Institutionen	—
	Rechtsanwälte	Rechtsanwälte		Rechtsanwälte	—
		Verlage			

XIV. DER WANDEL IM BAULICHEN GEHÄUSE: ZUSAMMENFASSUNG

Relativ wenig von den zerstörenden Einwirkungen des letzten Krieges berührt (rund 10 v. H. Totalschaden), hat die Wiener Ringstraße ihr bauliches Antlitz bis heute bewahren können. Prachtvolle Monumentalbauten, großbürgerliche Miethausblöcke und weitläufige Parkanlagen waren hier in einmaliger städtebaulicher Weise zu einem Gesamtkunstwerk verbunden worden. Die schrittweise Einbeziehung der „Ringstadt" in die City bewirkte im Laufe der Gründerzeit erste funktionelle Wandlungen, welche den Intentionen des Grundkonzepts völlig fremd waren. Neben die darin vorgesehene Aufgabe, exklusiver Wohnstandort für die Oberschicht zu sein, traten immer drängender Platzansprüche der verschiedenen Wirtschaftszweige. Ein Prozeß der Umwidmung von Wohnraum in Arbeitsstätten setzte, viertelweise in verschiedenem Ausmaß, schon vor dem Ersten Weltkrieg ein.

Die mit dem Zusammenbruch der Monarchie ausgelöste Daseinskrise der Stadt, der Schrumpfungsprozeß ihrer Bevölkerungszahl, der Umbau der Gesellschafts- und Wirtschaftsordnung haben einen weiteren beachtlichen Wandel im baulichen Gehäuse zur Folge gehabt, der in seinen Einzelelementen in ausführlicher Detailanalyse dargelegt wurde.

Hier seien zum Abschluß die verschiedenen Fäden noch einmal aufgegriffen, geordnet und zum Komplex der Wirklichkeit verknüpft.

Im ersten Moment schwer verständliche, gegensinnige Entwicklungen laufen dabei vor unserem geistigen Auge ab. Die Teilungen der zu groß gewordenen Herrschaftswohnungen bildeten das Symbol für das fortschreitende Dahinschwinden der alten Oberschicht. Überdies schwang in der Zwischenkriegszeit, einer Periode tiefster Depression, das Pendel von der Wirtschaftsfunktion zurück zur Wohnfunktion. Die Zahlen der Menschen und der Wohnungen stiegen in den dreißiger Jahren an. Das ängstliche Bestreben, die Appartements zu halten, führte zu einer Blüte des Untermietwesens, welches damals seinen Kulminationspunkt erreichte. Der Niedergang der Textilindustrie und des Bankenwesens brachte erstmals untere Bevölkerungsschichten in die Ringstraßenzone. Daß der Verlust an wirtschaftlicher Kapazität nicht in vollem Umfang spürbar wurde, hing mit dem bereits damals zunehmenden Raumbedarf der die Krise überstehenden Betriebsstätten zusammen. Auch kleinere Industriebetriebe begannen nunmehr, Stadtbüros zu errichten. Die großen Unternehmen erwarben zur Unterbringung ihrer Verwaltungsstäbe eigene Häuser und weiteten sich in benachbarte Objekte hinein aus.

Die Jahre des Zweiten Weltkrieges brachten neuerlich eine zum Teil gewaltsame Auswechslung ganzer Bevölkerungsgruppen auf dem Wege über Zwangseinquartierungen kinderreicher Familien und junger Ehepaare in das Ringstraßengebiet. Auch nach dem Ende des Krieges war die Mobilität der Menschen in der Ringstraßenzone zweifellos die stärkste innerhalb des gesamten Stadtgebietes. Der Neuzuwachs an Wohnungen entstand jedoch in der Nachkriegszeit weniger aufgrund einer weiteren Aufsplitterung ehemaliger Großwohnungen als aus dem Gewinn von Wohnraum durch Neubauten und Aufstockungen. Unter den Mietparteien beherrschen heute vier Gruppen das Feld: Selbständige, Beamte, Angestellte und Pensionisten. Gegenwärtig wird bei fortschreitender Citybildung im Zeichen der anhaltenden Prosperität die Wohnfläche wieder stärker zurückgedrängt. Reine Kontorbauten gewinnen zunehmend an Zahl und Bedeutung. Neben dem Verwaltungsapparat der Industrie, des Geld- und Versicherungswesens stellen vor allem staatliche und halboffizielle Institutionen wachsende Raumansprüche. Die Anzahl der großen und mittleren Büros nimmt stetig weiter zu. Durch den gestiegenen Flächenbedarf konnte der rein zahlenmäßige Verlust der Betriebsfunktionen gegenüber der Zeit vor dem Ersten Weltkrieg wettgemacht werden. Einen echten Ausbau erfuhr das Geschäftsleben.

Diese skizzierten Veränderungen vollzogen sich innerhalb des Ringstraßengebietes keineswegs gleichmäßig, sondern weisen vielmehr beachtliche viertelweise Besonderheiten auf (vgl. Schema). Als wichtigster Faktor erscheint hierbei die Anpassung an die veränderte politische und wirtschaftliche Position des österreichischen Staates. Ihm entsprach die Verlagerung des wirtschaftlichen Schwergewichtes aus dem Börse- und Textilviertel im Nordosten in den Südteil der Ringstraße zwischen Museen und Stadtpark (Opern- und Schwarzenbergplatzviertel).

XIV. Der Wandel im baulichen Gehäuse: Zusammenfassung

Der Wandel im baulichen Gehäuse der Ringstraße

	Gründerzeit	Zwischenkriegszeit	Nachkriegszeit
Wohnungsstruktur	Groß- und Herrschaftswohnungen	Teilung in Mittel- und Kleinwohnungen Umwandlung von Betriebsstätten in Wohnungen	Zunahme von Wohnraum durch Wiederaufbau; Schaffung von Mittelwohnungen Umwandlung von Wohnungen in Betriebsstätten
Funktionstypen von Häusern	Starke Mengung von Wohn- und Arbeitsstätten; von unten nach oben fortschreitende „Entfremdung" von Wohnraum	Viertelweise starke Zunahme der Wohnfunktionen	Auseinanderlegung der Funktionen; Zunahme der Betriebsbauten auf Kosten der Häuser mit gemischter Nutzung

Sozialstruktur	Breite Oberschicht:
	  Hoch-, Finanz- und Geldadel
	  Industrielle, Bankiers
	  Privatiers
	
	Mittelschicht:
	  Hoher Anteil von Selbständigen:
	    freie Berufe
	    Kaufleute
	  Hohe Beamte
		Sehr starke Reduzierung
		
		Eindringen von mittleren Angestellten und Beamten
		über Wohnungsteilungen und Untervermietungen
			Unbedeutender Rest
			
			Dreigliederung:
			  Selbständige
			  Beamte und Angestellte
			  Pensionisten und Rentner

Betriebsstätten Zentralbüros der Industrie und des Transportwesens Geld- u. Versicherungswesen	Niederlagen der Textilindustrie Berg- und Hüttenwerke Zuckerindustrie Speditionen Eisenbahnen Banken	Sehr starke Schrumpfung Auftreten von Erdölgesellschaften	Generelle Vergrößerung der Büros; Zunahme der metallverarbeitenden und chemischen Industrie Bescheidene Renaissance der Banken und Versicherungen
Großhandel	Textilien	Aufbau des Großhandels der chemischen und metallverarbeitenden Produktion	
Geschäftsleben	Erste Autohäuser Schiffahrtslinien Kunst- und Musikalienhandel Gast- und Kaffeehäuser	Reduzierung	Aufschwung des Autohandels, der Reisebüros, Luftfahrtgesellschaften „Kaffeehaussterben"
Öffentliche Dienststellen, halboffizielle Institutionen	Verwaltungsbauten des Staates und der Stadt Kammern, Vereine	Umwandlung von Wohnhäusern in Verwaltungsgebäude; Ausweitung der städtischen Behörden	Bedeutende Zunahme der halboffiziellen Institutionen; Niederlassung internationaler Organisationen

XV. DIE GEGENWÄRTIGE STELLUNG DER RINGSTRASSE IM STADTGANZEN

Fünf Jahrzehnte sind seit der Fertigstellung der Ringstraße verstrichen, erfüllt von harten innenpolitischen Auseinandersetzungen, einem schwierigen Anpassungsprozeß der Stadt an ihre geänderten Existenzgrundlagen, der alle Elemente ihres Daseins umfaßte. Heterogene Vorgänge vollzogen und vollziehen sich nebeneinander: Einem Schrumpfungsprozeß der Bevölkerungszahl steht eine rege Bautätigkeit gegenüber, einer zunehmenden Überalterung ein steigender Prozentsatz an berufstätiger Bevölkerung usw.

Alle diese unterschiedlichen Phänomene berechtigen zur Frage nach dem aktuellen Standort der Ringstraße im Stadtganzen.

1. Die Ringstraßenzone als Teil der Wiener City

Die Ringstraßenzone stellt nur einen Teil der Wiener City dar, die im wesentlichen die folgenden drei Glieder umfaßt:
1. die Altstadt
2. die Ringstraßenzone
3. einen Wachstumsrand in den angrenzenden inneren Bezirken.

Zwischen diesen drei Abschnitten besteht eine historisch erwachsene Differenzierung, die im folgenden skizziert werden soll. Sie beruht:
1. Auf einer *Aufgabenteilung* zwischen den genannten Gliedern der City, die das Resultat einer verschiedenen Sukzession von Arbeitsstätten darstellt.
2. Auf einem *sektorenweisen Ausgreifen* einzelner Betriebszweige vom Citykern her im Zuge des Wachstums der Wirtschaft. Dieses Ausweichen neuer Firmen in randliche Gebiete hat – in historischer Perspektive – das Verhältnis von Altstadt und Ringstraßenzone bestimmt.
3. Auf einer Segregation wichtiger Cityfunktionen, die sich Hand in Hand mit ihrer Vermehrung vollzog und teilweise zu einer recht ausgeprägten *Viertelsbildung* führte.

Dementsprechend war die Folge der Schrumpfung des Wirtschaftskörpers von Wien nach dem Zusammenbruch der Monarchie eine Auflösung bzw. Verwischung mancher vor dem Ersten Weltkrieg deutlich ausgebildeter Viertel.

4. Neben den räumlich klar gruppierten Arbeitsstätten gibt es andere, die als „Kitt" in allen Cityteilen, wenn auch mit gewissen Variationen, auftreten.

Zu 1. *Die Aufgabenteilung*

ist am klarsten im *Geschäftsleben* ausgeprägt. Die Hauptgeschäftsstraßen der Altstadt haben sich schon früh dahingehend spezialisiert, Spitzenansprüche auf dem Sektor der Bekleidung zu befriedigen. Wohl sind sie heute nicht mehr, wie in der Monarchie, Einkaufszentrum einer zahlungskräftigen Oberschicht, doch konnte dieser Ausfall durch den immens anschwellenden Touristenstrom weitgehend wettgemacht werden. Freilich ist damit eine gewisse Verschiebung des Warensortiments eingetreten, die vielleicht vom Standpunkt des guten Geschmacks von manchen als Verkitschung abgelehnt werden mag, von ökonomischer Warte aus jedoch die einzig vernünftige Anpassungserscheinung darstellt.

Der Fremdenverkehr hat auch den stillen Seitengassen der Altstadt neues Leben gebracht. Die abends beleuchteten kleinen Geschäfte für Wohnungseinrichtung und Kunstgegenstände aller Art bilden meist ein Sprungbrett für junge Leute, die mit wenig Geld, aber viel Geschick und Geschmack die alten Gewölbe renovierten. Eine alte Tradition besitzt das Teppichviertel um den Fleischmarkt und die Rotenturmstraße. Nur als Kuriosität kann das Grätzel billiger Kleidergeschäfte rund um die Judengasse im Norden des Hohen Marktes gewertet werden. Der Typus des billigen Discount-Stores, so typisch für die amerikanischen Stadtkerne, hat in der Wiener City derzeit keine Ausbreitungsmöglichkeit. Aufmachungs- und Preisniveau ihrer Geschäfte sind im wesentlichen auf eine zahlungskräftigere Konsumentenschaft eingestellt. Dies gilt auch für die in den östlichen Seitengassen der Kärntner Straße angesiedelten Gaststätten und Vergnügungsbetriebe. Auf die Trennung des Angebots bezüglich des periodischen und langfristigen Bedarfs zwischen den Citystraßen der Altstadt (Kärntner Straße, Rotenturmstraße, Graben) und dem Ringstraßenabschnitt zwischen Museen und Stadtpark wurde bereits hingewiesen.

XV. Die gegenwärtige Stellung der Ringstrasse im Stadtganzen

Nur aus historisch-topographischer Perspektive ist das räumliche Muster der Geschäftsstraßen verständlich, in dem die Amputierung der Hauptgeschäftsstraßen der inneren Bezirke, so unter anderem der Mariahilfer Straße, beim Eintritt in die Ringstraßenzone auffällt. Hier haben sich Schwerpunkte des Geschäftslebens entwickelt, die besonders bei der Mariahilfer Straße und der Landstraßer Hauptstraße ins Auge stechen. Ihre Aufgabe ist es, mit Großeinkaufsstätten die Nachfrage nach billiger und preiswerter Konfektionsware nicht nur der Wiener Bevölkerung, sondern auch von Kunden aus der Provinz zu befriedigen. In Betriebsgröße, Arrangement, Warensortiment und Preisen besteht ein grundsätzlicher Unterschied gegenüber der Altstadt, die nach wie vor das Eldorado des mittleren und kleineren Betriebes geblieben ist. Der Exklusivität des Warenangebots mußten sich auch Firmen beugen, die vom Sprungbrett der äußeren Bezirke in die Kärntner Straße vorgestoßen sind. Das alteingesessene Kaufhaus Neumann (= Steffl) ist bisher der einzige Vorposten großbetrieblicher Organisationsformen in der Altstadt geblieben.

Ähnlich wie im Geschäftsleben besteht auch bei den *Industriezentralen* eine klare Aufgabenteilung. Auf die unterschiedliche Bedeutung von Altstadt, Ringstraßenzone und inneren Bezirken bei der Standortwahl der Zentralbüros der einzelnen Industriezweige wurde bereits ausführlich eingegangen (vgl. S. 151). Die Ringstraße entstand in einer Zeit der Großunternehmen. Es ist daher begreiflich, daß sie mit ihrer weiträumigen Aufschließung viel eher als die räumlich beengte und mit Betrieben vollgeräumte Altstadt die großen Konzerne an sich zog. In einer ganzen Reihe von Industriezweigen (Chemische, Glas-, Nahrungs- und Genußmittel-, Elektro-, Holz- und Lederindustrie) haben jedoch die inneren Bezirke in der Verwaltung und Vermarktung der industriellen Produktion bereits das Heft an sich gerissen und werden in nächster Zukunft zweifellos weitere Betriebe an sich ziehen können.

Daß die Ringstraße ihre in der klassischen Phase der Industrie gewonnene Position als Hauptsitz der Verwaltungsstellen von Schwerindustrie, Bergbau und Eisenbahnen bewahren konnte, verdankt sie nicht zuletzt der Verstaatlichung dieser Unternehmen.

Bescheidener in den Raumansprüchen und daher flexibler in der Standortwahl als die Repräsentanzen der Industriefirmen ist der *Großhandel*, der auch keine so ausgeprägte Schwerpunktbildung aufweist. Das gilt im besonderen für seinen branchenunabhängigen Ast, auf dessen Pufferrolle hingewiesen wurde. Dessenungeachtet folgt der Großhandel in seiner Verteilung in großen Zügen dem Muster der Industriebüros. Dementsprechend ist auch der Schwer- und Maschinengroßhandel in der Ringstraße stärker vertreten als in der Altstadt. Der Großhandel mit chemischen Produkten, Glas-, Nahrungs- und Genußmitteln usw. (s. o.) ist zum größten Teil bereits in den inneren Bezirken, vor allem in dem Rayon beiderseits der Mariahilfer Straße, seßhaft geworden.

Zu 2. Zu den *sektorenweise ausgreifenden Arbeitsstätten* zählen die Vertreter der Textilbranche, des Geldwesens, der Regierung und der Behörden. Bei ihnen kam es in der Gründerzeit zur Hinausverlagerung aus der zu eng gewordenen Altstadt in die Ringstraßenzone. Der Cityrand wurde bisher nicht wesentlich beeinflußt, wenn man von den erwähnten Versuchsgründungen von Banken absieht (vgl. S. 177).

Die ausgeprägteste Viertelbildung ist nach wie vor auf dem *Sektor der Textilbranche* vorhanden. Zwar ist das zwischen Hohem Markt und Börse sich erstreckende Textilviertel stark geschrumpft und randlich bereits von verschiedenen anderen Betriebszweigen durchlöchert, doch bildet es nach wie vor das weitaus geschlossenste Viertel der Wiener City. Mit dem Textilgroßhandel, den Fabriksbüros und Niederlagen ist das Konfektionsviertel um den Graben verbunden. Modellhäuser, Kürschnerwerkstätten usw. verkörpern hier die Wiener Mode, die in der Kärntner Straße auch ein Schaufenster gefunden hat.

Das in der Monarchie ähnlich ausgeprägte Bankenviertel zwischen Graben und Schottenring hat sich wesentlich stärker aufgelöst, so daß es heute nicht mehr als ein zusammenhängendes Quartier erscheint. Dabei stellt die Konzentration der Hauptanstalten des *Geld- und Versicherungswesens* gleichfalls ein Erbe der Wiener Innenstadt dar.

1963 dienten hier 37 Bauten zur Gänze dem Geschäftsbetrieb von Geld- und Versicherungsinstituten, darunter

	in der Altstadt	an der Ringstraße
Geldinstitute	12	9
Versicherungen	5	7
Krankenkassen	2	2

Die Gebäude bedeutender Geldinstitute haben Konzentrationskerne in dem Aufwachsen folgender Schwerpunkte gebildet:

a) Der *Graben* war das Zentrum der Privatbanken im ausgehenden 18. Jahrhundert. Hier errichtete auch die Erste österreichische Spar-Casse (1819) ihre Niederlassung.

b) Der zweite Schwerpunkt entstand um die *Freyung* und den *Platz am Hof* mit dem Eckpfeiler der Nationalbank.

c) Es ist nur zu verständlich, daß bei der Planung der Ringstraße die *Börse* in dem angrenzenden Abschnitt des Glacis ihren Platz erhielt und sich im Anschluß daran das Bankenviertel um die Creditanstalt-Bankverein entwickelte.
d) Mit der erwähnten Umorientierung in der Ringstraßenzone siedelten sich dann in der Zwischenkriegszeit ausländische Versicherungen rings um den *Schwarzenbergplatz* an.
e) Vom Graben ausgehend, entstand eine Reihe von Banken westlich des Hohen Marktes bis zum Opernring.
f) Aufgrund der Einschaltung von städtischem Kapital und der gewandelten Standortansprüche konnten sich in der Nachkriegszeit zwei neuerrichtete Bauten, der Ringturm der Städtischen Versicherung und das Hauptgebäude der Zentralsparkasse der GemeindeWien, von den alten Vierteln lösen, freilich auch nicht zur Gänze. Ihre auf neuralgische Punkte des innerstädtischen Verkehrs und optimale Verkehrsbedienung ausgerichteten Standorte blieben noch im Raum der Ringstraße, wählten aber bereits randliche Positionen.
g) Die jüngste Entwicklung im Versicherungswesen zielt auf den Aufbau einer „*Donaukanalfront*" gegenüber der Altstadt im II. Bezirk (Leopoldstadt).

Bauten der Regierung und *der Behörden* zählen zu den ältesten und gleichzeitig wichtigsten Arbeitsstätten der Altstadt. Die Tradition des Regierungsviertels im Anschluß an die Hofburg längs der Herrengasse reicht weit zurück. Bereits in der ersten Hälfte des 19. Jahrhunderts bestand es nahezu im gegenwärtigen Umfang. Der Wandel von Feudalbauten, d. h. von Winterpalästen des Adels, zu Öffentlichen Gebäuden setzte hier und ebenso in den östlichen Seitengassen der Kärntner Straße schon um die Mitte des 18. Jahrhunderts ein. Damit konnte jedoch der steigende Bedarf des bürokratischen Apparates des Staates auf die Dauer nicht befriedigt werden. Bereits im Vormärz wurden verschiedene öffentliche Bauten an der Innenseite der Vorstädte gegen das Glacis hin errichtet (Münzamt, Finanzlandesdirektion, Landesgericht).
Im städtebaulichen Konzept der Ringstraße fungierte der Komplex der Hofburg als Gelenk zwischen dem Regierungsviertel der Altstadt und dem Repräsentationsviertel längs der Ringstraße mit Kultur- und Unterrichtsbauten. Als Regierungsbauten waren ursprünglich nur das Parlament und das Rathaus, als Verwaltungsgebäude der Justizpalast vorgesehen. Weitere Parzellen gelangten aber bald in die Hand öffentlicher Dienststellen (vgl. Kartentafel III). Schwächezonen der wirtschaftlichen Citybildung folgend, breiten sich in der Gegenwart die Ämter des Staates und der Stadt weiter aus.

Zu 3. Auf einen Abschnitt der City beschränkt bleiben die folgenden Arbeitsstätten mit mehr oder minder ausgeprägten Ansätzen zur *Viertelbildung*.
a) In der *Altstadt* die Gruppe der Hotels, Pensionen und Vergnügungsstätten (Nachtcafés, Restaurants, Kabaretts). Sie begleitet die Kärntner Straße und hat sich, von ihr ausgehend, am Rand der Ringstraßenzone eingenistet.
b) In der *Ringstraßenzone* die Hohen Schulen (Universität, Akademie der bildenden Künste, Akademie für angewandte Kunst, Technische Hochschule). Sie erhielten entsprechend dem Bildungskonzept der liberalen Ära hier ihren Standort.
c) Im *Wachstumssaum der City* die Vertretungen der ausländischen Botschaften und Gesandtschaften im Sektor beiderseits des Belvederes (Rennweg, Prinz Eugen-Straße) und längs der Währinger Straße, die sich in den ehemaligen Sommerpalastvierteln des Adels einquartierten.
d) Einen Sonderfall bildet das *Zeitungs- und Verlagswesen*, das bis zum Ersten Weltkrieg längs der Wollzeile in der Nachbarschaft zur Alten Universität ein geschlossenes Viertel besaß (Österreichische Staatsdruckerei). Es hat sich, bedingt durch den Auszug der Universität an die Ringstraße und mehrmalige politische Umwälzungen, aufgelöst. Sein neuer Standort im Bezirk Neubau nördlich der Mariahilfer Straße (Seidengasse) konnte nicht mehr dieselbe Attraktionskraft entfalten. Das Verlagswesen gehört daher heute zu den in mehreren Schwärmen (u. a. am Innenrand des Regierungsviertels, in der Nachbarschaft des Bundesverlags am Ostrand der Altstadt gegen die Ringstraßenzone hin) über die City verstreuten Betriebsstätten. Es leitet damit zur nächsten Gruppe über.

Zu 4. Von den Betrieben, die gleichsam als *Bindemittel* die vielfältigen Glieder der *City* vereinen, seien nur einige herausgegriffen. Zu ihnen zählen die Büros der Baufirmen, die sich wohl in der Altstadt etwas stärker häufen, aber auch in anderen Teilen der City auftreten.
Umgekehrt verhalten sich die halboffiziellen Institutionen. Ihr Hauptdomizil bildet die Ringstraßenzone, in der sie auch zuerst Fuß fassen konnten (Ingenieur- und Architektenverein, Kammer der gewerblichen Wirtschaft, Haus der Industrie). 25 Häuser sind hier in ihremBesitz, gegenüber nur 11 in der Altstadt.

XV. Die gegenwärtige Stellung der Ringstrasse im Stadtganzen

Zu einer wichtigen Begleiterscheinung der City gehören die Büros der Angehörigen der freien Berufe. Die Schwerpunkte der einzelnen Berufe sind begreiflicherweise verschieden. Der traditionelle Standort der Ärzte liegt im Fußgängerbereich um die Universitätskliniken, einerseits in der Ringstraßenzone und andererseits im anschließenden Teil des VIII. und IX. Bezirkes. In der Altstadt sind sie von geringerer Bedeutung. Die Rechtsanwälte weisen ein anderes Standortprinzip auf, sie sind in größerer Zahl in der Altstadt vertreten und nehmen hier charakteristische Randlagen um das Kerngebiet ein. So häufen sie sich im Dom- und Kärntnerviertel. Die Zuordnung zum Handelsgericht erklärt die große Zahl von Büros von Rechtsberatern im Postsparkassenviertel. Steuerberater, Wirtschaftsprüfer, Realitätenbüros ballen sich in den Zentren der Wirtschaftsunternehmen, dem Graben in der Altstadt und dem Opern- und Schwarzenbergplatzviertel in der Ringstraßenzone.

Die *räumliche Gliederung der Wiener City* zeigt eine multinukleare Struktur, wie sie uns in ähnlicher Form von anderen Millionenstädten geläufig ist. Dabei tritt durch die Anlagerung der Ringstraßenzone an die Altstadt eine gewisse Verdoppelung mancher Assoziationen auf, die freilich durch die unterschiedliche Betriebsgrößenstruktur in der Altstadt und an der Ringstraße ein etwas verschiedenes Vorzeichen erhalten. (vgl. Fig. 40).

Nach Art der Mengung und Zahl der Betriebe können wir folgende räumliche Einheiten unterscheiden:
1. Gebiete mit sehr großer Vielfalt von verschiedenartigen, meist kleinen Betriebsstätten,
2. Gebiete mit mäßiger Vielfalt von Arbeitsstätten,
3. Gebiete mit relativer Dominanz eines Betriebszweiges, sei es im Hinblick auf die in Anspruch genommene Fläche oder die Beschäftigtenzahlen:

Textilviertel
Bankenviertel
Regierungsviertel
Repräsentationsviertel (Kultur- und Unterrichtsbauten), darin Universitätsviertel
Viertel des Gast- und Hotelgewerbes
Viertel der freien Berufe
Spitals- und Ärzteviertel
Diplomatenviertel
Viertel von Citygewerbe, Leichtindustrie und Industriebüros
4. Gebiete mit stärkerem Wohncharakter

Das eigentliche *Herz der City* um den Graben ist durch die nahezu chaotisch anmutende Vielfalt verschiedenster vorwiegend kleiner und mittlerer Büros ausgezeichnet. Neben den Büros der Industrie, des Großhandels und der freien Berufe, den Anstalten des Geld- und Versicherungswesens, könnte man die ganze Liste der Wirtschaftsdienste zu seiner Kennzeichnung aufzählen. Bezeichnenderweise fehlt die Öffentliche Verwaltung. Verschiedene Viertel mit geringer oder stärkerer Dominanz einer Gruppe ordnen sich radial um diesen Citykern an.

So besteht von den Modellhäusern des Grabens ein gleitender Übergang zu den Konfektionswerkstätten um den Hohen Markt und den Großhandels- und Fabriksbüros des Textilviertels um den Rudolfsplatz.

Die älteste Sparkasse auf Wiener Boden (Erste österreichische Spar-Casse) ist der Eckstein für den von hier, wenn auch mit Unterbrechungen, zum Ring reichenden Bankensektor. In seinem Randstreifen zum Textilviertel treten Versicherungen, Krankenkassen und Rechtsanwälte auf.

Die in einem Knick an den Graben anschließende Verkehrs- und Geschäftsachse der Kärntner Straße hebt sich durch internationale Hotels und den erwähnten Saum von Vergnügungsstätten hervor. Der alte Universitätssektor (heute Akademie der Wissenschaften) im Nordosten hat seine Funktion verloren, mit ihm das Zeitungs- und Verlagsviertel längs der Wollzeile (vgl. o.). Gleichfalls geschrumpft ist das Viertel der orientalischen Teppichhändler um den Fleischmarkt.

Massive Pufferzonen trennen das Citykerngebiet im Süden und Osten von der Ringstraßenzone. Sie werden im Süden von den Ämtern der Regierung und Verwaltung (Herrengasse, östliche Seitengassen der Kärntner Straße), im Osten von Altbauquartieren mit vorherrschendem Wohncharakter gebildet.

Der Strang der Kärntner Straße verbindet den Citykern in der Altstadt mit einem zweiten Kerngebiet längs der Ringstraße zwischen Oper und Schwarzenbergplatz. Seine verwirrende Fülle von Betriebsstätten wurde bereits eingehend analysiert. Nur hier sowie im Börse- und Textilviertel besteht ein direkter Übergang von der Citystruktur der Altstadt zur Ringstraßenzone. In den dazwischen gelegenen Abschnitten läßt die Intensität der Citybildung z. T. nach bzw. einzelne Betriebe oder Branchen ergreifen die Führung. Der Magistrat beherrscht im Rathausviertel das Feld. Die Schwerindustrie und das Verkehrsministerium bestimmen das Opernviertel. Im Postsparkassenviertel überwiegen die kleinen Büros der selbständig Berufstätigen. Das Roßauerviertel gehört als vorwiegendes Wohnquartier bereits nicht mehr zur City.

Erstaunlich gering ist die Verklammerung zwischen der Ringstraßenzone und dem *Citysaum* in den inneren Bezirken.

1. Die Ringstrassenzone als Teil der Wiener City

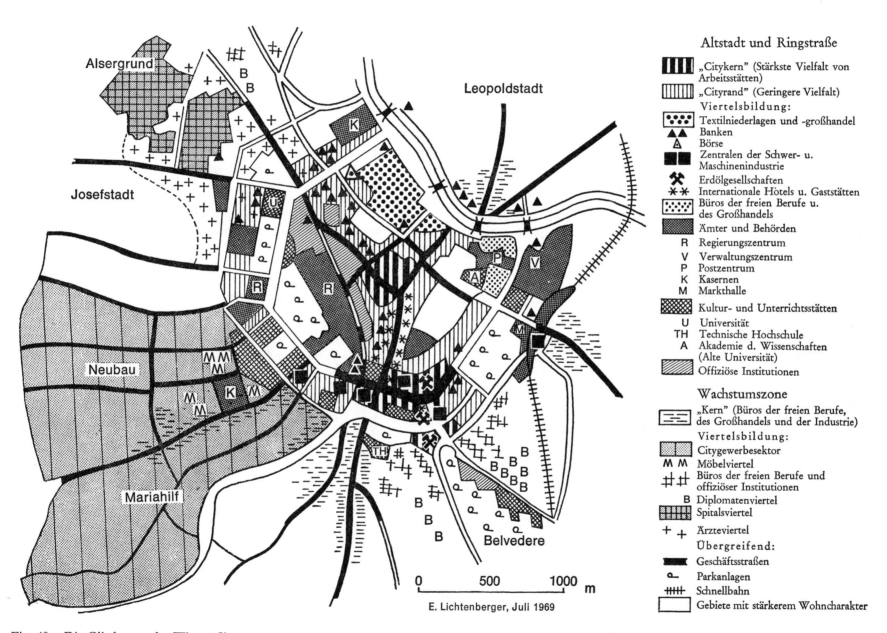

Fig. 40 Die Gliederung der Wiener City

XV. Die gegenwärtige Stellung der Ringstrasse im Stadtganzen

Sie besteht nur im Nordwesten, wo der Komplex der Universitätskliniken mit seiner Streuung von Facharztordinationen auch den angrenzenden Abschnitt der Ringstraße entscheidend beeinflußt.

Ansonst weist dieser verschieden breite Cityrand drei unterschiedliche Assoziationen auf:

1. Mit den Botschaften und Gesandtschaften beiderseits des Belvederes und längs der Währinger Straße verbinden sich offiziöse Institutionen (Kammern, Rundfunk, Gewerkschaften).
2. Die stadtwärtigen Schwerpunkte der Hauptgeschäftsstraßen der Bezirke Wieden, Landstraße und Leopoldstadt werden von Großhandelsbüros, Fabriksniederlagen und Facharztordinationen umlagert.
3. Ein Übergangsgebiet vom tertiären zum sekundären Sektor der Wirtschaft erstreckt sich beiderseits der Achse der Mariahilfer Straße. Es ist zweifellos eine offene Frage, ob man dieses Leichtindustriegebiet der Bezirke Neubau und Mariahilf (Konfektion, Beleuchtungskörper, graphisches Gewerbe, Lederwaren und Galanteriewarenerzeugung) noch zur City rechnen will oder nicht. Immerhin ist der hohe Besatz an Großhandels- und Industriebüros bemerkenswert, ebenso die große Zahl von Angehörigen der freien Berufe (Rechtsanwälte und sonstige Dienstleistungen).

Blendet man in diese aus der Flächennutzung der Häuser für Betriebsfunktionen gewonnene Gliederung der City die Angaben der Betriebsstättenzählung 1964 ein, um die Ausdehnung und das Wesen der City auch von seiten der Arbeitsplatzverteilung zu erfassen, so stellt man mit Überraschung fest, daß der tertiäre Sektor der Wirtschaft in der Innenstadt bei weitem nicht so stark vertreten ist, als man erwarten würde.

Geld- und Versicherungswesen sowie die vom Staat und der Stadtgemeinde vergebenen Arbeitsplätze bilden mit 68 v. H. bzw. 48 v. H. der in Wien in diesen Betriebszweigen Tätigen die beiden tragenden Pfeiler in der Beschäftigtenstruktur der Innenstadt.

Auf der anderen Seite erscheinen die in erster Linie dem privaten Kunden dienenden Versorgungsfunktionen, d. h. der Einzelhandel, aber auch die sonstigen Dienstleistungen (Friseure, Wäschereien u. dgl.) mit einem Anteil von 13 bzw. 12 v. H., verglichen mit kleineren Städten (Frankfurt 40 bzw. 25 v. H.), nur schwach in der Innenstadt zentriert.

Hochgradige Spezialisierung und besondere Qualität der Waren, Kriterien, die nun einmal zum Wesen der Citygeschäfte gehören, würden sich auch schlecht mit einem höheren Zentralisationsgrad vertragen, der automatisch eine Verbreiterung des Angebots und gleichzeitig die Aufnahme von Massenartikeln in das Sortiment nach sich ziehen müßte. Das Wiener Geschäftsleben hat, wie erwähnt, bereits in der Gründerzeit im geschlossenen Baukörper der Stadt ziemlich regelmäßig verteilte lokale Zentren ausgebildet.

Nicht im gleichen Maße wie der Einzelhandel und die übrigen Dienstleistungen hat sich das Hotel- und Gastgewerbe außerhalb der Innenstadt niedergelassen. Bei ihm tritt im Kern der City eine erhebliche Aufstockung der Beschäftigtenzahlen durch den rapid ansteigenden Fremdenverkehr ein. Die zentripetalen Standorttendenzen der Großhotels lassen die Zahl der Arbeitsplätze in die Höhe schnellen. 28 v. H. der in Wien in Gast- und Hotelbetrieben Beschäftigten arbeiten in der Innenstadt.

Das Hotel- und Gastgewerbe steht damit hinsichtlich seiner relativen Bedeutung in einer Reihe mit dem Großhandel, den verschiedenen Branchen der privaten Verkehrswirtschaft sowie den diversen Vermittlungsbüros, die alle mit einem knappen Drittel ihrer Arbeitsplätze in der Stadtmitte vertreten sind.

Diese mit den Industriebüros in bezug auf die Standortwahl vielfältig verflochtenen Dienste sind bereits teilweise dem Ausweichen derselben aus der Kernstadt in den Wachstumssaum der City gefolgt und bilden darüber hinaus auch lokale Ballungen rings um die Geschäftszentren der äußeren Bezirke.

Das beigefügte Diagramm (Fig. 41) zeigt die Differenzierung der Arbeitsstättenstruktur von Wien gegliedert nach Altstadt, Ringstraßenzone, westlicher und östlicher Hälfte der inneren und äußeren Bezirke[1]. Das Hineinwachsen der City in die westlichen inneren Bezirke läßt sich daraus klar ersehen und ebenso die West-Ost-Asymmetrie von Wien, die nicht nur in der Verteilung der Arbeitsstätten auftritt, sondern darüber hinaus in allen Bereichen des Lebens und der Wirtschaft von Wien eine wesentliche Rolle spielt.

---

[1] Mit voller Absicht wurde im Diagramm der tertiäre Wirtschaftsbereich des Verkehrs ausgeklammert, bei dem der Löwenanteil auf die Beamten der Bundesbahn entfällt. Die Ziffer ist jedoch irreführend, da nur ein Teil des ausgewiesenen Personals tatsächlich in den Bahnhöfen selbst eingesetzt ist, während der größere Teil den Streckenbetrieb aufrechterhält. Gleichfalls nicht ausgewiesen wurde das Baugewerbe. Hier besteht eine noch stärkere Diskrepanz zwischen der „Betriebsstätte", d. h. dem Büro des Bauunternehmers, und der Arbeitsstätte der Bauarbeiter.
Der bereits mehrfach erwähnte Unterschied zwischen der Altstadt und der Ringstraßenzone hinsichtlich des hohen Anteils des Bekleidungsgewerbes bei ersterer, der größeren Bedeutung der Büros der Textilindustrie bei letzterer lassen sich leider durch die amtliche Statistik nicht präzisieren, da Büros und Produktionsstätten von Industriebetrieben bei der Zählung nicht getrennt wurden.

1. Die Ringstrassenzone als Teil der Wiener City

Gliederung der Wiener City

	Altstadt	Ringstraßenzone	Wachstumssaum der inneren Bezirke
Geschäftsleben	„Schaufenster der Wiener Mode" Buchhandlungen Spezialgeschäfte für Teppiche, Antiquitäten, Porzellan u. dgl.	Autosalons Reisebüros Fluglinien u. dgl.	Großkaufhäuser an Einbindungsstellen der Ausfallsstraßen
Geld- und Versicherungswesen	Hauptanstalten von Banken, Versicherungen, Krankenkassen		
Industriebüros und Großhandel	Mittelbetriebe *Büros von Baufirmen	Großbetriebe Schwer- und Maschinenindustrie Textilindustrie Erdölgesellschaften Export-Import-Handel	• Chemische und Gummiindustrie • Leder, Glas • Nahrungsmittel
Erzeugungsgewerbe	Modellhäuser Kürschnerwerkstätten u. dgl.		Vielfältiges Gewerbe entlang von Hauptgeschäftsstraßen
			• Hinterhof- und Stockwerksindustrie (Textilien-, Leder-, Leichtindustrie)
Regierung und Behörden Halboffizielle Institutionen	in Palastbauten	in Gründerzeitbauten Hohe Schulen, Museen, Oper, Burgtheater Kammern, Vereine, Forschungsinstitute	Allgemeines Krankenhaus Universitätskliniken Botschaften und Gesandtschaften
Hotel- und Gastgewerbe	Internationale Hotels, Pensionen, Bars, Nachtklubs		
Freie Berufe Sonstiges	Rechtsanwälte* Verlage	Steuerberater, Speditionen Reklamebüros	Architekten, Ärzte

• Cityindustriesektor Neubau–Mariahilf   * Schwerpunkt, darüber hinaus im ganzen Citybereich verstreut

XV. Die gegenwärtige Stellung der Ringstrasse im Stadtganzen

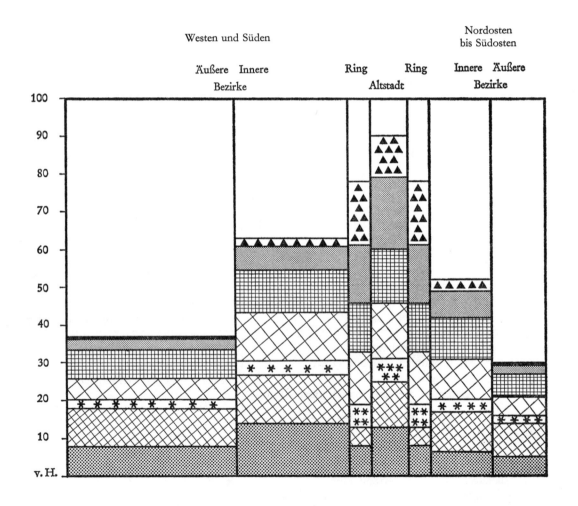

Fig. 41 Die Stellung des Ringstraßengebietes in der Arbeitsstättenstruktur von Wien 1964

Die Verklammerung der verschiedenen Teile der City erfolgt durch ein sehr differenziertes Geschäftsstraßennetz, das uns mit seinen „abgehackten Stümpfen" klarmacht, wie sehr die Wiener City ein historisch erwachsenes Gebilde darstellt, zu dessen Erklärung die geläufigen Gravitationsmodelle der Wirtschaftswissenschaftler mit den Parametern von Entfernung und Bodenpreisen nur eingeschränkt anwendbar sind.

2. Die Stellung der Ringstraße in der sozialräumlichen Gliederung von Wien

Vergleicht man die Angaben der amtlichen Statistik über die Wohnungsstruktur von Wien mit den Daten über die soziale Stellung der Berufstätigen (vgl. Fig. 42), so stellt man mit einigem Erstaunen fest, daß die

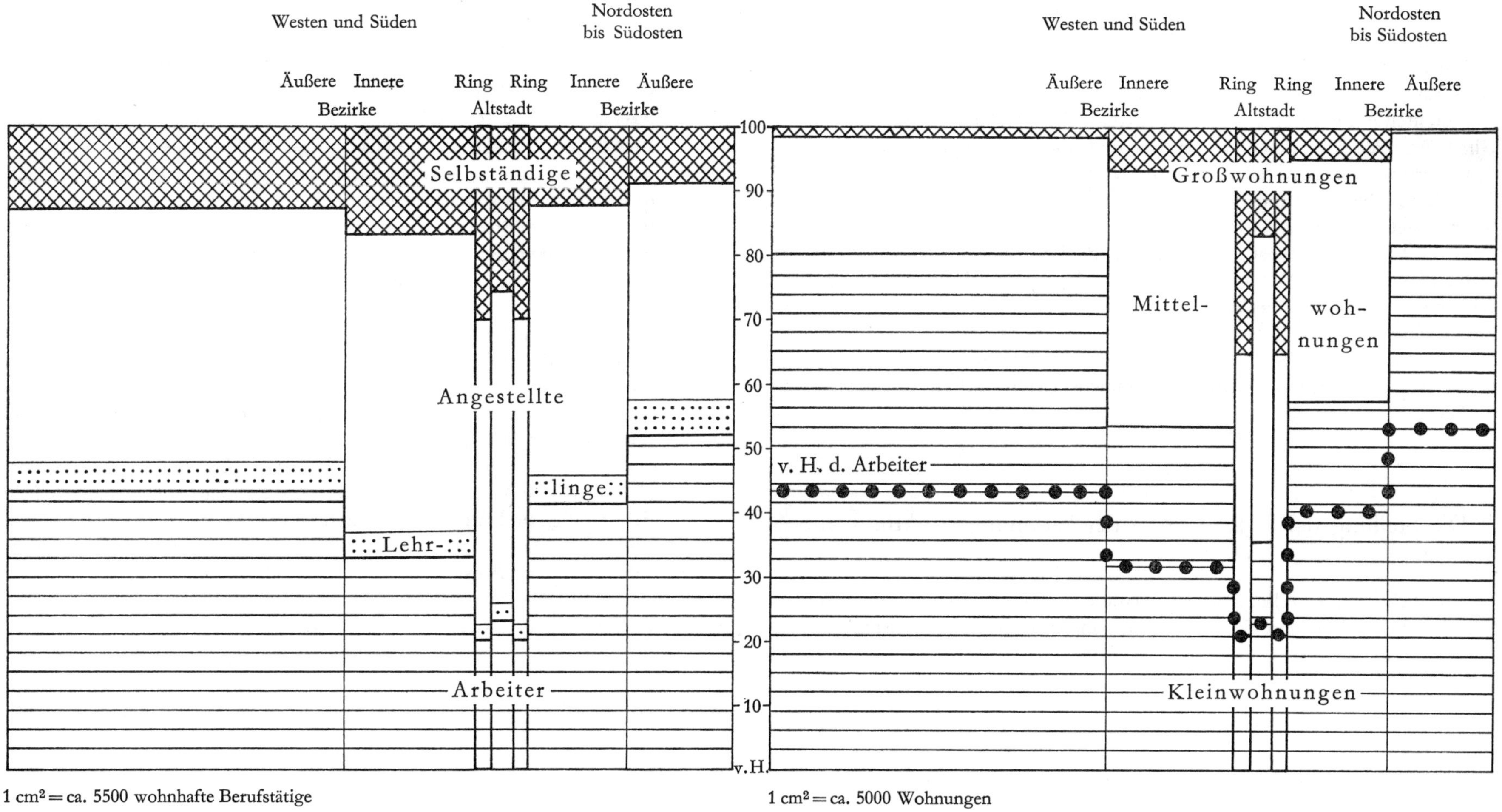

Fig. 42 und 43   Die Stellung des Ringstraßengebietes in der sozialräumlichen Gliederung und in der Wohnungsstruktur von Wien 1961

zentral-periphere Differenzierung bei letzteren bei weitem nicht so ausgeprägt ist. Nur in der Ringstraßenzone besteht nach wie vor eine erstaunliche Koinzidenz zwischen beiden Strukturen.

Ansonsten nimmt mit wachsender Entfernung vom Zentrum der Anteil der Angestellten bzw. auch der Selbständigen in den Kleinwohnungen zu. Die vorhin erwähnte West-Ost-Asymmetrie ist in der sozialen Segregation sogar ausgeprägter als bei der Wohnungsstruktur.

Besonders bemerkenswert erscheint, daß der ganze Citybereich, unabhängig von den Unterschieden der Wohnungsstruktur, eine ziemlich ähnliche soziale Substanz besitzt, d. h. die Ringstraßenzone hebt sich trotz ihrer größeren Wohnungen hinsichtlich der Hundertsätze an Selbständigen und Angestellten nur geringfügig von der Altstadt ab! Ob Unterschiede bei der Gliederung der Angestellten in mittlere und höhere Kategorien bzw. bei den Selbständigen im Anteil von Gewerbetreibenden und Angehörigen der freien Berufe hierfür maßgeblich sind, kann ohne Detailuntersuchung nicht beantwortet werden.

Überhaupt wäre eine genaue Kenntnis der innerstädtischen Migration und der vertikalen sozialen Mobilität nötig, um das eingangs umrissene Phänomen erklären zu können. Verschiedene Faktoren, nicht zuletzt das durch den Mieterschutz und das Chaos der Wiener Wohnungswirtschaft bedingte Hintanhalten sozialer Segregationsprozesse bzw. eine gewisse Stadtrandbewegung mittlerer und höherer Einkommensklassen dürften zusammenwirken.

3. Die Stellung der Ringstraße in der Wohnungsstruktur von Wien

Die bauliche Sonderstellung der Ringstraße existierte bereits vor einem halben Jahrhundert, und sie besteht heute mehr denn je. Die ernsthaften Erwägungen, die Ringstraße unter Denkmalschutz zu stellen, können nur begrüßt werden.

Mit Erstaunen stellt man fest, daß selbst der umfangreiche Prozeß der Wohnungsteilungen die Spitzenposition der Ringstraße innerhalb der Wiener Wohnungsstruktur nicht zu erschüttern vermochte (vgl. Fig. 43). Nach wie vor repräsentiert die Ringstraßenzone den baulich aufgewerteten Rahmen der Altstadt und hebt sich durch eine wesentlich höhere Quote an Großwohnungen deutlich von ihr ab.

Trotz reger kommunaler Bautätigkeit der Zwischen- und Nachkriegszeit erhielt sich das periphere Gefälle der Wohnungsgrößen von den inneren zu den äußeren Bezirken ebenso wie die in alten Traditionen verankerte Asymmetrie des Bauplans, in dem der Osten und Südosten der Stadt stets als ein deklassiertes, minderwertiges Wohngebiet galt. Von den gründerzeitlichen Cottagevierteln und den daran anschließenden Neubauquartieren im Westen abgesehen, fehlt Wien bis heute eine bausoziale Aufwertung seines Stadtrandes.

Diese Bevorzugung des Westens äußert sich selbst innerhalb der Ringstraßenzone, wo das Rathausviertel den Glanz großbürgerlicher Wohnkultur am besten zu wahren vermochte.

Eines ist jedenfalls sicher: Die Bewertung der Ringstraße hinsichtlich ihrer Wohnqualität erfährt gemäß dem generellen Austausch des repräsentativen durch den funktionellen Wertmaßstab einen Wandel. Dieser vollzieht sich langsamer als in anderen, dynamischeren Millionenstädten. Das einst leitende Kriterium für die Standortwahl im Ringstraßengebiet, der für das Ansehen maßgebende repräsentative Wohnkomfort, verliert zunehmend an Gewicht. Die berufliche Tätigkeit in der City wird zum ausschlaggebenden Faktor. Selbständige und Angestellte sind die tragenden Sozialgruppen dieses Prozesses. Eine hohe Quote von ortsständigen Berufstätigen, geringe Kinderzahl, niedriger Pensionistensatz, hohe Mobilität der Wohnbevölkerung bilden die dem Citycharakter gemäßen Bevölkerungsmerkmale. Sie kennzeichnen die nachkriegszeitlichen Neubauten der Ringstraßenzone.

XVI. DIE STÄDTEBAULICHE STELLUNG DER RINGSTRASSE IM VERGLEICH MIT ANDEREN LÖSUNGEN DER „STADTERWEITERUNG"

Eine vergleichende Darstellung der „Erweiterung" und „Entfestigung" europäischer Städte ist ein ungeschriebenes Kapitel der Stadtgeschichte, zu dem ein Detailstudium, Stadt für Stadt, notwendig wäre. Die folgenden Ausführungen erheben daher auch in keiner Weise den Anspruch auf Vollständigkeit, weder in systematischer noch in regionaler Hinsicht. Nur als erster Versuch seien einige Gesichtspunkte hervorgehoben und skizzenhaft ausgeführt[1].

Mauer und Graben waren seit der Antike bis herauf in die Neuzeit Ausdruck städtischer Existenz, damit zugleich einer rechtlichen Sonderstellung, in vielen Fällen auch einer gewissen politischen Autonomie, welche die Städte von dem sie umgebenden „flachen Land" abhob. Wohl hat es auch befestigte Märkte und sogar Dörfer gegeben, doch blieben sie stets eine Ausnahme.

Stadterweiterungen beschränken sich keineswegs auf die Neuzeit. Schon im Hochmittelalter kam es in vielen größeren Städten zur Anlage eines weiteren Mauerringes, sei es, um bereits bestehenden Vorstädten Schutz zu bieten, sei es, um Raum für neue Stadtteile zu schaffen. Manche große italienische Stadt, wie Florenz und Bologna, ebenso Städte im deutschen Sprachraum, wie Köln und Wien, haben sogar zweimal ihre Mauern über den römischen Kern hinaus vorgeschoben. Dasselbe gilt für Paris. Bevölkerungswachstum und Ausbau der ländlichen Siedlungen durch Rodung und Intensivierung der Agrarwirtschaft bildeten die Voraussetzungen für die Expansion des städtischen Lebensraumes. Bei sorgfältiger Analyse der Grundrisse sind diese älteren Ausbauten meist noch deutlich im Straßen- und Parzellensystem zu erkennen, oft wirken sie sogar im Funktionsgefüge nach.

Das *absolutistische Landesfürstentum* wurde in der Neuzeit der *Initiator von Stadterweiterungen und Stadtgründungen*. Dabei schuf der Übergang vom mittelalterlichen Territorialstaat zum modernen Flächenstaat die Voraussetzungen für eine weitere Differenzierung in der Rangordnung der Städte. Waren stark befestigte Städte schon im Mittelalter Schrittsteine und Bastionen der politischen Raumbildung gewesen, so konzentrierten sich mit der Ausformung der absolutistischen Staaten militärische Überlegungen und Investitionen vor allem auf die Residenz- und Festungsstädte und bescherten ihnen einen platzheischenden Um- und Ausbau der Fortifikationen.

Für die sternförmigen Anlagen mit Bastionen, Ravelins und Glacis schufen italienische Festungsbaumeister der Renaissance meisterhafte Modelle. In der österreichischen Monarchie vollzog sich die Erneuerung der wichtigsten Verteidigungsanlagen meist unter der Leitung italienischer Ingenieure und Stadtbaumeister. Von dieser Umbautätigkeit blieb jedoch die Masse der europäischen Kleinstädte unberührt. Diese Unterscheidung ist von Belang, sind es damit doch zwei grundverschiedene Typen von Wehranlagen, die später von der Entfestigung betroffen werden.

Politische Machtentfaltung, frühkapitalistische Organisationsformen und von merkantilistischen Ideen gefördertes Manufakturwesen verliehen *Frankreich* im 17. und 18. Jahrhundert die politische und kulturelle Hegemonie auf dem Kontinent. Die dadurch ausgelöste frühindustrielle Welle der Verstädterung spiegelt sich in seinen Einwohnerzahlen (1715 18 Mill., 1789 27 Mill.). Getragen von den Ideen „Agrandissement" und „Embellisement" vollzog sich die Neu- und Umgestaltung der städtischen Bausubstanz. Auf diese Weise setzte Frankreich jene urbanistischen Vorbilder, die bis herauf ins 19. Jahrhundert weltweite Nachahmung fanden.

Dabei überschneiden sich im französischen Städtebau zwei z. T. gegensinnige Tendenzen. Die forcierten Fortifikationsmaßnahmen schufen einerseits neue Barrieren gegen das Wachstum der Städte, das man andererseits durch planmäßige Anlage von neuen Stadtteilen und Sprengung des einengenden Mauerringes zu fördern und in geordnete Bahnen zu lenken trachtete.

Die ersten Stadterweiterungen des 17. Jahrhunderts waren Kompromisse zwischen beiden Konzepten. Sie vollzogen sich noch im Schutze von neu

---

[1] A. BERNATZKY, Von der mittelalterlichen Stadtbefestigung zu den Wallgrünflächen von heute. Berlin-Hannover 1960. – P. LAVEDAN, Les villes françaises. Paris 1960. – P. LAVEDAN, Histoire de Paris. Paris 1960. (Que sais-je, 34.) – O. JÜRGENS, Spanische Städte. Ihre bauliche Entwicklung und Ausgestaltung. Abhandlungen a. d. Gebiet d. Auslandskunde, Hamburgische Universität, Reihe B. Bd. 13, Hamburg 1926. – J. FONSECA, Städtebau in Spanien. In: Städtebau im Ausland, Hrsg. v. Zentralinstitut f. Städtebau, Techn. Univ. Berlin. 3. Folge, Heft 14, 1/68, S. 39–63.

errichteten Mauern, wie etwa im Falle von Marseille, das im Osten der mittelalterlichen Altstadt längs einer Nord-Süd-Tangente eine Neustadt erhielt. Ähnliches gilt für Lille, welches VAUBAN 1674 mit einem neuen, wesentlich größeren Festungskleid versah.

Im Zeitalter Ludwigs XIV. übertraf Frankreich im Festungsbau alsbald die zuerst imitierten italienischen Muster und errichtete seine Sperrforts an der vorgeschobenen Nordgrenze in Flandern und entlang der soeben gewonnenen Rheinlinie. (1679 Huningue, Sarrelouis, Longwy; 1681 Montlouis; 1692/93 Mountdauphin; 1698 Neuf-Brisach). Ältere frontnahe Städte bekamen einen neuen Festungsgürtel, wie Lille, Arras, Dünkirchen, Valenciennes im Norden, Straßburg, Belfort, Besançon im Osten, Perpignan, Bayonne im Süden, im Vorland der Pyrenäen, Toulon und Calais an der Küste des Mittelmeeres bzw. des Atlantiks.

Im Gegensatz dazu begann das Ancien régime im Innern von Frankreich mit der „Entfestigung" großer Städte. Das maßgebliche Vorbild hierzu setzte Paris. Nachdem noch Ludwig XIII. die Stadtmauer nach Westen vorverlegt hatte, um die Tuilerien einzuschließen, gab Ludwig XIV. den Befehl zur Abtragung dieser Fortifikationen und damit den Auftakt zur Anlage des innersten Boulevardringes. Die Pläne von BULLET und BLONDEL (1676) lassen den großzügigen Entwurf erkennen, bei dem dekorative Tore und Brunnen die repräsentative Wirkung der baumbepflanzten Alleen erhöhen sollten. Freilich gelangten von den geplanten Monumentaltoren nur zwei zur Ausführung. Die erste „Entfestigung" von Paris war keine endgültige. Trotz heftigen Protestes der Pariser Bevölkerung wurde 1785 mit der Errichtung einer neuen Umwallung, der Mauer der Fermiers Généraux, begonnen, die nach anfänglichem Zögern von seiten der Direktorialregierung während der Revolution ihre Vollendung fand. Sie diente in erster Linie als Steuergrenze und bestand als solche bis 1859. Erst Napoleon III. ließ sie abtragen, als er die Nachbargemeinden in die Hauptstadt eingliederte. Unangetastet blieben die außerhalb dieser Zollmauer erst 1841–45 errichteten neuen Fortifikationen der französischen Metropole.

Die Geschichte der Festung Paris zeigt klar, daß den Hauptstädten der modernen Staaten bis zur Gegenwart herauf eine überragende strategische Schlüsselposition bei kriegerischen Auseinandersetzungen zukam.

In Wien versuchte man beim Anrücken Napoleons in fieberhafter Eile, die längst schadhaft gewordenen Basteien wieder instand zu setzen, ein freilich vergebliches Bemühen. Die Einnahme der Festung Paris beendete den Deutsch-Französischen Krieg 1870/71, der Fall von Berlin den Zweiten Weltkrieg.

Die *Festungswerke* besaßen aber nicht nur militärische Bedeutung. Sie *bildeten* darüber hinaus eine eminent wichtige *soziale und wirtschaftliche Barriere* zwischen der Stadt und den vor allem in der Neuzeit aufwachsenden Vorstädten. Ein höheres soziales Prestige schied den Bürger der Stadt vom Bewohner der Vorstadt ebenso wie die im Gefolge davon andersartigen wirtschaftlichen Aufgaben.

Vergessen wir nicht, daß es sehr wesentlich die permanente Angst des österreichischen Kaiserhauses vor den unzufriedenen Arbeitermassen der Vorstädte war, welche die Entfestigung von Wien so lange hinauszögerte. Ähnliche Motive haben in fast allen größeren Städten eine nicht zu unterschätzende Rolle gespielt.

Kaum hoch genug bewerten kann man die Aufgabe der Stadtmauer als Steuerschranke. Die Stadttore waren ähnlich modernen Grenzübergängen polizeiliche Kontrollstationen des Verkehrs von Reisenden und Gütern, zugleich Mautstellen und damit Einnahmequellen für die städtischen und landesfürstlichen Finanzen. In Wien ging diese Funktion an den 1701 rings um die Vorstädte errichteten Linienwall über, in Berlin übernahm dieselbe Aufgabe die von Friedrich dem Großen errichtete Akzisemauer. Die Anlage der Mauer der Fermiers Généraux in Paris erfolgte auf Betreiben der Steuerpächter.

Die Entfestigung der Städte hatte auch im liberalen Zeitalter mit Schwierigkeiten zu kämpfen. Es ging nicht nur um die Abtragung der Stadtmauer, die Zuschüttung des Stadtgrabens und die Verbauung des Glacis. Die Stadterweiterung war mehr als eine bloße städtebauliche Aufgabe. Sie hatte eminente Konsequenzen in administrativer, sozialer und wirtschaftlicher Hinsicht, nicht zuletzt auf dem Umweg über den Bodenmarkt und damit die Beeinflussung der Bodenpreise. Die mit der Stadterweiterung verbundene verwaltungsmäßige Ausdehnung des Stadtgebietes wurde damals ebenso wie heute von beiden Parteien, den zu inkorporierenden Vorstädten und Vororten auf der einen und der Stadtgemeinde auf der anderen Seite, oft mit recht scheelen Blicken betrachtet. Erstere fürchteten die höheren Steuersätze, damit ein Ansteigen der Lebenshaltungskosten, was vor allem die unteren Bevölkerungsschichten empfindlich traf, letztere die enorme Bürde, die sie u. a. mit der Assanierung, d. h. der Anlage von Wasserleitungen, Kanalisation usf., aber auch sonstigen städtischen Pflichten übernahm, wobei sie häufig nur wenig zahlungskräftige Bürger hinzugewann.

Das zumeist recht ausgeprägte periphere Gefälle von sozialem Status und wirtschaftlichem Wohlstand bildete in vielen europäischen Großstädten eine nur mühsam zu beseitigende und lange nachwirkende Hürde gegen

XVI. Die städtebauliche Stellung der Ringstrasse im Vergleich mit anderen Lösungen der „Stadterweiterung"

längst fällige Eingemeindungen. Der Verlauf der heutigen Pariser Stadtgrenze entspricht noch immer im wesentlichen der oben erwähnten frühgründerzeitlichen Befestigungsanlage, die inzwischen freilich beseitigt wurde (vgl. u.).

Fragen wir nach dem *Ablauf* des Vorganges der Entfestigung und *der* damit verbundenen *Stadterweiterung auf dem europäischen Kontinent*, so können wir feststellen, daß sich darin bis zu einem gewissen Grad die Ausbreitung der Verstädterung widerspiegelt. Dementsprechend werden zuerst auch nur die großen Städte davon betroffen.

In *Frankreich* folgte Bordeaux als erste Stadt dem Pariser Vorbild. Seine Stadterweiterung war das Werk von Tourny (1754-57), welcher die Zitadelle durch eine großzügige Platzanlage und den Mauerkranz durch Boulevards ersetzte. Dijon, Nevers, Nancy setzten diese Reihe fort.

Auf deutschem Boden ahmten zuerst norddeutsche Städte das französische Beispiel nach. Berlin, die Hauptstadt von Brandenburg-Preußen, machte den Anfang (Stadterweiterung 1734, vgl. u.). Hannover, die Hauptstadt des gleichnamigen Kurfürstentums, schloß sich 1763 an. Das bayrische Königshaus griff die gleichen Intentionen in seiner Hauptstadt (München 1791) und den von ihm erworbenen Provinzen im Rheingebiet (Mannheim 1798, Hauptstadt des Kurfürstentums Pfalz; Düsseldorf 1801, Hauptstadt des Herzogtums Berg) auf.

Diese Entwicklungsphase fiel bereits in die Napoleonische Zeit, in der vor allem die freien Reichsstädte zur Schleifung ihrer Festungswerke gezwungen wurden:

1801 Ulm
1802 Bremen
1804 Frankfurt am Main, Hamburg, Lübeck.

Weitere Exempel gehören derselben Ära an, wie
1797 Braunschweig (Hauptstadt des gleichnamigen Herzogtums)
1805 Hildesheim (Sitz des Bistums von Hildesheim)
1807 Breslau (Hauptstadt von Schlesien, preußische Provinz)

Wallpromenaden und Grünflächen entstehen an der Stelle des Befestigungsareals. Damit bleibt unter anderen Vorzeichen die Trennung zwischen Altstadt und Vorstädten erhalten.

In den Jahrzehnten nach dem Wiener Kongreß, im Vormärz, obsiegten erneut die Kräfte der Beharrung.

Erst das Zeitalter des Liberalismus mit seinem geradezu explosionsartigen Bevölkerungswachstum zerbrach die wehrhafte Geschlossenheit der Städte. In rascher Folge entledigten sie sich ihrer längst hemmend und überflüssig gewordenen Mauerringe.

Wien stand im deutschen Sprachraum am Anfang dieser Entwicklung und setzte das wohl berühmteste Beispiel für die Anlage von Ringstraßen, das in den folgenden Jahrzehnten, wenn auch in abgewandelter und bescheidener Form, von vielen Städten nachgeahmt wird.

Die folgende Aufstellung erhebt keinerlei Anspruch auf Vollständigkeit:

1857 Würzburg   1873 Stettin   1881 Köln (vgl. u.)
1862 Augsburg   1875 Mainz   1895 Danzig

Die Entfestigung der größeren deutschen Städte dauerte bis zum Ersten Weltkrieg an, nahm jedoch ebenso wie in Frankreich die Festungsstädte aus. Erst 1920 beschloß die Deutsche Nationalversammlung ein Gesetz für alle Festungsstädte, wonach das ehemalige Festungsgelände für Siedlungen, Kleingärten und Sportanlagen benützt und enteignet werden konnte. Diese Maßnahme betraf vor allem Köln und Königsberg. Ebenso wurde in Paris seit 1919 das Festungsgelände (La Zone), das bis dahin Bausperrgebiet war und zu einem Elendsquartier zu werden drohte, durch Sportplätze, Parkanlagen (Bois de Boulogne, Bois de Vincennes) sowie mit modernen Wohnblöcken verbaut. Die Cité Universitaire und das Luftfahrtministerium entstanden auf diesem Areal.

Die *Stadterweiterungen auf spanischem Boden* gehören durchwegs der zweiten Hälfte des 19. Jahrhunderts an. Allzusehr hatten sich Bevölkerung und Wirtschaft des Landes im Jahrhunderte währenden Abenteuer der Kolonisierung Amerikas verblutet. Erst der Verlust der wertvollsten Überseebesitzungen brachte eine Wiederbesinnung auf die Belange des Mutterlandes. Die Sprengung der Mauergürtel setzte bei den Großstädten ganz allgemein um 1860 ein. Als Prototyp diente die Neustadt von Barcelona. Ähnlich wie in Wien schrieb man auch hier einen Wettbewerb für die Stadterweiterung aus. Der preisgekrönte Entwurf von Antonio Rovira y Trias gelangte jedoch nicht zur Durchführung, sondern der schon früher von der Regierung insgeheim gebilligte Vorschlag von Ildefonso Cerda y Suñer. Anstelle der Wälle wurden die Rondas, 30–40 m breite Alleestraßen, um die Stadt herumgelegt. Die Verbauung der nach außen anschließenden Stadterweiterungsgründe erfolgte in Form großer Blöcke, deren Hauptvorzug die großen Freiflächen im Innern waren.

Die Madrider Erweiterung folgte dem Plan von Barcelona (1868). Valencia begann 1865 mit dem Abbruch der verfallenen mittelalterlichen Stadtmauer. Sevilla, Bilbao, San Sebastian folgten gleichfalls in den sechziger Jahren. Der Einfluß des Haussmannschen Konzeptes ist bei den Durchbrüchen durch die Altstadt und den neu angelegten Paseos nicht zu übersehen.

XVI. Die städtebauliche Stellung der Ringstrasse im Vergleich mit anderen Lösungen der „Stadterweiterung"

Später als in Spanien erfolgte der Anschluß von *Italien* an die moderne Stadtentwicklung. Nur die Hafenstädte Genua und Neapel hatten sich schon so früh ihrer Befestigungen entledigt, daß ihre Spuren nur mit Mühe im Grundriß feststellbar sind. Ansonst verharrte noch um die Wende zum 20. Jahrhundert die Mehrzahl der italienischen Städte in dem Mauerkleid, das ihnen das späte Mittelalter oder die frühe Neuzeit angemessen hatte. Bei manchen von ihnen, wie Siena und Arezzo, war es nicht einmal voll ausgefüllt, sondern umschloß noch ansehnliches Gartengelände. Brescia, Ferrara, Parma, Piacenza, Modena, Lucca können als weitere Vertreter dieser Gruppe genannt werden. Die heutige Metropole Oberitaliens, Mailand, befand sich damals gerade in Umgestaltung. Teilweise hatte man den Mauerring bereits durch Boulevards ersetzt, teilweise standen noch die Wälle. Nur Florenz war schon früher in die Reihe der „Ringstraßenstädte" eingeschwenkt. Bereits 1865 hatte es seine dritte Stadtmauer (Terzo Cerchio), die 1284–1327 gleichzeitig mit dem Dom erbaut worden war, abgetragen. Französischen Vorbildern folgend, ließ man nur die Tore als historische Monumente stehen. Anstelle der Befestigungen wurde die breite Viale di Circonvallazione angelegt, die unter verschiedenen Namen die rechtsufrige Altstadt umschließt.

In den obigen Ausführungen wurden nur mittelgroße und große Städte als Beispiele angeführt. Sie stellen ja auch die Avantgardisten der Entwicklung dar.

Die unterschiedliche Wachstumsintensität der städtischen Gemeinwesen im Industriezeitalter bildete zweifellos einen wesentlichen Faktor für den Zeitpunkt und die Art der Stadterweiterung, obgleich keineswegs eine strenge Korrelation zwischen wirtschaftlicher Expansion, Einwohnerzahl und Zeitpunkt der Abtragung der Festungswerke besteht. Systematisch schwer faßbare lokale Ereignisse sowie die historisch-topographischen Verhältnisse kommen ins Spiel und bestimmen ein Abweichen von der Regel und ein individuelles Verhalten.

Roms Innenstadt wird bis zum heutigen Tag von der spätantiken Aurelianischen Mauer umgeben; Mittelstädte wie Siena und Ferrara in Italien oder Chester in Großbritannien zeigen sogar mit einem gewissen Stolz ihre alten Tore, Türme und Zinnen. Bei den zahlreichen Kleinstädten und den wenigen Mittelstädten, die ihre mittelalterlichen Wehranlagen meist im Verein mit einem historischen Stadtbild bis zur Gegenwart erhalten haben, verschmelzen nunmehr Traditionsbewußtsein und Interessen der Fremdenverkehrsindustrie. Wall und Graben, in vielen Fällen Ausdruck einer konservativen Geisteshaltung der Bevölkerung und zugleich sichtbares Zeichen für die wirtschaftliche Stagnation in der jüngeren Vergangenheit, sind auf einmal eine Sehenswürdigkeit und damit Kapital für den Fremdenverkehr geworden, das hohe Zinsen abwirft, wenn man es zu nutzen weiß.

Zwei *Grundkonzepte städtebaulicher Gestaltung* fanden im Zuge der Stadterweiterung Anwendung:
1. Die radiale oder tangentiale *Boulevardallee* als Hauptachse von neu gegründeten Stadtteilen bzw. Vorstädten (Beispiel: Berlin, München, Marseille, Madrid usw.), wobei die Idee der barocken Sichtachse Pate stand. Eine asymmetrische Ausweitung des Stadtgebietes war die Konsequenz. Bei großen Städten wurden häufig mehrere derartige Radien bzw. Tangenten an die Altstadt angefügt.
2. Der *Boulevardring*, d. h. die Verbauung des ehemaligen Fortifikationsareals durch einen repräsentativen kreisförmigen Straßenzug, der häufig als Basis für die peripher fortschreitende Anlage neuer Quartiere diente. Beide Ideen wurden zweifellos in Frankreich geboren und hier bereits in verschiedener Weise miteinander kombiniert und variiert.

Große städtebauliche Entwürfe kommen meist als einmalige künstlerische Schöpfungsakte zustande, wobei bedeutende Städte Modell stehen. Wiederholt kopiert, erstarren sie zur Schablone und verlieren als solche häufig den Bezug zur städtischen Wirklichkeit. Eine echte Erfüllung mit urbanem Leben bleibt ihnen dann versagt.

An Hand des Ringstraßenkonzepts sei kurz auf die überragende *Bedeutung von Größe und Wirtschaftskraft* eines städtischen Gemeinwesens in Hinblick auf die Möglichkeiten und Grenzen seiner Gestaltung eingegangen.

Von den Mittel- über die Groß- bis zu den Millionenstädten läßt sich grundsätzlich die folgende *Reihung bei der Ansiedlung von städtischen Elementen* auf den Stadterweiterungsgründen erkennen:
1. *Periphere Erscheinungen*, wie Industriebetriebe, Lagerplätze, städtische Versorgungseinrichtungen in Gestalt von Gaswerken usw., fanden im ehemaligen Glacisbereich stets dann ihren Platz, wenn die Ausdehnung der Vorstädte unbedeutend war, weite Freiflächen zwischen den städtischen Wachstumsspitzen bestanden und dementsprechend die Bodenpreise nur niedrige Werte erreichten. Dies traf zumeist für die Mittelstädte zu. Amiens in Nordfrankreich ist ein derartiger Fall.
2. Einen wichtigen Schritt bedeutete die *Einplanung von Parkanlagen* und Promenaden in das Ringkonzept. Es ist klar, daß eine solche Lösung vor allem erst dort Anklang und Verwirklichung fand, wo die Altstadt selbst bereits so dicht verbaut und bevölkert war, daß der Besitz eines Privat-

gartens innerhalb der Mauer schon als Luxus galt. Verschiedene Richtungen der europäischen Gartenarchitektur haben bei der Ringgestaltung in den deutschen Städten mitgewirkt. So wurde z. B. in Bremen eine „englische Anlage" geschaffen. Derartige Parkanlagen gaben häufig den Anreiz zur Aussiedlung gehobener Bevölkerungsschichten aus der Altstadt. Würzburg bietet ein schönes Beispiel für die gelungene Verbindung zwischen Grünflächen und guten Wohnvierteln in der Pufferzone zwischen Altstadt und Vorstädten. Während sich die neuen *Wohngebiete* hier an der Außenseite des Ringparks hinziehen, wechseln in Braunschweig abschnittsweise Grünanlagen und bevorzugte Wohngebiete.

Auch dort, wo keine Parks die Stelle des ehemaligen Schußfeldes einnahmen, weist diese Ringzone nicht selten eine bessere Wohnqualität als die Altstadt auf (vgl. u. Köln).

3. Die *Ausweitung der Cityfunktionen* in den Ringbereich fand schließlich überall dort statt, wo, durch das anhaltende Wirtschaftswachstum bedingt, der in der Altstadt zur Verfügung stehende Raum zu knapp wurde bzw. auf Repräsentation angewiesene Wirtschaftsbetriebe den Standort am Ring dem in der Altstadt vorzogen. Dabei kam es meist zu einer Aufgabenteilung zwischen der Ringstraße und dem Altstadtbereich sowohl im Geschäftsleben als auch im Geld- und Versicherungswesen, im Großhandel usw.

4. Sonderfälle stellen schließlich die Hauptstädte oder Verwaltungsmittelpunkte dar, in denen das Terrain des ehemaligen Festungsgürtels, ähnlich wie in Wien, für die *Anlage von repräsentativen Bauten* Verwendung fand (Kopenhagen, in kleinerem Ausmaß Brünn).

In Abhängigkeit von den lokalen Gegebenheiten treten selbstverständlich übergreifende Kombinationen der genannte Elemente auf. So wurde der Standort des Hauptbahnhofes sehr wesentlich von der im 19. Jahrhundert herrschenden Verkehrssituation bestimmt.

In allen Fällen, besonders aber bei den beiden letztgenannten, kam es zu einer unterschiedlichen Ausformung der einzelnen Abschnitte der Ringstraße sowohl in baulicher als auch sozialwirtschaftlicher Hinsicht, wobei sich die Einflüsse aus den benachbarten Altstadt- und Vorstadtquartieren sowie das Verkehrsnetz zur Geltung brachten.

An Hand von vier Beispielen aus dem deutschen Sprachraum, den ehemaligen Residenzen Berlin und München und den freien Reichsstädten Frankfurt und Köln, sollen die erwähnten Grundkonzepte von Stadterweiterungen kurz vorgeführt werden. Gemäß der Gesamtanlage dieser Arbeit wird dabei in erster Linie die Frage nach der Erfüllung dieser Stadterweiterungen mit Wohn- und Wirtschaftsfunktionen gestellt, um damit den Anschluß an die Ergebnisse über die Wiener Ringstraße zu finden.

Berlin

Im deutschen Sprachraum beschritt Berlin zuerst den Weg neuzeitlicher Stadterweiterung. Diese verdient unser besonderes Interesse, weil sich dabei der absolutistische Städtebau gleichsam an einem Schulbeispiel demonstrieren läßt. Vier Hohenzollerngenerationen, vom Großen Kurfürsten bis zu Friedrich dem Großen, haben dazu beigetragen, Berlin in einem Umfang repräsentativ auszugestalten wie sonst keine deutsche Residenz. Sie vertraten damit eine völlig andere Politik als die in ihre internationalen Angelegenheiten verstrickten Habsburger.

Der Große Kurfürst begann mit der baulichen Erweiterung von Berlin[1] in Form der Neuanlage von Flüchtlingsstädten, die freilich keine rechtliche Selbständigkeit besaßen. Er gründete im Westen der an sich nur kleinen Berliner Altstadt Friedrichswerder (seit 1658) und die Dorotheenstadt (beiderseits einer Esplanade Unter den Linden, 1674). Sein Sohn Friedrich III. (später König Friedrich I.) fügte im Süden eine weitere Neustadt, die Friedrichsstadt (1686), im Rasterschema hinzu. Sein Enkel Friedrich Wilhelm I. ließ 1730 einen neuen Erweiterungsplan erstellen und umgab das Ausbaugebiet mit einer Mauer. Berlin erhielt damit einen dem Wiener Linienwall ähnlichen zweiten Mauerring. Er bestand bis 1861 und diente wie in Wien als Steuergrenze. Gleichzeitig begann 1734 die Abtragung der Befestigungen um die Altstadt. Das frei gewordene Areal wurde in Baustellen eingeteilt, und die Grenze zwischen Altstadt und Vorstädten verwischte sich allmählich (vgl. Fig. 44).

Vergleichbar der späteren Wiener Ringstraße wurden die neuen Stadtteile repräsentativ ausgestaltet. Diese Aufgabe übernahm Friedrich der Große. In der Folge konzentrierte sich die gesamte Bautätigkeit des preußischen Staates in unerhörtem Ausmaß auf die Hauptstadt. Die kleineren Provinzstädte haben davon kaum etwas gespürt.

Zwischen der Berliner Stadterweiterung und der Wiener Ringstraße bestehen manche Parallelen. Freilich nicht auf dem Felde baulicher Gestaltung, sondern mehr im sozialen und funktionellen Bereich. Auch in Berlin rückte dieses neuparzellierte Gelände rasch zur vornehmsten Wohngegend auf. Adel, Geheimräte und Unternehmer waren im späten 18. Jahrhundert die tragenden Sozialgruppen. Im 19. Jahrhundert erfaßte es die

---

[1] A. SCHINZ, Berlin. Stadtschicksal und Städtebau. Braunschweig 1964. – F. LEYDEN, Groß-Berlin. Geographie der Weltstadt. Breslau 1933. – H. LOUIS, Die geographische Gliederung von Großberlin. Festschr. f. N. Krebs, Stuttgart 1936.

XVI. Die städtebauliche Stellung der Ringstrasse im Vergleich mit anderen Lösungen der „Stadterweiterung"

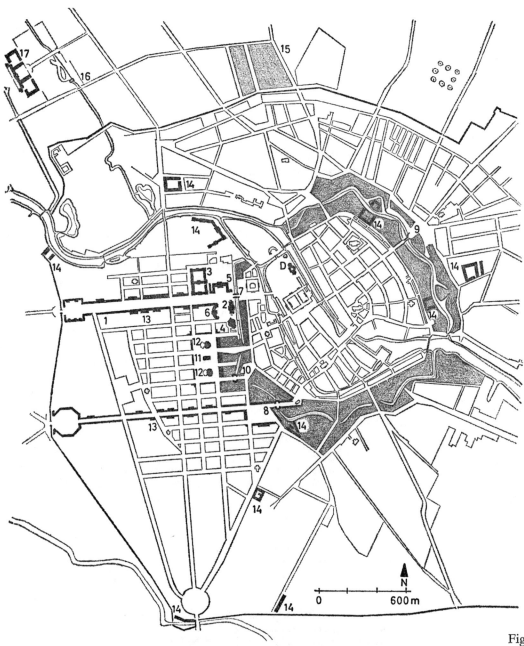

1 Unter den Linden
2 Oper (1741)
3 Marstall mit Akademie (1745)
4 katholische Hedwigskirche (1747)
5 Palais Prinz Heinrich (1754)
6 Bibliothek (1775)
7 Brücke (1774) zum Lustgarten
8 Brücke mit den Spittelkolonnaden (1776)
9 Königsbrücke (1777)
10 Mohrenstraßenbrücke (1780)
11 Komödienhaus (1774)
12 Kirchtürme am Gendarmenmarkt (1780–85)
13 Leipzigerstraße
14 Kasernen-Neubau
15 Voigtland, Kolonie für Bauhandwerker
16 Pankemühle
17 Invalidenhaus (1747)
D neuer Dom (1747–50)

(Aus: A. Schinz, Berlin. Stadtschicksal und Städtebau. Westermann, Braunscheig 1964, S. 105)

Fig. 44 Die Berliner Stadterweiterung zur Zeit Friedrichs des Großen

Citybildung. Verschiedene spezielle Viertel entstanden. Im Anschluß an das Regierungsviertel „Unter den Linden" und das damit verbundene Diplomatenviertel siedelten sich nach Süden hin die Großbanken, der Textilgroßhandel, das Zeitungswesen und die zentralen Verwaltungsbüros der führenden Industriekonzerne an. Die Ähnlichkeit mit der Wiener Ringstraßenzone drängt sich auf. Freilich hat dieser Vergleich heute nur noch historische Bedeutung. Die Berliner City wurde im letzten Weltkrieg radikal ausgelöscht. Heute gehört das „tote Auge" der geteilten Stadt zu Ostberlin.

München
kann hinsichtlich der städtebaulichen Lösung seiner Stadterweiterung im Prinzip mit Berlin verglichen werden[1]. Allerdings folgt es mit deutlichem Zeitabstand und bleibt auch in seinen Dimensionen bescheidener. Die Hauptzielsetzung ist jedoch unverkennbar dieselbe, nämlich der Wille zur glanzvollen Ausgestaltung der Residenz seitens der Herrscherhauses, in diesem Falle der Wittelsbacher. Ähnlich wie in Berlin versuchten mehrere Generationen einander im Baueifer zu überbieten. Sie alle bedienten sich dabei der schon der Antike geläufigen Grundidee der Prunkstraße mit monumentalem Abschluß.

Kurfürst Karl Theodor gab 1795 den Befehl zur Abtragung der Befestigungsanlagen, ohne jedoch auf die Art der Verbauung des freiwerdenden verhältnismäßig schmalen Geländestreifens weiteren Einfluß zu nehmen, dessen Ausdehnung noch deutlich durch den Verlauf zweier Parallelstraßen zu erkennen ist (vgl. Fig. 45).

Die „eigentliche Stadterweiterung" erfolgte nach Norden und Nordwesten hin im Anschluß an die Residenz und das Adelsviertel in der Altstadt. König Ludwig I. zeichnete dafür verantwortlich. Längs einer meridionalen Achse, welche die alte Fernstraße nach Norden (Schwabing) benützt, entstand die monumentale Ludwigstraße (ab 1816 im Südteil begonnen) mit der Bayrischen Staatsbibliothek (1832–43) und der von Ingolstadt nach München verlegten Universität (1835–40). Als Blickfang erheben sich am Nordende das Siegestor (1844–50) und im Süden die Feldherrenhalle (1841–44).

Eine zweite Achse, die Briennerstraße, zielte vom Odeonplatz nach Westen und erweiterte sich zu zwei Platzanlagen. Hier entstand das Museumsviertel mit Glyptothek (1816–30), Alter Pinakothek (1826–36) und Neuer Staatsgalerie (1838–48). Stadtaus bilden die Propyläen den architektonischen Abschluß.

König Maximilian II. errichtete nach Osten hin, in Richtung auf die Isar, mit der Maximilianstraße (1852–59) ein eindrucksvolles Seitenstück zur Ludwigstraße. An ihr fand gegenüber dem Alten Nationalmuseum (heute Museum für Völkerkunde) auch das neue Regierungsgebäude (1856–64) seinen Platz. Die nördlich davon ab 1890 als Parallele angelegte Prinzregentenstraße beschließt die Reihe der großen Münchner Prachtstraßen.

Bestehen in städtebaulicher Beziehung manche auffallende Ähnlichkeiten zwischen Berlin und München, so unterscheidet sich die Stadterweiterung Münchens in stadtgeographischer Hinsicht doch sehr wesentlich von der Entwicklung in Berlin. Bei ihr ging es nicht wie bei Berlin primär um die vom aufgeklärten Absolutismus und der preußischen Populationspolitik geplante und gelenkte Schaffung von Wohnraum für die rasch wachsende Bevölkerung, wobei erst nachträglich der Repräsentationswille eines ehrgeizigen Herrschers zum Tragen kam. Es fehlt München somit die planmäßige Anlage eines vornehmen Wohngebietes, wie sie für die Hauptstadt Preußens so bezeichnend war, wo Friedrich der Große höchst eigenhändig die Fassadenvorlagen für die zu errichtenden Bürgerhäuser aus italienischen Kupferstichwerken aussuchte. Das zentrale Anliegen der Stadterweiterung bildete von Anfang an die Errichtung von Monumentalbauten für Kunst und Wissenschaft. Die häufig zitierten „Münchner Königsstraßen" sind Stein gewordene Zeugen für die damals gültige Rangordnung der Werte an der Wende vom Zeitalter des aufgeklärten Absolutismus zur liberalen Ära. Wie nie zuvor und niemals nachher wurden Kunst und Wissenschaft von Staats wegen gefördert. Auch die Wiener Ringstraße verdankt diesem Geist ihre Gestaltung.

Mit deutlichem Abstand kamen die Bauten der Regierung und der Verwaltung zum Zug. Sie müssen sich z. T. bis heute, ähnlich wie in Wien, mit ehemaligen Kloster- und Palastbauten innerhalb der Altstadt begnügen (Kultusministerium: Kloster der Theatiner; Polizeipräsidium: Augustinerkloster; Stadtsteueramt: Klosterspital; Stadtwerke: St. Jakobs-Kloster; Statistisches Landesamt: Jesuitenkloster). Der Aufbau eines eigenen Regierungsviertels rings um den Odeonplatz und in der Nachbarschaft der einstigen königlichen Residenz ist erst jüngeren Datums (Finanzministerium: ehemaliges Palais Leuchtenberg, Innenministerium 1951–55 anstelle des Odeon; Ministerium für Ernährung und Landwirtschaft, 1938–42).

Später als in Wien oder Berlin setzte in München die Citybildung ein. Nichtsdestoweniger folgt sie den gleichen Gesetzlichkeiten der Standort-

---

[1] G. STEINMÜLLER, Der Münchner Stadtkern. Mitt. d. Geogr. Ges. München 43. Bd. 1/58, S. 7–46. – M. MEGELE, Baugeschichtlicher Atlas der Landeshauptstadt München. München 1951. – K. GANSER, Sozialgeographische Gliederung der Stadt München aufgrund der Verhaltensweisen der Bevölkerung bei politischen Wahlen. Münchner Geogr. Hefte 28, 1966.

XVI. Die städtebauliche Stellung der Ringstrasse im Vergleich mit anderen Lösungen der „Stadterweiterung"

Fig. 45   Stadterweiterung und Gliederung der City in München

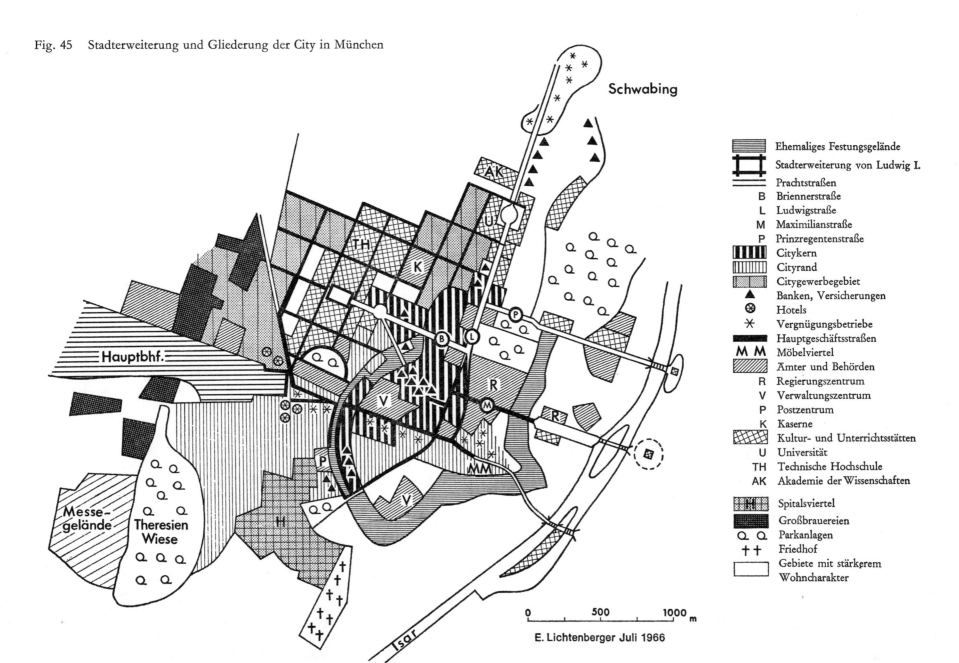

wahl. Versicherungen, Zeitungen und große Konzerne machten sich auf den Stadterweiterungsgründen im Anschluß an das Regierungsviertel breit. Das Bankenwesen entsandte Vorposten aus der Altstadt heraus, wo es im späten 19. Jahrhundert die Nachfolge des Adelsviertels längs der Faulhaberstraße angetreten hatte. Versicherungen siedelten, der Ludwigsstraße nach Norden folgend, bereits wichtige Ausläufer in Schwabing an (Allianz, Rückversicherung).

Die ursprüngliche Widmungsabsicht der Stadterweiterungsgründe für Kunst und Wissenschaft besteht jedoch nach wie vor, wie die Neubauten von Universitätsinstituten bezeugen.

Nicht alle auf dem Reißbrett entworfenen Großrechtecke der Stadterweiterung füllten sich mit Repräsentativ- und Nobelwohnbauten. Ein nicht unerheblicher Teil davon fiel der gemischten Nutzung in Form von Werkstätten, kleinen Industriebetrieben und mittelmäßigen Wohnungen anheim. Oft staffeln sich auf den tiefen Parzellen drei Trakte fünfgeschossiger Bauten hintereinander, im Erscheinungsbild vergleichbar dem Gewerberayon in Wien beiderseits der Mariahilfer Straße.

Von den beiden östlichen Prachtstraßen zog die Prinzregentenstraße wichtige Regierungsstellen an sich (Wirtschaftsministerium, Ministerpräsidium). Die Maximilianstraße entwickelte sich zur vornehmsten Einkaufsstraße der Stadt mit einem exklusiven Angebot von Kunstgegenständen, Teppichen und Modellbekleidung.

In der Kontaktzone zum Bahnhof, der in Fortsetzung der West-Ost-Achse der Altstadt verhältnismäßig nahe dem ehemaligen Mauerbereich angelegt worden war, hat sich das Geschäftsleben ausgebreitet. Die Situation ist in manchem mit der Mariahilfer Straße in Wien zu vergleichen, nur hat infolge der Kürze der zum Bahnhof führenden Straße (Schützenstraße) eine Ablenkung des Einzelhandels in die Glacisverbauung hinein stattgefunden. Zwischen Stachus und Sendlinger Tor bestimmen Büroneubauten, Kaufhäuser, Versicherungen und Verlage das heutige Erscheinungsbild. Die Bombenschäden des letzten Krieges förderten die Ausbreitung von Geschäftsbauten wesentlich. An den Hauptbahnhof schließen die Ämter der Bahn und Post an. In seiner Nachbarschaft ist das Hotelwesen mit rund zwei Fünftel aller Beherbergungsbetriebe vertreten, und von ihm aus beginnt das Vergnügungsviertel, das der Ost-West-Achse der Altstadt in einem breiten Streifen folgt. Die Totalzerstörungen südlich des Bahnhofes begünstigten die Entstehung eines Großhandelsviertels nach dem Kriege (Schwanthaler-, Landwehrstraße).

Der von Beginn an asymmetrische Ausbau der City nach Norden und Westen verstärkte sich in der Gegenwart. Der Süden der Glacisverbauung wurde davon nicht berührt. Hier legte man außerhalb der Umwallung bereits 1577 den Südfriedhof an, der 1789 wesentlich erweitert wurde. Der große Spitalskomplex bildet einen zusätzlichen Sperriegel für die Ausdehnung der City. Kleinbürgerliche Miethausblöcke und lockere Ladengruppen bestimmen daher die Glacisverbauung und die anschließenden Viertel an der ruhigen Rückfront der Altstadt vom Sendlinger Tor bis zum Isartor nach Osten hin. Vergleiche mit dem Gebiet um das Allgemeine Krankenhaus und dem Roßauerviertel auf Wiener Boden drängen sich auf.

Die Citybildung setzte in München nicht nur später ein als in Wien oder Berlin, sondern es fehlen ihr auch heute noch die Dimensionen einer Metropole. Verschiedene für die genannten Städte typische Viertelbildungen, wie die des Textilgewerbes, der ausländischen Botschaften und Gesandtschaften, des Zeitungswesens usw., besitzen in München bisher kein Gegenstück.

Frankfurt

Was Residenzfunktion und städtebauliche Initiative eines Herrscherhauses bedeuten, wird einem bewußt, wenn man die Stadterweiterungen der ehemaligen Freien Reichsstädte Frankfurt und Köln mit denen von Berlin und München vergleicht.

Frankfurt[1] zählt zu jenen deutschen Städten, in denen die Abtragung der Festungswerke durch Napoleon angeordnet wurde. Die an ihrer Stelle angelegten und durch ein 1807 erlassenes Wallservitut vor Verbauung geschützten 5,2 km langen Wallgrünanlagen haben später einzelne Kulturbauten, wie die Stadtbibliothek (1825), die Oper (1873–80, 1944/45 zerstört) und das Theater (1903), aufgenommen (vgl. Fig. 46).

Dieser Parkgürtel überdauerte die katastrophalen Zerstörungen des letzten Krieges und trennt bis heute die Innenstadt von den ehemaligen Vorstädten. Bewirkte er auch eine stärkere Zentrierung der Cityfunktion auf den von ihm eingefaßten Bereich? Diese Frage kann man wohl bejahen, denn von den rund 135.000 Beschäftigten der Frankfurter City arbeiteten 1961 etwa 100.000 in der Innenstadt. Vergleichen wir damit die entsprechenden Wiener Zahlen, so sehen wir, daß von den ca. 134.000 Beschäftigten im I. Bezirk

---

[1] G. STÖBER, Das Standortgefüge der Großstadtmitte. Wege zur neuen Stadt. Schriftenreihe für Verwaltung, Bau und Verkehr der Stadt Frankfurt a. Main, Bd. 3, 1964. – W. GLEY, Grundriß und Wachstum der Stadt Frankfurt a. Main. Eine stadtgeographische und statistische Untersuchung. In: Festschr. zur Hundertjahrfeier des Vereins f. Geographie u. Statistik zu Frankfurt a. Main, Frankfurt 1/36. – E. W. HÜBSCHMANN, Die Zeil. Sozialgeographische Studie über eine Straße. Frankfurter Geogr. Hefte, 36. Jg. 1952.

XVI. Die städtebauliche Stellung der Ringstrasse im Vergleich mit anderen Lösungen der „Stadterweiterung"

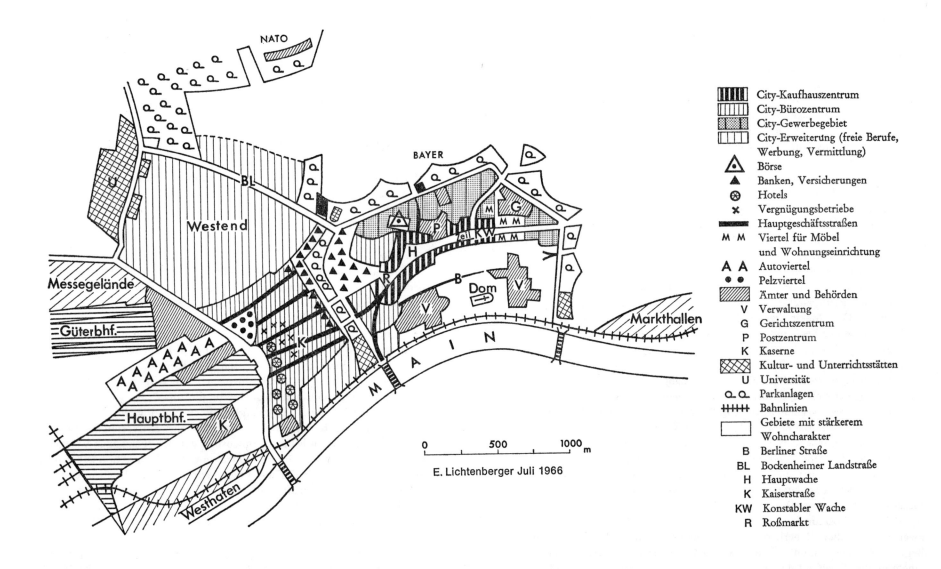

Fig. 46 Die Gliederung der Frankfurter City

nur rund 60.000 auf die Altstadt entfielen. Die Konzentration der Arbeitsplätze in der Frankfurter Altstadt ist also größer als in Wien. Das Verkehrsbedürfnis wird durch eine neue U-Bahn und Garagenhäuser befriedigt.
Der Wiederaufbau der zum überwiegenden Teil zerbombten Innenstadt hat die bereits früher vorhandene Viertelbildung weiter verstärkt. Das Herz der City bildet die West-Ost verlaufende Geschäftsstraße der „Zeil", die weder in München noch in Wien etwas Ebenbürtiges besitzt. Sie repräsentiert in ihrem Hauptabschnitt zwischen Roßmarkt und Konstablerwache die „Bekleidungsstraße per excellence" mit einer geschlossenen Front von Warenhäusern geradezu amerikanischer Größenordnung und Aufmachung. Ein Drittel der im Frankfurter Einzelhandel Beschäftigten arbeitet hier. Östlich der Konstablerwache läßt die Intensität des Geschäftslebens nach. Läden für den langfristigen Bedarf treten auf (Möbel, Einrichtungsgegenstände). Die Geschäftslokale erstrecken sich auch nur noch über ein Stockwerk, und dazwischen schalten sich achtgeschossige Wohnbauten ein. Den Roßmarkt kann man als die eigentliche Drehscheibe der City bezeichnen. Dort erhebt sich der „Frankfurter Hof", das vornehmste Hotel der Stadt. Exklusive Geschäfte für Teppiche, Porzellan und Pelze bilden geschlossene Schaufronten. Am Roßmarkt liegt auch der Eckpfeiler des von hier nach Nordwesten anschließenden Bankenviertels.
In der Cityrandzone im Norden beschlagnahmen das neue Postzentrum mit dem Fernmeldehochhaus und das Justizviertel große Flächen. Im letztgenannten blieb bereits die gründerzeitliche Citybildung in einem Gewirr von Fachwerkbauten stecken. Etagenwohnhäuser der Gründerzeit mit tiefen, mit Lagerräumen und Werkstätten vollgestopften Hinterhöfen erinnern an das wohlvertraute Erscheinungsbild der Wiener Vorstadtverbauung.
Während in diese Randzone mit gründerzeitlicher Bausubstanz die moderne Planung erst zögernd eindringt, hat sie sich am Wiederaufbau der eigentlichen „Altstadt" im Süden der City bis zum Main hin maßgeblich beteiligt. Die Frankfurter Altstadt besaß noch bis 1944 eines der schönsten und besterhaltenen mittelalterlichen Stadtbilder des deutschen Sprachraumes. Sie diente schon damals, zum Unterschied von der mittelalterlichen Stadterweiterung um die Zeil, vorwiegend der Wohnfunktion. Der Wiederaufbau hat große moderne Wohnhöfe in Gestalt viergeschossiger Trakte mit städtebaulichen Dominanten an den Straßenecken errichtet. Die Haupteinkaufsstraße, die Berliner Straße, wurde in die Stadtplanung einbezogen und erhielt Geschäftslokale im Erdgeschoß. Beiderseits des Römerberges liegen die zwei großen Komplexe der kommunalen Behörden mit dem Rathaus und Bundesrechnungshof im Westen, den Stadtwerken und dem Arbeitsamt im Osten. 1961 lebten rund 14.000 Menschen in der „Altstadt", etwa ebensoviel wie in der Wiener Altstadt.
Die Wallgrünflächen sondern das Citygebiet nachhaltig von den jenseits gelegenen Stadtteilen. Im Norden von ihnen bestimmen gepflegte Villen und Mietvillen finanzkräftiger Bevölkerungsschichten das Milieu. Nach Osten hin schließen Wohnhausanlagen für bescheidenere Ansprüche an. Lediglich im westlichen Sektor hat sich die City in einem breiten Streifen in den Bezirk Westend bis zum Hauptbahnhof ausgedehnt. In Verlängerung der Zeil entstand die Kaiserstraße als Hauptgeschäftsstraße. Im stadtwärtigen Teil säumen sie luxuriöse Geschäfte, Betriebe des Bekleidungsgewerbes und Textilgroßhandels ließen sich nieder. Das Bankenviertel überwand gleichfalls die trennende Wallbarriere und uferte ins Bahnhofsviertel aus, obwohl sein Schwergewicht mit 45% aller im Geldwesen Beschäftigten sich weiterhin in der Innenstadt befindet. Der Hauptbahnhof hat ähnlich wie in München einen Schwarm von Hotels angezogen. An seiner Rückfront wuchs das Vergnügungsviertel auf.
Frankfurt hat als Messestadt heute europäische Bedeutung. Dementsprechend hat die Nähe des Messegeländes die Niederlassung des Großhandels, vor allem der Elektro- und Maschinenindustrie, gefördert. Mit der Rauhwarenmesse hat Frankfurt im Pelzgeschäft die Nachfolge von Leipzig antreten können. Dementsprechend entstand in den fünfziger Jahren im Nordosten des Bahnhofes ein Pelzviertel. Die in regelmäßigem Turnus in Frankfurt stattfindende internationale Automobilausstellung hat die Ausbildung eines ausgedehnten Viertels des Autohandels im Keil zwischen Haupt- und Güterbahnhof im Gefolge gehabt. Frankfurt besitzt auch eine führende Stellung in der Werbebranche. Die zugehörigen Firmen siedelten sich längs der Bockheimer Landstraße an.
Damit ist bereits die gegenwärtige Linie der Cityausweitung gekennzeichnet, die in Richtung auf die Universität nach Nordwesten hin in ein Wohngebiet gehobener Bevölkerungsschichten vorstößt. In dieses Erweiterungsgebiet der City ziehen die Vertreter der freien Berufe, Ärzte und Rechtsanwälte. Hier liegen die ausländischen Vertretungen. In alten Parkanlagen stehen monumentale Büropaläste führender Großkonzerne, u. a. das Hochhaus der ehemaligen I.G. Farben, in dem gegenwärtig die NATO untergebracht ist, ferner das Zürichhochhaus im alten Rothschildpark. Der Turmbau der Bayer-Werke markiert das nördliche Einfallstor zur Innenstadt.
Der wirtschaftliche Aufschwung von Frankfurt als Wirtschaftsmetropole der BRD dokumentiert sich somit eindrucksvoll in dem Aufbau neuer Viertel der City, die freilich nur noch außerhalb der Wallpromenaden Platz finden.

XVI. Die städtebauliche Stellung der Ringstrasse im Vergleich mit anderen Lösungen der „Stadterweiterung"

Köln

Köln und Frankfurt verbinden die gemeinsame geschichtliche Vergangenheit als Freie Reichsstädte, die schweren Zerstörungen im letzten Krieg sowie die gegenwärtige Stellung als erstrangige Wirtschaftszentren Westdeutschlands. Es trennt sie dagegen eine völlig andersartige historisch-topographische und damit auch aktuelle städtebauliche Entwicklung ihrer Stadtmitte.

Köln[1] war flächenmäßig mit 401 ha die größte Stadt des deutschen Mittelalters, nachdem es 1180 im Zuge einer sehr weit ausgreifenden Stadterweiterung eine neue Mauer erhielt, die halbkreisförmig in einer Länge von 5,5 km für die nächsten 700 Jahre die städtische Gemarkung umschloß. Ähnlich wie in italienischen Städten befanden sich zu Anfang des 19. Jahrhunderts noch ausgedehnte Privatgärten innerhalb der Umwallung. 1815 dem preußischen Staat einverleibt und zur Festung erklärt, erhielt Köln ein außerordentlich breites Glacis, den sogenannten Rayon, der mit einer Tiefe von mehr als 1 km wesentlich breiter war als das Wiener Glacis (200 Klafter, rund 360 m). Jahrzehntelange Bemühungen der Kölner Bürgerschaft, den preußischen Generalstab zum Verzicht auf die Fortifikationen zu bewegen, führten erst ein Dezennium nach dem Deutsch-Französischen Krieg, 1881, zu einer Kompromißlösung. Es wurde eine Teilung des militärfiskalischen Rayons bewilligt und ein etwa 600–700 m breiter Streifen für die Verbauung freigegeben. Aus dem für eine Wohnstadt ausgeschriebenen öffentlichen Wettbewerb ging der Stadtbaumeister Josef Stübben als Gewinner des ersten Preises hervor. Wohl schwebte ihm das glänzende Vorbild der eben in Ausführung begriffenen Wiener Ringstraße vor, als er mit Hilfe von Alleen, Springbrunnen und Denkmälern „eine Kette festlicher Räume" zu gestalten dachte. Nachdem die Straßenzüge festgelegt und das Bauareal ausgewiesen war, blieb freilich die Durchführung des Entwurfs und damit die Art der Verbauung der Privatspekulation überlassen (vgl. Fig. 47).

Die Kölner Stadterweiterung, die sogenannte Neustadt, unterscheidet sich in wesentlichen Zügen von der Wiener Ringstraße; ebenso von der Münchner Stadterweiterung.

1. Entsprechend der größeren Ausdehnung der Altstadt und des Rayons übertraf sie mit 523 ha die Wiener Ringstraße (rund 254 ha) um mehr als das Doppelte. Andererseits zählte Köln zur Zeit der Stadterweiterung bloß 144.000 Einwohner, während Wien samt den Vororten bereits die Millionengrenze überschritten hatte.

2. Es fehlte Köln daher das Gewicht der Einwohnerzahl von Wien und damit eine entsprechend breite Oberschicht, um den neu aufgeschlossenen Raum mit Nobelwohnbauten zu füllen.

3. Damit mangelte auch die enorme wirtschaftliche Kapazität einer Millionenstadt, um das hinzugewonnene Areal in größerem Umfang in die Citybildung einzubeziehen.

4. Überdies besaß die Bürgergemeinde der ehemaligen Freien Reichsstadt nicht die Traditionen einer fürstlichen Residenz, wie das damals sogar kleinere München, wo die Stadterweiterungsgründe in monumentaler Weise im Dienst von Kunst und Wissenschaft ausgestaltet wurden.

Neben diesen Unterschieden bestehen jedoch einige *Gemeinsamkeiten* zwischen der Wiener Ringstraße und der Kölner Neustadt.

1. Auch in Köln wurde diese zu einer Demonstration des liberalen Geistes benützt. In der bis dahin erzkatholischen Stadt, der kirchenreichsten im deutschen Sprachgebiet, erbaute man auf den zentralen Plätzen der Neustadt nunmehr *Gotteshäuser für* diverse *nichtkatholische Konfessionen* (u. a. eine Synagoge, eine altkatholische Kirche, zwei protestantische Kirchen).

2. Desgleichen brach die Neustadt mit den bisherigen Überlieferungen der Kölner Bauweise, nämlich dem älteren Eigenhaus bzw. dem Etagenhaus norddeutscher Prägung. Im Zuge der Rayonverbauung entstanden nur zwei kleine Villenkomplexe für die Oberschicht. Ansonst trat der Villenbau ganz in den Schatten des Miethauses, welches in drei schichtenspezifischen Varianten erstellt wurde: als Nobelmiethaus, als Typ sozialer Mengung mit Vorder-Hinterhaus-Struktur und als Arbeitermietkaserne. 1925 erreichte die Neustadt mit 136.000 Bewohnern die maximale Bevölkerungszahl. Durch Kriegszerstörungen, Abnahme der Haushaltsgröße usw. bedingt, beträgt die Einwohnerzahl gegenwärtig nur noch die Hälfte davon.

In Übereinstimmung mit Wien hat während der letzten 50 Jahre auch in der Kölner Stadterweiterung eine Nivellierung der Sozialstruktur stattgefunden, wobei die einzelnen Wohnquartiere verschieden tief auf der sozialen Stufenleiter abgeglitten sind. Die zwei großen Arbeiterquartiere, eines im Süden und ein zweites im Norden im Anschluß an den riesigen Frachtenbahnhof, finden auf dem Boden der Wiener Ringstraße allerdings keine Parallele. Selbst in dem einst gutbürgerlichen westlichen Mittelabschnitt sind in größerem Umfang untere Bevölkerungsschichten eingedrungen.

Weniger arg von den Verheerungen des letzten Weltkrieges betroffen, besitzt die Neustadt mit ihren durchschnittlich fünfgeschossigen Häusern

---

[1] Köln und die Rheinlande. Festschrift zum 33. Deutschen Geographentag, Köln 1/61. Darin: A. Kremer, Die Kölner Altstadt und ihre Geschäftsviertel in jüngerer Entwicklung. S. 155–169. – R. Conrad, Die Kölner Neustadt und der „innere Grüngürtel". S. 170–181. – L. Lenz, Die Mietkaserne in Köln. Bonn und Leipzig 1930.

XVI. Die städtebauliche Stellung der Ringstrasse im Vergleich mit anderen Lösungen der „Stadterweiterung"

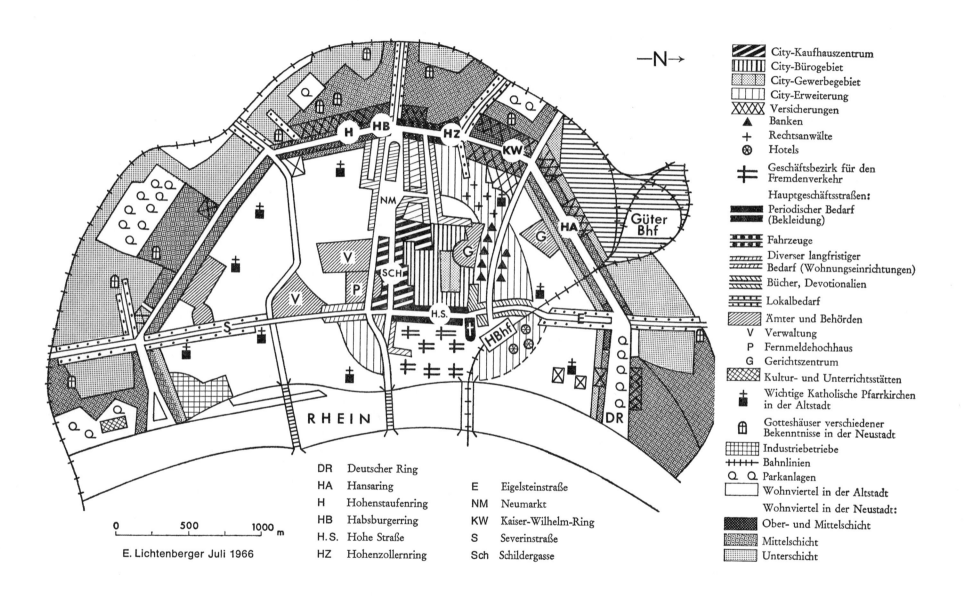

Fig. 47 Die Kölner Altstadt und „Neustadt" — Wohn- und Wirtschaftsfunktion

XVI. Die städtebauliche Stellung der Ringstrasse im Vergleich mit anderen Lösungen der „Stadterweiterung"

heute eine wesentlich höhere Wohndichte als die im Rahmen des Wiederaufbaus meist bloß mit dreigeschossigen Objekten und überdies recht locker besetzte Altstadt, in der sich nach wie vor die einzelnen Wohnviertel um ihre angestammten Stiftskirchen gruppieren.

Die Cityfunktion hat die Kölner Ringstraße lediglich in einzelnen Abschnitten erreicht und umgestaltet. Dies geschah in recht bezeichnender Art und Weise. Ihre Erbauung fiel nämlich gerade in jene Periode städtischer Wirtschaftsentfaltung, in der Köln die Spitzenposition im deutschen Versicherungswesen erlangte, welche es trotz aller politischen Umstürze bis heute zu behaupten vermochte. Köln ist gegenwärtig mit rund 8000 Angestellten und 45 Hauptanstalten das deutsche Versicherungszentrum schlechthin. Im Stadtgebiet liegen die Schwerpunkte des Versicherungswesens einerseits am Habsburger- und Hohenstaufenring und andererseits am Kaiser Wilhelms-Ring, wo auch die Allianzversicherung 1932 ihr Hochhaus errichtete. Diese Ringabschnitte stehen in direktem räumlichem Konnex mit dem Geschäftszentrum der Altstadt. Vorposten des Versicherungswesen haben sich in letzter Zeit auch längs des Nordabschnitts der Ringstraße (Hansaring, Deutscher Ring) und von hier aus längs der Rheinfront in die Altstadt hinein vorgeschoben.

Ähnlich der Wiener Ringstraße besitzt der westliche Mittelabschnitt des Kölner Ringes, vor allem der Hohenzollernring, eine wichtige zusätzliche Vergnügungsfunktion. Das Geschäftsleben ist vorwiegend auf die Befriedigung des langfristigen Bedarfs eingestellt (Möbelgeschäfte, Autosalons). Die Ringsektoren im Norden und Süden erfuhren dagegen kaum eine Veränderung durch ökonomische Faktoren und sind ruhige Wohnstraßen geblieben. Dies hängt nicht zuletzt damit zusammen, daß in Köln – anders als in Wien – die Ringstraße keine Fortsetzung durch Brückenbauten auf das linke Stromufer fand.

Anders als in Frankfurt wurde der Hauptbahnhof (ab 1859) im Nordteil der Altstadt – in unmittelbarer Nachbarschaft des Domes – errichtet. Die für Bahnhöfe kennzeichnenden Folgeeinrichtungen, wie Hotels, Reisebüros, Photogeschäfte usw., fehlen daher im Kölner Ringbereich.

Durch die für eine mitteleuropäische Altstadt ungewöhnliche Ausdehnung bedingt, blieben in Köln die einzelnen darin eingebetteten Citykomplexe isoliert und konnten sich nicht wie in Frankfurt zu einem kompakten, wechselseitig wirksamen Ganzen vereinen.

Die alte, unmittelbar an das römische Castrum anknüpfende Nord-Süd-Achse der Stadt und eine zweite, erst in den dreißiger Jahren geschaffene Ost-West-Achse haben das Geschäftsleben angezogen. Ungleich stärker als in Frankfurt blieb in Köln bis heute der Einzelhandel eine Funktion der Altstadt. Hier wie dort haben sich groß- und kleinbetriebliche Organisationsformen in zwei getrennten Straßenzügen gleichsam säuberlich auseinandergelegt. Die vom Domplatz nach Süden verlaufende Hohe Straße verkörpert noch immer das Eldorado zahlloser kleiner und mittelgroßer Läden. Wenn auch vielfach der Bombenkrieg die ältere Einheit von Haus- und Geschäftsbesitz vernichtete, so erhielt sich doch das mittelalterliche Parzellengefüge und mit ihm die beachtliche Tiefe der gegen die Straße hin nur mit schmalen Schaufenstern geöffneten Lokale. Ganz im Gegensatz dazu steht die Schildergasse. Kaufhäuser säumen in geschlossener Front diese mit Bänken und Blumenarrangements geschmückte Oase des Fußgängerverkehrs. In den Hintergassen verdrängten Parkgaragen und Zubringereinrichtungen die kleinen Handelsbetriebe. An den Enden dieser beiden Geschäftszentren setzt die Spezialisierung ein. Rings um den Dom häufen sich Buch- und Kunsthandlungen, Devotionalien- und Antiquitätengeschäfte. Das Zwischenstück zum Ring, der Neumarkt und die anschließenden Gassen, deckt den Bedarf an Möbeln und Wohnungseinrichtung.

Abgesetzt von diesem Citykern, durch Bombenlücken bzw. den Hauptbahnhof getrennt, liegen ebenfalls im Verlauf der Nord-Süd-Achse die lokalen Geschäftszentren für die Wohnviertel im Süden und Norden der Altstadt, die Severin- und die Eigelsteinstraße, die stets wichtige Torstraßen waren, von denen aus das Geschäftsleben aber nicht in die Ringstraße hinausgewachsen ist.

Eine ebenfalls alte Viertelbildung, das Bankenzentrum längs der Sachsenhausenstraße, konnte sich gleichfalls nicht auf die Ringstraße hinaus vorschieben. Dasselbe gilt für das benachbarte Gerichts- und Verwaltungsviertel.

Im übrigen verliert sich die Citybildung abseits der genannten Straßenzüge rasch im Labyrinth von Gassen mit wiederaufgebauten Eigenhäusern und niedrigen Wohnanlagen rings um Kirchen und historische Stätten.

Die Altstadt von Köln war zu groß, und die wirtschaftlichen Kräfte reichten nicht aus, um sie nach all den fürchterlichen Substanzverlusten des Krieges ähnlich wie in Frankfurt nach einem einheitlichen und wohlausgewogenen Plan wieder aufbauen zu können. Darin äußert sich auch die Tatsache, daß Köln, die alte Handelsmetropole des Niederrheins, bereits an der Peripherie des Ruhrreviers liegt und viel von ihren einstigen Aufgaben an die aufstrebenden regionalen Zentren Düsseldorf und Essen abgeben mußte.

XVII. DIE ZUKUNFT DER WIENER RINGSTRASSE IM SPANNUNGSFELD VON DENKMALSCHUTZ UND CITYBILDUNG

Vor rund 50 Jahren erschien der Kunsthistorische Atlas von Wien von Hugo HASSINGER als dokumentarische Aufnahme des alten Baubestandes der Stadt. Er ist aus der Idee des Denkmalschutzes geboren, der damals von der radikalen Umbautätigkeit der Gründerzeit auf den Plan gerufen wurde. Seither entfaltete sich der Denkmalschutz zu einem nicht zu unterschätzenden Faktor in der Entwicklung von Wien, trotz mancher Niederlagen, welche seine Vertreter beim Ringen um die Erhaltung einzelner Objekte hinnehmen mußten. Beschränkte er sich bisher im wesentlichen auf Bauten bis herauf zur Mitte des 19. Jahrhunderts, so sind nunmehr intensive Bestrebungen im Gange, auch jüngeren Baubestand zu bewahren. Vor allem die Ringstraßenzeit ist bereits so sehr in eine historische Dimension gerückt, daß man danach trachten kann, die Ringstraße als Gesamtkunstwerk unter Denkmalschutz zu stellen.

In der Absicht, diese Idee der Erhaltung einer architektonisch außerordentlich attraktiven städtebaulichen Substanz zu diskutieren, wurde dieses Schlußkapitel geschrieben, denn es erscheint notwendig, nicht nur von kunsthistorischer Warte aus, wie es im Rahmen dieser Publikationsreihe von berufenen Autoren getan werden wird, sondern auch von stadtgeographischer Seite her, die Voraussetzungen eines derartigen Vorhabens zu erörtern.

Bedauerlicherweise fehlt bisher von seiten der mit der künftigen Gestaltung Wiens befaßten Behörden ein realistisches, zukunftsweisendes Konzept für den Stadtkern, das der speziellen Situation der österreichischen Bundeshauptstadt Rechnung tragen würde. Die sattsam bekannten Schlagworte, wie Verkehrsentlastung der Innenstadt, Umstellung vom Individualverkehr auf leistungsfähige Massenverkehrsmittel, Dezentralisierung und Schaffung von Subzentren, sind aus Entwicklungsprogrammen für ausländische Großstädte entlehnte Teilrezepte für die Bewältigung akuter Gegenwartsprobleme. Wie sehr man bei den zuständigen Stellen über die zur Zeit ablaufenden Prozesse im unklaren ist, demonstrieren die verschiedenen, höchst widerspruchsvollen Meldungen, die in den letzten Jahren durch die Lokalpresse gingen. Alarmierende Berichte über eine „Explosion der City", d. h. eine gravierende Abwanderung von Arbeitsstätten, wurden von Befürchtungen abgelöst, daß der in Angriff genommene U-Bahn-Bau die Wiener Innenstadt in ein zweites Manhattan verwandeln könnte. Beide Auffassungen sind unzutreffend und entbehren der soliden Begründung. Sie beruhen entweder auf Verallgemeinerungen von Einzelbeobachtungen bzw. auf kurzsichtigen Analogieschlüssen zu Vorgängen in ausländischen, in erster Linie nordamerikanischen Städten. Damit sei keineswegs der Wert eines überregionalen Vergleichs bestritten! Er ist sogar absolut notwendig, um ein tieferes Verständnis für den gegenwärtigen Standort von Wien zu eröffnen.

In unserer gegenwärtigen Welt, in der so viel von Uniformierung und Standardisierung gesprochen wird, existieren nach wie vor sehr verschieden geartete „städtische Modelle". Aus diesem Grunde erscheint es zweckmäßig, die spezifische Wiener Situation und damit zum Teil jene des europäischen Städtewesens mit der nordamerikanischen Stadtentwicklung zu vergleichen. Feststellungen über den unterschiedlichen historischen Tiefgang der Erscheinungen und die daraus resultierenden aktuellen Tendenzen greifen hierbei ineinander. Das Problem der Citybildung steht dabei selbstverständlich im Vordergrund des Interesses, denn dieser Prozeß ist es ja auch, der nach wie vor die Zukunft der Ringstraße entscheidend mitgestalten wird, auch dann, wenn man als zweite Kraft die Intentionen des Denkmalschutzes in Rechnung setzt.

Zwei gegensätzliche städtebauliche Konzepte bestimmten im Verlauf der vielgenannten Gründerjahre die Formung der amerikanischen und der europäischen City: Dem Höhenwachstum des Central Business Districts der nordamerikanischen Millionenstädte, das letzteren die so charakteristische Wolkenkratzersilhouette verlieh, stand das Flächenwachstum der City in Europa und ihr Hineinwachsen in die benachbarten Wohngebiete gegenüber. Die Ursachen für dieses konträre Verhalten sind komplex und vielschichtig und können an dieser Stelle nicht im einzelnen behandelt werden. Lediglich ein fundamentaler Unterschied sei in diesem Zusammenhang hervorgehoben, nämlich der, daß die europäischen Städte mit ihrem mittelalterlichen und absolutistischen Bauerbe eine sehr weit zurückreichende Tradition von Bauordnungen besitzen. Bereits ab der zweiten

Hälfte des 19. Jahrhunderts in rasch aufwachsenden Metropolen, wie Paris, Berlin und Wien, wiederholt novelliert, haben sie mit ihrem streng gehandhabten Bauklassenprinzip eine nahezu unüberwindliche Barriere gegenüber dem Wolkenkratzerstil aufgerichtet.

Weitere Faktoren verstärkten die dadurch gegebenen städtebaulichen Beharrungstendenzen, unter anderem die Öffentliche Verwaltung, welche sich in den Innenstadtpalästen festsetzte, ferner das eminente Gewicht der historisierenden Baustile, der früh einsetzende Denkmalschutz. Auf diese Weise vollzog sich die Citybildung während der Zeit stürmischen Wirtschaftswachstums vor dem Ersten Weltkrieg in einem vorindustriellen Grundsätzen folgenden architektonischen Gewand. Die in den Citykernen europäischer Städte ebenso wie in den USA enorm gestiegenen Bodenpreise dokumentierten sich daher nicht wie dort im gewaltigen Höhenwachstum der Gebäude, sondern fanden nur in der repräsentativen Bauweise und der Exklusivität wirtschaftlicher Nutzung ihren Niederschlag. Durch die Weltwirtschaftskrise bedingt, brachte die Zwischenkriegszeit nur unbedeutende Eingriffe in das bestehende Gefüge. Nach den schweren Zerstörungen des letzten Krieges, vor allem in den deutschen und polnischen Städten, hätte sich nun theoretisch die Möglichkeit für einen modernen Wiederaufbau der Innenstädte mittels Turmhäusern geboten. Sie wurde nur höchst sporadisch und zögernd ergriffen. Nationale Reminiszenzen und Traditionen erwiesen sich stärker als der technische Fortschritt. Sie bildeten die ideelle Basis einerseits für die völlig der historisierend-musealen Rekonstruktion verhafteten Lösungen des polnischen Städtebaus (vgl. Altstadt von Warschau, Danzig, Posen, Breslau usw.) bzw. für eigenwillige Kompromisse auf deutschem Boden (Frankfurt, Hannover, Ulm, Nürnberg, Dresden). Das Fortleben konservativer Werthaltungen bis in unsere Tage ist erstaunlich.

Diese fundamentalen Unterschiede zwischen dem nordamerikanischen und dem europäischen Städtewesen bestehen unter anderen Vorzeichen in der Gegenwart fort. Die Skyline amerikanischer Millionenstädte hat gegenüber früher eine noch stärkere Akzentuierung erfahren. Im großen und ganzen beschränken sich die neuen Hochhauskonstruktionen auf den meist bereits vor dem Ersten Weltkrieg abgesteckten Raum des Central Business Districts. Nach wie vor wächst die Downtown in die Höhe und nicht in die Breite. Ihre tiefgreifenden funktionellen Wandlungen sind jedoch nicht zu übersehen. Die vor allem seit Ende des Zweiten Weltkriegs mit dem Erreichen der Vollmotorisierung lawinenartig fortschreitende Randwanderung der städtischen Bevölkerung in die endlosen Einfamilienhaussiedlungen der Suburbs zwang nicht bloß zur planmäßigen Errichtung von neuen Geschäftszentren am Saum der aufwachsenden Metropolitan Areas, sondern auch zur Aussiedlung von verschiedensten Dienstleistungen, Fachärzten, Steuerberatern, Reisebüros, zum Standortwechsel des Autohandels, der gastgewerblichen Betriebe und Hotels. Neue Schulen und Kirchen entstanden im Verein mit den neu gegründeten Nachbarschaften. Industriekonzerne verlegten ihre Bürokomplexe aus der Innenstadt. Der Zusammenbruch der öffentlichen Verkehrsmittel zwingt zum Bau neuer Autobahnen, Highways kesseln die Stadtmitte ein. Neger besetzen die anschließenden Wohnviertel. Der „Verlust der Mitte" betraf vor allem die in der Gründerzeit aufgewachsenen Stahlstädte. Bis jetzt gelang es keinem der wohldurchdachten Sanierungsvorhaben, das Leben in ihre stagnierenden und sterbenden Kerne zurückzuholen.

Vergleichen wir damit die Wiener Situation. Sie ist in sämtlichen Bedingungen eine andere. Die Stadt wächst nicht über den von der Gründerzeit und Zwischenkriegszeit gesteckten Rahmen hinaus. Ihr Entwicklungsgesetz lautet vielmehr: Verbesserung und Auffüllung des bereits bestehenden Baukörpers. Die Stagnation ihrer Bevölkerungszahl bedeutet ferner, daß auch weiterhin alle Prozesse, verglichen mit anderen, rasch wachsenden Millionenstädten, relativ langsam ablaufen werden. Restriktive Maßnahmen der Gewerbe- und Wohnungspolitik tragen ebenso wie die schlechten innerstädtischen Verkehrsbedingungen zur weiteren Verzögerung bei.

Der säuberlichen Trennung von Downtown und Suburbs mit lokalen Shopping-Centers in den nordamerikanischen Städten steht auf Wiener Boden die enge räumliche Verzahnung der verschiedenen Wirtschaftsbereiche mit der Wohnfunktion gegenüber. Auf den hohen Anteil von Betrieben des tertiären Sektors außerhalb der City wurde hingewiesen.

Die für die Wiener City ebenso wie für andere europäische Großstädte gültigen Vorgänge:

1. steigender Bedarf an Bürofläche pro Arbeitskraft und
2. wachsender Anteil des tertiären Sektors an der Arbeitsbevölkerung, haben daher eine weitere flächenmäßige Ausdehnung der wirtschaftlichen Stadtmitte zur Folge. Damit befindet sich die Ringstraße heute in einer ähnlichen Lage wie 100 Jahre zuvor die Altstadt. Viele neu auftretende, den zentralen Standort benötigende Betriebe und ebenso alle sich vergrößernden Arbeitsstätten streben zwangsläufig danach, einen Platz außerhalb der Ringstraßenzone zu finden. Eine Umschichtung der Funktionen des Ringstraßengebietes ist im Gange und wird von den zur Zeit geltenden Restriktionen des Hochhausbaus dirigiert. Ihre Formel lautet: Angleichung an die Wirtschaftsstruktur der Altstadt. Dies bedeutet:

1. Aussiedlung der Verwaltungszentralen des sekundären Sektors, die

sich aufgrund ihres unentwegt steigenden Raumbedarfs in der Innenstadt nicht mehr ausbreiten können und zugleich aber auch einen genügend großen finanziellen Spielraum zur Errichtung von neuen Bürohäusern besitzen. Damit wird prinzipiell eine Entwicklung fortgeführt, die mit dem gründerzeitlichen Auszug der Produktionsstätten aus dem Vorstadtgebiet in die Vororte ihren Anfang nahm.

2. Ein zweiter, nicht so deutlich sichtbarer Prozeß betrifft die langsame innerstädtische Verschiebung der mit der Wohnbevölkerung liierten Einzelhandelsbetriebe und Dienstleistungen in die äußeren Bezirke und an den Stadtrand. Auf die niedrige Quote des kundenorientierten Versorgungssektors im Wirtschaftsaufbau der Wiener City, verglichen mit anderen Großstädten, wie z. B. Frankfurt, wurde bereits hingewiesen. Freilich handelt es sich hierbei vorläufig nur um einen relativen Bedeutungsverlust der Innenstadt. In den absoluten Zahlen äußern sich diese peripheren Niederlassungen von Zweiganstalten des Geldwesens, des Autohandels, der freien Berufe usw. bisher noch kaum.

Die Gesamttendenz zielt offenkundig auf eine stärkere Bevorzugung des sogenannten quartären Sektors hin und bedeutet eine fortschreitende Ausweitung und Vermehrung des Großhandels, der Banken und Versicherungen, der Rechts- und Wirtschaftsdienste sowie der öffentlichen und offiziösen Institutionen.

Die Ringstraße, vor rund einem Jahrhundert als Prunk- und Prachtstraße der mächtigen Donaumonarchie entstanden, wird nach und nach im enorm verkleinerten Österreich die Aufgabe erhalten, alle repräsentativen Verwaltungs- und Kulturinstitute der Zweiten Republik in sich zu vereinen, und damit nach einer Ära, in der sie hauptsächlich Standort der wirtschaftlichen Führungskräfte war, zumindest teilweise wieder zu ihrer ursprünglichen Position zurückkehren. Die Anlage einer Universitätsstadt am Stadtrand, wie sie in anderen Millionenstädten zu den Planungsvorhaben gehört bzw. teilweise bereits realisiert wurde (z. B. Rom, Madrid), wird in Wien wohl kaum eine Nachahmung finden. Nicht nur der bürokratische Apparat des österreichischen Staates, sondern auch seine tragenden Kulturinstitutionen und Hohen Schulen werden weiterhin innerstädtische Einrichtungen bleiben. Beide sind wichtige Anwärter und dankbare Kunden für den durch den Auszug von Großbetrieben der Wirtschaft frei gewordenen Raum. Auch die Stammanstalten des Geldwesens und die internationalen Hotels zählen zu jenen Großunternehmen, die aller Voraussicht nach auch weiterhin den zentralen Standort benötigen.

Wie verändert sich nun das Bild und welche neuen Möglichkeiten eröffnen sich, wenn man das Hochhaus als neues konstruktives Element anzuerkennen und in das städtebauliche Konzept einzufügen gewillt wäre? Bisher konnte sich keine der großen europäischen Städte dazu entschließen, den Hochhausbau völlig freizugeben. Bauklassen sind de facto noch überall in Kraft, und die Errichtung von Turmhäusern ist an Sondergenehmigungen gebunden. Wir müssen es offenlassen, ob ihre allgemeine Sanktionierung in absehbarer Zeit erfolgen und sich die Integration des Hochhausbaus in breiterer Form in das historische Gefüge der europäischen Groß- und Millionenstädte vollziehen wird.

Beispiele für derartige Integrationen liegen bereits vor. Zwei städtebaulich konsequente Lösungen seien hier kurz skizziert, weil sie uns auch in der schwierigen Frage des Denkmalschutzes weiterhelfen.

Das Beispiel des Wiederaufbaus von Warschau ist eines davon. Hier fügte man an die liebevoll bis ins kleinste Detail rekonstruierte spätmittelalterliche und frühneuzeitliche Altstadt, der man nur noch Museums- und Wohnfunktion zuwies, ein gleichfalls wiederaufgebautes barockes Palastviertel als Regierungs- und Repräsentationszentrum an. Deutlich abgesetzt, entstand die neue City. Ihre Hochhauskomposition vereinigt funktionale und repräsentative Ideen und kann sich mit jeder supermodernen amerikanischen Downtown messen. Ausgeklammert aus dem Wiederaufbaukonzept wurden die Miethaus- und Industrieviertel der Gründerzeit. Die noch erhaltenen Reste ersetzt man Schritt für Schritt durch moderne Wohnblöcke. Damit haben für Warschau die furchtbaren Zerstörungen des letzten Krieges das für die europäischen Städte so bezeichnende und gravierende Problem der zu dichten gründerzeitlichen Verbauung gelöst. Warschau bietet wohl ein städtebaulich enorm interessantes, jedoch in seiner Art singuläres Beispiel und liefert deshalb keinen brauchbaren Maßstab für die künftige Neugestaltung europäischer Großstädte.

In scharfem Kontrast zur totalitären Stadtplanung von Warschau steht das zweite Beispiel, die Kompromißlösung von Mexiko, einer Millionenstadt (1969 5,5 Mill.), die in jüngster Zeit geradezu lawinenartig wächst, dabei aber das aus der spanischen Kolonialperiode stammende reiche Kulturerbe bewahren will. Wie hat sie das Problem des Widerstreits zwischen den Kräften der Bewahrung baulicher Traditionen und den Vertretern des US-amerikanischen Hochhausstils und damit der Citybildung gelöst? In der von Kunstdenkmälern erfüllten Altstadt hält man nach wie vor am Bauklassenprinzip fest, wenn uns auch ein Blick über die Dächer erkennen läßt, daß die Gewinnung von zusätzlicher Geschoßfläche durch Auf- und Ausbauten in Mexiko genauso an der Tagesordnung ist wie in der Wiener Innenstadt. Ähnlich wie in Wien wurden im 19. Jahrhundert die barocken Paläste und Klosterhöfe von den Mächten der Wirtschaft erobert.

XVII. Die Zukunft der Wiener Ringstrasse im Spannungsfeld von Denkmalschutz und Citybildung

Banken kauften sie auf, Behörden ließen sich nieder. Die Enteignung des Kirchenbesitzes nach 1857 gab hierzu eine Handhabe. Seither ist ein Stillstand in der Citybildung eingetreten. Die Nachkriegsentwicklung folgt mit einer Zeile von Wolkenkratzern dem gründerzeitlichen Boulevard der Paseo reforma, die Kaiser Maximilian in seiner kurzen Regierungszeit um die Mitte des 19. Jahrhunderts nach französischem Vorbild als Verbindungsstraße von der Residenzstadt zu seinem Sommerschloß Chapultepec anlegen ließ. Entlang dieses mondänen und verkehrsdurchpulsten „Kurfürstendamms" von Mexiko reihen sich heute die 20–30stöckigen internationalen Hotels, Geldinstitute, Versicherungen und Bürohäuser der großen Industriekonzerne. Seine Seitengassen sind angeräumt mit luxuriösen Spezialgeschäften. Das Herz der City hat sich eindeutig aus der Enge der Altstadt hinaus verlagert. Absinken der Wohnqualität durch Festsetzung von unteren Bevölkerungsschichten, vor allem in der der neuen Stadtmitte abgewandten östlichen Altstadthälfte, und schlechter Erhaltungszustand vieler Bauten sind die Folgen davon. Hier wird die Fragwürdigkeit und Problematik eines nicht subventionierten, aber kodifizierten Denkmalschutzes in einer weitgehend kapitalistischen Wirtschaft offenbar.

Wo ordnet sich nun die Wiener Entwicklung ein? Nach wie vor sind entgegengesetzte Mächte und Zielsetzungen am Werk. Ein stiller, zäher Kampf um jeden einzelnen Neubau zwischen den Verfechtern der Erhaltung des Stadtbildes und den Bauherrn verschiedener Provenienz, die eine moderne Bauweise propagieren, kennzeichnet den gegenwärtigen Stand der Dinge. Die besonderen Schwierigkeiten im Ringstraßenbereich ergeben sich dadurch, daß, anders als in der Altstadt, die kunsthistorisch attraktivsten Abschnitte gleichzeitig am stärksten von den Spitzenkräften des Wirtschaftslebens beansprucht werden.

Im Widerstreit der Meinungen können sich die Vertreter des Denkmalschutzes heute auf eine weltweite Bewegung berufen. Selbst in den USA vermochten sie sich durchzusetzen. So wurde in New Orleans das historische French Quarter unter Denkmalschutz gestellt und restauriert. In Boston, Philadelphia und Washington sind ähnliche Bestrebungen zur Erneuerung und Konservierung von Altbaugebieten im Gange. Freilich betreffen sie bis jetzt nur Häuser aus dem 18. und der ersten Hälfte des 19. Jahrhunderts. In Ost und West ist die Erhaltung wertvollen Baubestandes eine Angelegenheit der öffentlichen Hand, ihrer Gesetze und ihrer Finanzierungsmaßnahmen geworden. Die praktischen Möglichkeiten hierzu sind freilich in beiden Lagern außerordentlich verschieden.

Wien kann und wird sich dieser weltweiten Strömung nicht entziehen können. Die legislativen Voraussetzungen für die Ausdehnung des Denkmalschutzes auf die Ringstraße sind überdies durch die noch immer an Sondergenehmigungen gebundene Bewilligung von Hochhäusern durchaus günstig, um so mehr als die Wiener Stadtplanung die Bewahrung des wertvollen Bauerbes in ihr städtebauliches Grundkonzept aufgenommen hat.

Selbstverständlich würde eine unter Denkmalschutz gestellte Ringstraße auch Geld kosten und damit den städtischen und staatlichen Haushalt belasten, selbst dann, wenn ein Teil des investierten Kapitals durch laufende Mehreinnahmen aus dem von Jahr zu Jahr wachsenden Fremdenverkehrsstrom in anderer Form wieder der Volkswirtschaft zugute käme.

Indessen kann man letztlich die Ideen des Denkmalschutzes mit ökonomischen Denkmodellen und Berechnungen weder belegen noch widerlegen, da sie in außerwirtschaftlichen Dimensionen menschlichen Daseins wurzeln. Wohin die städtische Entwicklung führt, wenn sie ausschließlich von Rentabilitätsprinzipien diktiert wird, dafür geben uns die US-amerikanischen Großstädte eine mehr als abschreckende Vorstellung. Seien wir dankbar für die Attraktivität unserer Stadtmitte, die ganz wesentlich durch nichtökonomische Motivationen ihre Form erhielt.

Um das bauliche Antlitz unserer Stadt wirkungsvoll verteidigen zu können, erscheint es aber zweckmäßig, die der Erhaltung entgegenwirkenden Kräfte zur Kenntnis zu nehmen. So wie die wachsende City des späten 19. Jahrhunderts ihre neue Gestalt wählte, so verlangen auch in der Gegenwart die cityformenden Betriebsstätten unter den geänderten Bedingungen von Bautechnik und architektonischer Ausdrucksform sowie wachsendem Bedarf an Bürofläche gleichfalls nach einer Neugestaltung ihres baulichen Gehäuses. In diesem Sinne müssen wir auch die verschiedenen, von den Vertretern des Denkmalschutzes schwer angefeindeten, aber nichtsdestoweniger errichteten Großbauten, wie den Ringturm der Wiener Städtischen Versicherung, das Hotel Intercontinental, das Bürogebäude auf den Gartenbaugründen, als Symptome dafür werten, daß ein echter Bedarf an Hochbauten von seiten der Wirtschaft besteht, die nur auf diese Weise bei den enorm gestiegenen Bodenpreisen (Ringstraße 1969: 1 m² 25.000 Schilling = rund 1000 $) die Baukosten senken kann.

Suchen wir für diese Einzelfälle eine verbindende räumliche Bezugsbasis, so können wir feststellen, daß die gegenwärtige Entwicklung dahin zielt, in den wirtschaftlich untergenutzten Partien der Ringstraßenzone und an ihrem äußeren Saum Turmbauten zu errichten. Auch die öffentliche Hand folgt mit dem Chemie-Hochhaus der Technischen Hochschule am Getreidemarkt und beim Neubau des Allgemeinen Krankenhauses diesem Trend.

Es wäre daher realistisch von seiten der Vertreter der Erhaltung des Stadt-

XVII. Die Zukunft der Wiener Ringstrasse im Spannungsfeld von Denkmalschutz und Citybildung

bildes, diese scheinbar zufällig auftretenden Erscheinungen als das zu werten, was sie sind: Vorboten des Wiens von morgen. Dem Hochhausbau im Dienste der Wirtschaft und Verwaltung gehört ein legitimer Raum in der Nähe des Stadtzentrums zugebilligt. Man kann ihn nicht einfach an den Stadtrand und in das untergenutzte Gelände von brachliegenden Verkehrsflächen, wie dem Aspang- und Nordbahnhof, verbannen wollen, wie dies im Subzentrenprogramm des städtebaulichen Grundkonzepts geschehen ist. Die spontan aufgebaute Front von Versicherungs- und Bürobauten am Leopoldstädter Kai des Donaukanals zwischen Augarten- und Aspernbrücke mag der Ansatz für einen derartigen Standort sein. Hierfür könnte die vom Gemeinderat genehmigte U-Bahn-Trasse vom Stephansplatz zum Praterstern die Leitschiene abgeben. Aufgabe der Stadtplanung wäre es, die bei verschiedenen Betrieben akuten Bestrebungen des Hochhausbaus zu koordinieren und ihnen einen auch hinsichtlich der Verkehrsbedienung optimalen und zentralen Standort im städtischen Gefüge zu geben. Geschieht dies nicht, so wird der zur Zeit zwischen Amtsbürokratie und Wirtschaft herrschende Kleinkrieg die Zahl der zu Dauerlösungen erhobenen, allseits als unbefriedigend empfundenen Provisorien in geometrischer Progression vermehren. Die Legitimierung des Hochhausbaus in zentrumsnaher Lage wäre das notwendige und sinnvolle Pendant für eine unter Denkmalschutz gestellte Ringstraßenzone.

Wien hat mit seiner Innenstadt einen kostbaren architektonischen Schatz zu hüten. Das bedeutet Aufgabe und Verantwortung für alle mit seiner Zukunft, sei es in bewahrender, sei es in dynamischer Funktion, befaßten Stellen. Für die konservativen Kreise bedeutet es ein sorgfältiges Auswählen dessen, was tatsächlich erhaltenswert ist, sei es von seiten der Silhouette, der Fassadengestaltung, des Interieurs. Für diejenigen, die an seiner Zukunft bauen, bedeutet es Rücksichtnahme und das Bemühen um eine harmonische Anpassung des Neuen an das vorhandene wertvolle Bauerbe.

SUMMARY

The development of the Vienna *Ringstraße* represents one solution to the problem facing those European cities where the medieval town and modern suburbs have coalesced as a result of the removal – during the nineteenth century in the case of Vienna – of obsolete city walls and fortifications.

The belated replacement of wall and ditch in Vienna took place as the feudal period was finally giving way to the liberal era: thus the *Ringstraße* is part of both. The legal basis for its removal, the famous personal letter of the Emperor Franz Joseph (1856) giving the order for the demolition of the walls can itself be understood within the context of the legacy of absolutism under which the city authorities were mere subordinates to the state government. The traditions of the baroque residence stimulated a magnificent renewal in the public buildings of the *Ringstraße* (University, Opera House, Burg-Theater, Parliament, Town Hall, Museums), as befitting an empire of some thirty-four million inhabitants (1860) and the dynasty connected with it.

The same traditions were manifested in the retention of the feudal principle in regard to the social pattern of the city. The *Ringstraße* opened the way to the housing activity of the late nineteenth century, in which the social gradient of the feudal system from the city interior to the outskirts was retained. The great street itself became home of the upper middle class which thus formed a belt around the urban nucleus with its feudal elements, nobility and tradesmen.

Liberal ideas permeated the building activity with construction companies enjoying tax holidays made available to them by the state to stimulate building activity. Though not originally earmarked for economic enterprises, the *Ringstraße* soon felt the impact of the CBD.

Having outlined the fundamental factors in the evolution of the *Ringstraße*, *Die Wiener Ringstraße*, then undertakes a detailed qualitative and quantitative analysis of the residential and economic functions of the *Ringstraße* prior to 1914. Against the background of urban development, the influence of building companies, tax-preferences and land values, the horizontal and vertical sections of different house types and related patterns of social structure are examined. The differences between house owners and tenants hold a key position in this discussion. Three social groups participated in house ownership – entrepreneurs, bankers, and "privateers" (people living on interest). Dominant among the tenants were civil servants, liberal professions, such as law and medicine, and the merchant class.

With its function as a fringe zone of the CBD, the *Ringstraße* attracted, during the late nineteenth century, establishments hitherto of but little importance in the urban core such as head offices of industrial corporations, insurance companies and transportation services. In addition it saw the expansion in long established concerns such as banks, wholesaling, and headquarters of the textile industry. Residential and economic functions merged to form quarters with marked individuality.

The second part of the publication examines the role of the *Ringstraße* today. Now, as before, it holds a unique position with its buildings preserved over nearly a century, save for slight bomb damage now made good with new houses. In the past fifty years, there have been new forces in the urban life of Vienna. The *Ringstraße* did not escape the effects of these. The nature of these developments forms the second topic in the book.

The hierarchical social structure of imperial Vienna lost its apex with the fall of the monarchy and with the prolonged economic crisis of the interwar period. On the other hand, the living standard of the lower class increased enormously after 1945. The result was a socio-economic levelling without parallel among the "million-cities" of western Europe. The effects of this social-historical process upon the *Ringstraße* included the reduction of the upper class and the invasion of lower middle class people. There is no risk of slum formation, but the dismemberment of the now oversized apartments built for the nobility spreads apace.

Summary

The economic effects of the fall of the Habsburg Monarchy hit the *Ringstraße* hard since it housed the headquarters of the leading textile concerns, banks, and forwarding agencies. Compared with the turn of the century the importance of business operations has increased, although Vienna counts today 600,000 people less than it had in 1900, while the number of enterprises has also declined. A growing demand for space per employee and the expansion of the tertiary sector bears witness to these changes. The major share of the expansion falls to the Civil Service, semi-public enterprises (chamber of commerce, the trade unions, research institutions) and to wholesaling. Headquarters of combines are leaving, not least because of masterplan restrictions on the construction of skyscrapers. The zeal for preservation, strongly reinforced in the last decade, stands in conflict with CBD development.

Seven color maps, 47 figures and 60 tables present the detail of the research work, house by house, apartment by apartment, and operation by operation. There is a survey of an important part of the Viennese CBD, in which today live about 14,000 persons and to which 51,000 other commute.

ANHANG

Anhang 1

Die Wohnbautätigkeit auf der Ringstraße, nach Vierteln gegliedert[1]

Bau-konsens	Textil-viertel	Roßauer-viertel	Börse-viertel	Votiv-kirchen-viertel	Rathaus-viertel	Opern-viertel	Schwarzen-bergplatz-viertel	Postspar-kassen-viertel	Summe
1859		2							2
60	3	5				4	3		15
61	11	4				8	14		37
62	2					16	4		22
63	5					1	9		15
64	1	2				1	8		12
65							5		5
66						1	2		3
	22	13				31	45		111
67	2						8		10
68	5				2	6	19		32
69	17				4	3	12		36
70	14	1	17		6	5	6		49
71	7	9	7			4	6		33
72	2	4	7		5	3	5		26
73	2	3	13		4		7		29
74	1	4	1	3	3		2		14
75	4	1	3	3	1				12
	54	22	48	6	25	21	65		241
76		3		4	1		1		9
77	3	1	3				1		8
78	5	6	1	1	4				17
79	2	17	4	2					25
80	5	3	2	12	7			3	32
81	5			3	9		3		20
82	4			3	11		2		20
83				1	5				6

[1] Zusammenstellung nach Generalstadtplan (Atlas), Wien 1912.

Anhang 1

Bau-konsens	Textil-viertel	Roßauer-viertel	Börse-viertel	Votiv-kirchen-viertel	Rathaus-viertel	Opern-viertel	Schwarzen-bergplatz-viertel	Postspar-kassen-viertel	Summe
84		1		2	3				6
85					3				3
86		5		1	2				8
87	2	4			5			1	12
88	2								2
89				2					2
90		1						1	2
91				1					1
92			3		3				6
93									
94									
95									
96									
	28	41	13	32	53		7	5	179
97								1	1
98		1							1
99								1	1
1900									
01								4	4
02								6	6
03								8	8
04								6	6
05							5	10	15
06			1				2	4	7
07							1	7	8
08								1	1
09							1		1
10									
		1	1				9	48	59
Summe	104	77	62	38	78	52	126	53	590

ANHANG 2

Zusammenstellung der
zwischen 1869 und 1902 von der Wiener Baugesellschaft auf den Stadterweiterungsgründen im I. Bezirk errichteten Wohnhäuser[1]

	Bau-konsens	Ursprüngliche Wohnungsstruktur	Wohnungsstruktur 1914
I. Bezirk			
Bellariastraße 6	1870	II bis V je 1 Wohnung, 6 WE	II bis IV unverändert, V Teilung in 2 Wohnungen
Bellariastraße 8	1870	II bis V je 1 Wohnung, 6 WE	II, III unverändert, IV, V Teilung in je 2 Wohnungen
Bellariastraße 12	1870	II bis V je 1 Wohnung, 6 WE	II unverändert, III, IV in einer Hand, V Teilung in 2 Wohnungen
Dr. Karl Lueger-Ring 6 (früher Franzensring 16)	1873	5 Geschosse, II, III 8½ WE, IV, V 4½ WE, 4 WE	Zusammenlegung IV, sonst unverändert
Hansenstraße 3	1870	5 Geschosse, II bis V je 1 Wohnung, 4 WE	II, III in einer Hand, sonst unverändert
Hansenstraße 4	1870	5 Geschosse, II bis V je 1 Wohnung, 4 WE	unverändert
Hansenstraße 6	1870	5 Geschosse, II bis V je 1 Wohnung, 6 WE	II unverändert, III bis V Teilung in je 2 Wohnungen
Hegelgasse 4	1872	5 Geschosse, II bis V 5 WE, 4½ WE	II Zusammenlegung, sonst unverändert
Hegelgasse 6	1873	5 Geschosse, II, III 9 WE, IV, V 6 WE, 2½ WE	II, III Wohnungsteilung, sonst unverändert
Himmelpfortgasse 20	1872	5 Geschosse, II 7½ WE, III bis V 4½ WE, 2½ WE	III Zusammenlegung, sonst unverändert
Krugerstraße 17	1882	5 Geschosse, II bis V 5½ WE	III, V Wohnungsteilung, sonst unverändert
Nibelungengasse 8	1871	6 Geschosse, II bis V 3 WE, 3½ WE, 5 WE, 3 WE (Vorder- und Hinterhaus)	Vorderhaus: II, III Zusammenlegung, IV, V unverändert; Hinterhaus: V Teilung einer Wohnung in zwei
Oppolzergasse 6 (früher Franzensring 14)	1872	5 Geschosse, II, III 5 WE, 9 WE, IV, V 2 WE, 2½ WE, 4 WE, 3 WE	II, III, IV Zusammenlegung zu je 1 W., V Zusammenlegung zu je 2 W.
Oppolzergasse 4	1873	6 Geschosse, I bis IV 3½ WE, 4½ WE	unverändert

[1] TH. BACH, Die Anteilnahme der Wiener Baugesellschaft an der baulichen Entwicklung Wiens. Wien 1905; Hausgrundrisse: Plan- u. Schriftenkammer der Stadt Wien; J. LENOBEL, Adreßbuch der Häuser, Hausbesitzer und Hausbewohner von Wien (I. Bezirk). Wien 1914.

ANHANG 2

	Bau-konsens	Ursprüngliche Wohnungsstruktur	Wohnungsstruktur 1914
Parkring 20 (ehemals Kaiser Wilhelm-Ring)	1872	5 Geschosse, II 7½ WE, III, IV, V 5½ WE, 3½ WE	III Zusammenlegung zu 1 Wohnung, sonst unverändert
Parkring 18	1871	6 Geschosse, je 1 Wohnung 6½ WE, im II bis V 6 WE, 3 WE	unverändert
Schellinggasse 1	1872	5 Geschosse, II bis V 4½ WE, 5½ WE	II Zusammenlegung, sonst unverändert
Schellinggasse 3	1873	5 Geschosse, II bis V 7½ WE, 3 WE	II Zusammenlegung zu 1 Wohnung, IV, V Teilung einer Wohnung
Schellinggasse 5	1873	5 Geschosse, II 10 WE, III bis V 5 WE, 5 WE	II Wohnungsteilung, III Wohnungszusammenlegung, sonst unverändert
Schellinggasse 6	1873	5 Geschosse, II bis V 4 WE, 3½ WE, 3 WE	II, III, IV Zusammenlegung von je 2 Wohnungen, sonst unverändert
Schmerlingplatz 8	1869	5 Geschosse, II bis V je 2 Wohnungen, 4 WE, 4½ WE	II, III Zusammenlegung in 1 Wohnung, IV, V unverändert
Seilerstätte 7	1872	5 Geschosse, II bis V 4½ WE, 3½ WE	II, III Zusammenlegung, sonst unverändert
Seilerstätte 11	1872	5 Geschosse, II 11½ WE, III 8 WE, 3½ WE, IV, V 3 WE, 3½ WE, 3½ WE	II, III Hotel IV, V je 2 Wohnungen
Volksgartenstraße 1	1870	5 Geschosse, II bis V je 1 Wohnung, 6 WE	unverändert
Volksgartenstraße 3	1869	5 Geschosse, II bis V je 2 Wohnungen, 4 WE, 4½ WE	unverändert
Volksgartenstraße 5	1870	5 Geschosse, II bis V je 1 Wohnung, 6 WE	durchgehend geteilt in 2 Wohnungen
Weihburggasse 26	1872	5 Geschosse, II, III 6 WE, 5½ WE, IV, V 3½ WE, 3½ WE, 5½ WE (Anmerkung: linke Hälfte ehemaliges Palais des Grafen Traun-Abensperg, bis zum 1. Stock Hauptstiege und Nebentreppe gesondert.)	II, III Zusammenlegung

	Bau-konsens	Ursprüngliche Wohnungsstruktur	Wohnungsstruktur 1914
IX. Bezirk			
Berggasse 32	1879	5 Geschosse, II bis V 3½ WE, 3 WE	
Frankgasse 10	1892	6 Geschosse, II bis VI 4½ WE, 3½ WE	
Hahngasse 3	1879	5 Geschosse, II bis V 2 WE, 2 WE	
Rooseveltplatz 4 und 5 (früher Maximilianplatz)	1881	5 Geschosse, II, III 6½ WE, 6½ WE, IV, V 4½ WE, 4½ WE, 3 WE, 3½ WE	
Schwarzspanierstraße 4	1892	6 Geschosse, II bis VI 3½ WE, 4 WE	
Schwarzspanierstraße 6	1893	6 Geschosse, II bis VI 3 WE, 4 WE, 2½ WE	
Schwarzspanierstraße 7	1892	6 Geschosse, II 3½ WE, 3 WE, III 8 WE, IV bis VI 4 WE, 3½ WE	
Schwarzspanierstraße 9	1892	6 Geschosse, II, IV bis VI 4 WE, 3 WE, II 7½ WE	

Der Anteil des Hochadels am Hausbesitz der Ringstraße im Jahre 1914[1]

Name	Hausbesitz auf der Ringstraße	Wohnanschrift
Abensperg-Traun Karl, Graf v., und Collalto Gabriele, Gräfin	Seilerstätte 7 Miethaus	I., Weihburggasse 26
Abensperg-Traun Karl, Graf	Weihburggasse 26 Mietpalais	Mezzanin
Balny D'Avricourt Stella Marie, Gräfin	Kolowratring 9 Miethaus	Paris
Collalto et San Salvatore Emanuel, Fürst	Rathausstraße 21 Mietpalais	1. Stock
Erdödy Aloisia, Gräfin	Maximilianstraße 7 Miethaus	Novimarof, Kroatien
Erdödy Aloisia, Gräfin	Walfischgasse 6, 8 Miethäuser	Novimarof, Kroatien
Fürstenberg Max Egon, Fürst zu	Giselastraße 13	Palais
Fürstl. Colloredo-Mannsfeldsches Fideikommiß	Zedlitzgasse 8	Palais
Hoyos Stanislaus, Graf v.	Biberstraße 22 Miethaus	Paris
Kinsky Rudolf, Graf	Opernring 8 Mietpalais	II., Kaiser Josef-Straße 19
Kinsky Rudolf Ferd., Graf	Gonzagagasse 12 Miethaus	II., Kaiser Josef-Straße 19
Kottulinsky Dora, Gräfin	Franzensring 22 Mietpalais	Graz, Beethovenstraße 9
Larisch von Moennich Heinrich, Graf	Johannesgasse 26 Palais	Schloß Solza, Karwin, Schlesien
Lazansky Johanna, Gräfin	Nibelungengasse 11 Miethaus	VI., Mariahilfer Straße 91
Mier Helene, Gräfin	Weihburggasse 32 Mietpalais	1. u. 3. Stock
Palffy ab Erdöd Johann, Graf	Nibelungengasse 15 Mietpalais	Preßburg (Palffy Julius, Graf), 2. Stock
Pallavicini Alexander, Markgraf	Rudolfsplatz 1 Miethaus	I., Josefsplatz 5
Rasumofsky Marie, Gräfin	Maria Theresien-Straße 32, 34 Miethäuser	III., Jacquingasse 57-59
Seldern Anna, Gräfin	Maria Theresien-Straße 24 Miethaus	III., Pettenkofengasse 2
Thurn-Valsassina Franz und Alex.	Rathausstraße 19 Miethaus	III., Lothringerstraße 14
Thurn-Valsassina Frieda, Gräfin	Kärntner Ring 17 Miethaus	III., Vordere Zollamtsstraße 11

[1] Zusammengestellt nach Lenobels Adreßbuch der Häuser, Hausbesitzer und Hausbewohner von Wien (I. Bezirk). Wien 1914.

ANHANG 4

Verzeichnis der Niederlagen von Unternehmen der Textilindustrie im Kaiviertel im Jahre 1914[1]

		Name, Betriebszweig	Lage der Betriebsräume	Standort der Fabrik	Gründungsjahr	Arbeiterzahl	Erzeugung	Export
Augustengasse (Gölsdorfgasse)	2	Freund Karl, Kunstwolleerzeugung	(M)	Adlerkosteletz, Böhmen	—	10	Jutewerg	Deutschland
	4	Schroll's S. Benedikt, vgl. Salztorgasse 7						
Börsegasse	7	Richter Ig., Baumwoll-, Samt-, Plüsch-Fabrik	(P, M)	Niedergrund, Böhmen Filialen: Blottendorf; Böhm. Leipa; Warnsdorf	1816	1000	Baumwollsamte, Cords	Europa, Afrika, Amerika
	8	Glaessel M., Webwarenerzeugung	(P)	Asch, Böhmen	1871	150	Damenkleiderstoffe	
	10	Jungmichl's H. S., Webwarenfabrik	(P)	Warnsdorf, Böhmen	1822	100	Bedruckte Baumwoll-Herrenkonfektionsstoffe	S-Amerika
	10	Mandl's M. S., Baumwollweberei	(P)	Königinhof a. d. Elbe 8	1888	700	Druckkottone, Futterwaren	
	14	Walzel Josef u. S., Leinen- u. Baumwollwarenfabrik	(P)	Halbstadt, Böhmen; Wildenschwert, Böhmen	1826	275	Wäschewaren, Gradl, Plachen	Balkan, Rußland, Orient, Indien
	14	Pfeiffer J. u. S., Baumwoll-, Leinen- u. Schafwollwarenfabrik	(P)	Rumburg, Böhmen; Nieder-Ehrenberg, Böhmen	1857		Teppiche, Möbelstoffe	
	18	v. Kubinzky Friedrich, Jutefabrik	(1)	Beraun, Böhmen St. Johann		1000 (?)	Bedruckte Baumwollwaren	N: Prag
	18	1. Österr. Jutespinnerei u. -weberei	(1)	Wien XI, XXI	1869	3200	Jutegarne, -säcke, -gewebe	Schweiz, Balkan, USA
Börseplatz	3	Prellogg A., Baumwollweberei	(1)	Niederrochlitz, Böhmen Filiale: Ponikla	1843	230	Baumwollgewebe	
	3	Walter Dom u. S., Baumwollweberei		Grulich, Böhmen	1836	1000	Flanelle u. Konfektionsstoffe	
	6	Felmayer u. Co., Druckfabrik	(P)	Altkettenhof, N.-Ö.	1723	280	Kattunblaudrucke	
	6	Winternitz R. u. Co., Mech. Weberei	(P)	Nieder-Hohenelbe, B.; Jägerndorf (1908)	1887	300	Kleiderstoffe, Clothe	Deutschland, Schweiz
Concordiaplatz	1	Ulmer J. G., Webwaren	(P)	Dornbirn, Vlbg.	1874	300	Seidenstoffe, Tücher	Orient

[1] J. LENOBEL, Adreßbuch der Häuser, Hausbesitzer und Hausbewohner von Wien (I. Bezirk). Wien 1914; Industriekompaß. Wien 1914.

Abkürzungen: B. Böhmen, N.-Ö. Niederösterreich, Vlbg. Vorarlberg, N Niederlage; (S) Souterrain, (P) Parterre, (M) Mezzanin, (1), (2) usw. Stock, (B) Dachboden.

ANHANG 4

		Name, Betriebszweig	Lage der Betriebsräume	Standort der Fabrik	Gründungsjahr	Arbeiterzahl	Erzeugung	Export
Concordiaplatz	1	Plischke Johann u. S., Leinen- u. Tischzeugfabrik		Freudenthal, Schlesien; Deutsch-Liebau	1834	1000	Leinen, Tischzeug	Übersee
	1	Hlawatsch u. Isbary, Schafwollwarenfabrik		Brünn, Mähren; Graslitz, Böhmen	1829	1300	Kammgarnstoffe	Orient, Asien, S-Amerika, Balkan, N: Prag
Eßlinggasse	2	Kohl Siegmund, Generalvertretung von Salzmann, Dänker u. Co.	(P)	St. Gallen, Schweiz				
	2	Mandl M. u. J., Kleiderwarenfabrik (Eigentümer)	(S, P, M, 1)	Proßnitz; Brünn, Mähren	1858	1000	Herren-, Knaben- und Kinderkleider	Serbien, Türkei, Ägypten, S-Amerika
	2	Klinger A. u. Co., Wirkwaren	(P)	Zeidler, Böhmen; Nixdorf, Böhmen	1856	600	Strümpfe, Trikotwaren, Spitzen	Orient, Balkan, Rußland, Indien
	4	Getzner u. Co., Baumwollspinnerei u. -weberei (Eigentümer)	(P, 1)	Feldkirch, Nenzing, Vlbg.	1817	210		
	9	Rhomberg F. M., Baumwollweberei	(S, P)	Dornbirn, Vlbg.	1837	1400	Blaudrucke, Molino, Kottone	N: Budapest
	9	AG der Teppich- u. Möbelstoff-Fabriken vormals Anton Klazar	(M)	Brünn, Mähren, Naměst.; Hlinsko, Königinhof, Böhmen; Wojnow; Mestetz, Böhmen		1200 300	Teppiche, Möbelstoffe, Decken, Jutegarne, Säcke	Orient, Übersee, N: Prag, Budapest, Paris
	12	Worm Peregrin, Baumwollweberei	(P)	Obergrund, Böhmen	1809	300	Baumwollsamte, Manchester, Cords	
	13	Bondi u. Mayer, Druckfabrik	(P)	Friedland, Böhmen		750		Skandinavien, Amerika, N: Budapest
	13	Rosenthal Gebr., Baumwollspinnerei u. -weberei		Hohenems; Rankweil; Vaduz	1834	1000	Baumwoll- u. Wolldruckwaren, Tisch- u. Bettdecken, Vorhänge	W-Europa, Italien, Schweiz
	13	Vereinigte Wernstädter u. Györer Textilind.AG, Baum- u. Schafwollspinnerei	(P, 1)	Wernstadt, Böhmen; Györ, Ungarn				Hauptniederlage: Budapest

Anhang 4

		Name, Betriebszweig	Lage der Betriebsräume	Standort der Fabrik	Gründungsjahr	Arbeiterzahl	Erzeugung	Export
Eßlinggasse	17	Rannersdorfer Druckfabrik	(P, M)	Rannersdorf, N.-Ö.	1877	300 bis 400	Schals, Halbseidenwaren	Serbien, Rumänien, Italien, Spanien, Portugal, Indien, S-Amerika
	18	Hämmerle F. M., Baumwollspinnerei u. -weberei (Eigentümer)	(P, 4)	Spinnerei: Giesingen b. Feldkirch Weberei: Schwarzach Bleicherei: b. Bregenz	1836	2000	Baumwollweißwaren, Konfektionsstoffe	Schweiz, Balkan, Italien, Schweden, Ägypten, Amerika
Franz Josefs-Kai	7, 9	Lengsfelder G. u. S., Baumwollweberei	(3)	Warnsdorf; Proschwitz a. d. N., Böhmen	1902	300	Baumwollatlasse, Hosenzeug	Rumänien, Serbien, Vorderer Orient, Rußland
	9	Tobler, Rohner u. Co., Stickereifabrik	(4)	Rheineck, Schweiz		500	Stickwaren	N: Berlin, London, Paris, New York, Barcelona
	27	Bollag Gebr., Stickereiwarenfabrik	(M, 1)	Hohenems, Rankweil	1879	200	Blusen, Wäschestickereien, Taffet	Deutschland, Frankreich, England, Italien, Balkan, N-, S-Amerika
	39	Kohn Max, Schafwollwaren	(M)	Brünn, Mähren	1862	265	Modewaren, Kammgarn	Orient
	45	Pohl's Franz S. Nachf., Wirkwaren	(P, 1)	Weipert, Böhmen	1806	500	Trikotwäsche, Handschuhe, Strümpfe	Orient
	47	Brill Leo u. Co., Wirkwarenfabrik	(S, P, M)	Rožnau, Mähren	1880	950	Strümpfe, Socken, Handschuhe	Schweden, Norwegen, Deutschland, England, Japan, China
	49	Guntramsdorfer Druckfabrik AG		Guntramsdorf, N.-Ö. Mähr. Trübau, B.	1819 1890	600	Schafwollwaren	
	51	Cosmanos Vereinigte Textilfabrik (Eigentümer)	(S, P, M)	Grottau; Cosmanos b. Jungbunzlau, Böhmen; Josefsthal; Lettowitz	1776	3000	Baumwollgarne, Baumwoll- und Schafwollwaren	Europa u. Übersee, Westeuropa, Nordeuropa, Ägypten, Balkan

ANHANG 4

		Name, Betriebszweig	Lage der Betriebsräume	Standort der Fabrik	Gründungsjahr	Arbeiterzahl	Erzeugung	Export
Gonzagagasse	5	Schur Isaak u. S., Leinen- u. Baumwollwaren	(S, M, 1)	Nachod, Böhmen	1820		Tisch-, Bettwäsche	Balkan, Türkei
	8	Glück Isidor, Wirkwaren		Eisgarn, N.-Ö.; Frühbuß, Böhmen			Strumpf- und Wirkwaren	
	9	Schmitt F., Schafwollwaren (Eigentümer)	(P, 1)	Böhm. Aicha; Iserthal	1843	4500	Spez. bedruckte Schafwollwaren	Übersee, N: Prag, Budapest
	11	Wolfrum C. T., Schafwollwaren (Eigentümer)	(P, 2)	Aussig, Böhmen	1843		Schafwollwaren	Europa und Übersee
	12	Goldberger Sam. F. u. S. AG, Baumwoll-, Woll- u. Leinenerzeugung		Warnsdorf, Böhmen	1842	200	Baumwoll-, Woll- und Seidenwaren	Hauptniederlage: Budapest
	13	Fröhlichs G. A. Sohn AG, Baumwollweberei	(S, P, M, 1)	Warnsdorf, Böhmen	1777	1100	Baumwollsamte und -waren	Europa und Übersee
	14	Winternitz u. Reich, Baumwollwarenweberei	(1)	Mettau, Böhmen	1883	400	Gradl, Kopftücher, Zephire	
	14	Boschan u. Co., Weigelsdorfer mechan. Weberei	(P, 1)	Weigelsdorf; Unterwaltersdorf Götzendorf, N.-Ö.	1869 1899	700	Rohe Baumwollwaren	
	15	Goldschmidt S. u. Co., Baumwollweberei	(S, P)	Horitz b. Jecin, B.	1854	500	Vorhangstoffe, Taschentücher	N: Prag
	15	Felixdorfer Weberei u. Appretur AG	(P, M)	Felixdorf, N.-Ö.	1869 als AG	1000	Weißwaren, Futter-, Miederstoffe	Balkan
	15	Marburg Gustav u. S., Leinenwaren	(S, P)	Freudenthal, Schlesien	1880	2000	Tisch- und Bettzeug	Europa u. Übersee
	16	Pollacks Hermann S., Baumwollspinnerei u. -weberei (Eigentümer)	(P, M, 1)	Droßdorf b. Braunau; Kratzau; Parnik b. Böhm. Trübau; Neurode; Preuß. Schlesien; Floridsdorf; Rouen, Frankreich		4000	Damenkleiderstoffe, Weißwaren	N: Prag, Triest, Budapest, Berlin, Paris
	17	Heintschel E. u. Co., Schafwollwaren (Eigentümer)	(S, P, M, B)	Heinersdorf; Bärensdorf b. Friedland	1852	1500	Schafwollwaren, Konfektionsstoffe	N: Prag

Anhang 4

		Name, Betriebszweig	Lage der Betriebsräume	Standort der Fabrik	Gründungsjahr	Arbeiterzahl	Erzeugung	Export
Gonzagagasse	21	Heller u. Askonas, Mechanische Strickerei	(P)	Schrems, N.-Ö.: Stickerei Asch, Böhmen Chemnitz, Sachsen	1878	400	Gestrickte Handschuhe	Orient, Rußland, Skandinavien
	22	Klaubert J. C. u. Söhne, Schafwoll- u. Baumwollwaren	(S, P, 1)	Asch, Böhmen	1835	550	Damenkleiderstoffe, Tücher	Orient, Amerika, Skandinavien
	23	Militärtuch-Lieferungsgesellschaft v. Offermann, Schoeller u. Consorten. Darin vereinigt:						
		Offermann Joh. Heinrich		Brünn	1786	500	Konfektionsanstalt für Uniformen, Militärtuch, Decken	Deutschland, Balkan
		Löwl Adolf u. Sohn		Brünn; Iglau				
		v. Aron u. Jakob Löw-Beers Söhne		Brünnlitz b. Brünn	1854	1600	Kleiderstoffe, H.- u. L.-Stumpen	N: Brünn
		Fz. Baurs S.		Innsbruck	1814	200	Lodenstoffe	
		S. Hellers Witwe u. S.		Mähr. Weißkirchen	1844	350	Flanelle, Wollbandagen	
		Adolf Jakob		Reichenberg	1858	200	Militärfeintuche	N: Budapest, Berlin, Mailand, New York
		Albert Bauer u. S.		Deutsch-Brod	1864	200	Militärfeintuche, Schafwollwaren	Europa und Übersee
		Militärtuchlieferungsgesellschaft Quittner, Brdlik u. Consorten. Darin vereinigt:						
		Jakob Quittner u. S.		Troppau	1860	700	Tuche	Orient
		Enoch Kern's S.		Altenberg b. Iglau	1848	500	Militärtuche, Decken	Balkan, Orient
		Brüder Lanner		Krahulitschi, Mähren	1863	140	Militärtuch und Schafwollwaren	
		Josef Wurmfeld u. S.		Neubistritz	1850	200	Militärtuche, Loden	

ANHANG 4

			Name, Betriebszweig	Lage der Betriebsräume	Standort der Fabrik	Gründungsjahr	Arbeiterzahl	Erzeugung	Export
Gonzagagasse			Joh. Brdlik u. S.		Počatek, B.	1850	300	Tuchwaren	
			Leopold Brdlik u. S.		Serowitz, B.	1848	250	Uniformstoffe für Militär und Ämter	
			Sternickel u. Gülcher		Biala, Böhmen	1807 (1843)	500	Feintuche und Modewarenfabrikate	Orient, N-Afrika
			Karl Strzygowski		Biala, Böhmen	1845	370	Wollwaren	
			Jakob Rathleitner u. S.		Graz		130	Militärtuch, Loden	Deutschland
			Anton Prasch		Graz	1864	110	Cheviots und Loden	Deutschland, Frankreich, Schweiz
			Schaumann u. Co.		Korneuburg, N.-Ö.	1828	150	Kotzen, Decken	
Heinrichgasse	3		Adler Gebr., Wollwaren	(P, M)	Asch, B.; Neuberg	1863		Damenkleiderstoffe, bunte Modewaren	
	4		Goldschmied Siegmund, Niederlage von Socken, Strümpfen	(M)	Reichenberg	1857 (Weberei auswärts im Lohne)		Kleiderstoffe und Schals	
Helferstorferstraße	9		Steinbrecher Gebr., Leinen- und Baumwollwaren		Mähr. Trübau	1719	90	Futterstoffe	Rumänien, Türkei
Heßgasse	1		Schwab Adolf, Baumwollspinnerei und -weberei AG		Hammerstein, B.	1875	600	Baumwollgewebe	
Hohenstaufengasse	4		Hansel Moritz u. S., Schafwollwaren		Bärn, Mähren Wien XVII	1899	400 120	Gradl Steppdecken, Wolle	Balkan Balkan
Maria Theresien-Straße	10		Goldschmidt Br., Weberei	(M)	Horitz b. Jicin; Wostroměř, B.	1889	720	Baumwollwaren, Wachstuchstoffe, Verbandstoffe, Taschentücher, Kopftücher, Schirmstoffe	
	10		Fröhlich u. Pentlarz, Weberei	(P)	Gr. Pořic, Böhmen	1891			
	17		Erste Böhmische Jutespinnerei u. Weberei Josef Etrich		Jaroměř; Jorenic Schurz, Böhmen	1858	1000	Jutegarne, -spagate, -säcke	N: Prag Balkan, Rußland, Vorderer Orient, Ägypten
	18		Beer Eduard, Baumwoll- u. Leinenfabrikation	(P)	Neustadt a. d. Mettau				

231

ANHANG 4

		Name, Betriebszweig	Lage der Betriebs-räume	Standort der Fabrik	Grün-dungs-jahr	Ar-beiter-zahl	Erzeugung	Export
Maria Theresien-straße	22	Union AG für Juteindustrie 1. Österr. Jutespinnerei u. -weberei, vgl. Börsegasse 18		Bielitz, Schlesien	1903	570	Jutegarne, -gewebe, -säcke	
	24	AG der Baumwollspinnereien, Webereien, Bleichereien, Appretur, Färberei, Druckerei	(P, M)	Trumau; Marienthal, N.-Ö.	1838	1900	Baumwollgarne, Zwirne, Stoffe, Tücher	
	34	Kuffler u. Reichel, Baumwoll-spinnerei		Brodetz, B.	1881	500	Farbgarne für Trikotagen	S-Amerika, Skandinavien, Japan
Neutorgasse	1	Feigl u. Widrich, Schafwollwaren-weberei		Niederharnichen b. Reichenberg: Weberei Kratzau, B.: Färberei, Appretur	1886	400 200	Damenkleiderstoffe aus Wolle	Serbien, Bulgarien, Türkei, Übersee
	2	Klinger Ignaz, Baumwoll- u. Glanzwollwarenfabrik	(P, 1, 2)	Neustadt a. d. Tafel-fichte, B.; Dalowitz; Jungbunzlau; Kratzau; Niemes, B.	1839	4500	Damenkleiderstoffe, Futterstoffe, Tuche	N: Budapest, Prag, Brünn
	9	Hielle u. Wünsche, Baum- u. Schafwollwaren	(P, 1)	Rumburg, Böhmen Schönlinde, B.	1854	100	Hosenzeug, Rockfutter, Cloth	Vorderer Orient, Übersee
	16	Faber M. u. Co., Spitzenfabrik (Eigentümer)	(P, 1, 2, 3, 4)	Neudeck, B.; Wiener Neustadt; Heinrichsthal b. Lettowitz, B.	1883 1832		Tülle, Maschinen-spitzen, Schleier, Vorhänge	Balkan, England, Deutschland, N-, S-Amerika, N: Berlin, Mailand
Renngasse	13	Kurtz Leopold u. S., Knabenkleider	(M)	Wien; Linz	1860	300	Arbeiterwäsche, Neger- u. Tropenanzüge	Afrika, Indien
	15	Sobotka F. u. S., Baumwollspinnerei u. -weberei	(S, P)	Kerhartic b. Wilden-schwert	1906	530	Halbwollfabrikate	N: Prag
Rudolfsplatz	3	Fischer J. Ch. u. S., Baumwollwaren	(P)	Asch, B.	1795	950	Strümpfe, Trikotagen, Schals	Orient, Ostindien
	5	Singer u. Co., Halbseide, Wollwaren	(P)	Asch, B.	1869		Damenkleider und Blusenstoffe	S-Amerika

232

ANHANG 4

		Name, Betriebszweig	Lage der Betriebsräume	Standort der Fabrik	Gründungsjahr	Arbeiterzahl	Erzeugung	Export
Rudolfsplatz	9	Blaschka u. Comp., Wollwaren (Eigentümer)	(P, 1)	Liebenau b. Reichenberg	1836	700	Damenkleider, Konfektionsstoffe, Herrenkleiderstoffe	N: Prag
	12	Perutz Brüder, Baumwollspinnerei u. -weberei		Lieben, Böhmen Linsdorf, B. Warnsdorf, B. Papa, Ungarn	1862	500 160 200 500	Garne, bunte Baumwollwaren	Orient, S-Amerika N: Budapest Zentrale: Prag
	13 a	Lederer u. Wolf, Baumwoll-, Schafwoll- u. Seidenwarenweberei		Dörfel b. Reichenberg	1872	1000	Futterstoffe, Mieder-, Schirmstoffe, Damenkonfektionsstoffe	
	13 a	k.k. priv. Tannwalder Baumwollspinnerei AG		Tannwald, Böhmen	1833	1400	Baumwollgarne, -waren	
Salzgries	1	Bacher Brüder u. Co., Juteweberei	(M)	Rumberg; Pürbach; Biela; Königseck; Hoheneich; Neustadtl	1880	800	Juteläufer, Möbelstoffe, Vorhänge, Tischdecken	England, Levante, Balkan
	10	Kellermann u. Fried, Wäsche		Wien I	1886	160	Herren- und Damenwäsche, Blusen, Schürzen	Orient, Rumänien, Schweiz, N-Europa
	11/13	Meinl's A. Erben, Spitzen- u. Stickereifabrik „Bärringerhof"	(P)	Bärringen b. Karlsbad Grünberg b. Graslitz, B. Großpriesen a. E.	1810 1862 1896	zus. 1200	Baumwollgarne, Zwirne, Spitzen, weiße Webwaren	Rumänien, Serbien, Deutschland, N: Prag, Budapest
		Rosenthal A., Kattun- u. Tücherdruckgewerbe	(1)	Böhm. Leipa				
	14	Harlander Zwirnfabrik AG	(S, P, M)	Harland b. St. Pölten, N.-Ö.	1893	1400	Superzwirne, Wollwebgarne	Balkan, Orient, Indien, W-Afrika
	15	Noe Stross AG der Vereinigten Textilfabriken	(P)	Liebauthal b. Königsberg: Spinnerei Weißwasser, Böhmen: Weberei	1892 1848	930 650 bis 700	Buntgewebe, Kleiderstoffe, Barchente	Deutschland, Skandinavien, W-Europa, Balkan, Amerika
	16	Löwinger u. Glas, Baumwollwaren		Warnsdorf; Zwickau; Königinhof a. d. Elbe	1872		Zephire, Velourflanelle, Buntweben	Balkan, Amerika, Ostasien

Anhang 4

		Name, Betriebszweig	Lage der Betriebsräume	Standort der Fabrik	Gründungsjahr	Arbeiterzahl	Erzeugung	Export
Salzgries	16	Rainer F. M. u. Co. G.B.m.M., Wäsche, Decken, Mieder	(P, 1)	Wien	1871	Verlagssystem	Herren- u. Damenwäsche, Mieder, Manschetten, Steppdecken	Serbien, Montenegro
	17	Schwarz u. Co., Weberei (Eigentümer)	(P, M, 1, 2)	Gablonz	1847	400	Damenkleiderstoffe aus Kammgarn	Orient, S-Amerika
	15	Dieselbe	(1)	Zizelitz, Böhmen		400		
	19	Dieselbe	(M)	Brünn				
Salztorgasse	1	Bachrich Ed., Mieder, k.k. Hoflieferant	(P)	Wien XX	1885	100		Vorderasien, Balkan
	7	Schroll's Benedikt Sohn, k. u. k. priv. Baumwollwarenfabrik (Eigentümer)	(P)	Halbstadt, Böhmen; Braunau (Ölberg), Böhmen; Grulich, Böhmen	1813	2800	Leinen- und Baumwollwaren	Deutschland, Skandinavien, Balkan, Levante, Ägypten, Amerika, Asien. N: Prag
	5	von Liebieg Franz, Wollwaren (Eigentümer)	(P, 1)	Dörfel b. Reichenberg, Böhmen; Bunzendorf b. Friedland	1840	1500	Flanelle, Fahnenstoffe, Drucktücher, Leinenwaren, Futterstoffe	Orient, Deutschland, Amerika, Indien, Balkan
Schottenbastei	11	Spiegler B. u. Söhne, Baumwollweberei, Bleicherei, Färberei u. Appretur	(P, M, 1, 2)	Hronow, Böhmen	1847	1500	Hochklassige Baumwollwaren	überallhin!
Schottenring	14 u. 14a	Taussig Samuel u. Söhne, Segeltucherzeugung	(P)	Hlinsko, Böhmen: Färberei, Appretur; Krouna, Pordubitz, Böhmen: Webereien; Györ u. Bartfa, Ungarn	?	1200	Leinen- u. Jutewaren, wasserdichte Stoffe	Balkan, nordische Staaten, Ägypten, S-Afrika, Britisch-Indien, Ostasien. N: Prag, Budapest
	14	Schur Moritz, Baumwoll- und Seidenweberei	(M)	Märzdorf b. Braunau, Böhmen: Weberei; Mähr. Trübau: Seidenweberei, Färberei	1884	800	Feine Baumwollwaren und Seidenstoffe	?
	14	Zentrale der Vereinigten Färbereien AG (= Schwestergesellschaft d. Ungarischen Textilfärberei AG, Budapest)	(1)	Röchlitz, Reichenberg, Aussig; Möllersdorf, Böhmen; Wien-Kaisermühlen; Wien-Hacking	1844	2400	Färben, Drucken, Appretieren von Webwaren u. Garnen	?

ANHANG 4

		Name, Betriebszweig	Lage der Betriebsräume	Standort der Fabrik	Gründungsjahr	Arbeiterzahl	Erzeugung	Export
Schottenring	15	Lemberger Alois, Schafwoll- u. Baumwollwaren (Eigentümer)	(P, M)	Hauptbetrieb: Swiadnow-Mistek, Böhmen; Nebenbetriebe: Roskosch, Jägerndorf, Dönis	1867	1500	Atlasse, Konfektionsstoffe, Buntware	Balkan, Vorderer Orient, Nord- u. Westeuropa,
	24	Jenny S., Baumwoll- u. Schafwollwaren	(S, P, 1)	Liebenstein u. Lerchenau Vlbg.: Webereien; Hard b. Bregenz: Bleicherei, Druckerei, Färberei	1823	700	Bedruckte Baumwoll- u. Schafwolltücher, Kleider- u. Schürzenstoffe	Nordeuropa, Deutschland, Balkan, Orient, Amerika
	30	k. u. k. priv. Spinnfabrik „Teesdorf"	(1)	Teesdorf, N.-Ö.	?	550	Baumwollgarne, Stückbleiche, Appretur	Orient
	30	Boschan Siegmund, Baumwollzwirnerei	(S, P)	Ober-Wagram b. St. Pölten	1881	30	Gezwirnte Garne, Strick- u. Häkelgarne	Serbien, Rumänien, Türkei
	30	Mandl Adolf Jun., Baumwollspinnerei u. -weberei	(1)	Mastig, Böhmen; Borowitz, Böhmen	1856	1000	Rohe Baumwollgewebe, Garne	
	32	Stiassny's H. Söhne, Baumwollspinnerei	(S, P)	Reichenau a. d. Knežna, Böhmen	1845	410	Clothe, Hemdenstoffe	
	33	Löwenfeld W., k. u. k. priv. Schafwollweberei und Buntstickerei	(1)	Proschwitz b. Reichenberg	1832	300 und Lohnstühle		N: Prag
Werdertorgasse	2a	Salcher Math. u. Söhne, AG, Knopf-, Ösen-, Schnallenfabrik, Baumwollweberei f. Handarbeitsstoffe		Wagstadt, Schlesien; Jablunkau	1828 (1910)	2000		N: Prag, Brünn, Budapest; 50 Vertreter im In- und Ausland
	4	Doctor Moritz, k.k. priv. Baumwollweberei u. Appretur	(1)	Mittel-Langenau b. Hohenelbe, Böhmen; Zweigfabrik: Szombathely, Ungarn	1852	700	Buntwaren, Bettzeug	Orient, Balkan
	5	Enderlin Gebr. AG, Druckfabrik u. Weberei		Traun b. Linz, O.-Ö.			Bedruckte Stoffe	Westeuropa, Deutschland, engl. Kolonien, Übersee

		Name, Betriebszweig	Lage der räume Betriebs-	Standort der Fabrik	Gründungsjahr	Arbeiterzahl	Erzeugung	Export
Werdertorgasse	7	Neumann's M. B. Söhne, Baumwollweberei u. Druckfabrik	(P)	Dittersbach b. Friedland; Königinhof; Pecka, Böhmen	1871	1500	Kottone, Samte, Flanelle, Cords	Europa und Übersee
	9	Bergmann und Reich, Wäschefabrik	(M)	Wien	1901	100	Arbeitsanzüge, Schürzen, Knabenanzüge	
	12	Kluge J. A., Leinenwaren und Tischzeugfabrik		Hermannseifen: Weberei, Bleicherei; Oberaltstadt: Spinnerei; Marschendorf, Böhmen: Spinnerei	1797	1500	Taschentücher, Tischzeug, Handtücher	Deutschland, Balkan, Indien, Ostasien, S-Amerika
	15	Müller Arno, Juteweberei und Zwirnerei für Teppiche	(P)	Georgswalde, Böhmen	1899	130		Balkan, Orient, England, S-Amerika. N: Budapest
Wipplingerstraße	29	Neumann und Haurowitz, Weberei		Grottau, Böhmen	1866	600	Baumwoll-, Leinen-, Schafwollkleiderstoffe	Balkan, Orient, N- u. S-Amerika, Deutschland, Schweiz. N: Prag
	30	Quittner Jakob und Söhne AG, Tuch- u. Schafwollwaren	(M)	Troppau, Schlesien	1860	700	Militärtuch und Herrenkleiderstoffe	Orient
Zelinkagasse	3	Haase Aloys, k. und k. priv. Leinengarnspinnerei		Trautenau; Parschitz	1846	1200	Flachs- und Werggarne	W-Europa, Südwesteuropa, Deutschland
	5	Proschwitzer Feintuch und Modewarenfabrik Kopetzky und Söhne AG	(1)	Teplitz, Böhmen; Reichenberg, Böhmen; Tun, Böhmen	1868		Anzug- und Überzieherstoffe, Rockfutter	Deutschland, England, Italien
	6	Grab M. u. Söhne, k. und k. priv. Ledertuch-Tapetenfabrik		Lieben b. Prag; Györ, Ungarn	1836	800	Ledertuch, Wachstuch, Fußtapeten, Bandagen, Gummistoffe	Orient, S-Europa, S-Afrika, S-Amerika
	9	Wasservogel und Steiner, Wäschewaren	(S, P)	Wien II	1890	100	Wäschewaren, Herrenhemden, Unterhosen	Rumänien, Bulgarien
	10	Schlesinger Julius, Baumwoll- und Schafwollfabrik	(P)	Niedergrund, Böhmen	1878	300	Herren- und Damenkleiderstoffe	Orient, Balkan, S-Afrika, O-Asien

Anhang 5

Vergleich der Betriebs- und Wohnfunktion von charakteristischen Häusern 1914 (1925 und 1969)[1]

		1914 Wohnung	Betriebsstätte	1969 Wohnung		Betriebsstätte
BÖRSEVIERTEL *Schottenbastei 4*						
	P	Portier	— Gasthaus — Agentur f. techn. Artikel — Agentur u. Kommission — Friseur	P		— Gasthaus — Fahrschule „Bastei" — Friseursalon
	1.	ohne Angaben		1.	gesamte Etage derzeit ungenutzt, bis Jänner 1969 Schneiderwerkstätte	
	2.	— Beamter		2.	— Pensionist (ehem. Bank-Angest.) — Hotelangestellte	
	3.	— Major i. R.		3.	— Gastwirt u. Geschäftsführer (Hotel-Restaurant Grinzing) — Rentnerin (ehem. Schneidermeisterin)	
	4.	— Branntweinschänker	— B Herrenmodewaren	4.	— Botschafter	
OPERNVIERTEL *Elisabethstraße 10*						
	P	— Hausbesorger	— L Sochor A. u. Co., Baumaterialienniederlage — L Eisenwarenhandlung — L Möbelfabrik	P	— Hauswartin	— L Sochor A. u. Co., Stadtlager, Baustoffe — L Eisenwarengroßhandlung
	1.	— Private — Advokat — Private — Klavierprofessor	***	1.	— Pensionistin	— B Rechtsanwalt

[1] J. Lenobel, Adreßbuch der Häuser, Hausbesitzer und Hausbewohner von Wien (I. Bezirk). Wien 1914; Aufnahme J. Lichtenberger. Mai 1969.

Abkürzungen: P Parterre, TP Tiefparterre, HP Hochparterre, B Büro, G Geschäftslokal, L Lagerräume, M Mezzanin, 1., 2. usw. Stock, W Werkstätte, *** Wohnung und Betrieb

ANHANG 5

	1914 Wohnung	Betriebsstätte	1969 Wohnung	Betriebsstätte
2.	— Vertreter	— W Modesalon	2. — Rentnerin	— B Jergitsch-Gitter G.m.b.H.
	— Ingenieur		— Pensionist	— B Jergitsch-Gitter G.m.b.H.
3.	— Privater — Tabaktrafikantin		3. — Gastwirt	— B Jergitsch-Gitter
4.	— Agent — Schneiderin — Korrektor	***		— B Jergitsch-Gitter — B Jergitsch-Gitter — B MaschinenbauGes.m.b.H. „FMW"

Makartgasse 3 (=Getreidemarkt 4)

	1914 Wohnung	Betriebsstätte	1969 Wohnung	Betriebsstätte
P	Portier		P — Kraftfahrer (verh. m. Hauswartin)	
		— Weinhalle — B Akkumulatorenfabrik AG — B Spediteur		— Weinhalle — L Auslieferungslager für Autozubehör
M	— Statthalterswitwe		M — Rentnerin	— B Repräsentanz der Firma Vorwerk, Wuppertal
	— Generalmajorswitwe			— B Österr. Verkehrsbüro
1.	— k.k. Geh. Rat u. General d. Kav.-Reg. — Graf M. Montecuccoli, Gouverneur d. Länderbank		1. — Dentist — Rechtsanwalt	— B Realkanzlei — B Techn. Büro
2.	— Ministerialrat im Eisenbahnministerium — Fabrikant		2. — Pensionistin — Kaufmann (Uhrenarmbänder en gros)	— B Universal-Elektronik Imp. GesmbH, Rank Taylor Hobson Division, Leicester, England — B Eisenexportges. mbH ***

ANHANG 5

	1914 Wohnung	Betriebsstätte		1969 Wohnung	Betriebsstätte
3.	— Private — Kaufmann — Private	***	3.	— Gastwirt (Weinhalle s. o.) — Kaufmann — Rentnerin — Prokurist	***

POSTSPARKASSENVIERTEL

Biberstraße 8

P	— Hausbesorger	— G Gemischtwaren — G Papier — B Verwalter d. Trafikantenlotterie — W Schuhmacher — G N.-Ö. Molkerei	P		— G Perserteppiche — B Internationale Transporte Schnieder — G Korbmöbel, Flecht- u. Holzwaren
M	— Private — Private		M	— Pensionist — Prokurist — Pensionistin	
1.	— Buchsachverständiger	***	1.	— Pensionistin — Bundesbeamter (Dr. phil.) — Pensionistin	
2.	— Privatier — Kaufmann — Kaufmann	*** ***	2.	— Kaufmann — Gastwirtin — Musikkaufmann	
3.	— Kaufmann	***	3.	— Firmengesellschafter — Kürschnermeister — Gewerbepensionistin — Pensionist	
4.	— v. Skene, Großindustrieller		4.	— Ziviling. f. Bauwesen[1] — Kaufmann — Gend.-Bezirksinspektor — Pensionistin (Fremdenführerin)	***

[1] Wohnungsteilung vgl. Fig. 29.

Anhang 5

	1914 Wohnung	Betriebsstätte	1969 Wohnung	Betriebsstätte
5.		— Kunstschule für Frauen und Mädchen	5. — Rentner — Büroangestellte — Firmenteilhaberin — Garagenmeister u. Hauswart — Bankbuchhalter — Pensionistin	

RATHAUSVIERTEL

Bellariastraße 12

	1914 Wohnung	Betriebsstätte	1969 Wohnung	Betriebsstätte
P	— Portier	— Restaurant	P	— Restaurant „Wienerwald"
M	— Arzt	***	M — Facharzt f. Kinderheilkunde	***
1.	— k.k. Hofrat u. Arzt	***	1. — Arztwitwe — Oberbaurat — Portier	
2.	— Derselbe	***	2. — Dipl.-Ing., Angestellter — Facharzt f. Zahnheilkunde	***
3.	— Private — Schriftstellerswaise		3. — Pensionistin — Kaufmann	

Ebendorferstraße 4

	1914 Wohnung	Betriebsstätte	1969 Wohnung	Betriebsstätte
P	— Hausbesorger	— Rieder, Restaurateur	P — Hausbesorgerin u. Verkäuferin	— B Rieder, Landesweinkost
HP		— Union-Baugesellschaft	HP — Angestellte d. BA f. Eich- u. Vermessungswesen — Firmeninhaber der Wiener Kinomodenschau	
M		— AG f. Holzgewinnung	M — Pensionistin — Pensionist	
1.		— Familienpension	1. — Pensionist — Techn. Angestellter	

	1914		1969	
	Wohnung	Betriebsstätte	Wohnung	Betriebsstätte
	2. — Familienpension		2. — Präsident d. BA f. Eich- u. Vermessungswesen — Oberstaatskonservator — Pensionistin	
	3. — k.k. General d. Kavallerie		3. — Pensionistin — ÖBB-Zentralinspektor	
	4. — Private — Private		4. — Oberbaurat — Lehrerin i. P. — Pensionistin	

Schmerlingplatz 8

	Besitzerin: Klothilde Schrack		Besitzer: Dr. Eduard Schrack	
	P — Hausbesorger		P — Hausbesorgerin	
	M — Apotheker		M	— B Elektrizitäts AG Dr. Ed. Schrack
	1. — Graf Thun-Hohenstein, k.k. Kämmerer		1. — Industrieller Dr. Eduard Schrack	
	2. — Hausbesitzerin		2. — Architekt (Gattin = Tochter d. Industriellen Schrack)	
	3. — Hausbesitzerin		3. — Kunsthändler — Industrielle (= Schwägerin d. Industriellen Schrack)	
	4. — Private		4. — Bankdirektor von Schoeller u. Co. — Tapetenfabriksdirektor	

ROSSAUERVIERTEL (1925)

Berggasse 10

	TP	— W Modewerkstätte	TP	— W Elektroinstallationen
	HP — Schneider — Elektrotechniker — Diener	***	HP — Facharzt — Pensionistin — Hauswartin	

ANHANG 5

	1925 Wohnung	Betriebsstätte	1969 Wohnung	Betriebsstätte
M	— Architekt — Regierungsrat	***	M — Pensionist (= Hausinhaber) und Untermieterfamilie = Mechaniker	
1.	— Private — Beamter — Private		1. — GCA-Radarkontrollor — Pensionist — Pensionist	
2.	— Beamter — Private	— Holzwollevertrieb	2. — Schneidergeh. — Kaufm. Angest. — Pensionistin	
3.	— Direktor — Rechtsanwalt — Kaufmann — Buchhalter	*** ***	3. — Buchdruckereigesellschafter — Pensionist — Pensionistin — Versicherungsangestellter	

Kolingasse 4

	1925 Wohnung	Betriebsstätte	1969 Wohnung	Betriebsstätte
P		— B Zahnarzt — L Gummiwaren	P	— L Lokal d. Ersten Wr. Wach- und Schließges.
HP		— B Brunnenunternehmung — W Mechaniker	HP — im Besitz der Wach- und Schließges.	
M	— Präsident		M — 10 Untermieter = Nachtwächter, hauptsächlich Bgld., N.-Ö. Hauswartin	
1.	— Private — Gemischtwarenhändler — Agentur	***	1. — Univ.-Prof. f. Zahnheilkunde — Angestellter (Staatsoper)	***
2.	— Witwe — Gemischtwarenhändler	— B Kommanditges.	2. — Angestellter — Direktor d. österr. Kontrollbk. — Rentnerin	
3.	— Rechtsanwalt — Privater — Gastwirt	***	3. — Kaufmannsfrau — Gummiwarenhändler	***

ANHANG 5

	1914 Wohnung	Betriebsstätte	1969 Wohnung	Betriebsstätte
4.	— Großindustrieller — Private — Bankbeamter — Rechtsanwalt	***	4. — Hausfrau — Hausfrau — Trafikantin — Pensionistin	

SCHWARZENBERGPLATZVIERTEL

Bösendorferstraße 6 (ehem. Giselastraße)

	1914 Wohnung	Betriebsstätte	1969 Wohnung	Betriebsstätte
TP	— Kaufmann — Hausbesorger	***	TP	— L Blumenhandlung — L Sesselfabrik
HP	— Kaufmann — Agent	— B Neuchatel Asphalt Comp. Limited *** ***	HP — Pensionistin — Bankbeamter — Kammersänger — US-amerik. Botschaftsangest.	
1.	— Privater — Buchmacher	***	1. — Pensionistin — Versicherungsinspektor — Maschinenfabrikant — Pensionistin — Geschäftsfrau — Dipl.-Ing.	
2.	— Kaufmann — Advokat — Arzt — Advokat — Zahnarzt	*** *** *** *** ***	2. — Kassierin	— B Baugesellschaft (Dorocret-Hartbeton) — B Ziviling. f. Bauwesen — B Baugesellschaft (s. o.)
3.	— Damenkleidermacherin	***	3. — Pensionist — Kaufmann, Ledergroßhandel — Werbekaufmann — Leiter der Kantine Steyr-Daimler-Puch AG.	*** — B Zahnarzt
4.	— Sekretär — Prokurist — Fechtmeister		4. — Pensionistin — Pensionistin — Techn. Betriebsleiter	— B Architekt

243

Anhang 5

	1914 Wohnung	Betriebsstätte	1969 Wohnung	Betriebsstätte
Kärntner Ring 10				
	P/M	— Restaurant	P/M	— British European Airways (Direktion)
	1.	— k.k. Automobilklub	1.	— B „Ideal Standard" GmbH (Kessel- u. Radiatoren für Zentralheizungsanlagen)
	2. — Hausbesitzer = Textilfabrikant — Privatier		2. — Inhaberin eines Textilgeschäfts	— B Drasche-Wartinberg'sche Zentral-Direktion — B 4 Rechtsanwaltskanzleien
	3. — Restaurantbesitzerin		3. — Freiberufl. Journalist — Hochschulprofessor an der Tierärztlichen Hochschule — Realitätenbesitzer	*** — B Kolumbianische Handelsvertretung
	4. — Redakteur — Graf Stanislaus Stadnicky — Restaurantbesitzerin		4. — Rentnerin — Wohnungsinhaberin Valerie Drasche-Wartinberg (s. o.) Pensionistin als Untermieterin	
Parkring 20 (Kaiser Wilhelm-Ring)				
	P — Portier	— Automobilniederlage	P — Hauswartin (Pensionistin) — Private	— G Kraftfahrzeugbedarf — G Damenfriseur — zwei kleine Geschäftslokale, derzeit geräumt — L „Tila"-Bekleidungs-GmbH. u. Holzer-Textil-Agentur — G Autosalon, Offizielle Verkaufsstelle von Hanomag

ANHANG 5

		1914			1969	
		Wohnung	Betriebsstätte		Wohnung	Betriebsstätte
	1.	— Gesandter d. argent. Republik		1.		— B „WAG" Waren- u. Autokreditbank GmbH., Auto- und Maschinenkredit
	2.	— Zuckerfabrikant		2.		— B „Compensa" Textil-Warenhandelsgesellschaft mbH., Ein- und Ausfuhr von Waren aller Art — B Dipl.-Ing., Architekt
	3.	— Baronin Julie Schey		3.	— Fürsorgerentnerin — Kaufm. Angestellte	
	4.	— Univ.-Prof. — Handelsschulprof.		4.	— Rechtsanwaltsanwärter — Firmengesellschafter	
TEXTILVIERTEL *Börsegasse 10*						
	P	— Diener	— B Webereifabrik	P	— Heizer und Hauswart	— L Herrenhemdenfabrik Amann u. Co., Götzis, Vlbg. — B Uhrengroßhandel — B Textil- u. Galanteriegroßhandel
	M		— B Webwarenfabrik	M		— L Argeco, Damen- und Herrenoberbekleidung — B Phildar, Strickgarne-Generalvertretung
	1.		— B Fabriken-Versicherungsverband	1.	— Geschäftsfrau	— W Erzeugung feiner Herren-Modellbekleidung en gros, Verkauf und Büro
	2.	— Generalsekretär — Privater		2.	— Professor i. R. — Fabrikant	
	3.	— Fabrikant		3.	— Kaufm. Angest. — Pensionist	

ANHANG 5

	1914		1969	
	Wohnung	Betriebsstätte	Wohnung	Betriebsstätte
Franz Josefs-Kai 41				
	P	— G Gemischtwaren	P	— L Herren- u. Damenstoffe, Textilwaren en gros
		— G Kleider		
		— G Galanteriewaren		
		— G Modistin		
		— G Tabak-Trafik		— G Tabak-Trafik
		— G Leinen- u. Baumwollwaren		— G Konfektions- u. Wirkw.
		— G Rohseiden		
	— Hausbesorgerin		— Hausbesorgerin	
	1.	— L Bijouteriehandel	1. — Süßwaren-Einzelhändlerin	
		— W Wäschewarenerzeugung	— Pensionist	
			— Bautechniker	
	2. — Privatier		2. — Pensionist	
	— Rechtsanwalt	***		— B ALBUG, Allgemeine Buchführungs- u. Steuerberatungs-Ges. m. b. H.
	— Rechtsanwalt	***		
	3.	— L Manufakturwaren	3. — Fachinspektor	
		— B Kleiderhandel	— Pensionistin	
			— Buchhalter	
	4. — Hotelier		4. — Rechtsanwalt	***
	— Rechtsanwalt	***	— Pensionist	
Neutorgasse 4				
	P	— Manufakturwaren	P	— L Wirkwarenfabrik Amann u. Co., Hohenems, Vlbg.
		— Rauhwaren en gros		— B Textilwaren-Großhandel Firma Hans Schlossnikel
		— Kommissionsgeschäft		— B Schindler-Weben (Zentrale für 12 Wr. Filialbetriebe)
	HP — Hausbesorger		HP Hauswartin	
				— B Handelsagentur f. Textilf.
	M — Kaufmann	***	M	— L Textilfabrik J. u. G. Kunert, Bregenz, Vlbg.
				— W Hotelservice Schindler, Weben

ANHANG 5

	1914		1969	
	Wohnung	Betriebsstätte	Wohnung	Betriebsstätte
	1. — Privatier	— B Kommissionsgeschäft	1. — Sekretärin	— W Firma H. Schlossnikel (s. o.), Stückwerkstätte (Herrenhemden, Damenblusen usf.)
	2. — Rechtsanwalt — Buchhalter	***	2. — Journalistin — Staatsbibliothekar — Direktor der Kamig AG — Geschäftsinhaber (Lederwaren)	
	3. — Geschäftsinhaberin — Prokurist — Kaufmann — Juwelier	 *** 	3. — Kaufmann — Untermieterehepaar: indones. Student u. Sekretärin bei der Atomkommission — Gesellschafter	 — B Rechtsanwalt

Werdertorgasse 17

	1914		1969	
	Wohnung	Betriebsstätte	Wohnung	Betriebsstätte
	P — Hausbesorgerin	— Manufakturwaren — L Schuhwarenfabrik	P — Hausbesorgerin	— L Spedition
	M	— B „Cosmanos" Vereinigte Textil- u. Druckereifabrik — W Miedererzeugung — B Familienschutzverein	M — Rentnerin	B o.H.G. — W Erzeugung neuzeitlicher Verpackung — L Lederniederlage
	1.	— B Österr. Diskont-Ges. m. b. H.	1. — Polizeibeamter — Pensionist — Untermieter: 4 Studenten — ÖBB-Oberinspektor — Pensionistin — Techn. Büro f. Elektro- Meß- u. Regeltechnik	***

ANHANG 5

	1914 Wohnung	Betriebsstätte	1969 Wohnung	Betriebsstätte
2.		— B Kredit-Verkehrs- gesellschaft G. m. b. H.	2. — Techn. Berater (Elektro- nachtspeicheröfen) — Kaufmann — Pensionistin	***
	— Oberrabbiner			
	— Rechtsanwalt	***		— B Dentist
3.		— W Konfektion	3. — Prokurist — Pensionistin	
	— Reisender		— Kaufmänn. Angest. — Pensionistin	
	— Schneiderin	***	— Dreher	

VOTIVKIRCHENVIERTEL (1925)

IX., Ferstelgasse 4

TP	?		TP	— L Hafnermeister
HP	?		HP — Rentnerin — Hilfsarbeiter (u. Hauswartin)	— W „Heidi-Keramik" — B Stahlunion Export Ges., Düsseldorf (Sitz d. Dele- gierten für Jugoslawien)
M	— Direktor		M	— L Chem. Fabrik Kwizda
1.	— Private		1. — Facharzt f. Augenheilkunde	***
2.	— Privatdozent		2. — Geschäftsfrau (Hausbesitzerin und Schuhgeschäft)	
3.	— Privater		3. — Graf Czernin Untermieterin: US-Staatsbürgerin	
	— Privater		— Magistra	

Garnisongasse 4

TP		— Konditor — L Drahtstifte	TP	— Konditor — L Großhandelsfirma für Drahtstifte

	1925 Wohnung	Betriebsstätte		1969 Wohnung	Betriebsstätte
HP	— Rechtsanwalt — Rechtsanwalt	*** ***	HP	— Pensionist — Obermonteur	— B Rechtsanwalt
1.	— Arzt	— Laboratorium ***	1.	— Facharzt f. Hals, Nasen, Ohren — Prakt. Arzt (Angest.)	***
2.	— Hofrat	— Laboratorium	2.	— Versicherungsdirektor — Kinderfacharzt (em. Univ.-Prof.)	***
3.	— Assistent — Private		3.	— Dr. jur. (Angest.) — Pensionistin	
4.	— Verwaltungsrat — Kaufmann — Uhrmacher		4.	— Buchhändler — Pensionist — Kleinrentnerin	

Anhang 6

Das Geschäftsleben auf der Ringstraße 1914 und 1969[1]

	1914	1969
Opern-Ring		
1	Gummiwarenhandlung	Schuhgeschäft Delka (Filiale)
	Ericsson, Österr. Elektrizitäts-AG	Strickwaren
	k.k. Hoflieferant Backhausen	Reisebüro Romania
	Friseur	
	k.k. Hofphotograph	
3	Buchhandlung	Parfümerie Gerstenberger (Filiale)
	Kunststickerin	
	Gasthaus	Schmuck
	Kaffeehaus	Wr. Allianz Versicherung (Hauptanstalt)
5	Schuhwaren	Photo
	Musikalienverlag	Kunsthandlung
	Messingmöbelhandlung	Damenmoden
		Andenken
		Interbank (Wechselstube)
		Wäsche – Amazone (Filiale)
		Lederwaren
		Kleinbahn
		Interbank (Einlagen, Kredite)
7	Zuckerwarenhandlung	Café-Konditorei Aida
	Fächerfabriksniederlage	Parfümerie und Friseur
	Visitkartendruckerei	Druckerei
9	Zeichen- und Malrequisiten k.k. Hoflieferant	Fluglinie SABENA
		Schneideratelier
		Fluglinie ELAL Israel Airlines
		Waschmaschinen Sonnenwerk
11	—	Autohaus Tarbuk u. Co. (Simca, Skoda, Chrysler)
13	Eisenhandlung	Kabarett Maxim
		Herrenmoden
		Fluglinie Air Canada
		Blumen
15	Schneideratelier	Schneideratelier
	Parfümerie	

	1914	1969
15	Buchhandlung	Buchhandlung
17	Buchhandlung	Gemäldegalerie
		Papierhandlung, Souvenirs
19	ohne Angaben	Kino
		Autohaus Opel u. Beyschlag
21	Weinhandlung	Espresso
	Buchhandlung	Photogeschäft
	Papierhandlung	Moderne Raumgestaltung
	Zuckerlgeschäft	
23	Blumenhandlung	Schneideratelier
	Kaffeehaus	Autohaus (Hillman, Sunbeam Humber usf.)
Opern-Ring		
4	Restaurant	Autohaus Mercedes-Benz
6	Gemischtwarenhandlung	Iraqi Airways
	Installateur	Espresso-Büffet
	Tapetenhandlung	Autohaus Porsche-VW Stua u. Höpfl
	Herrenschneider	
	Gasthaus	
8	—	Autohaus VW Stua u. Höpfl
		Fluglinie Iberia
10	—	Gummiwaren
		Autohaus Morris, MG, Wolseley
Burg-Ring		
1	Gasthaus	Autohaus Opel-Perl
	Tapetenniederlage	Schmuck
	Gewehrgeschäft	Buchhandlung
		Schuhe
3	Tabak-Trafik	Confiserie
	Herrenmoden	Wiener Modellschmuck
		Sportmoden Klepper

[1] J. Lenobel, Adreßbuch der Häuser, Hausbesitzer und Hausbewohner von Wien (I. Bezirk). Wien 1914; Aufnahme E. Lichtenberger. Juni 1969.

ANHANG 6

	1914	1969
Kärntner Ring		
1	im Bau	Ausstellungsraum Porzellan
		Creditanstalt-Bankverein (Zweigstelle)
		Hotel Bristol
3	Blumenhandlung	Feinkost (leer)
	Buchhandlung	Parfümerie – Souvenirs
		Fluglinie Middle East Airlines
		Fluglinie United States Lines
		Trafik
		Kartenbüro
5	Hotel Bristol	Fluglinie Olympic Airways (griech.)
		Fluglinie Pan-American World Airways
7	Hotel Bristol	Steyr-Daimler-Puch (Ausstellungsräume)
9, 11, 13	Grand Hotel	Internationale Atomenergie-Kommission
	Blumenhandlung	
	Elektrogeschäft	
	Norddeutscher Lloyd	Autohaus General Motors (in Übersiedlung)
	Tabak-Trafik	
	Autogeschäft	Photogeschäft
	Buchhandlung	
	Schneider	
	Internat. Schlafwagen Ges.	
	Friseur	
	Handschuhhandlung	
15	Blumensalon	Reisebüro Cosmos (Norddeutscher Lloyd, Hamburg-Amerika-Linie)
	Fiat-Automobilwerke	
	Papierwarengeschäft	
17	Apotheke	Internationale Apotheke
	Lederwaren	Ausstellungsraum Fiat
	Kaffeehaus	Café Schwarzenberg

	1914	1969
Kärntner Ring		
2	Kaffeehaus	Meinl-Filiale
	Papierwarenhandlung	Fluglinie Alitalia
	Galanteriewarenhandlung	Reisebüro Wagon-Lits Cook
	Zuckerlgeschäft	
	Automatenbüfett	
4	Cunard Steam Ship Co.	Ital. Fremdenverkehrsamt Enit
		Fluglinie Swiss-Air
6	Schuhgeschäft	Schneideratelier
	Friseur	Friseur (leer)
	Blumenhandlung	Italia Lloyd Triestino
	Österr. Lloyd Dampfschiffahrtsgesellschaft	
8	Kaffeehaus	Österr. Länderbank (Zweigstelle)
	Delikatessenhandlung	
	Schneider	TZ – Bank Autofina
10	Restaurant	Fluglinie BEA
12	Itala-Automobilwerke	Anglo-Elementar Versicherung
	Schirmhandlung	Theaterkartenbüro
	Kunsthandlung	Kunsthandlung
14	Österr. Benz Motoren Ges.	Intern. Spedition
	Herrenschneider	Herrenbekleidung
	Orientteppiche	Autohaus Vauxhall–GM
	Red Star Line, Reisebüro	
16	Hotel Imperial	Hotel Imperial
18	Bank	Fluglinie Austrian Airlines
	Autogeschäft	Reisebüro Dr. Barry
	Gasthaus	
Schubertring (Kolowratring)		
1	Gasthaus	Shell-Austria AG
3	Tabak-Trafik	ÖAMTC (Österr. Automobil-, Motorrad-, Touring Club)
	Linoleumniederlage	
5	—	Girozentrale und Bank der Österr. Sparkassen AG.
7	Gemischtwarenhandlung	Girozentrale und Bank der Österr. Sparkassen AG.

Anhang 6

	1914	1969
9–11	Lacke u. Farben Wiener Molkerei Königl. holländ. Lloyd- Schiffahrtsgesellschaft Gemischtwarenhandlung Teppichhandlung	Lacke u. Farben Wiener Molkerei (Filiale) Holland-America-Linie Gemischtwarenhandlung Autohaus Renault
13	Militärkasino	Promenaden-Café

Schubertring (Kolowratring)

	1914	1969
2	Kaffeehaus	Autohaus Opel-Kandl (Chevrolet, Buick, Cadillac)
4	Friseur Putzerei Buchhandlung	Autohaus Frey (NSU) Friseur Espresso u. Büffet
6	Kunsthandlung Büromöbelhandlung	Autohaus Alfa-Romeo Wr. Verkehrsverein (Informationen) Autohaus Jaguar-Daimler (Coventry)

	1914	1969
8	Tapetenhandlung	Tapetenhandlung Autohaus Lotus (Norwich, Norfolk)
10	Auto-Zentrale Ges. m. b. H. Optiker Trafik Papierhandlung	Autohaus Ford-Hinteregger
12	Juwelenimitationsgeschäft Grammophonhandlung Luftzugverschließerzeugung Bilderhandlung	Autohaus Ford-Hinteregger Feinkosthandlung Photogeschäft
14	Wiener Autobetriebsges. Friseur Bank Installateur Weinhandlung Musikinstrumente	Creditanstalt-Bankverein (Zweigstelle) Fluglinie KLM

SCHRIFTTUM

Bach, Th.: Die Anteilnahme der Wiener Baugesellschaft an der baulichen Entwicklung Wiens. Wien 1905.

Benedikt, H.: Die wirtschaftliche Entwicklung in der Franz Joseph-Zeit. Wien 1958.

Bobek, H., und Lichtenberger, E.: Wien. Bauliche Gestalt und Entwicklung seit der Mitte des 19. Jahrhunderts. Graz-Köln 1966 *(Ausführliches Schrifttumsverzeichnis über Wien)*.

Brunner, O.: Aufgaben der Wiener Stadtgeschichte. Monatsblätter d. Vereins f. Geschichte d. Stadt Wien 15, 1930, S. 115–126.

— Das Wiener Bürgertum. Eine historisch-soziologische Studie. Monatsblätter d. Vereins f. Geschichte d. Stadt Wien 15, S. 220–231.

Daum, J.: Das Wiener städtische Mietwohnhaus in der Zeit von 1700–1859. Diss. Techn. Hochschule Wien 1957.

Eisler, M.: Historischer Atlas des Wiener Stadtbildes. Wien 1920.

Eitelberger, R. v., und Ferstel, H.: Das bürgerliche Wohnhaus und das Wiener Zinshaus. Wien 1860.

Fellner, F.: Wie soll Wien bauen? Zur Beleuchtung des „bürgerlichen Wohnhauses" der Herren Eitelberger und Ferstel mit einigen Bemerkungen über die Wiener Baugesetze. Wien 1860.

Geschichte der Stadt Wien. Hrsg. v. Altertumsverein seit 1897; Bd. 7, Wien 1955 (im hist.-topogr. Abschnitt bis 1740 reichend).

Die Großindustrie Österreichs. Festgabe zum 50jährigen Regierungsjubiläum. 6 Bde., Wien 1898.

Gugitz, G.: Bibliographie zur Geschichte und Stadtkunde von Wien. 4 Bde., Wien 1947–1958.

Hassinger, H.: Kunsthistorischer Atlas der Reichs- und Residenzstadt Wien. Österr. Kunsttopographie XV, Wien 1916.

Kortz, P.: Wien am Anfang des XX. Jahrhunderts. 2 Bde., Wien 1906.

Lichtenberger, E.: Sozialräumliche und funktionelle Gliederung Wiens um 1770. Karte 1: 14.000 im Niederösterreich-Atlas, Wien 1958.

— Wien. Eine stadtgeographische Skizze. Geogr. Rdsch. 14, 1962, S. 236–246.

— Die Geschäftsstraßen Wiens. Ein statistisch-physiognomischer Vergleich. Bobek-Festschrift, Wien 1964, S. 405–446.

— Entwicklungs- und Raumordnungsprobleme Wiens im 19. Jahrhundert. In: Historische Raumforschung 6, Forschungs- u. Sitz.ber. d. Akademie f. Raumforschg. u. Landesplanung Hannover, Bd. XXXIX, 1967, S. 195–225.

Mayer, H.: 100 Jahre österreichische Wirtschaftsentwicklung, 1848–1948. Wien 1949.

Petermann, R.: Wien im Zeitalter Kaiser Franz Josephs I. Wien 1908.

Schimmer, G. A.: Die Bevölkerung von Wien und seiner Umgebung nach dem Beruf und der Beschäftigung. Wien 1874.

Schwarz, P.: Die Entwicklung der städtischen Grundrente in Wien. Leipzig 1901.

Srbik, H., und Lorenz, R.: Die geschichtliche Stellung Wiens 1740–1918. Geschichte der Stadt Wien. Neue Reihe, Bd. I., Wien 1962.

Wagner-Rieger, R.: Das Wiener Bürgerhaus des Barock und Klassizismus. Wien 1957.

Weiss, K.: Die Entwicklung Wiens von 1848 bis 1872. Leipzig 1873. Sonderdruckab aus: Unsere Zeit, N. F. IX, 1.

Adreßbücher

Czapek, A., und Scholz, E.: Vollständiges Häuserbuch der Residenzstadt Wien samt Umgebung. Wien 1869.

Häuserkataster der k. k. Reichs- und Residenzstadt Wien. 2., verb. Aufl. Wien 1911/12.

Lenobel, J.: Adreßbuch der Häuser, Hausbesitzer und Hausbewohner von Wien. I. Bezirk. Wien 1914.

Lehmann (Hrsg.): Wiener Adreßbuch. Wien 1925 (für die Bezirke III, IV, IX).

Salzberg, W.: Häuser-Kataster der Bundeshauptstadt Wien. 10 Bde., Wien 1927.

Lehmann (Hrsg.): Wiener Adreßbuch. Wien 1942.

Statistische Veröffentlichungen

Karl, J.: Taschenbuch für das Jahr 1836, das Gemeindewesen überhaupt und die Wiener Vorstädte insbesondere betreffend. Wien 1836.

Statistik der Stadt Wien. Wien 1857–1866.

Glatter, E.: Wien in Ziffern. Wiener Kommunalkalender 6. Wien 1868.

Mitteilungen der statistischen Abteilung des Wiener Magistrats 1876 bis 1924, fortgesetzt als Statistische Mitteilungen der Stadt Wien 1925 bis 1927, fortgesetzt als Mitteilungen aus Statistik und Verwaltung der Stadt Wien 1928 bis 1939, 1946 ff.

Statistisches Jahrbuch der Stadt Wien 1883 bis 1914, 1929 bis 1935, 1937 bis 1951, fortgesetzt als Jahrbuch der Stadt Wien 1952 ff.

Statistische Daten über die Stadt Wien 1884 bis 1914, fortgesetzt als Statistisches Taschenbuch der Stadt Wien 1926 bis 1938, 1947 ff.

Österreichisches Städtebuch 1887 bis 1918, fortgeführt als Statistisches Jahrbuch österreichischer Städte, Wien 1950 ff.

Hickmann, A. L.: Hist.-statistische Tafeln aus den wichtigsten Gebieten der geistigen und materiellen Entwicklung der k. k. Reichshaupt- und Residenzstadt Wien im 19. Jh. Wien 1903.

Sonderhefte zu den Mitteilungen aus Statistik und Verwaltung der Stadt Wien; darunter
H. 2, 1928: Die Berufsverhältnisse in Wien und deren Entwicklung.
H. 1, 1953: Wiener Sterbetafeln.
H. 3, 1953: Die Häuser-, Wohnungs- und Volkszählung in Wien vom 1. Juni 1961.
H. 3, 1954: Österreich und seine Bundeshauptstadt Wien.
H. 5, 1954: Die Mietzinse im Jahre 1954.
H. 2, 1955: Die Wiener Gemeindewohnungen und ihre Bewohner.
H. 4, 1955: Die Wiener in der Konjunktur.
H. 2, 1957: Die Wiener Berufspendelwanderung.
H. 1, 1959: Das soziale Wien.

Schrifttum

H. 2, 1960: Die Personenstands- und Betriebsaufnahme am 10. Oktober 1959. Ergebnisse für Wien nach Gemeindebezirken und Wahlsprengeln.

H. 1, 1965: Die Wiener Wohnbevölkerung nach Zählbezirken (Ergebnisse der Volkszählung vom 21. März 1961): Wohnbevölkerung nach Alter und Geschlecht.

H. 2, 1965: Beschäftigte der Wohnbevölkerung nach Alter, Geschlecht und Arbeitsort.

H. 3, 1965: Beschäftigte der Wohnbevölkerung nach Stellung im Beruf, Geschlecht und Arbeitsort.

H. 4, 1966: Haushalte.

Ergebnisse der gewerblichen Betriebszählung 1902. Österr. Statistik. Bd. LXXV, H. 3, 1., 2. Abt. Wien 1908.

Gewerbliche Betriebszählung in der Republik Österreich. 1930. Ergebnisse für Wien 1932.

Die Ergebnisse der Erhebung der Wohnungsverhältnisse in Wien am 22. März 1934. Wien 1936.

Historisch-statistische Übersichten von Wien, zusammengestellt von F. Olegnik. Hrsg. v. Stat. Amt d. Stadt Wien, 2 Teile, Wien 1956.

Nichtlandwirtschaftliche Betriebszählung 1954, Wien 1957.

Betriebsstätten in Wien. Ergebnisse der Zählung von nichtlandwirtschaftlichen Betrieben. Betriebszählung vom 10. Oktober 1964. Wien 1966.

Wichtige Karten

Katasterplan: Stadt, Vorstädte und Vororte 1833/34, im Maßstab 1 : 2880.

Stadt und Vorstädte 1866, im Maßstab 1 : 5760.

Plan der Stadt- und Vorstadtbezirke nebst einem vollständigen Verzeichnis sämtlicher Straßen und Plätze. Dengler & Co., Wien 1868, im Maßstab 1 : 12.500.

Stadt, Vorstädte und Vororte 1874, im Maßstab 1 : 5760.

Generalstadtplan (Bezirke I bis XXI) 1891, im Maßstab 1 : 2880.

Generalstadtplan (Atlas) 1912, im Maßstab 1 : 3500.

Baualterplan für den I. Bezirk von A. Klaar im Maßstab 1 : 1250 (als Manuskript vervielfältigt).

Sonstiges Quellenmaterial

Originalmaterial der Volkszählung 1961: Erhebungsbögen der Haushalte und Häuser. Statistisches Zentralamt Wien.

Baupläne und Baugeschichte von Ringstraßenhäusern. Plan- und Schriftenkammer des Wiener Magistrats.

Hausweise Kartierung sämtlicher Arbeitsstätten 1963, ergänzt 1966, einzelne Erhebungen 1968, 1969.

VERZEICHNIS DER FIGUREN

1 Die Wohnbautätigkeit im Ringstraßenbereich 1859–1909 19
2 Das Ringstraßengebiet 1862, Maßstab ca. 1:15.000. nach Seite 20
3 Das Ringstraßengebiet 1866, Maßstab ca. 1:16.000. nach Seite 20
4 Das Ringstraßengebiet 1876, Maßstab ca. 1:15.000. nach Seite 20
5 Das Ringstraßengebiet 1883, Maßstab ca. 1:15.000. nach Seite 20
6 Stadtgeographische und kunsthistorische Viertelsgliederung der Ringstraße 21
7 Die Verklammerung der Ringstraße mit der Altstadt und den Vorstädten 25
8 Parzellierung der Wiener Baugesellschaft: Mölkerbastei 27
9 Parzellierung der Wiener Baugesellschaft: Hegelgasse — Schellinggasse 28
10 Parzellierung der Wiener Baugesellschaft: Salzgrieskaserne . . . 29
11 Parzellierung der Wiener Baugesellschaft: Franz Josefs-Kai . . 30
12 Parzellierung der Wiener Baugesellschaft: Rotes Haus (Alsergrund) 31
13 Die Bodenpreise in der Wiener Innenstadt 1899 33
14 Gewerbebürgerhaus von R. v. Eitelberger und H. Ferstel . . 35
15 Beamtenwohnhaus von R. v. Eitelberger und H. Ferstel 35
16 Bürgerliches Miethaus von F. Fellner d. Ä. 36
17 Stutzflügelhaus der 60er Jahre (Franz Josefs-Kai 41, Konsens 1860); Textilviertel 39
18 Hofumbauung der 60er Jahre (Elisabethstraße 10, Konsens 1862); Opernviertel 40
19 H-Grundriß der 60er Jahre (Werdertorgasse 17, Konsens 1867); Textilviertel 40
20 Nobelmiethaus der 60er Jahre (Kärntner Ring 10, Konsens 1863); Schwarzenbergplatzviertel 41
21 Wohnhaus der 70er Jahre (Schmerlingplatz 8, erbaut von der Wiener Baugesellschaft, Konsens 1869); Rathausviertel 42
22 Nobelmiethaus der 70er Jahre (Parkring 20, Konsens 1872); Schwarzenbergplatzviertel 43
23 Großbürgerliches Miethaus der 80er Jahre (Ferstelgasse 4); Votivkirchenviertel 43
24 Doppeltrakter (Neutorgasse 4, Konsens 1878); Textilviertel . . 43
25 Baublöcke der Ringstraßenzone aus der 2. und 4. Bauphase . . 45
26 Stellung der Ringstraßenhäuser in der Wiener Wohnbauentwicklung 47
27 Schema des sozialen Bauplans von Wien 1869 51
28 Die Stellung der Wiener Ringstraße im Sozialaufbau von Wien um die Jahrhundertwende 53
29 Beispiel einer Wohnungsteilung (Biberstraße 8, 4. Stock) . . 114
30 Die Stellung der Wiener Ringstraße im Sozialaufbau von Wien in der Gegenwart 122
31 Die soziale Gliederung der Mietparteien der Ringstraße 1914, 1942, 1963 129
32 Wohnungsgröße und dominante Sozialstruktur der Ringstraße 1963 131
33 Wohnungsgröße und dominante Haushaltsstruktur der Ringstraße 1963 132
34 Wohnungsgröße und Altersstruktur an der Ringstraße 1963 . . 133
35 Soziale Gliederung der Haushaltsstruktur der Ringstraße 1963 . 135
36 Die Pendlerverflechtung von Altstadt und Ringstraßenbereich mit den Wiener Bezirken 1961 143
37 Die Geschäftsstraßen der Wiener Innenstadt (1969) 159
38 Die viertelweisen Veränderungen von Geld- und Versicherungswesen, Geschäften, Industriebüros und Großhandel zwischen 1914 und 1963 167
39 Die viertelweisen Veränderungen der Wohn- und Betriebsfunktion im Ringstraßenbereich zwischen 1914 und 1963 173
40 Die Gliederung der Wiener City 191
41 Die Stellung des Ringstraßengebietes in der Arbeitsstättenstruktur von Wien 1964 194
42 und 43 Die Stellung des Ringstraßengebietes in der sozialräumlichen Gliederung und in der Wohnungsstruktur von Wien 1961 195
44 Die Berliner Stadterweiterung zur Zeit Friedrichs d. Großen . 202
45 Stadterweiterung und Gliederung der City in München 204
46 Die Gliederung der Frankfurter City 206
47 Die Kölner Altstadt und „Neustadt" — Wohn- und Wirtschaftsfunktion 209

VERZEICHNIS DER TABELLEN

1 Die Entwicklung der Bodenpreise im Ringstraßenbereich 1860–1900   32
2 Die Wohnungsstruktur der Bauten der Wiener Baugesellschaft 1914   38
3 Vergleich der Wohnungsstruktur von Wien 1917 mit der Wohnungsstruktur der Ringstraßenbauten der Wiener Baugesellschaft 1914   48
4 Beruflich-soziale Gliederung von Wien 1869   49
5 Vergleich der Sozialstruktur von Altstadt 1869 und Ringstraßenzone 1914   54
6 Der Wohnort der Hausbesitzer 1914   56
7 Die viertelweise Differenzierung der Hausbesitzer 1914   58
8 Das Verhältnis von Hausbesitzern zu Mietern 1914   60
9 Die viertelweise Differenzierung der Sozialgruppen 1914   62
10 Die viertelweise Differenzierung von Industrieniederlagen und Großhandel in der Ringstraßenzone 1914   69
11 Branchen und Beschäftigtenzahl der Textilfabriken mit Niederlassungen im Textilviertel 1914   71
12 Kronländer und Beschäftigtenzahl der Textilfabriken mit Niederlassungen im Textilviertel 1914   72
13 Entstehungszeit und Beschäftigtenzahl der Textilfabriken mit Niederlassungen im Textilviertel 1914   72
14 Geldwesen in der Ringstraßenzone 1914   77
15 Vergleich der Konsumbereiche des Geschäftslebens von Wien 1902 und der Ringstraßenzone 1914   80
16 Arten und Viertelbildung der Geschäfte im Ringstraßenbereich 1914   81
17 Spezielle Dienste in der Ringstraßenzone 1914   86
18 Vergleich des Gewerbes in Wien 1902 und der Ringstraßenzone 1914   87
19 Arten und Viertelbildung des Gewerbes im Ringstraßenbereich 1914   89
20 Die Verschränkung von Wohn- und Wirtschaftsfunktion in den Bauten der Ringstraße 1914   94
21 Der Sozialaufbau der Wohnparteien der Ringstraße 1914 und 1942   104
22 Die Bombenlücken der Ringstraße nach dem Zweiten Weltkrieg und ihre Schließung (Stand 1963)   110
23 Veränderungen der Zahl der Wohnungen und Betriebsstätten von 1914 bis 1961   116
24 Vergleich der Wohnungsstruktur der Ringstraßenzone (I. Bezirk)   118
25 Die Wohnungsstruktur der Ringstraßenzone nach Zählbezirken 1961   119
26 Gruppierung der Haushalte Wiens nach der Personenzahl 1910 und 1961   120
27 Der Altersaufbau von Wien 1910 und 1961   121
28 Die Gliederung der Berufstätigen von Wien 1910, 1934, 1951, 1961   121
29 Die Zusammensetzung der Wiener Haushalte in den Jahren 1910, 1934 und 1961   123
30 Zahl der Häuser und Bewohner im Ringstraßenbereich 1959   124
31 Größe und Kinderzahl der Haushalte im Ringstraßenbereich 1961 in Prozenten   125
32 Wohnbevölkerung nach Alter und Geschlecht im Ringstraßenbereich 1961 in Prozenten   126
33 Beschäftigte aus der Wohnbevölkerung nach der Stellung im Beruf und Geschlecht in der Ringstraßenzone 1961   127
34 Sozialaufbau der Mietparteien und Berufstätigen der Ringstraße 1961/63   130
35 Sozialaufbau und Altersstruktur der wohnhaften Berufstätigen der Ringstraße 1961   134
36 Die Auflösung der alten Einheit von Wohnung und Betriebsstätte bei den selbständig Berufstätigen auf der Ringstraße 1963   136
37 Die viertelweisen Unterschiede in der Auflösung der Einheit von Wohnung und Betrieb bei den selbständig Berufstätigen im Ringstraßengebiet 1963   137
38 Vergleich der Betriebsgrößen in Wien und der Ringstraßenzone 1959   144
39 Betriebsstätten, Wohn- und Arbeitsbevölkerung im Ringstraßenbereich 1959   145
40 Industrieniederlagen und Büros im Ringstraßenbereich 1914 und 1963   147
41 Die Zentralbüros der österreichischen Industriebetriebe in Wien und im Ringstraßenbereich 1966 nach Größenklassen   149

42 Die Zentralbüros der österreichischen Industriebetriebe in Wien und im Ringstraßenbereich 1966 nach Branchen 149
43 Die Zentralbüros der österreichischen Industriebetriebe in Wien und im Ringstraßenbereich 1966 nach Bundesländern 150
44 Die Lage der Zentralbüros der österreichischen Industriebetriebe im Stadtgebiet 1966 151
45 Die Viertelbildung von Büros der Industrie und des Großhandels im Ringstraßenbereich 1961/63 152
46 Großhandelsbetriebe im Ringstraßenbereich 1914 und 1961/63 153
47 Banken und Versicherungen im Ringstraßenbereich 1914 und 1961/63 154
48 Die Viertelbildung des Geldwesens und spezieller Dienste im Ringstraßenbereich 1961/63 155
49 Vergleich des Geschäftslebens von Wien 1954 und der Ringstraßenzone 1966 157
50 Arten und Viertelbildung der Geschäfte im Ringstraßenbereich 1966 160
51 Arten und Viertelbildung des Gewerbes im Ringstraßenbereich 1963 164

52 Die viertelweise Differenzierung halboffizieller Institutionen und öffentlicher Dienststellen im Ringstraßenbereich 1961/63 ... 170
53 Vergleich der Wohn- und Betriebsfunktionen der Ringstraßenbauten 1914 und 1961/63 172
54 Die Verschränkung von Wohn- und Wirtschaftsfunktionen in den Bauten der Ringstraße 1961/63 174
55 Jährliche Mobilität und Wachstums- bzw. Rückgangsrate von Betriebsstätten der Ringstraße 1963 bis 1968 176
56 Die Veränderungen des Geldwesens und der speziellen Dienste im Ringstraßenbereich 1963 bis 1968 178
57 Die Veränderungen von halboffiziellen Institutionen und öffentlichen Dienststellen im Ringstraßenbereich 1963 bis 1968 ... 178
58 Die Veränderungen von Industriebüros und Großhandel im Ringstraßenbereich 1963 bis 1968 179
59 Die Veränderungen bei den selbständigen Berufstätigen im Ringstraßenbereich 1963 bis 1968 180
60 Die Veränderungen des Gewerbes im Ringstraßenbereich 1963 bis 1968 181

VERZEICHNIS DER KARTEN (Am Ende des Bandes)

Tafel 1 Sozialräumliche und funktionelle Gliederung von Wien 1850
Sozialräumliche und funktionelle Gliederung von Wien 1914
Tafel 2 Die Verbreitung wichtiger Sozialgruppen 1914
Tafel 3 Die Standorte wichtiger Wirtschaftsfunktionen 1914
Tafel 4 Die Verschränkung von Wohn- und Betriebsfunktion 1914

Tafel 5 Veränderung der Zahl der Wohnungen und Betriebsstätten von 1914 bis 1963
Tafel 6 Die Standorte wichtiger Wirtschaftsfunktionen 1961–1963
Tafel 7 Die Verschränkung von Wohn- und Betriebsfunktion 1961–1963

VERZEICHNISSE

VERZEICHNIS DER ABBILDUNGEN (Nach Seite 268)

Titelbild: Altstadt und Ringstraße von Süden (um 1938)
1. Ringstraße mit Museen, Parlament, Rathaus gegen ehemaligen Vorstadtraum nach Nordwesten
2. Schwarzenbergplatz, Blick gegen die Altstadt
3. Nobelmiethäuser in der Reichsratsstraße gegen Rathaus (Rathausviertel)
4. Ausschnitt aus dem Textilviertel mit Roßauerkaserne und Donaukanallände
5. Hotel Imperial, ehemals Palais Philipp Herzog von Württemberg (Kärntner Ring 16, Schwarzenbergplatzviertel), Raum Beletage
6. Arkaden am Friedrich Schmidt-Platz im Westen des Rathauses (Rathausviertel)
7. Ehemalige Dienstbotenstiege (Goethegasse 3, Opernviertel)
8. Herrschaftsstiege (Kärntner Ring 14, Schwarzenbergplatzviertel)
9. Hausdurchfahrt (Opernring 6, Opernviertel)
10. Stiegenaufgang zum Hochparterre (Frankgasse 4, Votivkirchenviertel)
11. Portierloge (Schubertring 4, Schwarzenbergplatzviertel)
12. Ehemaliges Entree einer Großwohnung (Kolingasse 5, Roßauerviertel)
13. Bäckerei (Johannesgasse 23, Schwarzenbergplatzviertel)
14. Ehemalige Fabriksniederlage, heute Souvenirladen (Friedrichstraße 10, Opernviertel)
15. Apotheke zum Heiligen Geist (Operngasse 12, Opernviertel)
16. Autohaus Rühl (Parkring 18, Schwarzenbergplatzviertel)
17. Apotheke zum Heiligen Geist (Operngasse 12, Opernviertel)
18. Café Sperl (VI. Bezirk, Gumpendorfer Straße 11-13)
19. Pelzhaus Foggensteiner (Rathausstraße 17, Rathausviertel)
20. K. k. Geigenmacher (Walfischgasse 8, Schwarzenbergplatzviertel)
21. Teilweise von Cityfunktionen erobertes Wohnhaus (Dominikanerbastei 6, Postsparkassenviertel)
22. Fabriksniederlage J. Z. Schütz (Eßlinggasse 10, Textilviertel)
23. Geschäfte in der Johannesgasse (Schwarzenbergplatzviertel)
24. Geschäfte in der Akademiestraße (Schwarzenbergplatzviertel)
25. Geschäfte in der Universitätsstraße (Votivkirchenviertel)
26. Autosalon und Luftlinien am Opernring (Schwarzenbergplatzviertel)
27. Cityhaus am Kärntner Ring (Nr. 17, Schwarzenbergplatzviertel)

ABBILDUNGSNACHWEIS

Titelbild: Geographisches Institut der Universität Wien

Pressedienst der Stadt Wien, Bilderdienst, Wien: 1, 4

Die übrigen Aufnahmen stammen von Johanna Fiegl, Wien VI, Chwallagasse 4.

Als Vorlage für das Muster des Überzugspapiers der Buchkassette diente ein Dekorationsstoff der Firma Backhausen aus der Zeit um 1870. Das Original befindet sich im Österreichischen Museum für angewandte Kunst.

INDEX

Die Auswahl der in den Index aufgenommenen Stichwörter erfolgte nach ihrem Informationswert. Durch Kursivdruck wurden einerseits die nicht mehr gültigen Namen von Straßen, Plätzen, Brücken und Parkanlagen hervorgehoben und andererseits die Verweise auf Tabellen und Figuren. (Der Herausgeber)

Adel, S. 15, 16, 50, 54, 55, *Tab. 6*, 57 *Tab. 7*, 61, 66, 73, 95, 101, 103, 104, 128
Adelsstadt, S. 15
Adelsviertel, S. 26, 46, 61, 63
Ärzte, S. 104, 136, *Tab. 36, 37*, 138, 141, *Tab. 59*, 181, 190, 192
Ärzteviertel, S. 95; s. a. Votivkirchenviertel
Äußere Bezirke s. Bezirke, Äußere
Akademie der bildenden Künste, S. 189
Akademie der Wissenschaften, S. 190
Akademie für angewandte Kunst, S. 189
Akademiestraße, S. 32, Bild 24
Akademiestraße 9 s. Kärntner Ring 10
Akademieviertel, *Tab. 22*
Aktiengesellschaften, S. 65, 71
Allgemeines Krankenhaus, S. 61, 214
Alser Straße, S. 26, 95, 158
Altersstruktur, S. 121, *Tab. 27*, 123, 126 f., *Tab. 32*, *Fig. 34*, 134, *Tab. 35*, 138, 140
Altes Artillerie-Gebäude, S. 28, *Fig. 9*, 29
Altlerchenfelder Kirche, S. 17
Altstadt, S. 68, 156, 187, 188, 189, 193, Titelbild
• Branchen, S. 66
• Erweiterung, S. 17
• Funktionsverlust, S. 24
• Grundstückpreise, S. 32
• Kriegsschäden, S. 110
• Niederlagen, S. 73
• Sozialstruktur, *Fig. 27*, S. 52, *Tab. 5*
• Straßennetz, S. 24 ff., *Fig. 7*

Altstadt, Wohnbauentwicklung, *Fig. 26*
Am Hof, S. 77, 188
Am Hof 2 s. Kriegsministerium, altes
Am Hof 6, S. 76
Amtsdiener, S. 50
Angestellte, S. 50, 128, 134, 135, 140, 141
Annagasse, S. 26
Arbeiter, S. 52, 134, 135, 141
Arbeiterbezirke, S. 52, 109, 126
Arbeiterwohnungen, S. 37
Arbeitsbevölkerung, *Tab. 39*
Arbeitsstätten, S. 68, *Fig. 41*
Architekten, *Tab. 36, 37*
Architektenwettbewerb, Internationaler, S. 13, 17
Armatur- und Zeughaus, altes, S. 29, *Fig. 10*
Assanierung, S. 198
Aufstockungen, S. 185; s. a. Umbau
Aufwertung, Bausoziale, S. 196
Aufzüge, S. 37
Augustengasse 2, 4, S. 226
Ausfallstraßen, S. 24
Autohandel, S. 158, 168, 177

Babenbergerstraße, S. 32, 158, 177
Badezimmer s. Komfort
Bahnbau, S. 67
Bahnhöfe, S. 15
Banken, S. 14, 16, 24, 57, 58, 68, 76, *Tab. 14, 47*, 177, 189; s. a. Geldinstitute
Bankenbau, S. 77
Bankenviertel, S. 77, 95, 168, 188, 189
• Altstadt, S. 76
Bankenwesen, S. 106, 185; s. a. Geldwesen
Bankgasse, *Fig. 8*
Bankiers, S. 55
Barcelona, S. 199
Basteien, S. 13, 17, 24

Baugesellschaften, S. 13, 27, 98; s. a. Wiener Baugesellschaft
Baugewerbe, *Tab. 51*
Bauklassen, S. 212, 213
Bauordnungen, S. 27, 110, 211 f.
Bauprinzip, Zonales, S. 52
Bautätigkeit, Schwerpunkte, S. 20
Bautypen, S. 46, 96; s. a. Grundrißtypen
Bauvolumen, Gründerzeit, S. 52
Beamte, S. 15, 27, 54, 55, 60, 63, 103, 104
Beamtenwohnhaus, *Fig. 15*
Beamtenwohnviertel, S. 16
Beethovenplatz 4, S. 74
Befestigungsanlagen, S. 13; s. a. Entfestigung
Behausungsziffer, S. 124, *Tab. 30*
Bekleidungsbranche, S. 63
Bekleidungsgeschäfte, S. 79, 157, *Tab. 50*
Bekleidungsgewerbe, S. 65, 66, 68, 86, 106, 166, *Tab. 51*
Bekleidungsstraßen, S. 156
Bellariastraße, S. 29, 108
Bellariastraße 6, 8, S. 42, 222
Bellariastraße 12, S. 42, 222, 240
Belvedere, S. 16, 61, 63, 98, 189
Berggasse, S. 141
Berggasse 10, S. 241 f.
Berggasse 32, S. 224
Berg- und Hüttenwerke, Niederlagen, S. 74
Berlin, S. 201 ff., *Fig. 44*
Berufsgruppen, S. 135
Berufstätige, S. 49 f., *Tab. 28, 35*, 138
Beschäftigte, *Tab. 11, 12*, S. 143, *Tab. 33*
Beschäftigtenzahl, S. 106
Beschäftigungsgrad, S. 126 f.
Betriebe, *Tab. 49*
Betriebsfunktionen, *Fig. 39*, *Tab. 53, 54*, S. 184, Anhang 5
• Reine, S. 93

259

Betriebsfunktionen, Mengung mit Wohnfunktion, S. 93; s. a. Zweckentfremdung
Betriebsgrößen, S. 79, 144, *Fig. 38*
Betriebsgrößenklassen, S. 71, 148
Betriebsstätten, S. 113, *Tab. 23, 39, 55*, 186
Betriebsstättenzählung 1964, S. 146, 192
Betriebszahl, Gewerbe, S. 166
Bettgeher, S. 15; s. a. Untermieter
Bevölkerung, Kriegsverluste, S. 109
Bevölkerungsstruktur, S. 102; s. a. Sozialstruktur
Bevölkerungszahl, S. 106, 109
Bezirke, Äußere, S. 52, 55, 98, 102, 144, 156; s. a. Vororte
 • Innere, S. 52, 55, 102, 144, 151, 156, 177, 188; s. a. Vorstädte
Biberstraße 8, S. 114, *Fig. 29*, 239 f.
Biberstraße 22, S. 225
Bodencreditanstalt, S. 29, 76, 77
Bodenpreise, *Tab. 1, Fig. 13*, 32 ff., 45, 198, 200
Börse, S. 18, 24, 63, 70, 77, 91, 92, 97, 106, 110, 136, 154, 189
Börsegasse, S. 32, 70, 97, 168
Börsegasse 7, 8, 14, 18, S. 226
Börsegasse 10, S. 226, 245
Börseplatz, S. 32
Börseplatz 3, S. 226
Börseplatz 6, S. 226, 243
Börseviertel, S. 20, *Fig. 6*, 22, 57, *Tab. 7, 9*, 63, *Tab. 10*, 70, *Tab. 14*, 77, 78, 80, *Tab. 16*, 17, 19, 20, 95, 96, 97, 104, 106, 107, *Tab. 22*, 117, *Tab. 25*, 119, 124, *Tab. 30, 31, 32, 33*, 130, *Fig. 32*, 136, *Tab. 37*, 141, *Tab. 39*, 146, *Tab. 45*, 153, 154, *Tab. 48, 50, 51*, 168, *Tab. 52, 54*, 177, *Tab. 56, 57, 58, 59, 60*, 181, 183, 184, 190, Anhang 1, 5
Bösendorferstraße 6, S. 243
Bologna, S. 197
Bombenlücken, S. 110, *Tab. 22*; s. a. Kriegsschäden, Ruinengrundstücke
Boulevardallee, S. 200
Boulevardring, S. 200

Branchengefüge, Detailhandel, S. 78 f.
Branchengliederung, Gewerbe, S. 66, *Tab. 18*
Branchenstruktur, Geschäftsleben, S. 79 f.
Brandstätte, S. 32, 78
Brucknerstraße, *Fig. 25*
Budapest, S. 68, 72, 74, 78
Bürgerhaus, S. 35
Bürgerspitalfonds, S. 57, 58, 97, 169
Bürgerstadt, S. 15
Bürobauten, S. 68, 213; s. a. Kontorbauten
Büros, S. 113, 136, 141, 147, *Tab. 40, 45, Fig. 38*, 168, 192, 212; s. a. Niederlagen, Stadtbüros, Zentralbüros
Burg s. Hofburg
Burggarten, S. 17
Burgring, S. 18
Burgring 1, 3, S. 250
Burgtheater, S. 18, 22, 110

Café Sperl s. Gumpendorfer Straße 11-13
Cafés s. Kaffeehäuser
Central Business District, S. 177, 211, 212
Chemische Industrie, S. 65, 74 f., 107
City, S. 187; s. a. Altstadt
 • Ausweitung, S. 109
 • Gliederung, *Fig. 40*, S. 190, 193
 • Wachstumssaum, S. 183, 189, 193
Citybildung, S. 14, 15, 39, 64, 66, 68, 99, 104, 108, 112, 119, 126, 175, 211, 212
Cityfunktionen s. a. Autohandel, Büros, Dienste, Repräsentanzen
Cityfunktionen, Ausweitung, S. 201
 • Konzentration, S. 99
 • Vorstädte, S. 151
Citygeschäfte, S. 156, 192
Cityhaus, Bild 27
Citykern, S. 183, 190
Cityrand, S. 188, 190, 192
Citystraßen, S. 187; s. a. Graben, Kärntner Straße, Mariahilfer Straße

Coburgbastei, S. 24
Communalloch, *Fig. 9*, S. 29
Concordiaplatz 1, S. 226, 227
Cottage-Idee, S. 45, 46, 55, 99
Cottageverbauung, S. 98
Creditanstalt-Bankverein s. Schottenring 2

Deklassierung, Soziale, S. 139, 141
Dezentralisierung der Verwaltung, S. 170
Dienstboten, S. 54; s. a. Hauspersonal
Dienstbotenstiege, S. 42, Bild 7
Dienstbotenzimmer, S. 41, 44, 48, 114, 137
Dienste, S. 107, *Tab. 48, 56*
Dienstleistungen des Verkehrs, S. 68, 156, 158
Dienstleistungsbetriebe, S. 85 f., *Tab. 17*
Dienstwohnungen, S. 37; s. a. Hauswarte
Doblhoffgasse 5, S. 113
Dr. Karl Lueger-Ring 4, 8, S. 29
Dr. Karl Lueger-Ring 6, S. 29, 222
Dominikanerbastei, S. 24, 63
Dominikanerbastei 6, Bild 21
Dominikanerkloster, S. 63
Domviertel, S. 190
Donaukanalfront, S. 189
Donauregulierung, S. 22, 98
Donauregulierungsgründe, S. 34, 44, 98
Doppeltrakter, S. 38, *Fig. 24*, 44, 48, 98
Drasche Ritter v. Wartinberg Heinrich, S. 46
Durchbrüche, S. 24
Durchgangszimmer, S. 41, 43
Durchhäuser, S. 46

Ebendorferstraße 4, S. 240 f.
Eigenhauswesen, S. 34, 39
Einfamilienhaus, S. 34; s. a. Cottage-Idee
Einpendler, *Fig. 36*, S. 144
Einzelhandel, S. 65 f.; s. a. Branchen, Geschäfte
Eisenbahnbau, S. 65, 76
Eisenbahnen, S. 74; s. a. Bahnhöfe
Eisenbahnministerium, S. 95

Eisenverarbeitende Industrie, S. 64, 74
Eitelberger Ritter v. Edelberg Rudolf, S. 34, 35, 36
Elektrotechnische Industrie, S. 107
Elendsbastei, S. 29
Elisabethstraße 5, S. 106
Elisabethstraße 10, *Fig. 18*, 40, 237
Elisabethstraße 12, S. 74, 113, 148
Elisabethstraße 18, S. 74, 108
Entfestigung, S. 16, 17, 20, 197
Erdölgesellschaften, S. 107
Ergänzungsstraßen, S. 99
Erholungsraum, S. 23
Erste österreichische Sparcasse, S. 32, 77, 190
Erzeugungsgewerbe, S. 181, 193
Eßlinggasse 2, 4, 9, 12, 13, S. 227
Eßlinggasse 10, Bild 22
Eßlinggasse 17, 18, S. 228
Etagenhaus, S. 35
Etagenwohnungen, S. 37, 43
Exerzierplatz, S. 23
Exportgewerbe, S. 66
Exportindustrie, S. 72, 73, 106

Fabriksniederlagen, Bild 14, 22
Facharbeiter, S. 139
Fachgeschäfte, S. 156; s. a. Geschäfte
Fahrzeuggeschäfte, *Tab. 50*
Familienfremde Personen, S. 123; s. a. Hauspersonal, Untermieter
Fellner Ferdinand sen., S. 35, 36, 38
Fernhändlerviertel, S. 75
Fernstraßen, S. 16
Fernverkehr, S. 78
Ferstel Heinrich Freiherr v., S. 18, 28, 34, 35, 36
Ferstelgasse 4, *Fig. 23*, 43 f., 248
Filmgesellschaften, *Tab. 17*
Fleischmarkt, S. 75, 187
Florenz, S. 197, 200
Fluggesellschaften, S. 177

Förster Christian Friedrich Ludwig Ritter v., S. 17
Förster Emil Ritter v., S. 29
Fortifikationen, S. 17; s. a. Basteien, Entfestigung
Fortifikationsareal, S. 13; s. a. Glacis
Frankfurt, S. 205 ff., *Fig. 46*
Frankgasse, S. 30, *Fig. 12*
Frankgasse 4, Bild 10
Frankgasse 10, S. 42, 224
Franzensring 14, 16, 18 s. Dr. Karl Lueger-Ring 4, 6, 8
Franz Josefs-Kai, S. 20, 29, 32, 158
Franz Josefs-Kai 7, 9, S. 68, 92, 228; s. a. Industriehäuser
Franz Josefs-Kai 27, 39, 45, 49, 51, S. 228
Franz Josefs-Kai 41, *Fig. 17*, S. 39, 42, 246
Franz Josefs-Kai 47, S. 148, 228
Franz Joseph I., S. 17, 18
Franz Josephs-Kaserne, S. 17, 18, 22, 23
Freie Berufe, S. 50, 54, 55, 57, 60, 63, 85, 103, 128, 136, 141, 190, 192, 193; s. a. Ärzte, Architekten, Rechtsanwälte
Fremdenverkehr, S. 84 f., 187
Freyung, S. 61, 77, 188
Freyung 8, S. 76
Friedrich Schmidt-Platz, S. 166, Bild 6
Friedrichstraße 4, S. 148
Friedrichstraße 10, Bild 14
Frühgründerzeit, S. 37, 39 ff.
Funktionen s. a. Betriebsfunktion, Wirtschaftsfunktion, Wohnfunktion
 • Mengung, S. 67, 93
 • Sonderung, S. 68, 99
 • Umschichtung, S. 212
 • Verschränkung, *Tab. 20*
Funktionstypen der Häuser, S. 96, 186

Gärtnereien, S. 16; s. a. Gemüsebau
Garçonnieren, S. 115, 140
Garnison, S. 50
Garnisongasse, S. 30, *Fig. 12*, 158
Garnisongasse 4, S. 248 f.

Gastgewerbe, S. 79, 80, 84, 155 f., 157, *Tab. 50*, 187, 192, 193
Geburtenrate, S. 102, 120; s. a. Generative Struktur
Gefüge, Soziales s. Sozialstruktur
Geistige Interessen, Fachgeschäfte, S. 79, 158, *Tab. 50*
Geistlichkeit, S. 15, 16
Geldinstitute, S. 168; s. a. Banken, Erste österreichische Sparcasse, Kreditinstitute, Länderbank, Zentralsparkasse der Gemeinde Wien
Geldwesen, S. 15, 65, 66, 75 f., *Tab. 14*, 79 f., 101, 146, *Tab. 48*, *50*, 158, *Fig. 38*, 177, *Tab. 56*, 188, 192, 193
Gemeindeverfassung 1859, S. 16
Gemüsebau, S. 16, 65
Gemüsebauorte, S. 52
Generative Struktur, S. 120, 123
Gesamtkonzept der Ringstraße, S. 22
Geschäfte, S. 78 ff., *Fig. 38*, *Tab. 50*
Geschäftsdichte, S. 79
Geschäftsleben, *Tab. 49*, S. 175 f., 186, 187, 192, 193, Anhang 6
Geschäftslokale, S. 39, 163, Bild 13—17, 20, 23—26
Geschäftsstraßen, S. 65, 67, 78, 109, *Fig. 37*, 195; s. a. Bekleidungsstraßen, Ergänzungsstraßen
Geschlechterproportion, *Tab. 32*, S. 140
Geschoßflächendichte, S. 111
Geschoßzahl, S. 16, 45, 111; s. a. Hochhäuser
Gesellschaftsstruktur s. Sozialstruktur
Getreidemarkt, S. 23, 158
Getreidemarkt 4, S. 238
Gewerbe, S. 86 ff., *Tab. 18*, *51*, *60*
Gewerbebürger, S. 27
Gewerbebürgerhaus, *Fig. 14*, S. 35, 48
Gewerbegesetz 1859, S. 27, 66, 86
Gewerbesektor, Westlicher, S. 16, 52
Gewerbetreibende, S. 15, 50, 52, 54, *Tab. 5*, 55, 57, 61, 63, 122, 128, 134, *Tab. 36*, 136, *Tab. 37*, 141; s. a. Handwerker
Gewerbevorstädte, S. 17, 61, 66
Giselastraße s. a. Bösendorferstraße
Giselastraße 13, S. 225

Index

Glacis, S. 17, 20, 23, 92, 189
Gliederung, Beruflich-soziale, *Tab. 4*
Goethegasse 3, Bild 7
Gonzagagasse, S. 32, 46
Gonzagagasse 5, 8, 9, 11, 13, 14, 15, 16, 17, S. 229
Gonzagagasse 12, S. 225, 229
Gonzagagasse 21, 22, 23, S. 230 f.
Graben, S. 32, 76, 77, 78, 99, 156, 187, 188, 189, 190
Grand Hotel, S. 85, 168
Graphisches Gewerbe, *Tab. 51*
Greißler, S. 65
Großbürgertum, S. 20, 50, 54, 57, 63, 95, 99
Großhändler, *Tab. 36, 57*
Großhandel, S. 15, 16, 65, 66, *Tab. 10*, 75, 107, 146, *Fig. 38*, 177 f., *Tab. 58*, 188, 193
Großhandelsbetriebe, *Tab. 46*
Großhandelsbüros, S. 169
Großhandelsorganisationen, S. 156
Großhaushalte, S. 120
Großindustrie, S. 64
Großmarkthalle, S. 23, 24, 26, 65
Großmiethaus, S. 46, 48
Großwohnhof, S. 28
Großwohnungen, S. 38, 48, *Tab. 24*, 118, 130, 138, 140, 196
Gründerjahre, S. 18, 186
Grundbesitz, S. 16
Grundentlastung 1848, S. 27, 76
Grundherrn, S. 16
Grundkonzept, städtebauliches, S. 215
Grundrißtypen der Häuser, S. 29, 35 ff., 45; s. a. H-, T-, U-Grundriß
 • Normierung, S. 42
Grundstückspekulation, S. 27
Gumpendorfer Straße 11-13, Bild 18

Hahngasse 3, S. 224
Handels- und Gewerbekammer, S. 20, 189
Handschreiben, Allerhöchstes, S. 17
Handwerker, S. 15. 95; s. a. Gewerbetreibende

Hansen Theophilos Edvard Freiherr v., S. 18
Hansenstraße, S. 29, 108
Hansenstraße 3, 4, 6, S. 42, 222
Hasenauer Carl Freiherr v., S. 18, 28
Hassinger Hugo, S. 211
Hauptgeschäftsstraßen, S. 156, 158, 168, 187, 188, 192
Hauptzollamt, S. 23, 26, 63
Hausbesitz, S. 15, 27, 28, 37, 50, 54, 55 f., *Tab. 6, 7, 8*, 71, 96, Anhang 3
Haus der Industrie, S. 20, 68, 148, 189; s. a. Industriehäuser
Haushalte s. a. Großhaushalte, Kleinhaushalte
 • Größe, *Tab. 26*, S. 132, 141
 • Struktur, S. 120, *Tab. 29, 31, Fig. 33*, 134 f., *Fig. 35*
 • Typen, S. 132
Hausherrenwohnung, S. 55
Hauspersonal, S. 50, 52, 102, 114, 123, 128, 136 ff., 138; s. a. Dienstboten
Hauswarte, S. 139
Hauszinssteuer, S. 30
Hegelgasse, *Fig. 9*, S. 28, 29
Hegelgasse 4, S. 222
Hegelgasse 6, S. 42, 222
Heimarbeiter, S. 16; s. a. Verlagssystem
Heinrichhof, S. 46, 168
Heinrichsgasse 3, 4, S. 231
Helferstorferstraße, S. 107
Helferstorferstraße 9, S. 231
Herrengasse, S. 24, 76, 77, 189, 190
Herrschaftsstiege, Bild 8
Herrschaftswohnungen, S. 37, 38, 41, 48, 130, 138, 139, 140, 141; s. a. Großwohnungen, Nobelstock
Heßgasse, S. 149
Heßgasse 1, S. 231
Heumarkt, S. 23
H-Grundriß, *Fig. 19*, S. 48
Hilfskräfte, S. 15, 52, 139, 140
Himmelpfortgasse, S. 26, *Fig. 9*, 28, 63
Himmelpfortgasse 20, S. 222
Hinterhofindustrie, S. 66, 99

Hintertrakte, S. 38
Hochadel, Anhang 3
Hochgründerzeit, Bautätigkeit, S. 42 ff.
Hochhäuser, S. 110, 212, 213, 214
Hochschulen, S. 140, 171, 189; s. a. Akademien, Technische Hochschule
Hof, S. 15, 16
Hofbaurat, S. 17
Hofburg, S. 18, 22, 24, 26, 189; s. a. Neue Burg
Hofkanzleiviertel, S. 24
Hofmuseen, S. 18; s. a. Museen, Kunsthistorisches und Naturhistorisches
Hofpersonal, S. 16, 27
Hofquartierspflicht, S. 28
Hofumbauung, S. 40, *Fig. 18*, 48
Hohenstaufengasse, S. 107, 149
Hohenstaufengasse 4, S. 231
Hohenstaufengasse 10, S. 29
Hoher Markt, S. 70, 75, 78, 91, 188, 189, 190
Holzindustrie, S. 106
Holzlagerplätze, S. 23, 92
Holzverarbeitungsgewerbe, *Tab. 51*
Hotels, S. 68, 84 f., 192, 193
 • Bristol, S. 85, 166
 • de France, S. 85
 • Grand s. Grand Hotel
 • Imperial, 85, 166; s. a. Palais Philipp Herzog von Württemberg
 • Métropole, S. 29, 85
 • Regina, S. 85
 • Römischer Kaiser, S. 76
Hypothekenbanken, S. 76

Industrialisierung, S. 16, 64 ff.
Industrie, S. 101, 107
 • Büros, S. 168, *Tab. 58*, 180, 192, 193
 • Niederlagen, S. 68 ff., *Tab. 10* 147; s. a. Niederlagen
 • Sparten, S. 149 f., 151, *Tab. 44, 45*
 • Standorte, *Tab. 12*
 • Struktur, S. 148

262

Index

Industrie, Zone, S. 67
Industriehäuser, S. 92; s. a. Franz Josefs-Kai 7, 9, Haus der Industrie
Industrielle, S. 55, 104, *Tab. 36, 37*
Innere Bezirke s. Bezirke, Innere
Institut für Entwicklungshilfe, S. 171
• für Raumordnung, S. 171
• für Standortberatung, S. 171
Institutionen, Halboffizielle, S. 107, 170 f., *Tab. 52*, 177, *Tab. 57*, 186, 189, 193
• Kulturelle, S. 24
• Öffentliche, S. 61
Instrumentenerzeugung, *Tab. 51*
Internationale Vereinigungen, S. 168

Johannesgasse, S. 29, Bild 23
Johannesgasse 23, Bild 13
Joseph II., S. 23, 28
Juden, S. 103, 109, 115
Judengasse, S. 187
Justizpalast, S. 189

Kärntner Ring, S. 20, 32, 34, 85, 104, 117, 168
Kärntner Ring 1, 3, 9, 11, 13, 15, S. 251
Kärntner Ring 5, 7, S. 148, 251
Kärntner Ring 17, S. 251, Bild 27
Kärntner Ring 2, 4, 6, 8, 12, 18, S. 251
Kärntner Ring 10, *Fig. 20*, 41 f., 244, 251
Kärntner Ring 14, S. 251, Bild 8
Kärntner Ring 16, S. 251, Bild 5; s. a. Hotel Imperial
Kärntner Straße, S. 23, 24, 32, 34, 61, 85, 91, 99, 107, 156, 158, 166, 168, 177, 187, 188, 189, 190
Kärntnertor, S. 24, 85, 91
Kärntnerviertel, S. 190
Kaffeehaus, Cortisches, S. 20
Kaffeehäuser, S. 79, 80, 84, 157, 166; s. a. Café
Kaiser Eduard, S. 28
Kaiser Ferdinands-Nordbahn, S. 65, 74
Kaiserforum, S. 18, 22
Kaiser Wilhelm-Ring s. Parkring

Kaiviertel, S. 37
Kapitalisten, S. 50, 54, *Tab. 5*
Karlsplatz 1, S. 148
Karlsplatz 2, S. 40
Kaufherren, S. 15
Kaufleute, S. 54, *Tab. 5*, 55, 57, 61, 63, 104, *Tab. 36*, 136, *Tab. 37*, 141
KK Staats-Montanwerke, S. 74
Kleinbürgertum, S. 63
Kleine Leute, *Tab. 9*; s. a. Unterschicht
Kleingewerbetreibende, S. 16; s. a. Handwerker
Kleinhandwerker, S. 67
Kleinhandwerkerhäuser, S. 52
Kleinhaushalte, S. 120
Kleinwohnungen, S. 37, 38, 115, *Tab. 24*, 118, 130
Kleppergasse, *Fig. 8*
Klepper-Stall, *Fig. 8*, S. 29
Köln, S. 197, 208 ff., *Fig. 47*
Körperpflege und Reinigung, Fachgeschäfte, S. 79, 157, *Tab. 50*
Kolingasse, S. 169
Kolingasse 4, S. 242 f.
Kolingasse 5, Bild 12
Kolowratring s. a. Schubertring
Kolowratring 9, S. 225
Komfort, S. 41, 44
Konsumbereiche des Geschäftslebens, *Tab. 15*
Konsumgüterindustrie, S. 64, 101, 147, 148
Kontorbauten, S. 185; s. a. Bürobauten
Konzentration, Fabrikswesen, S. 76
• Geschäftsleben, S. 156
Konzerthaus, S. 24
Kraftfahrzeughandel, S. 156; s. a. Autohandel
Krankenkassen, *Tab. 14*, S. 78
Kreditinstitute, S. 65
Kriegsministerium, altes, S. 24
• neues, S. 23, 24, 63
Kriegsschäden, S. 109, 110, 185; s. a. Bombenlücken, Ruinengrundstücke
Krugerstraße 17, S. 222

Kunsthandwerk, S. 65, 79
Kunsthistorischer Atlas von Wien, S. 211
Kursalon, S. 20

Ladendichte, S. 163 f.
Länderbank, S. 77
Landesgericht, S. 23
Landhäuser, S. 16
Landstraße, S. 23; s. a. *Ungarische Landstraße*
Landstraßer Hauptstraße, S. 188
Lastenstraße, S. 22, 158
Lebensmittelfabriken, S. 65
Lebens- und Genußmittelgeschäfte, S. 65, 79, 155, 157; s. a. Nahrungs- und Genußmittelgeschäfte
Lebensmittelgroßhandel, S. 24
Lederverarbeitungsgewerbe, *Tab. 51*
Leichtindustriegebiet, S. 192; s. a. Industriesektor
Lichthöfe, S. 37
Liebiggasse, S. 74
Liechtensteinstraße, S. 158, 169
Linie, S. 16, 66, 98
Linienwall, S. 15, 16, 198
Löwelstraße 14, 16, 18, 20, S. 29
Löwelstraße 20, S. 29; s. a. Bodencreditanstalt
Lothringerstraße 12 s. Haus der Industrie
Luftfahrtgesellschaften, S. 168
Luxusgewerbe, S. 101

Maderstraße, *Fig. 25*
Märkte, S. 23, 65
Magistrat der Stadt Wien, S. 107, 168, 169, 181
Mahlerstraße, S. 166; s. a. *Maximilianstraße*
Mahlerstraße 6, S. 148
Mailand, S. 200
Makartgasse 3 s. Getreidemarkt 4
Mansarden, S. 45
Manufakturperiode, S. 15
Margaretenstraße, S. 158
Mariahilfer Straße, S. 24, 66, 108, 136, 156, 158, 188, 192

Maria Theresien-Straße, S. 169
Maria Theresien-Straße 10, 17, 18, S. 231
Maria Theresien-Straße 22, 24, 34, S. 232
Materialwarenhandlungen, S. 65
Mauern s. Entfestigung
Maximilianplatz s. Rooseveltplatz
Maximilianstraße 7, S. 225
Metallverarbeitungsgewerbe, *Tab. 51*
Mexiko, S. 213 f.
Michaelertor, S. 24
Mieter, *Tab. 8*, S. 96
Mieterschutz, S. 115, 123
Mieterschutzgesetz 1917, S. 101, 102, 156
Miethaus, Bürgerliches, *Fig. 16*, S. 39, 46, 48
 • Großbürgerliches, *Fig. 23*, S. 43 f., 52, 98
Miethauswesen, S. 34
Mietpalais, S. 98
Migration, Innerstädtische, S. 196; s. a. Mobilität, Standorttendenzen
Milchmeierorte, S. 16, 65
Mischnutzung s. Funktionen-Mengung
Mithelfende, S. 138
Mittelschicht, S. 20, 37, 45, *Tab. 4*, 52, 54, *Tab. 5*, 55, *Tab. 6, 7*, 61, *Tab. 9*, 99, *Tab. 21*, 128, 130, *Tab. 34*, 137
Mittelstand s. Mittelschicht
Mittelstandsbezirke, S. 144
Mittelstandsquartiere, S. 52
Mittelwohnungen, S. 38, 115, *Tab. 24*, 118, 130, 140
Mobilität, S. 70, 102, 107, 117, 132, 141, 185
 • der Betriebe, S. 175, *Tab. 55*; s. a. Standorttendenzen
 • Soziale, S. 61, 134, 196
Mobilitätsziffer, Betriebe, S. 175
Modegeschäfte, S. 66
Modelle, Städtebauliche, S. 211
Mölkerbastei, S. 24, 27, *Fig. 8*
Mölker Steig, *Fig. 8*
Montague Lady Mary, S. 35
Monumentalbauten, S. 23
Müllersches Gebäude, S. 29

München, S. 203 ff., *Fig. 45*
Münzamt, S. 23
Museen, Kunsthistorisches und Naturhistorisches, S. 24, Bild 1; s. a. Hofmuseen
Museumstraße, S. 29
Musikvereinsgebäude, S. 24, 91

Nahrungsmittelindustrie, S. 95
Nahrungs- und Genußmittelgeschäfte, *Tab. 50*; s. a. Lebens- und Genußmittelgeschäfte
Naschmarkt, S. 23, 24
Naßeinheiten, S. 44; s. a. Komfort
Neubauten, S. 115, 140 f., 185; s. a. Bombenlücken, Kriegsschäden
Neue Burg, S. 18; s. a. Hofburg
Neuer Markt 9, S. 44
Neutorgasse, S. 32, 46
Neutorgasse 1, 2, 9, 16, S. 232
Neutorgasse 4, *Fig. 24*, S. 44, 246 f.
„Neu-Wien", S. 17
Nibelungengasse 8, S. 222
Nibelungengasse 13–15, S. 113, 148
Niederlagen, S. 15, 16, 55, 66, 71 f., 74, 75, *Tab. 40*, Anhang 4
Niederlagswesen, S. 64, 148
Nobelmiethaus, S. 23, 30, 41, *Fig. 20, 22*, 45, 46, 48, 55, 77, 104
Nobelmiethausviertel, S. 20
Nobelstock, S. 37, 38, 55
Nobelwohnungen, S. 14, 44; s. a. Herrschaftswohnungen
Nordbahn, S. 91; s. a. Kaiser Ferdinands-Nordbahn
Nordbahnhof, S. 15
Nordwestbahn, S. 91
Nüll Eduard van der, S. 17

Oberschicht, S. 14, 36, 37, 39, 45, 49, *Tab. 4*, 50, 52, *Tab. 5*, 54, *Tab. 6, 7*, 61, *Tab. 9*, 63, 66, 99, 103, *Tab. 21*, 126, 128, *Tab. 34*, 130, 135, 137, 140, 185
Oberschichtsquartiere, S. 52

Ochsenstand, S. 23
Öffentliche Bedienstete, S. 50
Öffentliche Dienststellen, *Tab. 52, 57*, S. 186; s. a. Magistrat, Öffentliche Verwaltung
Öffentliche Einrichtungen, S. 109
Öffentliche Gebäude, S. 28, *Tab. 20, 53, 54*
Öffentliche Verwaltung, S. 181, 189, 192, 193; s. a. Magistrat, Öffentliche Dienststellen
Österreichische Berg- und Hüttenwerksgesellschaft, S. 74
Österreichische Länderbank, S. 77
Oesterreichische Nationalbank, S. 65, 76
Österreichischer Ingenieur- und Architektenverein, S. 189
Offizierskorps, S. 15, 50
Oper, S. 18, 20, 24, 91, 110, 183
Operngasse, S. 158
Operngasse 1, S. 148
Operngasse 12, Bild 15
Opernring, S. 86, 104, 168, 189, Bild 26
Opernring 1, 3, 4, 5, 7, 8, 9, 10, 11, 13, 15, 17, 19, 21, 23, S. 250
Opernring 6, S. 250, Bild 9
Opernring 8, S. 225, 250
Opernviertel, S. 20, *Fig. 6*, 22, 24, 37, 44, 57, *Tab. 7*, 61, *Tab. 9*, 63, *Tab. 10*, 74, *Tab. 14*, 16, 17, *19*, 91, *Tab. 20*, 94, 95, 96, 99, 104, 106, *Tab. 22*, 117, *Tab. 25*, 119, 124, *Tab. 30*, *31*, 126, *Tab. 32*, 127, *Tab. 33*, 128, 130, 132, *Fig. 33*, 136, *Tab. 37*, 142, *Tab. 39*, 146, *Tab. 45*, 153, 154, *Tab. 48*, 50, 51, 166, 168, *Tab. 52*, 174, *Tab. 54, 56, 57, 58*, 180 f., *Tab. 59, 60*, 184, 185, 190, Anhang 1, 5
Oppolzergasse, *Fig. 8*, S. 29
Oppolzergasse 2–4, S. 29, 222
Oppolzergasse 6, S. 222
Ostbahnhof, S. 15

Paläste, S. 48, 93, *Tab. 20*, 95, 98, *Tab. 53*; s. a. Palais
Palais Breunner Graf, S. 29
 • Hoyos Graf, S. 85

Palais, Larisch v. Moennich Johann Graf, S. 225
- Ludwig Victor Erzherzog, S. 95
- Montenuovo Fürst, S. 76
- Württemberg Philipp Herzog v., S. 85, Bild 5; s. a. Hotel Imperial

Papiergeschäfte, S. 65
Papierindustrie, S. 64, 65, 72 f., 106
Paradeplatz, S. 18, 29
Paris, S. 197, 198, 199
Parkanlagen, S. 23, 200 f.
Parkring, S. 29, 73, 104
Parkring 18, S. 42, 223, Bild 16
Parkring 20, S. 42, 43, *Fig. 22*, 223, 244 f.
Parlament, S. 18, 189, Bild 1
Partei, Sozialdemokratische, S. 101
Parzellenform, S. 34
Parzellenzusammenlegung, S. 46
Parzellierung, S. 20, 27, *Fig. 8, 9*, 34, 98
Pendlerverflechtung, *Fig. 36*; s. a. Einpendler
Pensionen, S. 168
Pensionisten, S. 128, *Tab. 21*, 132, 140, 141; s. a. Rentner
Personenstandserhebung 1959, S. 124
Physiognomische Veränderungen, S. 113; s.a. Umbau
Polizeirayon, S. 66
Pollak Ritter v. Rudin A., S. 41
Postsparkassenviertel, S. 18, 20, *Fig. 6*, 22, 23, 37, 44, 57, *Tab. 7*, 58, *Tab. 9*, 63, 68, *Tab. 10*, 14, 78, 80, *Tab. 16*, 84, 85, *Tab. 17*, 86, *Tab. 19*, 91, 92, *Tab. 20*, 95, 96, 99, 104, 105, 108, *Tab. 22*, 117, *Tab. 25*, 119, 124, *Tab. 30*, 31, 126, *Tab. 32*, 127, *Tab. 33*, 130, 136, *Tab. 37*, 142, *Tab. 39*, 146, *Tab. 45*, 153, *Tab. 48*, 50, 51, 166, 169, *Tab. 52*, 172, 180 f., *Tab. 54*, 56, 57, 58, 59, 60, 183, 184, 190, Anhang 1, 5

Quartärer Sektor, S. 213

Radialstraßen, S. 22 f., 26
Randwanderung, S. 109; s. a. Mobilität, Standortstendenzen
Rathaus, S. 18, 24, 29, 170, 189, Bild 1, 3
Rathausplatz 4, S. 148, 153
Rathauspark, S. 18
Rathausstraße, S. 166
Rathausstraße 4, S. 43
Rathausstraße 17, Bild 19
Rathausstraße 21, S. 225
Rathausviertel, altes, S. 24
Rathausviertel, S. 20, *Fig. 6*, 24, 32, 34, 42, 43, 50, 57, *Tab. 7, 9*, 63, *Tab. 10*, 14, 16, 84, *Tab. 17*, 86, *Tab. 19*, 91, 92, *Tab. 20*, 95, 96, 104, 108, *Tab. 22*, 117, *Tab. 25*, 119, *Tab. 30*, 125, *Tab. 31*, 126, *Tab. 32, 33*, 130, *Fig. 32, 34*, 134, 136, *Tab. 37*, 141, *Tab. 39*, 146, 149, *Tab. 45*, 153, 154, *Tab. 48, 50, 51*, 166, 168, 170, *Tab. 52*, 172, *Tab. 54, 56, 57, 58*, 180 f., *Tab. 59, 60*, 181, 183, 184, 190, 196, Anhang 1, 5
Raumgefüge, Soziales, S. 13
Rechtsanwälte, S. 63, 95, 103, 104, *Tab. 36*, 136, *Tab. 37*, 138, 141, *Tab. 59*, 181, 190
Regierungsviertel, S. 189
Regionalbanken, S. 76
Reichsratsstraße 1, S. 148, Bild 3
Relief, S. 24
Renngasse 1, S. 76
Renngasse 13, 15, S. 232
Rennweg, S. 158, 189
Rentenbesitzer, S. 61
Rentenkapitalismus, S. 50
Rentner, S. 128, 140, 141; s. a. Pensionisten
Repräsentationsbauten, S. 201; s. a. Monumentalbauten
Repräsentationsviertel, S. 189
Residenz, S. 13, 15, 27
Riehl, S. 98
Ringstadt, S. 18
Ringstraßengebiet 1862, *Fig. 2*
- 1866, *Fig. 3*
- 1876, *Fig. 4*
- 1883, *Fig. 5*

Ringturm, S. 110, 154, 189

Rooseveltplatz 4, 5, S. 224
Roßauerkaserne, S. 20, 22, 23, 91, Bild 4
Roßauer Lände, S. 23
Roßauerviertel, S. 20, *Fig. 6*, 22, 23, 48, 61, *Tab. 9*, 63, *Tab. 10*, 70, *Tab. 14*, 77, 78, *Tab. 16*, 17, 86, *Tab. 19*, 91, *Tab. 20*, 94, 96, 97, 99, 104, 105, 106, 107, *Tab. 22*, 115, 117, 124, *Tab. 30*, 130, 136, *Tab. 37*, 138, 139, 140, 141, *Tab. 39*, 45, 153, 154, *Tab. 48*, 158, *Tab. 50*, 163 f., *Tab. 51*, 166, 168, 169, *Tab. 52*, 172, *Tab. 54*, 177, *Tab. 56, 57, 58, 59*, 181, *Tab. 60*, 183, 184, 190, Anhang 1, 5
Rotenturmstraße, S. 75, 187
Rotenturmtor, S. 85
Rotes Haus, S. 29, *Fig. 12*, 46
Rudolf II., S. 23
Rudolfsplatz, S. 91, 107, 117, 168, 190
Rudolfsplatz 3, 5, S. 232
Rudolfsplatz 9, 13a, S. 233
Rudolfsplatz 12, S. 169, 233
Rückgangsrate, Betriebe, S. 175, *Tab. 55*
Ruinengrundstücke, S. 110, *Tab. 54*

Salon, S. 41, 44
Salzgries 1, 10, 11–13, 14, S. 233
Salzgries 15, 16, S. 233, 234
Salzgries 17, 19, S. 234
Salzgrieskaserne, S. 21, 29, *Fig. 29*
Salztorgasse 1, 5, 7, S. 234
Schellinggasse, *Fig. 9*, S. 28, 29
Schellinggasse 1, 3, 5, S. 42, 223
Schellinggasse 4, S. 42
Schellingggasse 6, S. 223
Schenkenstraße, *Fig. 8*
Schillerplatz, S. 166, 170
Schmerlingplatz 8, S. 42, *Fig. 21*, 223, 241
Schmidt Friedrich Freiherr v., S. 18
Schönbrunn, S. 52
Schottenbastei 4, S. 237
Schottenbastei 11, S. 234
Schottengasse, S. 23, 32, 61, 77, 91, 141, 158

Index

Schottengasse 6, S. 76
Schottenring, S. 22, 24, 32, 46, 85, 91, 117, 158, 169, 177, 188
Schottenring 1, S. 76
Schottenring 2, S. 107, 168
Schottenring 10, S. 148
Schottenring 14, 14a, S. 234
Schottenring 15, 24, 30, 32, 33, S. 235
Schottenring 21, S. 148
Schottentor, S. 85, 91, 95
Schreyvogelgasse, *Fig. 8*, S. 29
Schubertring, S. 117, 166, 168, 177; s. a. *Kolowratring*
Schubertring 1, 3, 5, 7, S. 251
Schubertring 2, 6, 8, 10, 12, 14, S. 252
Schubertring 4, S. 252, Bild 11
Schubertring 9–11, 13, S. 252
Schubertring 14, S. 148
Schuhfachgeschäfte, S. 65
Schumann Carl, S. 85
Schwarzenbergplatz, S. 15, 20, 24, 26, *Fig. 25*, 108, 136, 149, 158, 183, 189
Schwarzenbergplatz 4, 16, S. 148
Schwarzenbergplatz 11, S. 148, Bild 2
Schwarzenbergplatzviertel, S. 20, *Fig. 6*, 22, 41, 43, 46, 50, 57, *Tab. 7*, 61 f., *Tab. 9*, 63, 68, *Tab. 10*, 73, 74, *Tab. 14*, 78, *Tab. 16*, 84, 85, *Tab. 17*, 86, *Tab. 19*, 91, *Tab. 20*, 94, 95, 96, 99, 104, 107, *Tab. 22*, 117, *Tab. 25*, 30, 31, 126, *Tab. 32*, 127, *Tab. 33*, 136, *Tab. 37*, 140, 142, *Tab. 39*, 45, 153, 154, *Tab. 48*, 50, 51, 166, 168, 169, *Tab. 52*, 174, *Tab. 54*, 56, 57, 58, 180 f., *Tab. 59*, 60, 184, 185, 190, Anhang 1, 5
Schwarzspanierstraße, S. 30, *Fig. 12*
Schwarzspanierstraße 4, 7, 9, S. 42, 224
Schwarzspanierstraße 6, S. 224
Schwerindustrie, S. 106
Segregation, Soziale, S. 119, 196
Seilerstätte, S. 29, 140, 166
Seilerstätte 7, S. 223, 225
Seilerstätte 11, S. 223
Seitenflügelhaus, S. 48

Selbständige, S. 135, *Tab. 37*, 180, *Tab. 59*
Semper Gottfried, S. 18
Sicard von Sicardsburg August, S. 18
Slumbildung, S. 99, 139
Sommerfrischen, S. 16
Sommerpaläste, S. 16
Sommerpalastviertel, S. 189
Sozialaufbau s. Sozialstruktur
Sozialgefälle, S. 52, 66
Sozialgruppen, S. 36 f., *Tab. 9*, 105
Sozialräumliche Gliederung, S. 144, 195
Sozialschichtung s. Sozialstruktur
Sozialstruktur, S. 14, 49 f., *Fig. 27*, 53, 54, *Tab. 5*, 64, 95 ff., 99, 103, *Tab. 21*, 109, 121 f., *Fig. 30*, 31, 130 ff., *Tab. 34*, 35, *Fig. 35*, 140, *Fig. 38*, 186
Spätgründerzeit, Bautätigkeit, S. 44 f.
Sparkassen, *Tab. 14*, S. 77
Speditionen, S. 14, *Tab. 17*, 86, 106
Staatsoper s. Oper
Stache Friedrich, S. 17
Stadtatlas, Wiener, S. 18
Stadtbahn, S. 20
Stadtbüros, S. 68, 106 f.; s. a. Zentralbüros
Stadterweiterung, Grundkonzepte, S. 200
Stadterweiterungsfonds, S. 17
Stadterweiterungsgründe, S. 13, 57, 68, 99
Stadterweiterungskommission, S. 18
Stadtgraben, S. 20
Stadtpark, S. 20, 26
Stadtrandwanderung, S. 213; s. a. Mobilität, Randwanderung
Stadtterrasse, S. 24, 26
Stände mit höherer Schulbildung, S. 54, *Tab. 5*
Standortstendenzen s. a. Mobilität
• Zentrifugale, S. 77, 166, 175, 180
• Zentripetale, S. 77, 158, 180, 192
Standortverlegung, S. 64, 107, 175; s. a. Mobilität, Randwanderung
Standortwahl, S. 64
Steine und Erden, Gewerbe, *Tab. 51*

Stephansplatz, S. 32
Sterberate, S. 121; s. a. Generative Struktur
Steuerbegünstigungen, S. 30
Steuerberater, *Tab. 36*, 37
Stiegengassen, S. 24, 26
Stockwerkindustrie, S. 66
Straßentrakter, Doppelhüftiger, S. 36
Straßenvorstädte, S. 66
Strauchgasse 1, S. 76
Struktur, Bauliche, S. 98
Stubentor, S. 91
Stubenring, S. 158, 166
Studenten, S. 140
Stutzflügelhaus, S. 39, 40, *Fig. 17*, 42, 45, 48
Subzentrenprogramm, S. 215
Südbahnhof, S. 15

Taborstraße, S. 16
Taglöhner, S. 15
Taglöhnerhäuser, S. 52
Taglöhnerperipherie, S. 52
Taglöhnervorstädte, S. 17
Tandelmarkt, S. 23
Technische Hochschule, S. 23, 189, 214
Teilhandwerker, S. 66
Teinfaltstraße, *Fig. 8*, S. 74
Teinfaltstraße 8, S. 76
Teppichviertel, S. 187
Tertiärer Sektor, S. 85, 106, 121, 122, 192, 212
Textilbetriebe, S. 14, 15, *Tab. 11*, 12, 13
Textilbranche, S. 64, 188
Textilfabrikanten, S. 55, 58, 71
Textilgewerbe, *Tab. 51*
Textilgroßhandel, S. 153
Textilindustrie, S. 68, 70 ff., 106, 148, 185
Textilviertel, S. 20, *Fig. 6*, 22, 34, 43, 46, 48, 57, *Tab. 7*, 58, *Tab. 9*, 63, *Tab. 10*, 70, 71, *Tab. 14*, 78, 79, *Tab. 16*, 84, *Tab. 17*, 86, *Tab. 19*, 91, 92, 93, *Tab. 20*, 96, 97, 99, 104, 105, 106, 107, *Tab. 22*, 117, *Tab. 25*, 119, *Tab. 30*, 31, 126, *Tab. 32*, 127, *Tab. 33*, 128,

130, 136, *Tab. 37*, 138, 139, 141, *Tab. 39*, 151 f., *Tab. 45, 48*, 158, *Tab. 50*, 163, *Tab. 51*, 166, 168, 169, 170, *Tab. 52, 54*, 177, *Tab. 56, 57, 58, 59*, 181, *Tab. 60*, 183, 184, 190, Anhang 1, 5, Bild 4
T-Grundriß, S. 43, 48
Tiefparterre, S. 45
Tischler Ludwig, S. 85
Transportgewerbe, S. 66
Triester Straße, S. 16
Trödelmarkt, S. 23
Trümmerhaushalte, S. 140
Tuchlauben, S. 70, 75
Türkenbelagerungen, S. 23
Türkenstraße, S. 141
Türkenstraße 15, S. 39

U-Bahn, S. 211, 215
Überalterung, S. 134
U-Grundriß, S. 43, 48
Umbau, S. 52, 113
Umorientierung, Wirtschaftspolitische, S. 108
Ungarische Landstraße, S. 16, 23
Universität, Alte, S. 189
Universität, S. 18, 24, 91, 108, 117, 140, 168, 177, 189
Universitätsstadt, S. 213
Universitätsstraße, S. 95, 158, Bild 25
Universitätsviertel, altes, S. 24, 91, 190
Untergrundbahn s. U-Bahn
Untermieter, S. 15, 102
Untermietwesen, S. 61, 103, 123, 139, 140, 185
Unterschicht, *Tab. 4*, S. 50, *Tab. 5*, 54, *Tab. 21*, 123, *Tab. 34*, 138, 185; s. a. Kleine Leute

Verbauungsgrad, S. 16
Verbindungsbahn, S. 23
Verkehrseinrichtungen, *Tab. 17*
Verkehrsgewerbe, S. 16
Verkehrsministerium, S. 170
Verkehrssituation, S. 24 ff.

Verkehrssystem, S. 158
Verlagssystem, S. 15, 66, 67, 91 f.
Verlagsviertel, S. 168
Verlagswesen, S. 189
Versicherungen, S. 57, 58, 68, *Tab. 14*, 78, *Tab. 47*
Versicherungswesen, S. 75 f., 107, 146, *Tab. 50, Fig. 38*, 177, 188, 189, 192, 193
Verstaatlichung, S. 154, 188
Verwaltungszentralen, Sekundärer Sektor, S. 212
Viertel, Strukturmerkmale, S. 96
Viertelbildung, *Fig. 37*
• Baulich-soziale, S. 37
• Geldwesen, S. 77
• Geschäfte, *Tab. 16, 50*
• Gewerbe, S. 65, 86 ff., *Tab. 19, 51*
• Großhandel, S. 75, 76
• Papierindustrie, S. 73
• Versicherungswesen, S. 78
• Verwischung, S. 109
• Wirtschaftsfunktionen, S. 91
Viertelgliederung, *Fig. 6*, S. 22
• City, S. 190
Vierter Stand, S. 15, 50; s. a. Arbeiter
Villa, S. 45
Volksgarten, S. 17, 20
Volksgartenstraße, S. 29
• 1, 3, 5, S. 42, 223
Volkszählung 1869, S. 49
• 1961, S. 128, 138
Vollüberbauung, S. 48
Vororte, S. 16, *Fig. 26, 27*, 66 f.
Vorstädte, S. 15, 16, *Fig. 26, 27*, 66, 73, 151
Votivkirche, S. 110
Votivkirchenviertel, S. 20, *Fig. 6*, 43, 61, *Tab. 9*, 63, *Tab. 10, 14, 16, 17, 19*, 92, *Tab. 20*, 95, 96, 104, *Tab. 22*, 115, 124 f., *Tab. 30*, 130, 132, *Fig. 34*, 134, 136, *Tab. 37*, 142, *Tab. 39*, 146, *Tab. 45*, 153, *Tab. 48, 50, 51*, 168, *Tab. 52*, 172, *Tab. 54, 56, 57, 58, 59, 60*, 181, 184, Anhang 1, 5

Wachstumsindustrien, S. 95, 147
Wachstumsrate, Betriebe, S. 175, *Tab. 55*
Währinger Straße, S. 23, 158, 168, 189, 192
Wäsche- und Wirkwarenhandel, S. 65
Wagner Otto, S. 20, 44, 77
Walfischgasse, S. 63, 166
Walfischgasse 6, S. 225
Walfischgasse 8, S. 225, Bild 20
Warenhäuser, S. 79
Warschau, S. 213
Weihburggasse, S. 26, 29
Weihburggasse 26, S. 223, 225
Weinhauerdörfer, S. 16
Weltkrieg, Erster, S. 101
• Zweiter, S. 103, 109
Weltwirtschaftskrise, S. 101
Werdertorgasse 2a, 4, 5, S. 235
Werdertorgasse 7, 9, 12, 15, S. 236
Werdertorgasse 17, *Fig. 19*, S. 40, 247 f.
Werksanlagen, S. 15; s. a. Hinterhofindustrie, Stockwerkindustrie
Wertigkeit, Soziale, S. 141
Wettbewerbe, S. 17; s. a. Architektenwettbewerb
Wiederaufbau, S. 118; s. a. Bombenlücken, Kriegsschäden, Ruinengrundstücke
Wiedner Hauptstraße, S. 158
Wiener Baugesellschaft, S. 28 f., 37, 38, 42, 43, 45, *Tab. 3*, 85, 118, Anhang 3
Wiener Messe, S. 151
Wiener Neustädter Kanal, S. 23
Wienfluß, S. 20, 26, 63
Wienzeile, S. 158
Wimpfen Graf, S. 39
Wipplingerstraße, S. 23, 24, 77, 141, 158
• 28, S. 76
• 29, 30, S. 236
• 39, 43, S. 29
Wirtschaftsentwicklung, Gründerzeit, S. 67
Wirtschaftsfunktionen, S. 95 ff., 106, 111; s. a. Betriebsfunktionen

Index

Wirtschaftsräumliche Gliederung, S. 67
Wohnbautätigkeit, S. 18, *Fig. 1, 26*, Anhang 1
Wohnbautypen, *Fig. 26*
Wohnbevölkerung, *Tab. 39*
Wohndichte, S. 108, 120, 124
Wohneinheit, S. 118
Wohnfunktion, S. 107, 111, 112, 136, *Tab. 53, Fig. 39, Tab. 54*, Anhang 5
- Mengung mit Betriebsfunktion, S. 93, *Tab. 20, 36, 37*
- Reine, S. 93, *Tab. 20*
- Vorwiegende, S. 93

Wohnhöfe, S. 23, 46, 48
Wohnkomfort, S. 196; s. a. Komfort
Wohnungsbilanz, S. 115, *Tab. 23*, 117
Wohnungseinrichtungsgeschäfte, S. 158, *Tab. 50*
Wohnungsgröße, S. 37, *Tab. 2, 3*, 109, 118, 130, *Fig. 32, 33, 34*, 196
Wohnungsstruktur, S. 37, *Tab. 3*, 102, 117 f., *Tab. 24, 25*, 186, 195
- Homogene, S. 38, 39, 44, 45, 46
- Horizontale Differenzierung, S. 39, 42, 46
- Sozialstruktur, S. 130 ff.
- Vertikale Differenzierung, S. 37, 38, 41, 42, 46

Wohnungsteilungen, S. 44, 45 f., 114 f., 118, 141, 185, 196
Wohnungszählung 1934, S. 117
- 1961, S. 117, 128

Wohnungszahl, S. 112, *Tab. 23*
Wohnungszusammenlegungen, S. 45 f.
Wohnwert, S. 63
Wollzeile, S. 73, 75, 78, 85, 91, 168, 189

Zedlitzgasse 8, S. 225
Zeitungsviertel, S. 73
Zeitungswesen, *Tab. 17*, S. 189
Zelinkagasse, S. 46
Zelinkagasse 3, 5, 6, 9, 10, S. 236
Zentralbüros, S. 71, *Tab. 41, 42, 43, 44*, 151; s. a. Stadtbüros
Zentralsparkasse der Gemeinde Wien, S. 189
Zuckerindustrie, S. 64, 73 f., 108
Zweckentfremdung von Wohnraum, S. 45, 67, 68, 85, 93 f.; s. a. Betriebsfunktion
Zweite Gesellschaft, S. 15, 46

1 Ringstraße mit Museen, Parlament, Rathaus gegen ehemaligen Vorstadtraum nach Nordwesten

2 Schwarzenbergplatz, Blick gegen die Altstadt

3 Nobelmiethäuser in der Reichsratsstraße gegen Rathaus (Arkadenhäuser, Rathausviertel)

4   Teilansicht des Textilviertels mit Roßauerkaserne und Donaukanallände

5 Hotel Imperial ehem. Palais Philipp Herzog von Württemberg, (Kärntner Ring 16, Schwarzenbergplatzviertel), Raum Beletage

6 Arkaden am Friedrich Schmidt-Platz im Westen des Rathauses (Rathausviertel)

7 Ehemalige Dienstbotenstiege (Goethegasse 3, Opernviertel) 8 Herrschaftsstiege (Kärntner Ring 14, Schwarzenbergplatzviertel)

9   Hausdurchfahrt (Opernring 6, Opernviertel)

10   Stiegenaufgang zum Hochparterre (Frankgasse 4, Votivkirchenviertel)

11 Portierloge (Schubertring 4, Schwarzenbergplatzviertel)

12 Ehemaliges Entrée einer Großwohnung (Kolingasse 5, Roßauerviertel)

13 Bäckerei (Johannesgasse 23, Schwarzenbergplatzviertel)

14 Ehemalige Fabriksniederlage, heute Souvenirladen (Friedrichstraße 10, Opernviertel)

15   Apotheke zum heiligen Geist (Operngasse 12, Opernviertel)

16   Autohaus Rühl (Parkring 18, Schwarzenbergplatzviertel)

17 Apotheke zum heiligen Geist (Operngasse 12, Opernviertel)

18 Café Sperl (VI. Bezirk, Gumpendorfer Straße 11-13)

19 Pelzhaus Foggensteiner (Rathausstraße 17, Rathausviertel)

20 k. k. Geigenmacher (Walfischgasse 8, Schwarzenbergplatzviertel)

21   Teilweise von Cityfunktionen erobertes Wohnhaus (Dominikanerbastei 6, Postsparkassenviertel)

22   Fabriksniederlage J. Z. Schütz (Eßlinggasse 10, Textilviertel)

23 Geschäfte in der Johannesgasse (Nr. 14, Schwarzenbergplatzviertel)   24 Geschäfte in der Akademiestraße (Nr. 26, Schwarzenbergplatzviertel)

25 Geschäfte in der Universitätsstraße (Nr. 4, Votivkirchenviertel)

26 Autosalon und Luftlinien am Opernring (Nr. 8, Schwarzenbergplatzviertel)

27 Cityhaus am Kärntner Ring (Nr. 17, Schwarzenbergplatzviertel)